Vogel

ÜBER DIESES BUCH

Das ›Kafka-Buch‹ vereinigt Äußerungen Kafkas zu einem geistigen Porträt des Dichters und verhilft zugleich zu einem genaueren Verständnis seines Werks.

Die Texte des Buches sind im wesentlichen den Essays, Briefen und Tagebuchaufzeichnungen Kafkas entnommen worden. Sie sind nach Leitthemen geordnet und durch Kommentare erläutert. So entsteht ein deutliches Bild von Kafkas Denkweise und von den Spannungen und Problemen, aus denen sein Werk lebt.

DER HERAUSGEBER

Heinz Politzer, geboren 1910 in Wien, gestorben 1979 in Berkeley, Cal., hat an der ersten von Max Brod veranstalteten Kafka-Gesamtausgabe mitgewirkt. Sein 1965 im S. Fischer Verlag erschienenes großes Werk ›Franz Kafka, der Künstler‹ gilt als eines der bedeutendsten Bücher über den Dichter überhaupt. Heinz Politzer war Ordinarius für deutsche Literatur in Berkeley / Cal.

Von Franz Kafka sind im Fischer Taschenbuch Verlag, herausgegeben von Max Brod, folgende Bände erschienen: ›Amerika‹ (Bd. 132), ›Der Prozeß‹ (Bd. 676), ›Das Schloß‹ (Bd. 900), ›Tagebücher 1910–1923‹ (Bd. 1346), ›Briefe 1902–1924‹ (Bd. 1575), ›Beschreibung eines Kampfes‹ (Bd. 2066), ›Hochzeitsvorbereitungen auf dem Lande und andere Prosa aus dem Nachlaß‹ (Bd. 2067); sowie ›Das Urteil und andere Erzählungen‹ (Bd. 19), ›Sämtliche Erzählungen‹ (Bd. 1078), ›Brief an den Vater‹ (Bd. 1629), › Briefe an Felice‹ (Bd. 1697), ›Briefe an Ottla und die Familie‹, (Bd. 5016), ›Briefe an Milena‹ (Bd. 5307), ›Die Verwandlung‹ (Bd. 5875).

Ferner: Max Brod, ›Über Franz Kafka‹ (Bd. 1496), Walter H. Sokel, ›Franz Kafka. Tragik und Ironie‹ (Bd. 1790), Joachim Unseld, ›Franz Kafka‹ (Bd. 6493).

Das Kafka-Buch

Eine innere Biographie in Selbstzeugnissen

Herausgegeben von
Heinz Politzer

Fischer Taschenbuch Verlag

121.–122. Tausend: Mai 1989

Originalausgabe
Veröffentlicht im Fischer Taschenbuch Verlag GmbH,
Frankfurt am Main, November 1965

Umschlagentwurf: Jan Buchholz / Reni Hinsch
Druck und Bindung: Clausen & Bosse, Leck
Printed in Germany
ISBN 3-596-20708-8

INHALT

Der Band enthält u. a. folgende Stücke in ungekürzter Fassung: ›Brief an den Vater‹ 13; ›Rede über die jiddische Sprache‹ 94; ›Das Urteil‹ 119; ›Drei Kritiken‹ 188; ›Der letzte Wille‹ 226.

VERZEICHNIS DER ABKÜRZUNGEN

Am Ende jedes Textstücks werden in eckigen Klammern die Entstehungszeit und die Quelle angegeben. Bei den Quellenvermerken hat der Herausgeber folgende Abkürzungen verwendet:

A = ›Amerika‹. Frankfurt am Main: S. Fischer 1953.

B = ›Briefe 1902–1924‹. Frankfurt am Main: S. Fischer 1958.

BE = ›Beschreibung eines Kampfes. Novellen, Skizzen, Aphorismen aus dem Nachlaß‹. Frankfurt am Main: S. Fischer 1954.

BM = ›Briefe an Milena‹. Frankfurt am Main: S. Fischer 1952.

E = ›Erzählungen‹. Frankfurt am Main: S. Fischer 1952.

H = ›Hochzeitsvorbereitungen auf dem Lande und andere Prosa aus dem Nachlaß‹. Frankfurt am Main: S. Fischer 1953.

J = Gustav Janouch, ›Gespräche mit Kafka. Erinnerungen und Aufzeichnungen‹. Anmerkungen und Erläuterungen von Alma Urs. Frankfurt am Main: S. Fischer 1951.

MB = Max Brod, ›Franz Kafka. Eine Biographie‹. Frankfurt am Main: S. Fischer 1954.

P = ›Der Prozeß‹. Frankfurt am Main: S. Fischer 1950.

T = ›Tagebücher 1910–1923‹. Frankfurt am Main: S. Fischer 1951.

Wagenbach = Klaus Wagenbach, ›Franz Kafka. Eine Biographie seiner Jugend‹. Bern: Francke 1958.

Werke, deren Titel ohne Angabe des Autors erscheinen, stammen von Franz Kafka. Sie sind von Max Brod herausgegeben, mit Ausnahme der von Willy Haas edierten ›Briefe an Milena‹.

I. EINLEITUNG

Ein Mensch wie Franz Kafka wird nicht, er ist. Wenn eine »innere Biographie« den Werdegang, die Ent-Wicklung, eines Künstlers darzustellen bestimmt ist, dann besitzt Franz Kafka keine »innere Biographie« und nur das Mindestmaß einer »äußeren«. Am ehesten wird er sich noch durch ein Porträt darstellen lassen; ein Porträt freilich, das um so lebensechter wirken dürfte, je ähnlicher es den seltsamen Männern in Schwarz und Weiß sehen wird, die er an den Rand seiner Manuskripte zu kritzeln pflegte.

Er selbst hat in seinem »Brief an den Vater« die Erbsubstanz für den Bruch verantwortlich gemacht, der durch sein Wesen und durch sein Werk lief: den Stachel einer Askese, der ihm von Mutters Seite her eingeprägt worden war und der zutiefst der Vitalität und dem Wirklichkeitssinn entgegenstand, die seines Vaters Merkzeichen waren. Dieser hereditäre Gegensatz, der ihm zum Arbeitskonflikt werden sollte, erhöhte sich noch durch den Ort und die Stunde seiner Geburt. Er war ein deutschsprachiger Jude in der tschechischen Hauptstadt des Königreichs Böhmen, das einen Teil des eben in Brüche gehenden österreichischen Nationalitätenstaates bildete: so war er weder Deutscher noch Jude, nicht Tscheche und gewiß kein Österreicher (und eben durch all das, was er nicht war, ein typischer Untertan des Hauses Habsburg). Er selbst hat bisweilen den einen und dann wieder den anderen Zug seines Wesens unter die Lupe genommen. Damit vergrößerte er, was lediglich das Bruchstück eines Lebens war, das selbst Fragment bleiben sollte. In Wahrheit aber war es Franz Kafka wie kaum einem anderen Genossen seiner Zeit gegeben, selbst zu einer sinnbildlichen Gestalt zu werden. Er war der Künstler als Außenseiter der menschlichen Gesellschaft. Zeitläufte, die begabter zum Mythos sind als die unseren, hätten sich von ihm an den Ewigen Juden erinnern lassen.

So kommt es, daß uns der ganze Mensch Kafka schon aus dem Bild des etwa Fünfjährigen entgegensieht, das uns Max Brod überliefert hat (*MB*, gegenüber Seite 80): trotziger Mund, witterndes Ohr, Haar in die Stirne gestrichen, als wollte es ihre Reinheit und schöne Wölbung verbergen, dieses ganze jugendliche Greisengesicht beherrscht von dunklen Augen, die ebenso verwundert wie verletzt am Beschauer vorbeiblicken. Dazu ein grotesker Riesenhut in der Linken, die Rechte angestrengt um einen Spazierstock geschlossen, unwahrscheinliche Palmwedel dahinter, Zwillichanzug wie eine Sträflingskleidung, die zu dem buntbestickten Ruderleiberl in ebenso eklatantem Widerspruch steht wie zu den Säulen vor der Wüste des Hintergrunds. So steht er vor uns: ein kleines Tier, das ein unbekannter Menschenjäger gestellt, ein Sohn, der mit fünf Jahren schon seinen Vater verloren hat, vermutlich gerade darum, weil dieser allzu lebendig war und vielleicht mit dem großen Jäger der Angstträume identisch – Franz Kafka.

Gewiß, auch sein Leben zeigte Einschnitte: am deutlichsten erscheint uns heute noch die nie vernarbte Wunde, die dem Neunundzwanzigjährigen die Begegnung mit Felice Bauer schlug, und dann der Schock, welchen die Entdeckung der Todeskrankheit bei dem Vierunddreißigjährigen auslöste. Aber diese Einschnitte modelten den Stil seines Werks; die Form seines Lebens haben sie nur unmerklich gestaltet. Man mag von den Jahren 1912–1917 als von seiner mittleren Periode sprechen, in der es ihm gelungen war zu schaffen, was dann die Phantasie der Nachwelt am tiefsten bewegen sollte: das Grauen einer Entmenschlichung, die der im Jahre 1924 Gestorbene nicht mehr mit Augen sehen sollte, hat er damals in Erzählungen wie ›Die Verwandlung‹, ›In der Strafkolonie‹ oder ›Der Prozeß‹ bis ins Detail vorweggenommen. Seine persönlichen Zeugnisse jedoch, die Briefe und Tagebücher, zeigen von allem Anfang an die Geschlossenheit eines in sich selbst verbissenen Charakters, während die Angst, die in diesen Meistererzählungen Spukgestalt gewinnt, sein Leben ebenso bestimmte, als er noch vor dem Vater floh statt vor der Frau, und ihn begleitete, als ihm der Tod schon gewiß war. Der Stil seines Werkes weist Nuancen und Abstufungen auf; man kann in den frühen Studien den Krampf des Beginners und in der Todesgewißheit der Spätzeit geradezu einen Ton bitterster Heiterkeit entdecken, – der Ablauf seines Lebens jedoch zeigt geringe Variation.

Franz Kafkas Lebensstil war monoton, und gerade weil er die Monotonie einer nur den leisesten Schwankungen der Ironie unterworfenen Stimmung aus seiner Existenz in sein Werk übertragen konnte, war es ihm noch erlaubt, Geschichten zu erzählen (und was für Geschichten!) zu einer Zeit, in der sich, mit Hermann Broch zu sprechen, das »Geschichtel-Erzählen« von selbst verbot (Broch, ›Briefe‹, 184 ff.). Das Leben wie die Lebensarbeit Franz Kafkas zeichnen sich durch jene lange Weile aus, die sich das Epische nun einmal lassen muß, selbst wenn es wie im Falle dieses Schriftstellers niemals zu einem Ende kommen kann, sondern dazu bestimmt ist, sich in die Unendlichkeit zu öffnen.

Freilich änderte Franz Kafka gelegentlich seine Meinungen. So stand er in seinen jungen Jahren den sozialen Problemen seiner

Zeit offener gegenüber als in den späteren, da die Revolution Wirklichkeit geworden war. Andererseits schwenkte er schon in frühen Jahren von einer heftigen Abneigung gegen das liberal verwässerte Westjudentum seines Vaters zu einer von Furcht und Widerwillen nicht ganz freien Zuneigung zum Ostjudentum ab. Aber Meinungen sind, nach den Worten des Gefängnisgeistlichen aus dem ›Prozeß‹ nichts anderes als ein Ausdruck der Verzweiflung des Meinenden über die Unveränderlichkeit der Schrift (Seite 223). Es war Kafkas Größe und Verhängnis, daß er an die Unveränderlichkeit der Schrift glaubte, zeit seines Lebens unterwegs war, den Kodex zu finden, der solche Schrift enthielt, und daß er, wann immer er solch einen Kodex tatsächlich aufschlug, außerstande blieb, die Schriftzüge zu lesen. Sie mußten ihm schon, wie den Opfern seiner ›Strafkolonie‹, ins lebende Fleisch gegraben werden.

Wenn zu einem lebensgetreuen Porträt die Zeichnung der inneren Widersprüche des Porträtierten gehört, dann wird der Zeichner gestehen müssen, daß diese Widersprüche Franz Kafka eingeboren gewesen sind und klar zu Tage liegen. Kafka hat sich lediglich in unendlicher Variation wiederholt und so eine Reihe von Abwandlungsformen geschaffen, von denen man nicht einmal sagen kann, sie hätten sich mit den Jahren entscheidend geläutert und geklärt.

Kafkas Widerspruch fand sich letztlich weder im Sozialen, noch im Persönlichen. Er lag in der Ambivalenz, die er seiner Existenz als Schriftsteller entgegenbrachte, der einzigen Existenz, die er gelten ließ. In einem undatierten Fragment heißt es bei ihm: »Schreiben als Form des Gebetes« (Seite 241). Aber da war keiner, zu dem sich noch beten ließ. Und wenn es selbst Einen gegeben hätte, dann war ein Schreiber wie Kafka nicht mehr fähig eines Gebetes, das sich erhören ließ. So schuf er das Un-Erhörte.

Begriffliche Äußerungen fassen diesen Widerspruch Franz Kafkas nicht. Er besaß in einem eminenten Maße die Gabe, auch das Abstrakte in Bildern wiederzugeben. Da war er etwa als Angestellter einer Arbeiter-Unfalls-Versicherungs-Gesellschaft mit der Verhütung von Zwischenfällen in Fabrikbetrieben beschäftigt und lernte aus eigener Anschauung die Opfer kennen, die der technische Fortschritt die Menschheit an Leib und Leben kostete. Als Kind seiner Zeit konnte er gar nicht umhin, den Fortschritt der Zivilisation auch in der Verfeinerung der Kommunikationsmittel zu sehen. (Telephone spielen im ›Prozeß‹ wie im ›Schloß‹ eine entscheidende Rolle.) Zugleich aber prägte sich Kafka die Vorstellung ein, daß sich der moderne Mensch im Verkehrsnetz, das er selbst gesponnen hat, auch selbst fängt. Maschinen dienen also zur Verstümmelung des Menschen, Tele-

phone dazu, Verwirrung zu verbreiten. Das Ich erreicht das Du nicht mehr; es ist, als sprächen die beiden in verschiedenen Sprachen (was ja im deutsch-tschechisch-jiddischen Milieu Kafkas auch nicht selten der Fall war). Sprachenwirrwarr bricht aus als Zeichen der Entfremdung, welche die Menschheit im technischen Fortschritt sich selber auferlegt. Die Assoziation des Sprachenwirrwarrs führt unweigerlich zum Bild vom Turmbau zu Babel, mit diesem wird dann der technische Fortschritt gekoppelt, durch den die Zeitgenossenschaft noch zur Grube fahren wird. Diesen durchaus nicht unkomplizierten kritischen Tatbestand faßt Kafka in den lapidaren Satz von acht Silben: »Wir graben den Schacht von Babel« (Seite 252).
Die kühnsten Gedanken Kafkas schlagen gegen Symbole an wie gefangene Vögel gegen die Glasscheiben einer Volière. Dies meinte er selbst, als er zu Gustav Janouch sagte: »Ich zeichnete keine Menschen. Ich erzählte eine Geschichte. Das sind Bilder, nur Bilder.« Und als sein junger Gesprächspartner ihm entgegenhielt, daß es ja auch für Bilder eine Vorlage geben müsse, lächelte Kafka und sagte: »Man photographiert Dinge, um sie aus dem Sinn zu verscheuchen. Meine Geschichten sind eine Art von Augenschließen« (*J*, 25). Das gleiche gilt auch von Franz Kafkas Gedanken. Auch sie sind die Bilder Eines, der mit geschlossenen Augen sich selber sucht.
Die Geschichte von Franz Kafkas Leben, die innere Biographie dieses kranken Mönches seiner Arbeit, ist solch ein Bilderbuch, die Bibel eines freiwillig Armen, das Blutzeugnis eines Juden, der mit seiner Schrift Zeugnis abgab für die Erniedrigten und Beleidigten, die nach ihm kommen sollten.

II. STOFF DES LEBENS

Den ›Brief an den Vater‹ hat der sechsunddreißigjährige Franz Kafka im November 1919 in Schelesen bei Liboch (Böhmen) geschrieben. Die mehr als persönliche Bedeutung, die Kafka dem Dokument beimaß, erhellt aus dem Umstand, daß er das Manuskript selbst auf der Schreibmaschine angefertigt und handschriftlich korrigiert hat (*H*, 449).
Trotzdem war der Brief zumindest ursprünglich wirklich dazu bestimmt, von Hermann Kafka gelesen zu werden. Aber Franz hatte weder den Mut, dem Vater das Dokument in die Hand zu drücken, noch, es der Post anzuvertrauen. Niemand anders als die Mutter sollte den Brief überreichen, ein Plan, dessen Symbolik ausreicht, das Schreiben der Wirklichkeit zu entrücken und auf das Niveau eines Rituals zu heben. Naturgemäß nahm Frau Kafka diesen Auftrag nicht an, sondern stellte den Brief, »wohl mit einigen begütigenden Worten«, an Franz zurück (*MB*, 23).
Den unmittelbaren Anlaß zur Niederschrift bot die »kleine Aussprache an einem der paar aufgeregten Tage nach Mitteilung meiner letzten Heiratsabsicht« (Seite 45). Diese Absicht galt einem Fräulein Julie Wohryzek, die Kafka in Schelesen, dem Schreibort des Briefes, getroffen hatte. Diese ganze »zweite unglückselige Liebes- und Verlobungsgeschichte« nahm jedoch bald das ihr von Kafkas Vater prophezeite Ende (*MB*, 306, 226).
Von diesem Anlaß ausgehend, gibt Kafka hier seine Autobiographie. Wenn er in einem Brief an Milena von den »advokatorischen Kniffen« des Dokuments spricht und es einen »Advokatenbrief« nennt (*MB*, 80), so vergreift er sich in der Terminologie. Nicht um das Recht zwischen Vater und Sohn geht es hier, sondern um das Heil des Sohnes vor einem Vater, dessen Gestalt die Ausmaße des alten Kafka bei weitem überwächst. Was als grandioser Befund der Krankheit durch den Kranken begonnen hatte – die Selbsterkenntnis der ödipalen Umklammerung, mit der er den Vater umschlungen hielt, – steigert sich von Diagnose zu Mythographie: »Kronos, der seine Söhne auffraß, – der ehrlichste Vater« wird es einmal in anderem Zusammenhange heißen (Seite 174). Fügen wir zu diesem »ehrlichsten Vater« noch den Ausruf »Gerechter Gott!«, dann haben wir das Lebensklima angedeutet, in dem Franz Kafka sein Wesen trieb.

Brief an den Vater *

Liebster Vater,
Du hast mich letzthin einmal gefragt, warum ich behaupte, ich hätte Furcht vor Dir. Ich wußte Dir, wie gewöhnlich, nichts zu antworten, zum Teil eben aus der Furcht, die ich vor Dir habe, zum Teil deshalb, weil zur Begründung dieser Furcht zu viele Einzelheiten gehören, als daß ich sie im Reden halbwegs zusammenhalten könnte. Und wenn ich hier versuche, Dir schriftlich zu antworten, so wird es doch nur sehr unvollständig sein, weil auch im Schreiben die Furcht und ihre Folgen mich Dir gegenüber behindern und weil die Größe des Stoffs über mein Gedächtnis und meinen Verstand weit hinausgeht.

Dir hat sich die Sache immer sehr einfach dargestellt, wenigstens soweit Du vor mir und, ohne Auswahl, vor vielen andern davon gesprochen hast. Es schien Dir etwa so zu sein: Du hast Dein ganzes Leben lang schwer gearbeitet, alles für Deine Kinder, vor allem für mich geopfert, ich habe infolgedessen »in Saus und Braus« gelebt, habe vollständige Freiheit gehabt zu lernen was ich wollte, habe keinen Anlaß zu Nahrungssorgen, also zu Sorgen überhaupt gehabt; Du hast dafür keine Darkbarkeit verlangt, Du kennst »die Dankbarkeit der Kinder«, aber doch wenigstens irgendein Entgegenkommen, Zeichen eines Mitgefühls; statt dessen habe ich mich seit jeher vor Dir verkrochen, in mein Zimmer, zu Büchern, zu verrückten Freunden, zu überspannten Ideen; offen gesprochen habe ich mit Dir niemals, in den Tempel bin ich nicht zu Dir gekommen, in Franzensbad habe ich Dich nie besucht, auch sonst nie Familiensinn gehabt, um das Geschäft und Deine sonstigen Angelegenheiten habe ich mich nicht gekümmert, die Fabrik habe ich Dir aufgehalst und Dich dann verlassen, Ottla[1] habe ich in ihrem Eigensinn unterstützt und während ich für Dich keinen Finger rühre (nicht einmal eine Theaterkarte bringe ich Dir), tue ich für Freunde alles. Faßt Du Dein Urteil über mich zusammen, so ergibt sich, daß Du mir zwar etwas geradezu Unanständiges oder Böses nicht vorwirfst (mit Ausnahme vielleicht meiner letzten Heiratsabsicht), aber Kälte, Fremdheit, Undankbarkeit. Und zwar wirfst Du es mir so vor, als wäre es meine Schuld, als hätte ich etwa mit einer Steuerdrehung das Ganze anders einrichten können, während

* Überschriften, die nicht von Franz Kafka selber formuliert wurden, sind mit einem Stern versehen (Anm. des Hrsg.).

Du nicht die geringste Schuld daran hast, es wäre denn die, daß Du zu gut zu mir gewesen bist.
Diese Deine übliche Darstellung halte ich nur so weit für richtig, daß auch ich glaube, Du seist gänzlich schuldlos an unserer Entfremdung. Aber ebenso gänzlich schuldlos bin auch ich. Könnte ich Dich dazu bringen, daß Du das anerkennst, dann wäre — nicht etwa ein neues Leben möglich, dazu sind wir beide viel zu alt, aber doch eine Art Friede, kein Aufhören, aber doch ein Mildern Deiner unaufhörlichen Vorwürfe.
Irgendeine Ahnung dessen, was ich sagen will, hast Du merkwürdigerweise. So hast Du mir zum Beispiel vor kurzem gesagt: »ich habe Dich immer gern gehabt, wenn ich auch äußerlich nicht so zu Dir war wie andere Väter zu sein pflegen, eben deshalb weil ich mich nicht verstellen kann wie andere«. Nun habe ich, Vater, im ganzen niemals an Deiner Güte mir gegenüber gezweifelt, aber diese Bemerkung halte ich für unrichtig. Du kannst Dich nicht verstellen, das ist richtig, aber nur aus diesem Grunde behaupten wollen, daß die andern Väter sich verstellen, ist entweder bloße, nicht weiter diskutierbare Rechthaberei oder aber — und das ist es meiner Meinung nach wirklich — der verhüllte Ausdruck dafür, daß zwischen uns etwas nicht in Ordnung ist und daß Du es mitverursacht hast, aber ohne Schuld. Meinst Du das wirklich, dann sind wir einig.
Ich sage ja natürlich nicht, daß ich das, was ich bin, nur durch Deine Einwirkung geworden bin. Das wäre sehr übertrieben (und ich neige sogar zu dieser Übertreibung). Es ist sehr leicht möglich, daß ich, selbst wenn ich ganz frei von Deinem Einfluß aufgewachsen wäre, doch kein Mensch nach Deinem Herzen hätte werden können. Ich wäre wahrscheinlich doch ein schwächlicher, ängstlicher, zögernder, unruhiger Mensch geworden, weder Robert Kafka[2] noch Karl Hermann[3], aber doch ganz anders, als ich wirklich bin, und wir hätten uns ausgezeichnet miteinander vertragen können. Ich wäre glücklich gewesen, Dich als Freund, als Chef, als Onkel, als Großvater, ja selbst (wenn auch schon zögernder) als Schwiegervater zu haben. Nur eben als Vater warst Du zu stark für mich, besonders da meine Brüder klein starben, die Schwestern erst lange nachher kamen, ich also den ersten Stoß ganz allein aushalten mußte, dazu war ich viel zu schwach.
Vergleich uns beide: ich, um es sehr abgekürzt auszudrücken, ein Löwy[4] mit einem gewissen Kafkaschen Fond, der aber eben nicht durch den Kafkaschen Lebens-, Geschäfts-, Eroberungswillen in Bewegung gesetzt wird, sondern durch einen Löwy'schen Stachel, der geheimer, scheuer, in anderer Richtung wirkt und oft überhaupt aussetzt. Du dagegen ein wirklicher Kafka an Stärke, Gesundheit, Appetit, Stimmkraft, Redebegabung, Selbst-

zufriedenheit, Weltüberlegenheit, Ausdauer, Geistesgegenwart, Menschenkenntnis, einer gewissen Großzügigkeit, natürlich auch mit allen zu diesen Vorzügen gehörigen Fehlern und Schwächen, in welche Dich Dein Temperament und manchmal Dein Jähzorn hineinhetzen. Nicht ganzer Kafka bist Du vielleicht in Deiner allgemeinen Weltansicht, soweit ich Dich mit Onkel Philipp, Ludwig, Heinrich[5] vergleichen kann. Das ist merkwürdig, ich sehe hier auch nicht ganz klar. Sie waren doch alle fröhlicher, frischer, ungezwungener, leichtlebiger, weniger streng als Du. (Darin habe ich übrigens viel von Dir geerbt und das Erbe viel zu gut verwaltet, ohne allerdings die nötigen Gegengewichte in meinem Wesen zu haben, wie Du sie hast.) Doch hast auch andererseits Du in dieser Hinsicht verschiedene Zeiten durchgemacht, warst vielleicht fröhlicher, ehe Dich Deine Kinder, besonders ich, enttäuschten und zu Hause bedrückten (kamen Fremde, warst Du ja anders) und bist auch jetzt vielleicht wieder fröhlicher geworden, da Dir die Enkel und der Schwiegersohn wieder etwas von jener Wärme geben, die Dir die Kinder, bis auf Valli[6] vielleicht, nicht geben konnten. Jedenfalls waren wir so verschieden und in dieser Verschiedenheit einander so gefährlich, daß, wenn man es hätte etwa im voraus ausrechnen wollen, wie ich, das langsam sich entwickelnde Kind, und Du, der fertige Mann, sich zueinander verhalten werden, man hätte annehmen können, daß Du mich einfach niederstampfen wirst, daß nichts von mir übrigbleibt. Das ist nun nicht geschehen, das Lebendige läßt sich nicht ausrechnen, aber vielleicht ist Ärgeres geschehen. Wobei ich Dich aber immerfort bitte, nicht zu vergessen, daß ich niemals im entferntesten an eine Schuld Deinerseits glaube. Du wirktest so auf mich, wie Du wirken mußtest, nur sollst Du aufhören, es für eine besondere Bosheit meinerseits zu halten, daß ich dieser Wirkung erlegen bin.

Ich war ein ängstliches Kind; trotzdem war ich gewiß auch störrisch, wie Kinder sind; gewiß verwöhnte mich die Mutter auch, aber ich kann nicht glauben, daß ich besonders schwer lenkbar war, ich kann nicht glauben, daß ein freundliches Wort, ein stilles Bei-der-Hand-Nehmen, ein guter Blick mir nicht alles hätten abfordern können, was man wollte. Nun bist Du ja im Grunde ein gütiger und weicher Mensch (das Folgende wird dem nicht widersprechen, ich rede ja nur von der Erscheinung, in der Du auf das Kind wirktest), aber nicht jedes Kind hat die Ausdauer und Unerschrockenheit, so lange zu suchen, bis es zu der Güte kommt. Du kannst ein Kind nur so behandeln, wie Du eben selbst geschaffen bist, mit Kraft, Lärm und Jähzorn, und in diesem Falle schien Dir das auch noch überdies deshalb sehr gut geeignet, weil Du einen kräftigen mutigen Jungen in mir aufziehen wolltest.

Deine Erziehungsmittel in den allerersten Jahren kann ich heute natürlich nicht unmittelbar beschreiben, aber ich kann sie mir etwa vorstellen durch Rückschluß aus den späteren Jahren und aus Deiner Behandlung des Felix[7]. Hiebei kommt verschärfend in Betracht, daß Du damals jünger, daher frischer, wilder, ursprünglicher, noch unbekümmerter warst als heute und daß Du außerdem ganz an das Geschäft gebunden warst, kaum einmal des Tages Dich mir zeigen konntest und deshalb einen um so tieferen Eindruck auf mich machtest, der sich kaum je zur Gewöhnung verflachte.

Direkt erinnere ich mich nur an einen Vorfall aus den ersten Jahren. Du erinnerst Dich vielleicht auch daran. Ich winselte einmal in der Nacht immerfort um Wasser, gewiß nicht aus Durst, sondern wahrscheinlich teils um zu ärgern, teils um mich zu unterhalten. Nachdem einige starke Drohungen nicht geholfen hatten, nahmst Du mich aus dem Bett, trugst mich auf die Pawlatsche[8] und ließest mich dort allein vor der geschlossenen Tür ein Weilchen im Hemd stehn. Ich will nicht sagen, daß das unrichtig war, vielleicht war damals die Nachtruhe auf andere Weise wirklich nicht zu verschaffen, ich will aber damit Deine Erziehungsmittel und ihre Wirkung auf mich charakterisieren. Ich war damals nachher wohl schon folgsam, aber ich hatte einen inneren Schaden davon. Das für mich Selbstverständliche des sinnlosen Ums-Wasser-Bittens und das außerordentlich Schreckliche des Hinausgetragenwerdens konnte ich meiner Natur nach niemals in die richtige Verbindung bringen. Noch nach Jahren litt ich unter der quälenden Vorstellung, daß der riesige Mann, mein Vater, die letzte Instanz, fast ohne Grund kommen und mich in der Nacht aus dem Bett auf die Pawlatsche tragen konnte und daß ich also ein solches Nichts für ihn war.

Das war damals ein kleiner Anfang nur, aber dieses mich oft beherrschende Gefühl der Nichtigkeit (ein in anderer Hinsicht allerdings auch edles und fruchtbares Gefühl) stammt vielfach von Deinem Einfluß. Ich hätte ein wenig Aufmunterung, ein wenig Freundlichkeit, ein wenig Offenhalten meines Wegs gebraucht, statt dessen verstelltest Du mir ihn, in der guten Absicht freilich, daß ich einen anderen Weg gehen sollte. Aber dazu taugte ich nicht. Du muntertest mich zum Beispiel auf, wenn ich gut salutierte und marschierte, aber ich war kein künftiger Soldat, oder Du muntertest mich auf, wenn ich kräftig essen oder sogar Bier dazu trinken konnte, oder wenn ich unverstandene Lieder nachsingen oder Deine Lieblingsredensarten Dir nachplappern konnte, aber nichts davon gehörte zu meiner Zukunft. Und es ist bezeichnend, daß Du selbst heute mich nur dann eigentlich in etwas aufmunterst, wenn Du selbst in Mitleidenschaft gezogen bist, wenn es sich um Dein Selbstgefühl handelt, das ich verletze (zum Beispiel durch meine Heiratsabsicht) oder das in mir verletzt wird (wenn zum Beispiel Pepa[9] mich beschimpft). Dann werde ich aufgemuntert, an meinen Wert erinnert, auf die Partien hingewiesen, die ich zu machen berechtigt wäre und Pepa wird vollständig verurteilt. Aber abgesehen davon, daß ich für Aufmunterung in meinem jetzigen Alter schon fast unzugänglich bin, was würde sie mir auch helfen, wenn sie nur dann eintritt, wo es nicht in erster Reihe um mich geht.

Damals und damals überall hätte ich die Aufmunterung gebraucht. Ich war ja schon niedergedrückt durch Deine bloße Körperlichkeit. Ich erinnere mich zum Beispiel daran, wie wir uns öfters zusammen in einer Kabine auszogen. Ich mager, schwach, schmal, Du stark, groß, breit. Schon in der Kabine kam ich mir jämmerlich vor, und zwar nicht nur vor Dir, sondern vor der ganzen Welt, denn Du warst für mich das Maß aller Dinge. Traten wir dann aber aus der Kabine vor die Leute hinaus, ich an Deiner Hand, ein kleines Gerippe, unsicher, bloßfüßig auf den Planken, in Angst vor dem Wasser, unfähig Deine Schwimmbewegungen nachzumachen, die Du mir in guter Absicht, aber tatsächlich zu meiner tiefen Beschämung immerfort vormachtest, dann war ich sehr verzweifelt und alle meine schlimmen Erfahrungen auf allen Gebieten stimmten in solchen Augenblicken großartig zusammen. Am wohlsten war mir noch, wenn Du Dich manchmal zuerst auszogst und ich allein in der Kabine bleiben und die Schande des öffentlichen Auftretens so lange hinauszögern konnte, bis Du endlich nachschauen kamst und mich aus der Kabine triebst. Dankbar war ich Dir dafür, daß Du meine Not nicht zu bemerken schienest, auch war ich stolz auf den Körper meines Vaters. Übrigens besteht zwischen uns dieser Unterschied heute noch ähnlich.

Dem entsprach weiter Deine geistige Oberherrschaft. Du hattest Dich allein durch eigene Kraft so hoch hinaufgearbeitet, infolgedessen hattest Du unbeschränktes Vertrauen zu Deiner Meinung. Das war für mich als Kind nicht einmal so blendend wie später für den heranwachsenden jungen Menschen. In Deinem Lehnstuhl regiertest Du die Welt. Deine Meinung war richtig, jede andere war verrückt, überspannt, meschugge[10], nicht normal. Dabei war Dein Selbstvertrauen so groß, daß Du gar nicht konsequent sein mußtest und doch nicht aufhörtest recht zu haben. Es konnte auch vorkommen, daß Du in einer Sache gar keine Meinung hattest und infolgedessen alle Meinungen, die hinsichtlich der Sache überhaupt möglich waren, ohne Ausnahme falsch sein mußten. Du konntest zum Beispiel auf die Tschechen schimpfen, dann auf die Deutschen, dann auf die

Juden, und zwar nicht nur in Auswahl, sondern in jeder Hinsicht, und schließlich blieb niemand mehr übrig außer Dir. Du bekamst für mich das Rätselhafte, das alle Tyrannen haben, deren Recht auf ihrer Person, nicht auf dem Denken begründet ist. Wenigstens schien es mir so.

Nun behieltest Du ja mir gegenüber tatsächlich erstaunlich oft recht, im Gespräch war das selbstverständlich, denn zum Gespräch kam es kaum, aber auch in Wirklichkeit. Doch war auch das nichts besonders Unbegreifliches: Ich stand ja in allem meinem Denken unter Deinem schweren Druck, auch in dem Denken, das nicht mit dem Deinen übereinstimmte und besonders in diesem. Alle diese von Dir scheinbar unabhängigen Gedanken waren von Anfang an belastet mit Deinem absprechenden Urteil; bis zur vollständigen und dauernden Ausführung des Gedankens das zu ertragen, war fast unmöglich. Ich rede hier nicht von irgendwelchen hohen Gedanken, sondern von jedem kleinen Unternehmen der Kinderzeit. Man mußte nur über irgendeine Sache glücklich sein, von ihr erfüllt sein, nach Hause kommen und es aussprechen und die Antwort war ein ironisches Seufzen, ein Kopfschütteln, ein Fingerklopfen auf den Tisch: »Hab auch schon etwas Schöneres gesehn« oder »Mir gesagt Deine Sorgen« oder »ich hab keinen so geruhten Kopf« oder »Kauf Dir was dafür!« oder »Auch ein Ereignis!« Natürlich konnte man nicht für jede Kinderkleinigkeit Begeisterung von Dir verlangen, wenn Du in Sorge und Plage lebtest. Darum handelte es sich auch nicht. Es handelte sich vielmehr darum, daß Du solche Enttäuschungen dem Kinde immer und grundsätzlich bereiten mußtest kraft Deines gegensätzlichen Wesens, weiter daß dieser Gegensatz durch Anhäufung des Materials sich unaufhörlich verstärkte, so daß er sich schließlich auch gewohnheitsmäßig geltend machte, wenn Du einmal der gleichen Meinung warst wie ich und daß endlich diese Enttäuschungen des Kindes nicht Enttäuschungen des gewöhnlichen Lebens waren, sondern, da es ja um Deine für alles maßgebende Person ging, im Kern trafen. Der Mut, die Entschlossenheit, die Zuversicht, die Freude an dem und jenem hielten nicht bis zum Ende aus, wenn Du dagegen warst oder schon wenn Deine Gegnerschaft bloß angenommen werden konnte; und angenommen konnte sie wohl bei fast allem werden, was ich tat.

Das bezog sich auf Gedanken so gut wie auf Menschen. Es genügte, daß ich an einem Menschen ein wenig Interesse hatte – es geschah ja infolge meines Wesens nicht sehr oft –, daß Du schon ohne jede Rücksicht auf mein Gefühl und ohne Achtung vor meinem Urteil mit Beschimpfung, Verleumdung, Entwürdigung dreinfuhrst. Unschuldige, kindliche Menschen wie zum Beispiel der jiddische Schauspieler Löwy[11] mußten das büßen.

Ohne ihn zu kennen, verglichst Du ihn in einer schrecklichen Weise, die ich schon vergessen habe, mit Ungeziefer, und wie so oft für Leute, die mir lieb waren, hattest Du automatisch das Sprichwort von den Hunden und Flöhen[12] bei der Hand. An den Schauspieler erinnere ich mich hier besonders, weil ich Deine Aussprüche über ihn damals mir mit der Bemerkung notierte: »So spricht mein Vater über meinen Freund (den er gar nicht kennt) nur deshalb, weil er mein Freund ist. Das werde ich ihm immer entgegenhalten können, wenn er mir Mangel an kindlicher Liebe und Dankbarkeit vorwerfen wird.« Unverständlich war mir immer Deine vollständige Empfindungslosigkeit dafür, was für Leid und Schande Du mit Deinen Worten und Urteilen mir zufügen konntest, es war, als hättest Du keine Ahnung von Deiner Macht. Auch ich habe Dich sicher oft mit Worten gekränkt, aber dann wußte ich es immer, es schmerzte mich, aber ich konnte mich nicht beherrschen, das Wort nicht zurückhalten, ich bereute es schon, während ich es sagte. Du aber schlugst mit Deinen Worten ohneweiters los, niemand tat Dir leid, nicht währenddessen, nicht nachher, man war gegen Dich vollständig wehrlos.

Aber so war Deine ganze Erziehung. Du hast, glaube ich, ein Erziehungstalent; einem Menschen Deiner Art hättest Du durch Erziehung gewiß nützen können; er hätte die Vernünftigkeit dessen, was Du ihm sagtest, eingesehn, sich um nichts Weiteres gekümmert und die Sachen ruhig so ausgeführt. Für mich als Kind war aber alles, was Du mir zuriefst, geradezu Himmelsgebot, ich vergaß es nie, es blieb mir das wichtigste Mittel zur Beurteilung der Welt, vor allem zur Beurteilung Deiner selbst, und da versagtest Du vollständig. Da ich als Kind hauptsächlich beim Essen mit Dir beisammen war, war Dein Unterricht zum großen Teil Unterricht im richtigen Benehmen bei Tisch. Was auf den Tisch kam, mußte aufgegessen, über die Güte des Essens durfte nicht gesprochen werden – Du aber fandest das Essen oft ungenießbar; nanntest es »das Fressen«; das »Vieh« (die Köchin) hatte es verdorben. Weil Du entsprechend Deinem kräftigen Hunger und Deiner besonderen Vorliebe alles schnell, heiß und in großen Bissen gegessen hast, mußte sich das Kind beeilen, düstere Stille war bei Tisch, unterbrochen von Ermahnungen: »zuerst iß, dann sprich« oder »schneller, schneller, schneller« oder »siehst Du, ich habe schon längst aufgegessen«. Knochen durfte man nicht zerbeißen, Du ja. Essig durfte man nicht schlürfen, Du ja. Die Hauptsache war, daß man das Brot gerade schnitt; daß Du das aber mit einem von Sauce triefenden Messer tatest, war gleichgültig. Man mußte achtgeben, daß keine Speisereste auf den Boden fielen, unter Dir lag schließlich am meisten. Bei Tisch durfte man sich nur mit Essen beschäftigen, Du aber putztest und schnittest Dir die Nägel, spitztest Bleistifte, reinigtest mit dem Zahnstocher die Ohren. Bitte, Vater, verstehe mich recht, das wären an sich vollständig unbedeutende Einzelheiten gewesen, niederdrückend wurden sie für mich erst dadurch, daß Du, der für mich so ungeheuer maßgebende Mensch, Dich selbst an die Gebote nicht hieltest, die Du mir auferlegtest. Dadurch wurde die Welt für mich in drei Teile geteilt, in einen, wo ich, der Sklave, lebte, unter Gesetzen, die nur für mich erfunden waren und denen ich überdies, ich wußte nicht warum, niemals völlig entsprechen konnte, dann in eine zweite Welt, die unendlich von meiner entfernt war, in der Du lebtest, beschäftigt mit der Regierung, mit dem Ausgeben der Befehle und mit dem Ärger wegen deren Nichtbefolgung, und schließlich in eine dritte Welt, wo die übrigen Leute glücklich und frei von Befehlen und Gehorchen lebten. Ich war immerfort in Schande, entweder befolgte ich Deine Befehle, das war Schande, denn sie galten ja nur für mich; oder ich war trotzig, das war auch Schande, denn wie durfte ich Dir gegenüber trotzig sein, oder ich konnte nicht folgen, weil ich zum Beispiel nicht Deine Kraft, nicht Deinen Appetit, nicht Deine Geschicklichkeit hatte, trotzdem Du es als etwas Selbstverständliches von mir verlangtest; das war allerdings die größte Schande. In dieser Weise bewegten sich nicht die Überlegungen, aber das Gefühl des Kindes.

Meine damalige Lage wird vielleicht deutlicher, wenn ich sie mit der von Felix vergleiche. Auch ihn behandelst Du ja ähnlich, ja wendest sogar ein besonders fürchterliches Erziehungsmittel gegen ihn an, indem Du, wenn er beim Essen etwas Deiner Meinung nach Unreines macht, Dich nicht damit begnügst, wie damals zu mir zu sagen: »Du bist ein großes Schwein«, sondern noch hinzufügst: »ein echter Hermann« oder »genau, wie Dein Vater«. Nun schadet das aber vielleicht – mehr als »vielleicht« kann man nicht sagen – dem Felix wirklich nicht wesentlich, denn für ihn bist Du eben nur ein allerdings besonders bedeutender Großvater, aber doch nicht alles, wie Du es für mich gewesen bist, außerdem ist Felix ein ruhiger, schon jetzt gewissermaßen männlicher Charakter, der sich durch eine Donnerstimme vielleicht verblüffen, aber nicht für die Dauer bestimmen läßt, vor allem aber ist er doch nur verhältnismäßig selten mit Dir beisammen, steht ja auch unter anderen Einflüssen, Du bist ihm mehr etwas liebes Kurioses, aus dem er auswählen kann, was er sich nehmen will. Mir warst Du nichts Kurioses, ich konnte nicht auswählen, ich mußte alles nehmen.

Und zwar ohne etwas dagegen vorbringen zu können, denn es ist Dir von vornherein nicht möglich, ruhig über eine Sache zu sprechen, mit der Du nicht einverstanden bist oder die bloß nicht von Dir ausgeht; Dein herrisches Temperament läßt das nicht zu. In den letzten Jahren erklärst Du das durch Deine Herznervosität, ich wüßte nicht, daß Du jemals wesentlich anders gewesen bist, höchstens ist Dir die Herznervosität ein Mittel zur strengeren Ausübung der Herrschaft, da der Gedanke daran die letzte Widerrede im anderen ersticken muß. Das ist natürlich kein Vorwurf, nur Feststellung einer Tatsache. Etwa bei Ottla: »Man kann ja mit ihr gar nicht sprechen, sie springt einem gleich ins Gesicht«, pflegst Du zu sagen, aber in Wirklichkeit springt sie ursprünglich gar nicht; Du verwechselst die Sache mit der Person; die Sache springt Dir ins Gesicht, und Du entscheidest sie sofort ohne Anhören der Person; was nachher noch vorgebracht wird, kann Dich nur weiter reizen, niemals überzeugen. Dann hört man von Dir nur noch: »Mach, was Du willst; von mir aus bist Du frei; Du bist großjährig; ich habe Dir keine Ratschläge zu geben«, und alles das mit dem fürchterlichen heiseren Unterton des Zornes und der vollständigen Verurteilung, vor dem ich heute nur deshalb weniger zittere als in der Kinderzeit, weil das ausschließliche Schuldgefühl des Kindes zum Teil ersetzt ist durch den Einblick in unser beider Hilflosigkeit.

Die Unmöglichkeit des ruhigen Verkehrs hatte noch eine weitere eigentlich sehr natürliche Folge: ich verlernte das Reden. Ich wäre ja wohl auch sonst kein großer Redner geworden, aber die gewöhnlich fließende menschliche Sprache hätte ich doch beherrscht. Du hast mir aber schon früh das Wort verboten. Deine Drohung: »kein Wort der Widerrede!« und die dazu erhobene Hand begleiten mich schon seit jeher. Ich bekam vor Dir – Du bist, sobald es um Deine Dinge geht, ein ausgezeichneter Redner – eine stockende, stotternde Art des Sprechens, auch das war Dir noch zu viel, schließlich schwieg ich, zuerst vielleicht aus Trotz, dann, weil ich vor Dir weder denken noch reden konnte. Und weil Du mein eigentlicher Erzieher warst, wirkte das überall in meinem Leben nach. Es ist überhaupt ein merkwürdiger Irrtum, wenn Du glaubst, ich hätte mich Dir nie gefügt. »Immer alles contra« ist wirklich nicht mein Lebensgrundsatz Dir gegenüber gewesen, wie Du glaubst und mir vorwirfst. Im Gegenteil: hätte ich Dir weniger gefolgt, Du wärest sicher viel zufriedener mit mir. Vielmehr haben alle Deine Erziehungsmaßnahmen genau getroffen; keinem Griff bin ich ausgewichen; so wie ich bin, bin ich (von den Grundlagen und der Einwirkung des Lebens natürlich abgesehen) das Ergebnis Deiner Erziehung und meiner Folgsamkeit. Daß dieses Ergebnis Dir trotzdem peinlich ist, ja daß Du Dich unbewußt weigerst, es als Dein Erziehungsergebnis anzuerkennen, liegt eben daran, daß Deine Hand und mein Material einander so fremd gewesen sind. Du sagtest: »Kein Wort der Widerrede!« und wolltest damit die Dir unangenehmen Gegenkräfte in mir zum Schweigen bringen, diese Einwirkung war aber für mich zu stark, ich war zu folgsam, ich verstummte gänzlich, verkroch mich vor Dir und wagte mich erst zu regen, wenn ich so weit von Dir entfernt war, daß Deine Macht, wenigstens direkt, nicht mehr hinreichte. Du aber standst davor, und alles schien Dir wieder »contra« zu sein, während es nur selbstverständliche Folge Deiner Stärke und meiner Schwäche war.

Deine äußerst wirkungsvollen, wenigstens mir gegenüber niemals versagenden rednerischen Mittel bei der Erziehung waren: Schimpfen, Drohen, Ironie, böses Lachen und — merkwürdigerweise — Selbstbeklagung.

Daß Du mich direkt und mit ausdrücklichen Schimpfwörtern beschimpft hättest, kann ich mich nicht erinnern. Es war auch nicht nötig, Du hattest so viele andere Mittel, auch flogen im Gespräch zu Hause und besonders im Geschäft die Schimpfwörter rings um mich in solchen Mengen auf andere nieder, daß ich als kleiner Junge manchmal davon fast betäubt war und keinen Grund hatte, sie nicht auch auf mich zu beziehen, denn die Leute, die Du beschimpftest, waren gewiß nicht schlechter als ich, und Du warst gewiß mit ihnen nicht unzufriedener als mit mir. Und auch hier war wieder Deine rätselhafte Unschuld und Unangreifbarkeit, Du schimpftest, ohne Dir irgendwelche Bedenken deshalb zu machen, ja Du verurteiltest das Schimpfen bei anderen und verbotest es.

Das Schimpfen verstärktest Du mit Drohen, und das galt nun auch schon mir. Schrecklich war mir zum Beispiel dieses: »ich zerreiße Dich wie einen Fisch«, trotzdem ich ja wußte, daß dem nichts Schlimmeres nachfolgte (als kleines Kind wußte ich das allerdings nicht), aber es entsprach fast meinen Vorstellungen von Deiner Macht, daß Du auch das imstande gewesen wärest. Schrecklich war es auch, wenn Du schreiend um den Tisch herumliefst, um einen zu fassen, offenbar gar nicht fassen wolltest, aber doch so tatest und die Mutter einen schließlich scheinbar rettete. Wieder hatte man einmal, so schien es dem Kind, das Leben durch Deine Gnade behalten und trug es als Dein unverdientes Geschenk weiter. Hierher gehören auch die Drohungen wegen der Folgen des Ungehorsams. Wenn ich etwas zu tun anfing, was Dir nicht gefiel, und Du drohtest mir mit dem Mißerfolg, so war die Ehrfurcht vor Deiner Meinung so groß, daß damit der Mißerfolg, wenn auch vielleicht erst für eine spätere Zeit, unaufhaltsam war. Ich verlor das Vertrauen zu eigenem Tun. Ich war unbeständig, zweifelhaft. Je älter ich wurde, desto größer war das Material, daß Du mir zum Beweis meiner Wertlosigkeit entgegenhalten konntest; allmählich bekamst Du in gewisser Hinsicht wirklich recht. Wieder hüte ich mich zu behaupten, daß ich nur durch Dich so wurde; Du verstärktest nur, was war, aber Du verstärktest es sehr, weil Du eben mir gegenüber sehr mächtig warst und alle Macht dazu verwendetest.

Ein besonderes Vertrauen hattest Du zur Erziehung durch Ironie, sie entsprach auch am besten Deiner Überlegenheit über mich. Eine Ermahnung hatte bei Dir gewöhnlich diese Form: »Kannst Du das nicht so und so machen? Das ist Dir wohl schon zu viel? Dazu hast Du natürlich keine Zeit?« und ähnlich. Dabei jede solche Frage begleitet von bösem Lachen und bösem Gesicht. Man wurde gewissermaßen schon bestraft, ehe man noch wußte, daß man etwas Schlechtes getan hatte. Aufreizend waren auch jene Zurechtweisungen, wo man als dritte Person behandelt, also nicht einmal des bösen Ansprechens gewürdigt wurde; wo Du also etwa formell zur Mutter sprachst, aber eigentlich zu mir, der dabei saß, zum Beispiel: »Das kann man vom Herrn Sohn natürlich nicht haben« und dergleichen. (Das bekam dann sein Gegenspiel darin, daß ich zum Beispiel nicht wagte und später aus Gewohnheit gar nicht mehr daran dachte, Dich direkt zu fragen, wenn die Mutter dabei war. Es war dem Kind viel ungefährlicher, die neben Dir sitzende Mutter nach Dir auszufragen, man fragte dann die Mutter: »Wie geht es dem Vater?« und sicherte sich so vor Überraschungen.) Es gab natürlich auch Fälle, wo man mit der ärgsten Ironie sehr einverstanden war, nämlich wenn sie einen anderen betraf, zum Beispiel die Elli[13], mit der ich jahrelang böse war. Es war für mich ein Fest der Bosheit und Schadenfreude, wenn es von ihr fast bei jedem Essen etwa hieß: »Zehn Meter weit vom Tisch muß sie sitzen, die breite Mad[14]« und wenn Du dann böse auf Deinem Sessel, ohne die leiseste Spur von Freundlichkeit oder Laune, sondern als erbitterter Feind übertrieben ihr nachzumachen suchtest, wie äußerst widerlich für Deinen Geschmack sie dasaß. Wie oft hat sich das und ähnliches wiederholen müssen, wie wenig hast Du im Tatsächlichen dadurch erreicht. Ich glaube, es lag daran, daß der Aufwand von Zorn und Bösesein zur Sache selbst in keinem richtigen Verhältnis zu sein schien, man hatte nicht das Gefühl, daß der Zorn durch diese Kleinigkeit des Weit-vom-Tisch-Sitzens erzeugt sei, sondern daß er in seiner ganzen Größe von vornherein vorhanden war und nur zufällig gerade diese Sache als Anlaß zum Losbrechen genommen habe. Da man überzeugt war, daß sich ein Anlaß jedenfalls finden würde, nahm man sich nicht besonders zusammen, auch stumpfte man unter der fortwährenden Drohung ab; daß man nicht geprügelt wurde, dessen war man ja allmählich fast sicher. Man wurde ein mürrisches, unaufmerksames, ungehorsames Kind, immer auf eine Flucht, meist eine innere, bedacht. So littest Du, so litten wir. Du hattest von Deinem Standpunkt ganz recht, wenn Du mit zusammengebissenen Zähnen und dem gurgelnden Lachen, welches dem Kind zum erstenmal höllische Vorstellungen vermittelt hatte, bitter zu sagen pflegtest (wie erst letzthin wegen eines Konstantinopler Briefes): »Das ist eine Gesellschaft!«

Ganz unverträglich mit dieser Stellung zu Deinen Kindern schien es zu sein, wenn Du, was ja sehr oft geschah, öffentlich Dich beklagtest. Ich gestehe, daß ich als Kind (später wohl) dafür gar kein Gefühl hatte und nicht verstand, wie Du überhaupt erwarten konntest, Mitgefühl zu finden. Du warst so riesenhaft in jeder Hinsicht; was konnte Dir an unserem Mitleid liegen oder gar an unserer Hilfe? Die mußtest Du doch eigentlich verachten, wie uns selbst so oft. Ich glaubte daher den Klagen nicht und suchte irgendeine geheime Absicht hinter ihnen. Erst später begriff ich, daß Du wirklich durch die Kinder sehr littest, damals aber, wo die Klagen noch unter anderen Umständen einen kindlichen, offenen, bedenkenlosen, zu jeder Hilfe bereiten Sinn hätten antreffen können, mußten sie mir wieder nur überdeutliche Erziehungs- und Demütigungsmittel sein, als solche an sich nicht sehr stark, aber mit der schädlichen Nebenwirkung, daß das Kind sich gewöhnte, gerade Dinge nicht sehr ernst zu nehmen, die es ernst hätte nehmen sollen.

Es gab glücklicherweise davon allerdings auch Ausnahmen, meistens wenn Du schweigend littest und Liebe und Güte mit ihrer Kraft alles Entgegenstehende überwand und unmittelbar ergriff. Selten war das allerdings, aber es war wunderbar. Etwa wenn ich Dich früher in heißen Sommern mittags nach dem Essen im Geschäft müde ein wenig schlafen sah, den Ellbogen auf dem Pult, oder wenn Du sonntags abgehetzt zu uns in die Sommerfrische kamst; oder wenn Du bei einer schweren Krankheit der Mutter zitternd vom Weinen Dich am Bücherkasten festhieltest; oder wenn Du während meiner letzten Krankheit leise zu mir in Ottlas Zimmer kamst, auf der Schwelle bliebst, nur den Hals strecktest, um mich im Bett zu sehn, und aus Rücksicht nur mit der Hand grüßtest. Zu solchen Zeiten legte man sich hin und weinte vor Glück und weint jetzt wieder, während man es schreibt.

Du hast auch eine besonders schöne, sehr selten zu sehende Art eines stillen, zufriedenen, gutheißenden Lächelns, das den, dem es gilt, ganz glücklich machen kann. Ich kann mich nicht erinnern, daß es in meiner Kindheit ausdrücklich mir zuteil geworden wäre, aber es dürfte wohl geschehen sein, denn warum solltest Du es mir damals verweigert haben, da ich Dir noch unschuldig schien und Deine große Hoffnung war. Übrigens haben auch solche freundliche Eindrücke auf die Dauer nichts anderes erzielt, als mein Schuldbewußtsein vergrößert und die Welt mir noch unverständlicher gemacht.

Lieber hielt ich mich ans Tatsächliche und Fortwährende. Um mich Dir gegenüber nur ein wenig zu behaupten, zum Teil auch aus einer Art Rache, fing ich bald an, kleine Lächerlichkeiten, die ich an Dir bemerkte, zu beobachten, zu sammeln, zu übertreiben. Wie Du zum Beispiel leicht Dich von meist nur scheinbar höherstehenden Personen blenden ließest und davon immerfort erzählen konntest, etwa von irgendeinem kaiserlichen Rat oder dergleichen (andererseits tat mir etwas Derartiges auch weh, daß Du, mein Vater, solche nichtige Bestätigungen Deines Wertes zu brauchen glaubtest und mit ihnen großtatest). Oder ich beobachtete Deine Vorliebe für unanständige, möglichst laut herausgebrachte Redensarten, über die Du lachtest, als hättest Du etwas besonders Vortreffliches gesagt, während es eben nur eine platte, kleine Unanständigkeit war (gleichzeitig war es allerdings auch wieder eine mich beschämende Äußerung Deiner Lebenskraft). Solcher verschiedener Beobachtungen gab es natürlich eine Menge; ich war glücklich über sie, es gab für mich Anlaß zu Getuschel und Spaß, Du bemerktest es manchmal, ärgertest Dich darüber, hieltest es für Bosheit, Respektlosigkeit, aber glaube mir, es war nichts anderes für mich als ein übrigens untaugliches Mittel zur Selbsterhaltung, es waren Scherze, wie man sie über Götter und Könige verbreitet, Scherze, die mit dem tiefsten Respekt nicht nur sich verbinden lassen, sondern sogar zu ihm gehören.

Auch Du hast übrigens, entsprechend Deiner ähnlichen Lage mir gegenüber, eine Art Gegenwehr versucht. Du pflegtest darauf hinzuweisen, wie übertrieben gut es mir ging und wie gut ich eigentlich behandelt worden bin. Das ist richtig, ich glaube aber nicht, daß es mir unter den einmal vorhandenen Umständen im wesentlichen genützt hat.

Es ist wahr, daß die Mutter grenzenlos gut zu mir war, aber alles das stand für mich in Beziehung zu Dir, also in keiner guten Beziehung. Die Mutter hatte unbewußt die Rolle eines Treibers in der Jagd. Wenn schon Deine Erziehung in irgendeinem unwahrscheinlichen Fall mich durch Erzeugung von Trotz, Abneigung oder gar Haß auf eigene Füße hätte stellen können, so glich das die Mutter durch Gutsein, durch vernünftige Rede (sie war im Wirrwarr der Kindheit das Urbild der Vernunft), durch Fürbitte wieder aus, und ich war wieder in Deinen Kreis zurückgetrieben, aus dem ich sonst vielleicht, Dir und mir zum Vorteil, ausgebrochen wäre. Oder es war so, daß es zu keiner eigentlichen Versöhnung kam, daß die Mutter mich vor Dir bloß im Geheimen schützte, mir im Geheimen etwas gab, etwas erlaubte, dann war ich wieder vor Dir das lichtscheue Wesen, der Betrüger, der Schuldbewußte, der wegen seiner Nichtigkeit selbst zu dem, was er für sein Recht hielt, nur auf Schleich-

wegen kommen konnte. Natürlich gewöhnte ich mich dann, auf diesen Wegen auch das zu suchen, worauf ich, selbst meiner Meinung nach, kein Recht hatte. Das war wieder Vergrößerung des Schuldbewußtseins.
Es ist auch wahr, daß Du mich kaum einmal wirklich geschlagen hast. Aber das Schreien, das Rotwerden Deines Gesichts, das eilige Losmachen der Hosenträger, ihr Bereitliegen auf der Stuhllehne, war für mich fast ärger. Es ist, wie wenn einer gehängt werden soll. Wird er wirklich gehenkt, dann ist er tot und es ist alles vorüber. Wenn er aber alle Vorbereitungen zum Gehenktwerden miterleben muß und erst wenn ihm die Schlinge vor dem Gesicht hängt, von seiner Begnadigung erfährt, so kann er sein Leben lang daran zu leiden haben. Überdies sammelte sich aus diesen vielen Malen, wo ich Deiner deutlich gezeigten Meinung nach Prügel verdient hätte, ihnen aber aus Deiner Gnade noch knapp entgangen war, wieder nur ein großes Schuldbewußtsein an. Von allen Seiten her kam ich in Deine Schuld.
Seit jeher machtest Du mir zum Vorwurf (und zwar mir allein oder vor anderen, für das Demütigende des letzteren hattest Du kein Gefühl, die Angelegenheiten Deiner Kinder waren immer öffentliche), daß ich dank Deiner Arbeit ohne alle Entbehrungen in Ruhe, Wärme, Fülle lebte. Ich denke da an Bemerkungen, die in meinem Gehirn förmlich Furchen gezogen haben müssen, wie: »Schon mit sieben Jahren mußte ich mit dem Karren durch die Dörfer fahren.« »Wir mußten alle in einer Stube schlafen.« »Wir waren glücklich, wenn wir Erdäpfel hatten.« »Jahrelang hatte ich wegen ungenügender Winterkleidung offene Wunden an den Beinen.« »Als kleiner Junge mußte ich schon nach Pisek ins Geschäft.« »Von zuhause bekam ich gar nichts, nicht einmal beim Militär, ich schickte noch Geld nachhause.« »Aber trotzdem, trotzdem – der Vater war mir immer der Vater. Wer weiß das heute! Was wissen die Kinder! Das hat niemand gelitten! Versteht das heute ein Kind?« Solche Erzählungen hätten unter anderen Verhältnissen ein ausgezeichnetes Erziehungsmittel sein können, sie hätten zum Überstehen der gleichen Plagen und Entbehrungen, die der Vater durchgemacht hatte, aufmuntern und kräftigen können. Aber das wolltest Du doch gar nicht, die Lage war ja eben durch das Ergebnis Deiner Mühe eine andere geworden, Gelegenheit, sich in der Weise auszuzeichnen, wie Du es getan hattest, gab es nicht. Eine solche Gelegenheit hätte man erst durch Gewalt und Umsturz schaffen müssen, man hätte von zu Hause ausbrechen müssen (vorausgesetzt, daß man die Entschlußfähigkeit und Kraft dazu gehabt hätte und die Mutter nicht ihrerseits mit anderen Mitteln dagegen gearbeitet hätte). Aber das alles wolltest Du doch gar

nicht, das bezeichnetest Du als Undankbarkeit, Überspanntheit, Ungehorsam, Verrat, Verrücktheit. Während Du also von einer Seite durch Beispiel, Erzählung und Beschämung dazu locktest, verbotest Du es auf der anderen Seite allerstrengstens. Sonst hättest Du zum Beispiel, von den Nebenumständen abgesehen, von Ottlas Zürauer Abenteuer[15] eigentlich entzückt sein müssen. Sie wollte auf das Land, von dem Du gekommen warst, sie wollte Arbeit und Entbehrungen haben, wie Du sie gehabt hattest, sie wollte nicht Deine Arbeitserfolge genießen, wie auch Du von Deinem Vater unabhängig gewesen bist. Waren das so schreckliche Absichten? So fern Deinem Beispiel und Deiner Lehre? Gut, die Absichten Ottlas mißlangen schließlich im Ergebnis, wurden vielleicht etwas lächerlich, mit zuviel Lärm ausgeführt, sie nahm nicht genug Rücksicht auf ihre Eltern. War das aber ausschließlich ihre Schuld, nicht auch die Schuld der Verhältnisse und vor allem dessen, daß Du ihr so entfremdet warst? War sie Dir etwa (wie Du Dir später selbst einreden wolltest) im Geschäft weniger entfremdet, als nachher in Zürau? Und hättest Du nicht ganz gewiß die Macht gehabt (vorausgesetzt, daß Du Dich dazu hättest überwinden können), durch Aufmunterung, Rat und Aufsicht, vielleicht sogar nur durch Duldung aus diesem Abenteuer etwas sehr Gutes zu machen?

Anschließend an solche Erfahrungen pflegtest Du in bitterem Scherz zu sagen, daß es uns zu gut ging. Aber dieser Scherz ist in gewissem Sinn keiner. Das, was Du Dir erkämpfen mußtest, bekamen wir aus Deiner Hand, aber den Kampf um das äußere Leben, der Dir sofort zugänglich war und der natürlich auch uns nicht erspart bleibt, den müssen wir uns erst spät, mit Kinderkraft im Mannesalter erkämpfen. Ich sage nicht, daß unsere Lage deshalb unbedingt ungünstiger ist als es Deine war, sie ist jener vielmehr wahrscheinlich gleichwertig — (wobei allerdings die Grundanlagen nicht verglichen sind), nur darin sind wir im Nachteil, daß wir mit unserer Not uns nicht rühmen und niemanden mit ihr demütigen können, wie Du es mit Deiner Not getan hast. Ich leugne auch nicht, daß es möglich gewesen wäre, daß ich die Früchte Deiner großen und erfolgreichen Arbeit wirklich richtig hätte genießen, verwerten und mit ihnen zu Deiner Freude hätte weiterarbeiten können, dem aber stand eben unsere Entfremdung entgegen. Ich konnte, was Du gabst, genießen, aber nur in Beschämung, Müdigkeit, Schwäche, Schuldbewußtsein. Deshalb konnte ich Dir für alles nur bettlerhaft dankbar sein, durch die Tat nicht.

Das nächste äußere Ergebnis dieser ganzen Erziehung war, daß ich alles floh, was nur von der Ferne an Dich erinnerte. Zuerst das Geschäft. An und für sich besonders in der Kinderzeit, solange es ein Gassengeschäft war, hätte es mich sehr freuen müssen, es war so lebendig, abends beleuchtet, man sah, man hörte viel, konnte hie und da helfen, sich auszeichnen, vor allem aber Dich bewundern in Deinen großartigen kaufmännischen Talenten, wie Du verkauftest, Leute behandeltest, Späße machtest, unermüdlich warst, in Zweifelsfällen sofort die Entscheidung wußtest und so weiter; noch wie Du einpacktest oder eine Kiste aufmachtest, war ein sehenswertes Schauspiel und das Ganze alles in allem gewiß nicht die schlechteste Kinderschule. Aber da Du allmählich von allen Seiten mich erschrecktest und Geschäft und Du sich mir deckten, war mir auch das Geschäft nicht mehr behaglich. Dinge, die mir dort zuerst selbstverständlich gewesen waren, quälten, beschämten mich, besonders Deine Behandlung des Personals. Ich weiß nicht, vielleicht ist sie in den meisten Geschäften so gewesen (in der Assecurazioni Generali[16], zum Beispiel, war sie zu meiner Zeit wirklich ähnlich, ich erklärte dort dem Direktor, nicht ganz wahrheitsgemäß, aber auch nicht ganz erlogen, meine Kündigung damit, daß ich das Schimpfen, das übrigens mich direkt gar nicht betroffen hatte, nicht ertragen könne; ich war darin zu schmerzhaft empfindlich schon von Hause her), aber die anderen Geschäfte kümmerten mich in der Kinderzeit nicht. Dich aber hörte und sah ich im Geschäft schreien, schimpfen und wüten, wie es meiner damaligen Meinung nach in der ganzen Welt nicht wieder vorkam. Und nicht nur schimpfen, auch sonstige Tyrannei. Wie Du zum Beispiel Waren, die Du mit anderen nicht verwechselt haben wolltest, mit einem Ruck vom Pult hinunterwarfst – nur die Besinnungslosigkeit Deines Zorns entschuldigte Dich ein wenig – und der Kommis sie aufheben mußte. Oder Deine ständige Redensart hinsichtlich eines lungenkranken Kommis: »Er soll krepieren, der kranke Hund.« Du nanntest die Angestellten »bezahlte Feinde«, das waren sie auch, aber noch ehe sie es geworden waren, schienst Du mir ihr »zahlender Feind« zu sein. Dort bekam ich auch die große Lehre, daß Du ungerecht sein konntest; an mir selbst hätte ich es nicht so bald bemerkt, da hatte sich ja zuviel Schuldgefühl angesammelt, das Dir recht gab; aber dort waren nach meiner, später natürlich ein wenig, aber nicht allzusehr korrigierten Kindermeinung fremde Leute, die doch für uns arbeiteten und dafür in fortwährender Angst vor Dir leben mußten. Natürlich übertrieb ich da, und zwar deshalb, weil ich ohneweiters annahm, Du wirktest auf die Leute ebenso schrecklich wie auf mich. Wenn das so gewesen wäre, hätten sie wirklich nicht leben können; da sie aber erwachsene Leute mit meist ausgezeichneten Nerven waren, schüttelten sie das Schimpfen ohne Mühe von sich ab, und es schadete Dir schließlich viel mehr als ihnen. Mir aber machte es das Geschäft unleidlich, es erinnerte mich allzusehr an mein Verhältnis zu Dir: Du warst, ganz abgesehen vom Unternehmerinteresse und abgesehen von Deiner Herrschsucht schon als Geschäftsmann allen, die jemals bei Dir gelernt haben, so sehr überlegen, daß Dich keine ihrer Leistungen befriedigen konnte, ähnlich ewig unbefriedigt mußtest Du auch von mir sein. Deshalb gehörte ich notwendig zur Partei des Personals, übrigens auch deshalb, weil ich schon aus Ängstlichkeit nicht begriff, wie man einen Fremden so beschimpfen konnte, und darum aus Ängstlichkeit das meiner Meinung nach fürchterlich aufgebrachte Personal irgendwie mit Dir, mit unserer Familie schon um meiner eigenen Sicherheit willen aussöhnen wollte. Dazu genügte nicht mehr gewöhnliches, anständiges Benehmen gegenüber dem Personal, nicht einmal mehr bescheidenes Benehmen, vielmehr mußte ich demütig sein, nicht nur zuerst grüßen, sondern womöglich auch noch den Gegengruß abwehren. Und hätte ich, die unbedeutende Person, ihnen unten die Füße geleckt, es wäre noch immer kein Ausgleich dafür gewesen, wie Du, der Herr, oben auf sie loshacktest. Dieses Verhältnis, in das ich hier zu Mitmenschen trat, wirkte über das Geschäft hinaus und in die Zukunft weiter (etwas Ähnliches, aber nicht so gefährlich und tiefgreifend wie bei mir, ist zum Beispiel auch Ottlas Vorliebe für den Verkehr mit armen Leuten, das Dich so ärgernde Zusammensitzen mit den Dienstmädchen und dergleichen). Schließlich fürchtete ich mich fast vor dem Geschäft, und jedenfalls war es schon längst nicht mehr meine Sache, ehe ich noch ins Gymnasium kam und dadurch noch weiter davon fortgeführt wurde. Auch schien es mir für meine Fähigkeiten ganz unerschwinglich, da es, wie Du sagtest, selbst die Deinigen verbrauchte. Du suchtest dann (für mich ist das heute rührend und beschämend) aus meiner Dich doch sehr schmerzenden Abneigung gegen das Geschäft, gegen Dein Werk, doch noch ein wenig Süßigkeit für Dich zu ziehen, indem Du behauptetest, mir fehle der Geschäftssinn, ich habe höhere Ideen im Kopf und dergleichen. Die Mutter freute sich natürlich über diese Erklärung, die Du Dir abzwangst, und auch ich in meiner Eitelkeit und Not ließ mich davon beeinflussen. Wären es aber wirklich nur oder hauptsächlich die »höheren Ideen« gewesen, die mich vom Geschäft (das ich jetzt, aber erst jetzt, ehrlich und tatsächlich hasse) abbrachten, sie hätten sich anders äußern müssen, als daß sie mich ruhig und ängstlich durchs Gymnasium und durch das Jusstudium schwimmen ließen, bis ich beim Beamtenschreibtisch endgültig landete.

Wollte ich vor Dir fliehn, mußte ich auch vor der Familie fliehn, selbst vor der Mutter. Man konnte bei ihr zwar immer Schutz finden, doch nur in Beziehung zu Dir. Zu sehr liebte sie Dich und war Dir zu sehr treu ergeben, als daß sie in dem Kampf des Kindes eine selbständige geistige Macht für die Dauer hätte sein können. Ein richtiger Instinkt des Kindes übrigens, denn die Mutter wurde Dir mit den Jahren immer noch enger verbunden; während sie immer, was sie selbst betraf, ihre Selbständigkeit in kleinsten Grenzen schön und zart und ohne Dich jemals wesentlich zu kränken, bewahrte, nahm sie doch mit den Jahren immer vollständiger, mehr im Gefühl als im Verstand, Deine Urteile und Verurteilungen hinsichtlich der Kinder blindlings über, besonders in dem allerdings schweren Fall der Ottla. Freilich muß man immer im Gedächtnis behalten, wie quälend und bis zum letzten aufreibend die Stellung der Mutter in der Familie war. Sie hat sich im Geschäft, im Haushalt geplagt, alle Krankheiten der Familie doppelt mitgelitten, aber die Krönung alles dessen war das, was sie in der Zwischenstellung zwischen uns und Dir gelitten hat. Du bist immer liebend und rücksichtsvoll zu ihr gewesen, aber in dieser Hinsicht hast Du sie ganz genau so wenig geschont, wie wir sie geschont haben. Rücksichtslos haben wir auf sie eingehämmert, Du von Deiner Seite, wir von unserer. Es war eine Ablenkung, man dachte an nichts Böses, man dachte nur an den Kampf, den Du mit uns, den wir mit Dir führten, und auf der Mutter tobten wir uns aus. Es war auch kein guter Beitrag zur Kindererziehung, wie Du sie — ohne jede Schuld Deinerseits natürlich — unseretwegen quältest. Es rechtfertigte sogar scheinbar unser sonst nicht zu rechtfertigendes Benehmen ihr gegenüber. Was hat sie von uns Deinetwegen und von Dir unseretwegen gelitten, ganz ungerechnet jene Fälle, wo Du recht hattest, weil sie uns verzog, wenn auch selbst dieses ›Verziehn‹ manchmal nur eine stille, unbewußte Gegendemonstration gegen Dein System gewesen sein mag. Natürlich hätte die Mutter das alles nicht ertragen können, wenn sie nicht aus der Liebe zu uns allen und aus dem Glück dieser Liebe die Kraft zum Ertragen genommen hätte.

Die Schwestern gingen nur zum Teil mit mir. Am glücklichsten in ihrer Stellung zu Dir war Valli. Am nächsten der Mutter stehend, fügte sie sich Dir auch ähnlich, ohne viel Mühe und Schaden. Du nahmst sie aber auch, eben in Erinnerung an die Mutter, freundlicher hin, trotzdem wenig Kafka'sches Material in ihr war. Aber vielleicht war Dir gerade das recht; wo nichts Kafka'sches war, konntest selbst Du nichts derartiges verlangen; Du hattest auch nicht, wie bei uns andern, das Gefühl, daß hier etwas verlorenging, das mit Gewalt gerettet werden müßte. Übrigens magst Du das Kafka'sche, soweit es sich in Frauen geäußert hat, niemals besonders geliebt haben. Das Verhältnis Vallis zu Dir wäre sogar vielleicht noch freundlicher geworden, wenn wir anderen es nicht ein wenig gestört hätten.

Die Elli ist das einzige Beispiel für das fast vollständige Gelingen eines Durchbruches aus Deinem Kreis. Von ihr hätte ich es in ihrer Kindheit am wenigsten erwartet. Sie war doch ein so schwerfälliges, müdes, furchtsames, verdrossenes, schuldbewußtes, überdemütiges, boshaftes, faules, genäschiges, geiziges Kind, ich konnte sie kaum ansehn, gar nicht ansprechen, so sehr erinnerte sie mich an mich selbst, so sehr ähnlich stand sie unter dem gleichen Bann der Erziehung. Besonders ihr Geiz war mir abscheulich, da ich ihn womöglich noch stärker hatte. Geiz ist ja eines der verläßlichsten Anzeichen tiefen Unglücklichseins; ich war so unsicher aller Dinge, daß ich tatsächlich nur das besaß, was ich schon in den Händen oder im Mund hielt oder was wenigstens auf dem Wege dorthin war, und gerade das nahm sie, die in ähnlicher Lage war, mir am liebsten fort. Aber das alles änderte sich, als sie in jungen Jahren – das ist das Wichtigste – von zu Hause wegging, heiratete, Kinder bekam, sie wurde fröhlich, unbekümmert, mutig, freigebig, uneigennützig, hoffnungsvoll. Fast unglaublich ist es, wie Du eigentlich diese Veränderung gar nicht bemerkt und jedenfalls nicht nach Verdienst bewertet hast, so geblendet bist Du von dem Groll, den Du gegen Elli seit jeher hattest und im Grunde unverändert hast, nur daß dieser Groll jetzt viel weniger aktuell geworden ist, da Elli nicht mehr bei uns wohnt und außerdem Deine Liebe zu Felix und die Zuneigung zu Karl[17] ihn unwichtiger gemacht haben. Nur Gerti[18] muß ihn manchmal noch entgelten.

Von Ottla wage ich kaum zu schreiben; ich weiß, ich setze damit die ganze erhoffte Wirkung des Briefes aufs Spiel. Unter gewöhnlichen Umständen, also wenn sie nicht etwa in besondere Not oder Gefahr käme, hast Du für sie nur Haß; Du hast mir ja selbst zugestanden, daß sie Deiner Meinung nach mit Absicht Dir immerfort Leid und Ärger macht, und während Du ihretwegen leidest, ist sie befriedigt und freut sich. Also eine Art Teufel. Was für eine ungeheure Entfremdung, noch größer als zwischen Dir und mir, muß zwischen Dir und ihr eingetreten sein, damit eine so ungeheure Verkennung möglich wird. Sie ist so weit von Dir, daß Du sie kaum mehr siehst, sondern ein Gespenst an die Stelle setzt, wo Du sie vermutest. Ich gebe zu, daß Du es mit ihr besonders schwer hattest. Ich durchschaue ja den sehr komplizierten Fall nicht ganz, aber jedenfalls war hier etwas wie eine Art Löwy, ausgestattet mit den besten Kafka'schen Waffen. Zwischen uns war es kein eigentlicher Kampf; ich war bald erledigt; was übrigblieb war Flucht, Verbitterung, Trauer, innerer Kampf. Ihr zwei waret aber immer in Kampfstellung, immer frisch, immer bei Kräften. Ein ebenso großartiger wie trostloser Anblick. Zu allererst seid ihr Euch ja gewiß sehr nahe gewesen, denn noch heute ist von uns vier Ottla vielleicht die reinste Darstellung der Ehe zwischen Dir und der Mutter und der Kräfte, die sich da verbanden. Ich weiß nicht, was Euch um das Glück der Eintracht zwischen Vater und Kind gebracht hat, es liegt mir nur nahe zu glauben, daß die Entwicklung ähnlich war wie bei mir. Auf Deiner Seite die Tyrannei Deines Wesens, auf ihrer Seite Löwyscher Trotz, Empfindlichkeit, Gerechtigkeitsgefühl, Unruhe, und alles das gestützt durch das Bewußtsein Kafka'scher Kraft. Wohl habe auch ich sie beeinflußt, aber kaum aus eigenem Antrieb, sondern durch die bloße Tatsache meines Daseins. Übrigens kam sie doch als letzte in schon fertige Machtverhältnisse hinein und konnte sich aus dem vielen bereitliegenden Material ihr Urteil selbst bilden. Ich kann mir sogar denken, daß sie in ihrem Wesen eine Zeitlang geschwankt hat, ob sie sich Dir an die Brust werfen soll oder den Gegnern, offenbar hast Du damals etwas versäumt und sie zurückgestoßen, Ihr wäret aber, wenn es eben möglich gewesen wäre, ein prachtvolles Paar an Eintracht geworden. Ich hätte dadurch zwar einen Verbündeten verloren, aber der Anblick von Euch beiden hätte mich reich entschädigt, auch wärest ja Du durch das unabsehbare Glück, wenigstens in einem Kind volle Befriedigung zu finden, sehr zu meinen Gunsten verwandelt worden. Das alles ist heute allerdings nur ein Traum. Ottla hat keine Verbindung mit dem Vater, muß ihren Weg allein suchen, wie ich, und um das Mehr an Zuversicht, Selbstvertrauen, Gesundheit, Bedenkenlosigkeit, das sie im Vergleich mit mir hat, ist sie in Deinen Augen böser und verräterischer als ich. Ich verstehe das; von Dir aus gesehen kann sie nicht anders sein. Ja sie selbst ist imstande, mit Deinen Augen sich anzusehn, Dein Leid mitzufühlen und darüber – nicht verzweifelt zu sein, Verzweiflung ist meine Sache – aber sehr traurig zu sein. Du siehst uns zwar, in scheinbarem Widerspruch hiezu, oft beisammen, wir flüstern, lachen, hie und da hörst Du Dich erwähnen. Du hast den Eindruck von frechen Verschwörern. Merkwürdige Verschwörer. Du bist allerdings ein Hauptthema unserer Gespräche wie unseres Denkens seit jeher, aber wahrhaftig nicht, um etwas gegen Dich auszudenken, sitzen wir beisammen, sondern um mit aller Anstrengung, mit Spaß, mit Ernst, mit Liebe, Trotz, Zorn, Widerwille, Ergebung, Schuldbewußtsein, mit allen Kräften des Kopfes und Herzens diesen schrecklichen Prozeß, der zwischen uns und Dir schwebt, in allen Einzelheiten, von allen Seiten, bei allen Anlässen, von fern und nah gemeinsam durchzusprechen, diesen Prozeß, in dem Du immerfort Richter zu sein behauptest, während Du, wenigstens zum größten Teil (hier lasse ich die Tür allen Irrtümern offen, die mir natürlich begegnen können) ebenso schwache und verblendete Partei bist wie wir.

Ein im Zusammenhang des Ganzen lehrreiches Beispiel Deiner erzieherischen Wirkung war Irma[19]. Einerseits war sie doch eine

Fremde, kam schon erwachsen in Dein Geschäft, hatte mit Dir hauptsächlich als ihrem Chef zu tun, war also nur zum Teil und in einem schon widerstandsfähigen Alter Deinem Einfluß ausgesetzt; andererseits aber war sie doch auch eine Blutsverwandte, verehrte in Dir den Bruder ihres Vaters, und Du hattest über sie viel mehr als die bloße Macht eines Chefs. Und trotzdem ist sie, die in ihrem schwachen Körper so tüchtig, klug, fleißig, bescheiden, vertrauenswürdig, uneigennützig, treu war, die Dich als Onkel liebte und als Chef bewunderte, die in anderen Posten vorher und nachher sich bewährte, Dir keine sehr gute Beamtin gewesen. Sie war eben, natürlich auch von uns hingedrängt, Dir gegenüber nahe der Kinderstellung, und so groß war noch ihr gegenüber die umbiegende Macht Deines Wesens, daß sich bei ihr (allerdings nur Dir gegenüber und, hoffentlich, ohne das tiefere Leid des Kindes) Vergeßlichkeit, Nachlässigkeit, Galgenhumor, vielleicht sogar ein wenig Trotz, soweit sie dessen überhaupt fähig war, entwickelten, wobei ich gar nicht in Rechnung stelle, daß sie kränklich gewesen ist, auch sonst nicht sehr glücklich war und eine trostlose Häuslichkeit auf ihr lastete. Das für mich Beziehungsreiche Deines Verhältnisses zu ihr hast Du in einem für uns klassisch gewordenen, fast gotteslästerlichen, aber gerade für die Unschuld in Deiner Menschenbehandlung sehr beweisenden Satz zusammengefaßt: »Die Gottselige hat mir viel Schweinerei hinterlassen.«

Ich könnte noch weitere Kreise Deines Einflusses und des Kampfes gegen ihn beschreiben, doch käme ich hier schon ins Unsichere und müßte konstruieren, außerdem wirst Du ja, je weiter Du von Geschäft und Familie Dich entfernst, seit jeher desto freundlicher, nachgiebiger, höflicher, rücksichtsvoller, teilnehmender (ich meine: auch äußerlich) ebenso wie ja zum Beispiel auch ein Selbstherrscher, wenn er einmal außerhalb der Grenzen seines Landes ist, keinen Grund hat, noch immer tyrannisch zu sein, und sich gutmütig auch mit den niedrigsten Leuten einlassen kann. Tatsächlich standest Du zum Beispiel auf den Gruppenbildern aus Franzensbad immer so groß und fröhlich zwischen den kleinen mürrischen Leuten, wie ein König auf Reisen. Davon hätten allerdings auch die Kinder ihren Vorteil haben können, nur hätten sie schon, was unmöglich war, in der Kinderzeit fähig sein müssen, das zu erkennen, und ich zum Beispiel hätte nicht immerfort gewissermaßen im innersten, strengsten, zuschnürenden Ring Deines Einflusses wohnen dürfen, wie ich es ja wirklich getan habe.

Ich verlor dadurch nicht nur den Familiensinn, wie Du sagst, im Gegenteil, eher hatte ich noch Sinn für die Familie, allerdings hauptsächlich negativ für die (natürlich nie zu beendigende) innere Ablösung von Dir. Die Beziehungen zu den Menschen außerhalb der Familie litten aber durch Deinen Einfluß womöglich noch mehr. Du bist durchaus im Irrtum, wenn Du glaubst, für die anderen Menschen tue ich aus Liebe und Treue alles, für Dich und die Familie aus Kälte und Verrat nichts. Ich wiederhole zum zehntenmal: ich wäre wahrscheinlich auch sonst ein menschenscheuer, ängstlicher Mensch geworden, aber von da ist noch ein langer, dunkler Weg dorthin, wohin ich wirklich gekommen bin. (Bisher habe ich in diesem Brief verhältnismäßig weniges absichtlich verschwiegen, jetzt und später werde ich aber einiges verschweigen müssen, was — vor Dir und mir — einzugestehen, mir noch zu schwer ist. Ich sage das deshalb, damit Du, wenn das Gesamtbild hie und da etwas undeutlich werden sollte, nicht glaubst, daß Mangel an Beweisen daran schuld ist, es sind vielmehr Beweise da, die das Bild unerträglich kraß machen könnten. Es ist nicht leicht, darin eine Mitte zu finden.) Hier genügt es übrigens, an Früheres zu erinnern: Ich hatte vor Dir das Selbstvertrauen verloren, dafür ein grenzenloses Schuldbewußtsein eingetauscht. (In Erinnerung an diese Grenzenlosigkeit schrieb ich von jemandem einmal richtig: »Er fürchtet, die Scham werde ihn noch überleben.«[20]) Ich konnte mich nicht plötzlich verwandeln, wenn ich mit anderen Menschen zusammenkam, ich kam vielmehr ihnen gegenüber noch in tieferes Schuldbewußtsein, denn ich mußte ja, wie ich schon sagte, das an ihnen gutmachen, was Du unter meiner Mitverantwortung im Geschäft an ihnen verschuldet hattest. Außerdem hattest Du ja gegen jeden, mit dem ich verkehrte, offen oder im Geheimen etwas einzuwenden, auch das mußte ich ihm abbitten. Das Mißtrauen, das Du mir in Geschäft und Familie gegen die meisten Menschen beizubringen suchtest (nenne mir einen in der Kinderzeit irgendwie für mich bedeutenden Menschen, den Du nicht wenigstens einmal bis in den Grund hinunterkritisiert hättest) und das Dich merkwürdigerweise gar nicht besonders beschwerte (Du warst eben stark genug es zu ertragen, außerdem war es in Wirklichkeit vielleicht nur ein Emblem des Herrschers) — dieses Mißtrauen, das sich mir Kleinem für die eigenen Augen nirgends bestätigte, da ich überall nur unerreichbar ausgezeichnete Menschen sah, wurde in mir zu Mißtrauen zu mir selbst und zur fortwährenden Angst vor allem andern. Dort konnte ich mich also im allgemeinen vor Dir gewiß nicht retten. Daß Du Dich darüber täuschtest, lag vielleicht daran, daß Du ja von meinem Menschenverkehr eigentlich gar nichts erfuhrst, und mißtrauisch und eifersüchtig (leugne ich denn, daß Du mich lieb hast?) annahmst, daß ich mich für den Entgang an Familienleben anderswo entschädigen müsse, da es doch unmöglich wäre, daß ich draußen ebenso lebe. Übrigens hatte ich in dieser Hinsicht gerade in meiner Kinderzeit noch einen gewissen Trost eben im Mißtrauen zu meinem Urteil; ich sagte mir: »Du übertreibst doch, fühlst, wie das die Jugend immer tut, Kleinigkeiten zu sehr als große Ausnahmen.« Diesen Trost habe ich aber später bei steigender Weltübersicht fast verloren.

Ebensowenig Rettung vor Dir fand ich im Judentum. Hier wäre ja an sich Rettung denkbar gewesen, aber noch mehr, es wäre denkbar gewesen, daß wir uns beide im Judentum gefunden hätten oder daß wir gar von dort einig ausgegangen wären. Aber was war das für Judentum, das ich von Dir bekam! Ich habe im Laufe der Jahre etwa auf dreierlei Art mich dazu gestellt.

Als Kind machte ich mir, in Übereinstimmung mit Dir, Vorwürfe deshalb, weil ich nicht genügend in den Tempel ging, nicht fastete und so weiter. Ich glaubte nicht mir, sondern Dir ein Unrecht damit zu tun und Schuldbewußtsein, das ja immer bereit war, durchlief mich.

Später, als junger Mensch, verstand ich nicht, wie Du mit dem Nichts von Judentum, über das Du verfügtest, mir Vorwürfe deshalb machen konntest, daß ich (schon aus Pietät, wie Du Dich ausdrücktest) nicht ein ähnliches Nichts auszuführen mich anstrenge. Es war ja wirklich, soweit ich sehen konnte, ein Nichts, ein Spaß, nicht einmal ein Spaß. Du gingst an vier Tagen im Jahr in den Tempel, warst dort den Gleichgültigen zumindest näher als jenen, die es ernst nahmen, erledigtest geduldig die Gebete als Formalität, setztest mich manchmal dadurch in Erstaunen, daß Du mir im Gebetbuch die Stelle zeigen konntest, die gerade rezitiert wurde, im übrigen durfte ich, wenn ich nur (das war die Hauptsache) im Tempel war, mich herumdrücken, wo ich wollte. Ich durchgähnte und durchduselte also dort die vielen Stunden (so gelangweilt habe ich mich später, glaube ich, nur noch in der Tanzstunde) und suchte mich möglichst an den paar kleinen Abwechslungen zu freuen, die es dort gab, etwa wenn die Bundeslade aufgemacht wurde, was mich immer an die Schießbuden erinnerte, wo auch, wenn man in ein Schwarzes traf, eine Kastentür sich aufmachte, nur daß dort aber immer etwas Interessantes herauskam und hier nur immer wieder die alten Puppen ohne Köpfe[21]. Übrigens habe ich dort auch viel Furcht gehabt, nicht nur, wie selbstverständlich, vor den vielen Leuten, mit denen man in nähere Berührung kam, sondern auch deshalb, weil Du einmal nebenbei erwähntest, daß auch ich zur Thora aufgerufen werden könne. Davor zitterte ich jahrelang. Sonst aber wurde ich in meiner Langweile nicht wesentlich gestört, höchstens durch die Barmizwe[22], die aber nur lächerliches Auswendiglernen verlangte, also nur zu einer lächerlichen Prüfungsleistung führte, und dann, was Dich betrifft, durch kleine, wenig bedeutende Vorfälle, etwa wenn Du zur Thora gerufen wurdest und dieses für mein Gefühl ausschließlich gesellschaftliche Ereignis gut überstandest oder wenn Du bei der Seelengedächtnisfeier[23] im Tempel bliebst und ich weggeschickt wurde, was mir durch lange Zeit, offenbar wegen des Weggeschicktwerdens und mangels jeder tieferen Teilnahme, das kaum bewußt werdende Gefühl hervorrief, daß es sich hier um etwas Unanständiges handle. – So war es im Tempel, zu Hause war es womöglich noch ärmlicher und beschränkte sich auf den ersten Sederabend[24], der immer mehr zu einer Komödie mit Lachkrämpfen wurde, allerdings unter dem Einfluß der größer werdenden Kinder. (Warum mußtest Du Dich diesem Einfluß fügen? Weil Du ihn hervorgerufen hast.) Das war also das Glaubensmaterial, das mir überliefert wurde, dazu kam höchstens noch die ausgestreckte Hand, die auf »die Söhne des Millionärs Fuchs« hinwies, die an hohen Feiertagen mit ihrem Vater im Tempel waren. Wie man mit diesem Material etwas Besseres tun könnte, als es möglichst schnell loszuwerden, verstand ich nicht; gerade dieses Loswerden schien mir die pietätvollste Handlung zu sein.

Noch später sah ich es aber doch wieder anders an und begriff, warum Du glauben durftest, daß ich Dich auch in dieser Hinsicht böswillig verrate. Du hattest aus der kleinen ghettoartigen Dorfgemeinde wirklich nur noch etwas Judentum mitgebracht, es war nicht viel und verlor sich noch ein wenig in der Stadt und beim Militär, immerhin reichten noch die Eindrücke und Erinnerungen der Jugend knapp zu einer Art jüdischen Lebens aus, besonders da Du ja nicht viel derartige Hilfe brauchtest, sondern von einem sehr kräftigen Stamm warst und für Deine Person von religiösen Bedenken, wenn sie nicht mit gesellschaftlichen Bedenken sich sehr mischten, kaum erschüttert werden konntest. Im Grund bestand der Dein Leben führende Glaube darin, daß Du an die unbedingte Richtigkeit der Meinungen einer bestimmten jüdischen Gesellschaftsklasse glaubtest und eigentlich also, da diese Meinungen zu Deinem Wesen gehörten, Dir selbst glaubtest. Auch darin lag noch genug Judentum, aber zum Weiter-überliefert-werden war es gegenüber dem Kind zu wenig, es vertropfte zur Gänze, während Du es weitergabst. Zum Teil waren es unüberlieferbare Jugendeindrücke, zum Teil Dein gefürchtetes Wesen. Es war auch unmöglich, einem vor lauter Ängstlichkeit überscharf beobachtenden Kind begreiflich zu machen, daß die paar Nichtigkeiten, die Du im Namen des Judentums mit einer ihrer Nichtigkeit entsprechenden Gleichgültigkeit ausführtest, einen höheren Sinn haben konnten. Für Dich hatten sie Sinn als kleine Andenken aus früheren Zeiten, und deshalb wolltest Du sie mir vermitteln,

konntest dies aber, da sie ja auch für Dich keinen Selbstwert mehr hatten, nur durch Überredung oder Drohung tun; das konnte einerseits nicht gelingen und mußte andererseits Dich, da Du Deine schwache Position hier gar nicht erkanntest, sehr zornig gegen mich wegen meiner scheinbaren Verstocktheit machen.
Das Ganze ist ja keine vereinzelte Erscheinung, ähnlich verhielt es sich bei einem großen Teil dieser jüdischen Übergangsgeneration, welche vom verhältnismäßig noch frommen Land in die Städte auswanderte; das ergab sich von selbst, nur fügte es eben unserem Verhältnis, das ja an Schärfen keinen Mangel hatte, noch eine genug schmerzliche hinzu. Dagegen sollst Du zwar auch in diesem Punkt, ebenso wie ich, an Deine Schuldlosigkeit glauben, diese Schuldlosigkeit aber durch Dein Wesen und durch die Zeitverhältnisse erklären, nicht aber bloß durch die äußeren Umstände, also nicht etwa sagen, Du hättest zu viel andere Arbeit und Sorgen gehabt, als daß Du Dich auch noch mit solchen Dingen hättest abgeben können. Auf diese Weise pflegst Du aus Deiner zweifellosen Schuldlosigkeit einen ungerechten Vorwurf gegen andere zu drehen. Das ist dann überall und auch hier sehr leicht zu widerlegen. Es hätte sich doch nicht etwa um irgendeinen Unterricht gehandelt, den Du Deinen Kindern hättest geben sollen, sondern um ein beispielhaftes Leben; wäre Dein Judentum stärker gewesen, wäre auch Dein Beispiel zwingender gewesen, das ist ja selbstverständlich und wieder gar kein Vorwurf, sondern nur eine Abwehr Deiner Vorwürfe. Du hast letzthin Franklins Jugenderinnerungen[25] gelesen. Ich habe sie Dir wirklich absichtlich zum Lesen gegeben, aber nicht, wie Du ironisch bemerktest, wegen einer kleinen Stelle über Vegetarianismus[26], sondern wegen des Verhältnisses zwischen dem Verfasser und seinem Vater, wie es dort beschrieben ist, und des Verhältnisses zwischen dem Verfasser und seinem Sohn, wie es sich von selbst in diesen für den Sohn geschriebenen Erinnerungen ausdrückt. Ich will hier nicht Einzelheiten hervorheben.
Eine gewisse nachträgliche Bestätigung dieser Auffassung von Deinem Judentum bekam ich auch durch Dein Verhalten in den letzten Jahren, als es Dir schien, daß ich mich mit jüdischen Dingen mehr beschäftige. Da Du von vornherein gegen jede meiner Beschäftigungen und besonders gegen die Art meiner Interessennahme eine Abneigung hast, so hattest Du sie auch hier. Aber darüber hinaus hätte man doch erwarten können, daß Du hier eine kleine Ausnahme machst. Es war doch Judentum von Deinem Judentum, das sich hier regte, und damit also auch die Möglichkeit der Anknüpfung neuer Beziehungen zwischen uns. Ich leugne nicht, daß mir diese Dinge, wenn Du für sie Interesse gezeigt hättest, gerade dadurch hätten verdächtig werden können. Es fällt mir ja nicht ein, behaupten zu wollen,

daß ich in dieser Hinsicht irgendwie besser bin als Du. Aber zu der Probe darauf kam es gar nicht. Durch meine Vermittlung wurde Dir das Judentum abscheulich, jüdische Schriften unlesbar, sie ›ekelten Dich an‹. – Das konnte bedeuten, daß Du darauf bestandest, nur gerade das Judentum, wie Du es mir in meiner Kinderzeit gezeigt hattest, sei das einzig Richtige, darüber hinaus gebe es nichts. Aber daß Du darauf bestehen solltest, war doch kaum denkbar. Dann aber konnte der ›Ekel‹ (abgesehen davon, daß er sich zunächst nicht gegen das Judentum, sondern gegen meine Person richtete) nur bedeuten, daß Du unbewußt die Schwäche Deines Judentums und meiner jüdischen Erziehung anerkanntest, auf keine Weise daran erinnert werden wolltest und auf alle Erinnerungen mit offenem Hasse antwortetest. Übrigens war Deine negative Hochschätzung meines neuen Judentums sehr übertrieben; erstens trug es ja Deinen Fluch in sich und zweitens war für seine Entwicklung das grundsätzliche Verhältnis zu den Mitmenschen entscheidend, in meinem Fall also tödlich.

Richtiger trafst Du mit Deiner Abneigung mein Schreiben und was, Dir unbekannt, damit zusammenhing. Hier war ich tatsächlich ein Stück selbständig von Dir weggekommen, wenn es auch ein wenig an den Wurm erinnerte, der, hinten von einem Fuß niedergetreten, sich mit dem Vorderteil losreißt und zur Seite schleppt. Einigermaßen in Sicherheit war ich, es gab ein Aufatmen; die Abneigung, die Du natürlich auch gleich gegen mein Schreiben hattest, war mir hier ausnahmsweise willkommen. Meine Eitelkeit, mein Ehrgeiz litten zwar unter Deiner für uns berühmt gewordenen Begrüßung meiner Bücher: »Legs auf den Nachttisch!« (meistens spieltest Du ja Karten, wenn ein Buch kam), aber im Grunde war mir dabei doch wohl, nicht nur aus aufbegehrender Bosheit, nicht nur aus Freude über eine neue Bestätigung meiner Auffassung unseres Verhältnisses, sondern ganz ursprünglich, weil jene Formel mir klang wie etwa: »Jetzt bist Du frei!« Natürlich war es eine Täuschung, ich war nicht oder allergünstigsten Falles noch nicht frei. Mein Schreiben handelte von Dir, ich klagte dort ja nur, was ich an Deiner Brust nicht klagen konnte. Es war ein absichtlich in die Länge gezogener Abschied von Dir, nur daß er zwar von Dir erzwungen war, aber in der von mir bestimmten Richtung verlief. Aber wie wenig war das alles! Es ist ja überhaupt nur deshalb der Rede wert, weil es sich in meinem Leben ereignet hat, anderswo wäre es gar nicht zu merken, und dann noch deshalb, weil es mir in der Kindheit als Ahnung, später als Hoffnung, noch später oft als Verzweiflung mein Leben beherrschte und mir – wenn man will, doch wieder in Deiner Gestalt – meine paar kleinen Entscheidungen diktierte.

Zum Beispiel die Berufswahl. Gewiß, Du gabst mir hier völlige Freiheit in Deiner großzügigen und in diesem Sinn sogar geduldigen Art. Allerdings folgtest Du hiebei auch der für Dich maßgebenden allgemeinen Söhnebehandlung des jüdischen Mittelstandes oder zumindest den Werturteilen dieses Standes. Schließlich wirkte hiebei auch eines Deiner Mißverständnisse hinsichtlich meiner Person mit. Du hältst mich nämlich seit jeher aus Vaterstolz, aus Unkenntnis meines eigentlichen Daseins, aus Rückschlüssen aus meiner Schwächlichkeit für besonders fleißig. Als Kind habe ich Deiner Meinung nach immerfort gelernt und später immerfort geschrieben. Das stimmt nun nicht im entferntesten. Eher kann man mit viel weniger Übertreibung sagen, daß ich wenig gelernt und nichts erlernt habe; daß etwas in den vielen Jahren bei einem mittleren Gedächtnis, bei nicht allerschlechtester Auffassungskraft hängengeblieben ist, ist ja nicht sehr merkwürdig, aber jedenfalls ist das Gesamtergebnis an Wissen, und besonders an Fundierung des Wissens, äußerst kläglich im Vergleich zu dem Aufwand an Zeit und Geld inmitten eines äußerlich sorglosen, ruhigen Lebens, besonders auch im Vergleich zu fast allen Leuten, die ich kenne. Es ist kläglich, aber für mich verständlich. Ich hatte, seitdem ich denken kann, solche tiefste Sorgen der geistigen Existenzbehauptung, daß mir alles andere gleichgültig war. Jüdische Gymnasiasten bei uns sind leicht merkwürdig, man findet da das Unwahrscheinlichste, aber meine kalte, kaum verhüllte, unzerstörbare, kindlich hilflose, bis ins Lächerliche gehende, tierisch selbstzufriedene Gleichgültigkeit eines für sich genug, aber kalt phantastischen Kindes habe ich sonst nirgends wieder gefunden, allerdings war sie hier auch der einzige Schutz gegen die Nervenzerstörung durch Angst und Schuldbewußtsein. Mich beschäftigte nur die Sorge um mich, diese aber in verschiedenster Weise. Etwa als Sorge um meine Gesundheit; es fing leicht an, hier und dort ergab sich eine kleine Befürchtung wegen der Verdauung, des Haarausfalls, einer Rückgratsverkrümmung und so weiter, das steigerte sich in unzählbaren Abstufungen, schließlich endete es mit einer wirklichen Krankheit. Aber da ich keines Dinges sicher war, von jedem Augenblick eine neue Bestätigung meines Daseins brauchte, nichts in meinem eigentlichen, unzweifelhaften, alleinigen, nur durch mich eindeutig bestimmten Besitz war, in Wahrheit ein enterbter Sohn, wurde mir natürlich auch das Nächste, der eigene Körper unsicher; ich wuchs lang in die Höhe, wußte damit aber nichts anzufangen, die Last war zu schwer, der Rücken wurde krumm; ich wagte mich kaum zu bewegen oder gar zu turnen, ich blieb schwach; staunte alles, worüber ich noch verfügte, als Wunder an, etwa meine gute Verdauung; das genügte, um sie zu verlieren, und damit war der Weg zu aller Hypochondrie frei, bis dann unter der übermenschlichen Anstrengung des Heiraten-Wollens (darüber spreche ich noch) das Blut aus der Lunge kam, woran ja die Wohnung im Schönbornpalais[27] – die ich aber nur deshalb brauchte, weil ich sie für mein Schreiben zu brauchen glaubte, so daß auch das auf dieses Blatt gehört – genug Anteil haben kann. Also das alles stammte nicht von übergroßer Arbeit, wie Du Dir es immer vorstellst. Es gab Jahre, in denen ich bei voller Gesundheit mehr Zeit auf dem Kanapee verfaulenzt habe, als Du in Deinem ganzen Leben, alle Krankheiten eingerechnet. Wenn ich höchstbeschäftigt von Dir fortlief, war es meist, um mich in meinem Zimmer hinzulegen. Meine Gesamtarbeitsleistung sowohl im Büro (wo allerdings Faulheit nicht sehr auffällt und überdies durch meine Ängstlichkeit in Grenzen gehalten war) als auch zu Hause ist winzig; hättest Du darüber einen Überblick, würde es Dich entsetzen. Wahrscheinlich bin ich in meiner Anlage gar nicht faul, aber es gab für mich nichts zu tun. Dort, wo ich lebte, war ich verworfen, abgeurteilt, niedergekämpft, und anderswohin mich zu flüchten strengte mich zwar äußerst an, aber das war keine Arbeit, denn es handelte sich um Unmögliches, das für meine Kräfte bis auf kleine Ausnahmen unerreichbar war.

In diesem Zustand bekam ich also die Freiheit der Berufswahl. War ich aber überhaupt noch fähig, eine solche Freiheit eigentlich zu gebrauchen? Traute ich mir es denn noch zu, einen wirklichen Beruf erreichen zu können? Meine Selbstbewertung war von Dir viel abhängiger als von irgend etwas sonst, etwa von einem äußeren Erfolg. Der war die Stärkung eines Augenblicks, sonst nichts, aber auf der anderen Seite zog Dein Gewicht immer viel stärker hinunter. Niemals würde ich durch die erste Volksschulklasse kommen, dachte ich, aber es gelang, ich bekam sogar eine Prämie; aber die Aufnahmeprüfung ins Gymnasium würde ich gewiß nicht bestehn, aber es gelang; aber nun falle ich in der ersten Gymnasialklasse bestimmt durch, nein, ich fiel nicht durch und es gelang immer weiter und weiter. Daraus ergab sich aber keine Zuversicht, im Gegenteil, immer war ich überzeugt – und in Deiner abweisenden Miene hatte ich förmlich den Beweis dafür – daß, je mehr mir gelingt, desto schlimmer es schließlich wird ausgehn müssen. Oft sah ich im Geist die schreckliche Versammlung der Professoren (das Gymnasium ist nur das einheitlichste Beispiel, überall um mich war es aber ähnlich), wie sie, wenn ich die Prima überstanden hatte, also in der Sekunda, wenn ich diese überstanden hatte, also in der Tertia und so weiter zusammenkommen würden, um diesen einzigartigen, himmelschreienden Fall zu untersuchen, wie es mir, dem Unfähigsten und jedenfalls Unwissendsten gelungen war, mich bis hinauf in diese Klasse zu schleichen, die mich, da nun die allgemeine Aufmerksamkeit auf mich gelenkt war, natürlich sofort ausspeien würde, zum Jubel aller von diesem Alpdruck befreiten Gerechten. – Mit solchen Vorstellungen zu leben ist für ein Kind nicht leicht. Was kümmerte mich unter diesen Umständen der Unterricht. Wer war imstande, aus mir einen Funken von Anteilnahme herauszuschlagen? Mich interessierte der Unterricht – und nicht nur der Unterricht, sondern alles ringsherum in diesem entscheidenden Alter – etwa so wie einen Bankdefraudanten, der noch in Stellung ist und vor der Entdeckung zittert, das kleine laufende Bankgeschäft interessiert, das er noch immer als Beamter zu erledigen hat. So klein, so fern war alles neben der Hauptsache. Es ging dann weiter bis zur Matura, durch die ich wirklich schon zum Teil nur durch Schwindel kam, und dann stockte es, jetzt war ich frei. Hatte ich schon trotz dem Zwang des Gymnasiums mich nur um mich gekümmert, wie erst jetzt, da ich frei war. Also eigentliche Freiheit der Berufswahl gab es für mich nicht, ich wußte: alles wird mir gegenüber der Hauptsache genau so gleichgültig sein, wie alle Lehrgegenstände im Gymnasium, es handelt sich also darum, einen Beruf zu finden, der mir, ohne meine Eitelkeit allzusehr zu verletzen, diese Gleichgültigkeit am ehesten erlaubt. Also war Jus das Selbstverständliche. Kleine gegenteilige Versuche der Eitelkeit, der unsinnigen Hoffnung, wie vierzehntägiges Chemiestudium, halbjähriges Deutschstudium, verstärkten nur jene Grundüberzeugung. Ich studierte also Jus. Das bedeutete, daß ich mich in den paar Monaten vor den Prüfungen unter reichlicher Mitnahme der Nerven geistig förmlich von Holzmehl nährte, das mir überdies schon von tausenden Mäulern vorgekaut war. Aber in gewissem Sinn schmeckte mir das gerade, wie in gewissem Sinn früher auch das Gymnasium und später der Beamtenberuf, denn das alles entsprach vollkommen meiner Lage. Jedenfalls zeigte ich hier erstaunliche Voraussicht, schon als kleines Kind hatte ich hinsichtlich der Studien und des Berufes genug klare Vorahnungen. Von hier aus erwartete ich keine Rettung, hier hatte ich schon längst verzichtet.

Gar keine Voraussicht zeigte ich aber hinsichtlich der Bedeutung und Möglichkeit einer Ehe für mich; dieser bisher größte Schrecken meines Lebens ist fast vollständig unerwartet über mich gekommen. Das Kind hatte sich so langsam entwickelt, diese Dinge lagen ihm äußerlich gar zu abseits; hie und da ergab sich die Notwendigkeit, daran zu denken; daß sich hier aber eine dauernde, entscheidende und sogar die erbitterteste Prüfung vorbereite, war nicht zu erkennen. In Wirklichkeit aber wurden die Heiratsversuche der großartigste und hoffnungsreichste Ret-

tungsversuch, entsprechend großartig war dann allerdings auch das Mißlingen.
Ich fürchte, weil mir in dieser Gegend alles mißlingt, daß es mir auch nicht gelingen wird, Dir diese Heiratsversuche verständlich zu machen. Und doch hängt das Gelingen des ganzen Briefes davon ab, denn in diesen Versuchen war einerseits alles versammelt, was ich an positiven Kräften zur Verfügung hatte, andererseits sammelten sich hier auch geradezu mit Wut alle negativen Kräfte, die ich als Mitergebnis Deiner Erziehung beschrieben habe, also die Schwäche, der Mangel an Selbstvertrauen, das Schuldbewußtsein, und zogen förmlich einen Kordon zwischen mir und der Heirat. Die Erklärung wird mir auch deshalb schwer werden, weil ich hier alles in so vielen Tagen und Nächten immer wieder durchdacht und durchgraben habe, daß selbst mich jetzt der Anblick schon verwirrt. Erleichtert wird mir die Erklärung nur durch Dein meiner Meinung nach vollständiges Mißverstehn der Sache; ein so vollständiges Mißverstehn ein wenig zu verbessern, scheint nicht übermäßig schwer.
Zunächst stellst Du das Mißlingen der Heiraten in die Reihe meiner sonstigen Mißerfolge; dagegen hätte ich an sich nichts, vorausgesetzt, daß Du meine bisherige Erklärung des Mißerfolgs annimmst. Es steht tatsächlich in dieser Reihe, nur die Bedeutung der Sache unterschätzt Du und unterschätzt sie derartig, daß wir, wenn wir miteinander davon reden, eigentlich von ganz Verschiedenem sprechen. Ich wage zu sagen, daß Dir in Deinem ganzen Leben nichts geschehen ist, was für Dich eine solche Bedeutung gehabt hätte, wie für mich die Heiratsversuche. Damit meine ich nicht, daß Du an sich nichts so Bedeutendes erlebt hättest, im Gegenteil, Dein Leben war viel reicher und sorgenvoller und gedrängter als meines, aber eben deshalb ist Dir nichts Derartiges geschehen. Es ist so, wie wenn einer fünf niedrige Treppenstufen hinaufzusteigen hat und ein zweiter nur eine Treppenstufe, die aber, wenigstens für ihn, so hoch ist, wie jene fünf zusammen; der erste wird nicht nur die fünf bewältigen, sondern noch hunderte und tausende weitere, er wird ein großes und sehr anstrengendes Leben geführt haben, aber keine der Stufen, die er erstiegen hat, wird für ihn eine solche Bedeutung gehabt haben, wie für den zweiten jene eine, erste, hohe, für alle seine Kräfte unmöglich zu ersteigende Stufe, zu der er nicht hinauf- und über die er natürlich auch nicht hinauskommt. Heiraten, eine Familie gründen, alle Kinder, welche kommen, hinnehmen, in dieser unsicheren Welt erhalten und gar noch ein wenig führen, ist meiner Überzeugung nach das Äußerste, das einem Menschen überhaupt gelingen kann. Daß es scheinbar so vielen leicht gelingt, ist kein Gegenbeweis, denn erstens ge-

lingt es tatsächlich nicht vielen, und zweitens ›tun‹ es diese Nichtvielen meistens nicht, sondern es ›geschieht‹ bloß mit ihnen; das ist zwar nicht jenes Äußerste, aber doch noch sehr groß und sehr ehrenvoll (besonders da sich ›tun‹ und ›geschehn‹ nicht rein voneinander scheiden lassen). Und schließlich handelt es sich auch gar nicht um dieses Äußerste, sondern nur um irgendeine ferne, aber anständige Annäherung; es ist doch nicht notwendig, mitten in die Sonne hineinzufliegen, aber doch bis zu einem reinen Plätzchen auf der Erde hinzukriechen, wo manchmal die Sonne hinscheint und man sich ein wenig wärmen kann.

Wie war ich nun auf dieses vorbereitet? Möglichst schlecht. Das geht schon aus dem Bisherigen hervor. Soweit es aber dafür eine direkte Vorbereitung des Einzelnen und eine direkte Schaffung der allgemeinen Grundbedingungen gibt, hast Du äußerlich nicht viel eingegriffen. Es ist auch nicht anders möglich, hier entscheiden die allgemeinen geschlechtlichen Standes-, Volks- und Zeitsitten. Immerhin hast Du auch da eingegriffen, nicht viel, denn die Voraussetzung solchen Eingreifens kann nur starkes gegenseitiges Vertrauen sein, und daran fehlte es uns beiden schon längst zur entscheidenden Zeit, und nicht sehr glücklich, weil ja unsere Bedürfnisse ganz verschieden waren; was mich packt, muß Dich noch kaum berühren und umgekehrt, was bei Dir Unschuld ist, kann bei mir Schuld sein und umgekehrt, was bei Dir folgenlos bleibt, kann mein Sargdeckel sein.

Ich erinnere mich, ich ging einmal abend mit Dir und der Mutter spazieren, es war auf dem Josephsplatz in der Nähe der heutigen Länderbank, und fing dumm großtuerisch, überlegen, stolz, kühl (das war unwahr), kalt (das war echt) und stotternd, wie ich eben meistens mit Dir sprach, von den interessanten Sachen zu reden an, machte Euch Vorwürfe, daß ich unbelehrt gelassen worden bin, daß sich erst die Mitschüler meiner hatten annehmen müssen, daß ich in der Nähe großer Gefahren gewesen bin (hier log ich meiner Art nach unverschämt, um mich mutig zu zeigen, denn infolge meiner Ängstlichkeit hatte ich keine genauere Vorstellung von den ›großen Gefahren‹), deutete aber zum Schluß an, daß ich jetzt schon glücklicherweise alles wisse, keinen Rat mehr brauche und alles in Ordnung sei. Hauptsächlich hatte ich davon jedenfalls zu reden angefangen, weil es mir Lust machte, davon wenigstens zu reden, dann auch aus Neugierde und schließlich auch, um mich irgendwie für irgend etwas an Euch zu rächen. Du nahmst es entsprechend Deinem Wesen sehr einfach, Du sagtest nur etwa, Du könntest mir einen Rat geben, wie ich ohne Gefahr diese Dinge werde betreiben können. Vielleicht hatte ich gerade eine solche Antwort hervorlocken wollen, die entsprach ja der Lüsternheit des mit Fleisch

und allen guten Dingen überfütterten, körperlich untätigen, mit sich ewig beschäftigten Kindes, aber doch war meine äußerliche Scham dadurch so verletzt oder ich glaubte, sie müsse so verletzt sein, daß ich gegen meinen Willen nicht mehr mit Dir darüber sprechen konnte und hochmütig frech das Gespräch abbrach.
Es ist nicht leicht, Deine damalige Antwort zu beurteilen, einerseits hat sie doch etwas niederwerfend Offenes, gewissermaßen Urzeitliches, andererseits ist sie allerdings, was die Lehre selbst betrifft, sehr neuzeitlich bedenkenlos. Ich weiß nicht, wie alt ich damals war, viel älter als sechzehn Jahre gewiß nicht. Für einen solchen Jungen war es aber doch eine sehr merkwürdige Antwort, und der Abstand zwischen uns beiden zeigt sich auch darin, daß das eigentlich die erste direkte, lebenumfassende Lehre war, die ich von Dir bekam. Ihr eigentlicher Sinn aber, der sich schon damals in mich einsenkte, mir aber erst viel später halb zu Bewußtsein kam, war folgender: Das, wozu Du mir rietest, war doch das Deiner Meinung nach und gar erst meiner damaligen Meinung nach Schmutzigste, was es gab. Daß du dafür sorgen wolltest, daß ich körperlich von dem Schmutz nichts nach Hause bringe, war nebensächlich, dadurch schütztest Du ja nur Dich, Dein Haus. Die Hauptsache war vielmehr, daß Du außerhalb Deines Rates bliebst, ein Ehemann, ein reiner Mann, erhaben über diese Dinge; das verschärfte sich damals für mich wahrscheinlich noch dadurch, daß mir auch die Ehe schamlos vorkam und es mir daher unmöglich war, das, was ich Allgemeines über die Ehe gehört hatte, auf meine Eltern anzuwenden. Dadurch wurdest Du noch reiner, kamst noch höher. Der Gedanke, daß Du etwa vor der Ehe auch Dir einen ähnlichen Rat hättest geben können, war mir völlig undenkbar. So war also fast kein Restchen irdischen Schmutzes an Dir. Und eben Du stießest mich, so als wäre ich dazu bestimmt, mit ein paar offenen Worten in diesen Schmutz hinunter. Bestand die Welt also nur aus mir und Dir, eine Vorstellung, die mir sehr nahelag, dann endete also mit Dir diese Reinheit der Welt, und mit mir begann kraft Deines Rates der Schmutz. An sich war es ja unverständlich, daß Du mich so verurteiltest, nur alte Schuld und tiefste Verachtung Deinerseits konnten mir das erklären. Und damit war ich also wieder in meinem innersten Wesen angefaßt, und zwar sehr hart.
Hier wird vielleicht auch unser beider Schuldlosigkeit am deutlichsten. A gibt dem B einen offenen, seiner Lebensauffassung entsprechenden, nicht sehr schönen, aber doch auch heute in der Stadt durchaus üblichen, Gesundheitsschädigungen vielleicht verhindernden Rat. Dieser Rat ist für B moralisch nicht sehr stärkend, aber warum sollte er sich aus dem Schaden nicht im

Laufe der Jahre herausarbeiten können, übrigens muß er ja dem Rat gar nicht folgen, und jedenfalls liegt in dem Rat allein kein Anlaß dafür, daß über B etwa seine ganze Zukunftswelt zusammenbricht. Und doch geschieht etwas in dieser Art, aber eben nur deshalb, weil A Du bist und B ich bin.

Diese beiderseitige Schuldlosigkeit kann ich auch deshalb besonders gut überblicken, weil sich ein ähnlicher Zusammenstoß zwischen uns unter ganz anderen Verhältnissen etwa zwanzig Jahre später wieder ereignet hat, als Tatsache grauenhaft, an und für sich allerdings viel unschädlicher, denn wo war da etwas an mir Sechsunddreißigjährigem, dem noch geschadet werden konnte. Ich meine damit eine kleine Aussprache an einem der paar aufgeregten Tage nach Mitteilung meiner letzten Heiratsabsicht. Du sagtest zu mir etwa: »Sie hat wahrscheinlich irgendeine ausgesuchte Bluse angezogen, wie das die Prager Jüdinnen verstehn, und daraufhin hast Du Dich natürlich entschlossen, sie zu heiraten. Und zwar möglichst rasch, in einer Woche, morgen, heute. Ich begreife Dich nicht, Du bist doch ein erwachsener Mensch, bist in der Stadt, und weißt Dir keinen andern Rat als gleich eine Beliebige zu heiraten. Gibt es da keine anderen Möglichkeiten? Wenn Du Dich davor fürchtest, werde ich selbst mit Dir hingehn.« Du sprachst ausführlicher und deutlicher, aber ich kann mich an die Einzelheiten nicht mehr erinnern, vielleicht wurde mir auch ein wenig nebelhaft vor den Augen, fast interessierte mich mehr die Mutter, wie sie, zwar vollständig mit Dir einverstanden, immerhin etwas vom Tisch nahm und damit aus dem Zimmer ging.

Tiefer gedemütigt hast Du mich mit Worten wohl kaum und deutlicher mir Deine Verachtung nie gezeigt. Als Du vor zwanzig Jahren ähnlich zu mir gesprochen hattest, hätte man darin mit Deinen Augen sogar etwas Respekt für den frühreifen Stadtjungen sehen können, der Deiner Meinung nach schon so ohne Umwege ins Leben eingeführt werden konnte. Heute könnte diese Rücksicht die Verachtung nur noch steigern, denn der Junge, der damals einen Anlauf nahm, ist in ihm steckengeblieben und scheint Dir heute um keine Erfahrung reicher, sondern nur um zwanzig Jahre jämmerlicher. Meine Entscheidung für ein Mädchen bedeutet Dir gar nichts. Du hattest meine Entscheidungskraft (unbewußt) immer niedergehalten und glaubtest jetzt (unbewußt) zu wissen, was sie wert war. Von meinen Rettungsversuchen in anderen Richtungen wußtest Du nichts, daher konntest Du auch von den Gedankengängen, die mich zu diesem Heiratsversuch geführt hatten, nichts wissen, mußtest sie zu erraten suchen und rietst entsprechend dem Gesamturteil, das Du über mich hattest, auf das Abscheulichste, Plumpste, Lächerlichste. Und zögertest keinen Augenblick, mir das auf ebensolche Weise zu sagen. Die Schande, die Du damit mir antatest, war Dir nichts im Vergleich zu der Schande, die ich Deiner Meinung nach Deinem Namen durch die Heirat machen würde.

Nun kannst Du ja hinsichtlich meiner Heiratsversuche manches mir antworten und hast es auch getan: Du könntest nicht viel Respekt vor meiner Entscheidung haben, wenn ich die Verlobung mit F. zweimal aufgelöst und zweimal wieder aufgenommen habe[22], wenn ich Dich und die Mutter nutzlos zu der Verlobung nach Berlin geschleppt habe und dergleichen. Das alles ist wahr, aber wie kam es dazu?

Der Grundgedanke beider Heiratsversuche war ganz korrekt: einen Hausstand gründen, selbständig werden. Ein Gedanke, der Dir ja sympathisch ist, nur daß es dann in Wirklichkeit so ausfällt wie das Kinderspiel, wo einer die Hand des anderen hält und sogar preßt und dabei ruft: »Ach geh doch, geh doch, warum gehst Du nicht?« Was sich allerdings in unserem Fall dadurch kompliziert hat, daß Du das ›geh doch!‹ seit jeher ehrlich gemeint hast, da Du ebenso seit jeher, ohne es zu wissen, nur kraft Deines Wesens mich gehalten oder richtiger niedergehalten hast. Beide Mädchen waren zwar durch den Zufall, aber außerordentlich gut gewählt. Wieder ein Zeichen Deines vollständigen Mißverstehns, daß Du glauben kannst, ich, der Ängstliche, Zögernde, Verdächtigende entschließe mich mit einem Ruck für eine Heirat, etwa aus Entzücken über eine Bluse. Beide Ehen wären vielmehr Vernunftehen geworden, soweit damit gesagt ist, daß Tag und Nacht, das erste Mal Jahre, das zweite Mal Monate, alle meine Denkkraft an den Plan gewendet worden ist.

Keines der Mädchen hat mich enttäuscht, nur ich sie beide. Mein Urteil über sie ist heute genau das gleiche wie damals, als ich sie heiraten wollte.

Es ist auch nicht so, daß ich beim zweiten Heiratsversuch die Erfahrungen des ersten Versuches mißachtet hätte, also leichtsinnig gewesen wäre. Die Fälle waren eben ganz verschieden, gerade die früheren Erfahrungen konnten mir im zweiten Fall, der überhaupt viel aussichtsreicher war, Hoffnung geben. Von Einzelheiten will ich hier nicht reden.

Warum also habe ich nicht geheiratet? Es gab einzelne Hindernisse wie überall, aber im Nehmen solcher Hindernisse besteht ja das Leben. Das wesentliche, vom einzelnen Fall leider unabhängige Hindernis war aber, daß ich offenbar geistig unfähig bin zu heiraten. Das äußert sich darin, daß ich von dem Augenblick an, in dem ich mich entschließe zu heiraten, nicht mehr schlafen kann, der Kopf glüht bei Tag und Nacht, es ist kein Leben mehr, ich schwanke verzweifelt herum. Es sind das nicht eigentlich Sorgen, die das verursachen, zwar laufen auch ent-

sprechend meiner Schwerblütigkeit und Pedanterie unzählige Sorgen mit, aber sie sind nicht das Entscheidende, sie vollenden zwar wie Würmer die Arbeit am Leichnam, aber entscheidend getroffen bin ich von anderem. Es ist der allgemeine Druck der Angst, der Schwäche, der Selbstmißachtung.
Ich will es näher zu erklären versuchen: Hier beim Heiratsversuch trifft in meinen Beziehungen zu Dir zweierlei scheinbar Entgegengesetztes so stark wie nirgends sonst zusammen. Die Heirat ist gewiß die Bürgschaft für die schärfste Selbstbefreiung und Unabhängigkeit. Ich hätte eine Familie, das Höchste, was man meiner Meinung nach erreichen kann, also auch das Höchste, das Du erreicht hast, ich wäre Dir ebenbürtig, alle alte und ewig neue Schande und Tyrannei wäre bloß noch Geschichte. Das wäre allerdings märchenhaft, aber darin liegt eben schon das Fragwürdige. Es ist zu viel, so viel kann nicht erreicht werden. Es ist so, wie wenn einer gefangen wäre und er hätte nicht nur die Absicht zu fliehen, was vielleicht erreichbar wäre, sondern auch noch und zwar gleichzeitig die Absicht, das Gefängnis in ein Lustschloß für sich umzubauen. Wenn er aber flieht, kann er nicht umbauen, und wenn er umbaut, kann er nicht fliehen. Wenn ich in dem besonderen Unglücksverhältnis, in welchem ich zu Dir stehe, selbständig werden will, muß ich etwas tun, was möglichst gar keine Beziehung zu Dir hat; das Heiraten ist zwar das Größte und gibt die ehrenvollste Selbständigkeit, aber es ist auch gleichzeitig in engster Beziehung zu Dir. Hier hinauskommen zu wollen, hat deshalb etwas von Wahnsinn, und jeder Versuch wird fast damit gestraft.
Gerade diese enge Beziehung lockt mich ja teilweise auch zum Heiraten. Ich denke mir diese Ebenbürtigkeit, die dann zwischen uns entstehen würde und die Du verstehen könntest wie keine andere, eben deshalb so schön, weil ich dann ein freier, dankbarer, schuldloser, aufrechter Sohn sein, Du ein unbedrückter, untyrannischer, mitfühlender, zufriedener Vater sein könntest. Aber zu dem Zweck müßte eben alles Geschehene ungeschehen gemacht, das heißt wir selbst ausgestrichen werden.
So wie wir aber sind, ist mir das Heiraten dadurch verschlossen, daß es gerade Dein eigenstes Gebiet ist. Manchmal stelle ich mir die Erdkarte ausgespannt und Dich quer über sie hin ausgestreckt vor. Und es ist mir dann, als kämen für mein Leben nur die Gegenden in Betracht, die Du entweder nicht bedeckst oder die nicht in Deiner Reichweite liegen. Und das sind entsprechend der Vorstellung, die ich von Deiner Größe habe, nicht viele und nicht sehr trostreiche Gegenden und besonders die Ehe ist nicht darunter.
Schon dieser Vergleich beweist, daß ich keineswegs sagen will, Du hättest mich durch Dein Beispiel aus der Ehe, so etwa wie

aus dem Geschäft, verjagt. Im Gegenteil, trotz aller fernen Ähnlichkeit. Ich hatte in Euerer Ehe eine in vielen mustergültige Ehe vor mir, mustergültig in Treue, gegenseitiger Hilfe, Kinderzahl, und selbst als dann die Kinder groß wurden und immer mehr den Frieden störten, blieb die Ehe als solche davon unberührt. Gerade an diesem Beispiel bildete sich vielleicht auch mein hoher Begriff von der Ehe; daß das Verlangen nach der Ehe ohnmächtig war, hatte eben andere Gründe. Sie lagen in Deinem Verhältnis zu den Kindern, von dem ja der ganze Brief handelt.
Es gibt eine Meinung, nach der die Angst vor der Ehe manchmal davon herrührt, daß man fürchtet, die Kinder würden einem später das heimzahlen, was man selbst an den eigenen Eltern gesündigt hat. Das hat, glaube ich, in meinem Fall keine sehr große Bedeutung, denn mein Schuldbewußtsein stammt ja eigentlich von Dir und ist auch zu sehr von seiner Einzigartigkeit durchdrungen, ja dieses Gefühl der Einzigartigkeit gehört zu seinem quälenden Wesen, eine Wiederholung ist unausdenkbar. Immerhin muß ich sagen, daß mir ein solcher stummer, dumpfer, trockener, verfallener Sohn unerträglich wäre, ich würde wohl, wenn keine andere Möglichkeit wäre, vor ihm fliehen, auswandern, wie Du es erst wegen meiner Heirat machen wolltest. Also mitbeeinflußt mag ich bei meiner Heiratsunfähigkeit auch davon sein.
Viel wichtiger aber ist dabei die Angst um mich. Das ist so zu verstehn: Ich habe schon angedeutet, daß ich im Schreiben und in dem, was damit zusammenhängt, kleine Selbständigkeitsversuche, Fluchtversuche mit allerkleinstem Erfolg gemacht, sie werden kaum weiterführen, vieles bestätigt mir das. Trotzdem ist es meine Pflicht oder vielmehr es besteht mein Leben darin, über ihnen zu wachen, keine Gefahr, die ich abwehren kann, ja keine Möglichkeit einer solchen Gefahr an sie herankommen zu lassen. Die Ehe ist die Möglichkeit einer solchen Gefahr, allerdings auch die Möglichkeit der größten Förderung, mir aber genügt, daß es die Möglichkeit einer Gefahr ist. Was würde ich dann anfangen, wenn es doch eine Gefahr wäre! Wie könnte ich in der Ehe weiterleben in dem vielleicht unbeweisbaren, aber jedenfalls unwiderleglichen Gefühl dieser Gefahr! Demgegenüber kann ich zwar schwanken, aber der schließliche Ausgang ist gewiß, ich muß verzichten. Der Vergleich von dem Sperling in der Hand und der Taube auf dem Dach paßt hier nur sehr entfernt. In der Hand habe ich nichts, auf dem Dach ist alles und doch muß ich – so entscheiden es die Kampfverhältnisse und die Lebensnot – das Nichts wählen. Ähnlich habe ich ja auch bei der Berufswahl wählen müssen.
Das wichtigste Ehehindernis aber ist die schon unausrottbare Überzeugung, daß zur Familienerhaltung und gar zu ihrer Füh-

rung alles das notwendig gehört, was ich an Dir erkannt habe, und zwar alles zusammen, Gutes und Schlechtes, so wie es organisch in Dir vereinigt ist, also Stärke und Verhöhnung des anderen, Gesundheit und eine gewisse Maßlosigkeit, Redebegabung und Unzulänglichkeit, Selbstvertrauen und Unzufriedenheit mit jedem anderen, Weltüberlegenheit und Tyrannei, Menschenkenntnis und Mißtrauen gegenüber den meisten, dann auch Vorzüge ohne jeden Nachteil wie Fleiß, Ausdauer, Geistesgegenwart, Unerschrockenheit. Von alledem hatte ich vergleichsweise fast nichts oder nur sehr wenig und damit wollte ich zu heiraten wagen, während ich doch sah, daß selbst Du in der Ehe schwer zu kämpfen hattest und gegenüber den Kindern sogar versagtest? Diese Frage stellte ich mir natürlich nicht ausdrücklich und beantworte sie nicht ausdrücklich, sonst hätte sich ja das gewöhnliche Denken der Sache bemächtigt und mir andere Männer gezeigt, welche anders sind als Du (um in der Nähe einen von Dir sehr verschiedenen zu nennen: Onkel Richard[29]) und doch geheiratet haben und wenigstens darunter nicht zusammengebrochen sind, was schon sehr viel ist und mir reichlich genügt hätte. Aber diese Frage stellte ich eben nicht, sondern erlebte sie von Kindheit an. Ich prüfte mich ja nicht erst gegenüber der Ehe, sondern gegenüber jeder Kleinigkeit; gegenüber jeder Kleinigkeit überzeugtest Du mich durch Dein Beispiel und durch Deine Erziehung, so wie ich es zu beschreiben versucht habe, von meiner Unfähigkeit, und was bei jeder Kleinigkeit stimmte und Dir recht gab, mußte natürlich ungeheuerlich stimmen vor dem Größten, also vor der Ehe. Bis zu den Heiratsversuchen bin ich aufgewachsen etwa wie ein Geschäftsmann, der zwar mit Sorgen und schlimmen Ahnungen, aber ohne genaue Buchführung in den Tag hineinlebt. Er hat ein paar kleine Gewinne, die er infolge ihrer Seltenheit in seiner Vorstellung immerfort hätschelt und übertreibt, und sonst nur tägliche Verluste. Alles wird eingetragen, aber niemals bilanziert. Jetzt kommt der Zwang zur Bilanz, das heißt der Heiratsversuch. Und es ist bei den großen Summen, mit denen hier zu rechnen ist, so, als ob niemals auch nur der kleinste Gewinn gewesen wäre, alles eine einzige große Schuld. Und jetzt heirate, ohne wahnsinnig zu werden!

So endet mein bisheriges Leben mit Dir, und solche Aussichten trägt es in sich für die Zukunft.

Du könntest, wenn Du meine Begründung der Furcht, die ich vor Dir habe, überblickst, antworten: »Du behauptest, ich mache es mir leicht, wenn ich mein Verhältnis zu Dir einfach durch Dein Verschulden erkläre, ich aber glaube, daß Du trotz äußerlicher Anstrengung es Dir zumindest nicht schwerer, aber viel einträglicher machst. Zuerst lehnst auch Du jede Schuld und

Verantwortung von Dir ab, darin ist also unser Verfahren das gleiche. Während ich aber dann so offen, wie ich es auch meine, die alleinige Schuld Dir zuschreibe, willst Du gleichzeitig ›übergescheit‹ und ›überzärtlich‹ sein und auch mich von jeder Schuld freisprechen. Natürlich gelingt Dir das letztere nur scheinbar (mehr willst Du ja auch nicht), und es ergibt sich zwischen den Zeilen trotz aller ›Redensarten‹ von Wesen und Natur und Gegensatz und Hilflosigkeit, daß eigentlich ich der Angreifer gewesen bin, während alles, was Du getrieben hast, nur Selbstwehr war. Jetzt hättest Du also schon durch Deine Unaufrichtigkeit genug erreicht, denn Du hast dreierlei bewiesen, erstens daß Du unschuldig bist, zweitens daß ich schuldig bin und drittens daß Du aus lauter Großartigkeit bereit bist, nicht nur mir zu verzeihn, sondern, was mehr und weniger ist, auch noch zu beweisen und es selbst glauben zu wollen, daß ich, allerdings entgegen der Wahrheit, auch unschuldig bin. Das könnte Dir jetzt schon genügen, aber es genügt Dir noch nicht. Du hast es Dir nämlich in den Kopf gesetzt, ganz und gar von mir leben zu wollen. Ich gebe zu, daß wir miteinander kämpfen, aber es gibt zweierlei Kampf. Den ritterlichen Kampf, wo sich die Kräfte selbständiger Gegner messen, jeder bleibt für sich, verliert für sich, siegt für sich. Und den Kampf des Ungeziefers, welches nicht nur sticht, sondern gleich auch zu seiner Lebenserhaltung das Blut saugt. Das ist ja der eigentliche Berufssoldat und das bist Du. Lebensuntüchtig bist Du; um es Dir aber darin bequem, sorgenlos und ohne Selbstvorwürfe einrichten zu können, beweist Du, daß ich alle Deine Lebenstüchtigkeit Dir genommen und in meine Taschen gesteckt habe. Was kümmert es Dich jetzt, wenn Du lebensuntüchtig bist, ich habe ja die Verantwortung, Du aber streckst Dich ruhig aus und läßt Dich, körperlich und geistig, von mir durchs Leben schleifen. Ein Beispiel: Als Du letzthin heiraten wolltest, wolltest Du, das gibst Du ja in diesem Brief zu, gleichzeitig nicht heiraten, wolltest aber, um Dich nicht anstrengen zu müssen, daß ich Dir zum Nichtheiraten verhelfe, indem ich wegen der ›Schande‹, die die Verbindung meinem Namen machen würde, Dir diese Heirat verbiete. Das fiel mir nun aber gar nicht ein. Erstens wollte ich Dir hier wie auch sonst nie ›in Deinem Glück hinderlich sein‹, und zweitens will ich niemals einen derartigen Vorwurf von meinem Kind zu hören bekommen. Hat mir aber die Selbstüberwindung, mit der ich Dir die Heirat freistellte, etwas geholfen? Nicht das Geringste. Meine Abneigung gegen die Heirat hätte sie nicht verhindert, im Gegenteil, es wäre an sich noch ein Anreiz mehr für Dich gewesen, das Mädchen zu heiraten, denn der ›Fluchtversuch‹, wie Du Dich ausdrückst, wäre ja dadurch vollkommen geworden. Und meine Erlaubnis zur Heirat hat Deine Vorwürfe nicht verhindert, denn

Du beweist ja, daß ich auf jeden Fall an Deinem Nichtheiraten schuld bin. Im Grunde aber hast Du hier und in allem anderen für mich nichts anderes bewiesen, als daß alle meine Vorwürfe berechtigt waren und daß unter ihnen noch ein besonders berechtigter Vorwurf gefehlt hat, nämlich der Vorwurf der Unaufrichtigkeit, der Liebedienerei, des Schmarotzertums. Wenn ich nicht sehr irre, schmarotzest Du an mir auch noch mit diesem Brief als solchem.«
Darauf antworte ich, daß zunächst dieser ganze Einwurf, der sich zum Teil auch gegen Dich kehren läßt, nicht von Dir stammt, sondern eben von mir. So groß ist ja nicht einmal Dein Mißtrauen gegen andere, wie mein Selbstmißtrauen, zu dem Du mich erzogen hast. Eine gewisse Berechtigung des Einwurfes, der ja auch noch an sich zur Charakterisierung unseres Verhältnisses Neues beiträgt, leugne ich nicht. So können natürlich die Dinge in Wirklichkeit nicht aneinanderpassen, wie die Beweise in meinem Brief, das Leben ist mehr als ein Geduldspiel; aber mit der Korrektur, die sich durch diesen Einwurf ergibt, einer Korrektur, die ich im einzelnen weder ausführen kann noch will, ist meiner Meinung nach doch etwas der Wahrheit so sehr Angenähertes erreicht, daß es uns beide ein wenig beruhigen und Leben und Sterben leichter machen kann. Franz

[November 1919 / *H*, 162–223]

III. JUDENTUM

Franz Kafka zog die Summe der Leiden, die sein Leben ausmachten, aus dem Selbsthaß. Ihm war nicht wohl in seiner eigenen Haut. Er lebte über die Verhältnisse seiner Konstitution und provozierte seinen Körper so lange, bis dieser mit einer Todeskrankheit antwortete.

Daß Kafka den Mangel an psychologischem Gleichgewicht seiner jüdischen Abstammung und Umgebung zur Last legte, beweist nur, daß er in hervorragender Weise der antisemitischen Stimmung des alten Österreich und der jungen Tschechoslowakei erlag. Von Hause aus hatte er den Aggressionen seiner Umgebung nichts entgegenzusetzen als das dumpfig-trübe Zusammengehörigkeitsgefühl einer Mittelstandsfamilie, in der alle Dämonen des Liebeshasses losgelassen waren. Diese Gemeinschaft, die sich der Verfolgung mit einem müden »Eh-schonwissen« entzog, lebte in einem unsichtbaren Ghetto, das sich an Familientratsch und Fensterguckerei vergnügte wie zu der Zeit, da die Mauern noch standen. Der ›Brief an den Vater‹ hatte den psychologischen Mechanismus bloßgelegt, der es bewirkte, daß Franz Kafka die vergifteten Pfeile, die eine in voller Auflösung begriffene Toleranz gerade noch von ihm abschirmte, nun seinerseits mit beiden Händen ergriff und sich ins Herz preßte. (Es war kein Zufall, daß ein Maler sich ihn als Modell für einen heiligen Sebastian aussuchte [Seite 90].) Franz Kafkas Masochismus war eine sublime Flucht vor der Wirklichkeit. Aber Alt-Österreich gab ihm mehr als ein Minderwertigkeitsgefühl von wahrhaft metaphysischem Ausmaß. Es führte ihn ins Theater. Wir dürfen nicht vergessen, daß er der Zeitgenosse der genialen österreichischen Bühnenmanager Angelo Neumann und Max Reinhardt gewesen ist und den Erneuerer und Vollender des österreichischen Dramas, Hugo von Hofmannsthal, gesehen und voll Mißtrauen auch erkannt hat.

Im Theater, das die Warschauer jiddischen Schauspieler 1911 und 1912 im Prager Café Savoy aufführten, lernte Franz Kafka das Ostjudentum als geschlossene Gemeinschaft und als Träger einer Eigenkultur kennen. Die erotische Faszination, welche die Frauen dieser Gruppe um sich verbreiteten, wurde womöglich durch den Reiz noch übertroffen, den der Schauspieler Jizchak Löwy auf ihn ausübte. Seine Neigungen scheinen sowohl von den Frauen wie von den Männern dieser Gruppe mit ironisch-respektvoller Freundschaft erwidert worden zu sein. Er vermochte, in einer Gemeinschaft aufzugehen, auch wenn sie nur Theater spielte.

Vermochte er aufzugehen? Immer wieder sehen wir ihn außerhalb stehen, hypochondrisch mit seinem eigenen Körper beschäftigt, den Rücken gekrümmt unter der Last eines Kulturerbes, das nicht das Erbe seiner Kultur war: wenn er, dicht neben Frau Tschissik und Herrn Pipes Johann Wolfgang von Goethe und Heinrich von Kleist beschwört (S. 83 u. 77), dann ist der Zusammenstoß dieser beiden Welten, von denen keine ganz die seine ist, von bitterster Komik erfüllt und selbst eine Groteske des Geistes. Denn wir dürfen durchaus nicht annehmen, daß ihn seine Liebe zu den Ostjuden für deren Schwächen blind gemacht hätte. Der böse Blick, das mal'occhio des Realisten, zeigte ihm auch hier die Auswüchse und Skurrilitäten. Selbst die Conférence über die jiddische Sprache, die er Löwy zuliebe hielt, dient nicht nur der Werbung, sondern auch der Gewinnung von Distanz.
Trotzdem lassen sich gewisse Ereignisse seiner späteren Jahre auf diese Begegnung mit der ostjüdischen Schauspielertruppe zurückführen: die Partnerin in seinem letzten Lebensbündnis war die Ostjüdin Dora Dymant, und von Ostjudentum erregt war auch sein Interesse am Zionismus, das die frühe Kafka-Biographik wohl allzusehr ins Positive und Heroische hat umstilisieren wollen. Denn selbst am Beginn dieses Interesses erhebt sich die Bühne im Café Savoy. Wesentlicher aber ist es, daß ihm hier, auf den rauchgeschwärzten und wackligen Brettern in einem abseitigen Café Chantant zugleich mit dem Geheimnis des Judentums auch das Mysterium des Theaters aufgegangen ist. Die Volksstücke und ›Operetten‹, die er hier zu sehen bekam, ähnelten einem amerikanischen Musical darin, daß sie die Diskussion aktueller Probleme gelegentlich mit musikalischen Untermalungen und auch Tänzen verbanden. Und es steht außer Zweifel, daß das aktuellste Problem des Ostjudentums immer sein eigener Gruppengeist gebildet hat. Aber es war ein Theater, in dem sich dieser Geist skurril und eben darum echtbürtig darstellte. Diesem Theater entspringen dann auch Kafkas Visionen vom »Großen Theater von Oklahoma« aus dem ›Verschollenen‹ (›Amerika‹) die *Grand-Guignol*-Szene von Josef K.s Richtgang aus dem ›Prozeß‹ und noch der tragische *Pas-de-deux* des Nachtverhörs aus dem ›Schloß‹. Die sonderbare und Pirandellos Experimente vorwegnehmende Brechung des Seins durch den Schein, die diese epischen Augenblicke auszeichnet, findet sich in der Beschreibung der Theater- und Schauspielerszenen aus dem Café Savoy vorgeformt. In der ostjüdischen Schauspielergesellschaft lernte Kafka zum ersten und einzigen Mal menschliche Gesellschaft kennen. Und vielleicht zeigt sein Porträt auch darin einen altösterreichischen Zug, daß bei ihm, selbst bei ihm, das Soziale und Konfessionelle so eng an das Komödiantische gebunden bleibt.

Geschwätzigkeit des Dr. K. Ging zwei Stunden hinter dem Franz-Josefs-Bahnhof mit ihm herum, bat ihn von Zeit zu Zeit, mich wegzulassen, hatte die Hände vor Ungeduld verflochten und hörte so wenig zu als möglich war. Es schien mir, daß ein Mensch, der in seinem Beruf Gutes leistet, wenn er sich in Berufsgeschichten hineinerzählt hat, unzurechnungsfähig werden muß; seine Tüchtigkeit kommt ihm zu Bewußtsein, von jeder Geschichte ergeben sich Zusammenhänge, und zwar mehrere, er überblickt alle, weil er sie erlebt hat, muß in der Eile und aus Rücksicht auf mich viele verschweigen, einige zerstöre ich ihm auch durch Fragen, bringe ihn aber dadurch auf andere, zeige ihm dadurch, daß er auch weit in mein eigenes Denken hinein herrscht, seine Person hat in den meisten Geschichten eine schöne Rolle, die er nur andeutet, wodurch ihm das Verschwiegene noch bedeutungsvoller scheint; nun ist er aber meiner Bewunderung so sicher, daß er auch klagen kann, denn selbst in seinem Unglück, seiner Plage, seinem Zweifel ist er bewunderungswürdig, seine Gegner sind auch tüchtige Leute und erzählenswert; in einer Advokatenkanzlei, die vier Konzipisten und zwei Chefs hat, war eine Streitsache, in der er allein dieser Kanzlei gegenüberstand, durch Wochen das Tagesgespräch der sechs Juristen. Ihr bester Redner, ein scharfer Jurist, stand ihm gegenüber, — daran fügt sich der Oberste Gerichtshof, dessen Urteile angeblich schlecht, einander widersprechend sind; ich sage im Ton des Abschieds eine Spur von Verteidigung dieses Gerichtes, nun bringt er Beweise, daß dieses Gericht nicht verteidigt werden kann, und wieder muß man die Gasse hinauf und hinab, ich wundere mich sofort über die Schlechtigkeit dieses Gerichtes, darauf erklärt er, warum das so sein muß, das Gericht ist überbürdet, warum und wieso, gut ich muß weg, nun ist aber der Kassationshof besser und der Verwaltungsgerichtshof noch viel besser und warum und wieso, endlich bin ich nicht mehr zu halten, nun versucht er es mit meinen eigenen Angelegenheiten, wegen deren ich zu ihm gekommen bin (Gründung der Fabrik) und die wir schon längst durchgesprochen haben, er hofft unbewußt, mich auf diese Weise zu fangen und zu seinen Geschichten wieder verlocken zu können. Nun sage ich etwas, halte aber während meiner Worte die Hand ausdrücklich zum Abschied hin und werde so frei.

Er erzählt übrigens sehr gut, in seinem Erzählen mischt sich das genaue Ausgebreitetsein der Schriftsätze mit der lebhaften

Rede, wie man sie öfters bei so fetten, schwarzen, vorläufig gesunden, mittelgroßen, von fortwährendem Zigarettenrauchen erregten Juden findet. Gerichtliche Ausdrücke geben der Rede Halt, Paragraphen werden genannt, deren hohe Zahl sie in die Ferne zu verweisen scheint. Jede Geschichte wird von Anfang an entwickelt, Rede und Gegenrede wird vorgebracht und durch persönliche Zwischenbemerkungen förmlich geschüttelt, Nebensächliches, an das niemand denken würde, wird zuerst erwähnt, dann nebensächlich genannt und beiseite geschoben (»ein Mann, wie er heißt, ist Nebensache«—), der Zuhörer wird persönlich herangezogen, ausgefragt, während die Geschichte nebenan sich verdichtet, manchmal wird der Zuhörer sogar vor einer Geschichte, die ihn gar nicht interessieren kann, natürlich nutzlos ausgefragt, um irgendeine provisorische Beziehung herzustellen, eingeschobene Bemerkungen des Zuhörers werden nicht sofort, was ärgerlich wäre (Kubin[1]), sondern zwar bald, aber doch erst im Laufe der Erzählung an richtiger Stelle eingelegt, was als sachliche Schmeichelei den Zuhörer in die Geschichte hineinzieht, weil es ihm ein ganz besonderes Recht gibt, hier Zuhörer zu sein. [13. Oktober 1911 / *T*, 95—97]

Die jiddischen Schauspieler * *(Oktober 1911 — Februar 1912)*

14. Oktober. Gestern abend im Savoy[2] »Sulamith« von A. Goldfaden[3]. Eigentlich eine Oper, aber jedes gesungene Stück heißt Operette, mir scheint schon diese Kleinigkeit auf ein eigensinniges, übereiltes, auch aus falschen Gründen heißgewordenes, die europäische Kunst in einer zum Teil zufälligen Richtung durchschneidendes künstlerisches Bestreben zu deuten.

Die Geschichte: Ein Held rettet ein Mädchen, das sich in der Wüste verirrt (»ich bet dir großer, starker Gott«) und vor Durstqualen in eine Zisterne gestürzt hat. Sie schwören einander Treue (»meine Teuere, meine Liebste, mein Brillant, gefunden in der Wüste«) unter Anrufung des Brunnens und einer rotäugigen Wüstenkatze. Das Mädchen, Sulamith (Frau Ts.[4]), wird von Cingitang, dem wilden Diener Absolons (P.), nach Bethlehem zu ihrem Vater Manoach (Ts.) zurückgeführt, während Absolon (K.) noch eine Reise nach Jerusalem macht; dort aber verliebt er sich in Awigail, ein reiches Mädchen aus Jerusalem (Fr. K.), vergißt Sulamith und heiratet. Sulamith wartet auf den Geliebten zu Hause in Bethlehem. »Viele Menschen gehen nach Jeruscholajim und kommen beschulim.«[5] »Er, der Feiner, will mir untreu werden!« Durch verzweifelte Ausbrüche erwirbt sie sich eine auf alles gefaßte Zuversicht und beschließt, sich wahnsinnig zu stellen, um nicht heiraten zu müssen und warten zu

können. »Mein Wille ist von Eisen, mein Herz mach ich zur Festung.« Und noch in dem Wahnsinn, den sie jetzt jahrelang spielt, genießt sie traurig und laut mit erzwungener Erlaubnis aller die Erinnerung an den Geliebten, denn ihr Wahnsinn handelt nur von der Wüste, dem Brunnen und der Katze. Durch ihren Wahnsinn vertreibt sie gleich ihre drei Freier, mit denen Manoach nur durch Veranstaltung einer Lotterie in Frieden auskommen konnte: Joel Gedoni (U.), »ich bin der stärkste jüdische Held«, Avidanov, den Gutsbesitzer (R. P.) und den bauchigen Priester Nathan (Löwy), der sich über allen fühlt, »Gebt sie mir, ich sterb nach ihr«. Absolon hatte Unglück, ein Kind ist ihm von einer Wüstenkatze totgebissen worden, das zweite fällt in einen Brunnen. Er erinnert sich seiner Schuld, gesteht Awigail alles. »Mäßige dein Gewein.« »Hör auf mit dein Wort, mir mein Herz zu spalten.« »Leider ist alles Emes[6], was ich sage.« Einige Gedankenkreise bilden sich um beide und vergehn. Soll Absolon zu Sulamith zurück und Awigail verlassen? Auch Sulamith verdient Rachmones[7]. Endlich entläßt ihn Awigail. In Bethlehem klagt Manoach über seine Tochter: »Wehe, o meine alten Jahre.« Absolon heilt sie mit seiner Stimme. »Das übrige, Vater, werde ich dir schon später erzählen.« Awigail versinkt dort unten im Weingarten Jerusalems, Absolon hat als Rechtfertigung nur sein Heldentum.
Am Schluß der Vorstellung erwarten wir noch den Schauspieler Löwy, den ich im Staub bewundern möchte. Er soll wie üblich »annoncieren«: »Liebe Gäste, ich danke Ihnen in unser aller Namen für Ihren Besuch und lade Sie herzlich zur morgigen Vorstellung ein, in welcher das weltberühmte Meisterwerk — von — zur Aufführung kommen wird. Auf Wiedersehn!« Ab mit Hüteschwenken.
Statt dessen sehen wir den Vorhang einmal fest zugehalten, dann wieder versuchsweise ein Stückchen auseinandergezogen werden. Es dauert ziemlich lange. Endlich wird er weit auseinandergezogen, in der Mitte hält ihn ein Knopf zusammen, dahinter sehn wir Löwy seinen Schritt zur Rampe machen und sich nur mit den Händen, das Gesicht uns, dem Publikum, zugewendet, gegen jemanden wehren, der ihn von unten angreift, bis plötzlich der ganze Vorhang mit seiner obern Drahtbefestigung von Löwy, der einen Halt haben will, heruntergerissen und Löwy vor unsern Augen in den Knien einknickend von P., der den Wilden gespielt hat und der sich noch, als sei der Vorhang vorgezogen, gebückt hält, umfaßt und förmlich mit dem Kopf vom Podium seitwärts hinuntergestoßen wird. Man läuft im seitlichen Saaltrakt zusammen. »Den Vorhang vorziehn!« ruft man auf der fast ganz enthüllten Bühne, auf der Frau Ts. mit dem bleichen Sulamithgesicht so beklagenswert steht, kleine Kellner

auf Tischen und Sesseln bringen den Vorhang halbwegs in Ordnung, der Wirt sucht den Regierungsvertreter zu beruhigen, der nur den einzigen Wunsch hat, wegzukommen, und durch diesen Beruhigungsversuch aufgehalten wird, hinter dem Vorhang hört man Frau Ts.: »Da wollen wir von der Bühne dem Publikum Moral predigen . . .« Der Verein jüdischer Kanzleidiener »Zukunft«, der den morgigen Abend in eigener Regie übernommen und vor der heutigen Vorstellung eine ordentliche Generalversammlung abgehalten hat, beschließt, wegen dieses Vorfalls binnen einer halben Stunde eine außerordentliche Versammlung einzuberufen, ein tschechisches Vereinsmitglied prophezeit den Schauspielern infolge ihres skandalösen Benehmens vollständigen Untergang. Da sieht man plötzlich Löwy, der wie verschwunden war, vom Oberkellner R. mit den Händen, vielleicht auch mit den Knien zu einer Tür hingestoßen werden. Er soll einfach hinausgeworfen werden. Dieser Oberkellner, der vor jedem Gast, auch vor uns, früher und später wie ein Hund dasteht, mit hündischer Schnauze, die sich über einen großen, von demütigen Seitenfalten geschlossenen Mund senkt, hat sein . . .

[1911 / *T*, 97–100]

Heute früh bei Firma N. N. Wie sich der Chef mit dem Rücken seitlich in seinen Lehnstuhl stemmt, um Raum und Stütze für seine ostjüdischen Handbewegungen zu bekommen. Das Zusammenspiel und gegenseitige Sichverstärken des Hände- und Mienenspiels. Manchmal verbindet er beides, indem er entweder seine Hände ansieht oder sie zur Bequemlichkeit des Zuhörers nahe beim Gesicht hält. Tempelmelodien im Tonfall seiner Rede, besonders beim Aufzählen mehrerer Punkte führt er die Melodie von Finger zu Finger wie über verschiedene Register. Dann am Graben den Vater mit einem Herrn Pr. getroffen, der hebt sogar die Hand, damit der Ärmel etwas zurückfällt (selbst will er den Ärmel doch nicht zurückziehn) und macht mitten am Graben die mächtigen Schraubenbewegungen mit dem ausgleitenden Öffnen der Hand und Ausspreizen der Finger.

Ich bin wahrscheinlich krank, seit gestern juckt mich der Körper überall. Nachmittag hatte ich ein so heißes, verschiedenfarbiges Gesicht, daß ich beim Haareschneiden fürchtete, der Gehilfe, der doch mich und mein Spiegelbild immerfort sehn konnte, werde an mir eine große Krankheit erkennen. Auch die Verbindung zwischen Magen und Mund ist teilweise gestört, ein guldengroßer Deckel steigt entweder auf und ab oder liegt unten und strahlt mit einer sich verbreitenden, die Brust an der Oberfläche überziehenden, leicht drückenden Wirkung empor. [1911 / *T*, 106–107]

Die jüdischen Schauspieler: Frau Tschissik hat Vorsprünge auf den Wangen in der Nähe des Mundes. Entstanden teils durch eingefallene Wangen infolge der Leiden des Hungers, des Kindbetts, der Fahrten und des Schauspielens, teils durch ruhende ungewöhnliche Muskeln, die sich für die Schauspielbewegungen ihres großen, ursprünglich sicher schwerfälligen Mundes entwickeln mußten. Als Sulamith hatte sie meist die Haare gelöst, die ihre Wangen verdeckten, so daß ihr Gesicht manchmal wie ein Mädchengesicht aus früherer Zeit aussah. Sie hat einen großen, knochigen, mittelstarken Körper und ist fest geschnürt. Ihr Gang bekommt leicht etwas Feierliches, da sie die Gewohnheit hat, ihre langen Arme zu heben, zu strecken und langsam zu bewegen. Besonders als sie das jüdische Nationallied sang, in den großen Hüften schwach schaukelte und die parallel den Hüften gebogenen Arme auf und ab bewegte, mit ausgehöhlten Händen, als spiele sie mit einem langsam fliegenden Ball.

22. Oktober. Gestern bei den Juden. »Kol Nidre« von Scharkansky[8], ziemlich schlechtes Stück mit einer guten witzigen Briefschreibszene, einem Gebet der nebeneinander mit gefalteten Händen aufrecht stehenden Liebenden, dem Anlehnen des bekehrten Großinquisitors an den Vorhang der Bundeslade, er steigt die Stufe hinauf und bleibt dort, den Kopf geneigt, die Lippen am Vorhang, stehn, hält das Gebetbuch vor seine klappernden Zähne. Zum erstenmal an diesem vierten Abend meine deutliche Unfähigkeit, einen reinen Eindruck zu bekommen. Schuld daran war auch unsere große Gesellschaft und die Besuche beim Tisch meiner Schwester. Trotzdem, so schwach hätte ich nicht sein dürfen. Mit meiner Liebe zu Frau Ts., die nur dank Max neben mir saß, habe ich mich elend aufgeführt. Ich werde aber wieder hinaufkommen, schon jetzt ist es besser.

Frau Tschissik (ich schreibe den Namen so gern auf) neigt bei Tisch auch während des Gansbratenessens gern den Kopf, man glaubt unter ihre Augenlider mit dem Blick zu kommen, wenn man zuerst vorsichtig die Wangen entlang schaut und dann sich kleinmachend hineinschlüpft, wobei man die Lider gar nicht erst heben muß, denn sie sind gehoben und lassen eben einen bläulichen Schein durch, der zu dem Versuch verlockt. Aus der Menge ihres wahren Spiels kommen hie und da Vorstöße der Faust, Drehungen des Armes, der unsichtbare Schleppen in Falten um den Körper zieht, Anlegen der gespreizten Finger an die Brust, weil der kunstlose Schrei nicht genügt. Ihr Spiel ist nicht mannigfaltig: das erschreckte Blicken auf ihren Gegenspieler, das Suchen eines Auswegs auf der kleinen Bühne, die sanfte

Stimme, die in geradem kurzem Aufsteigen nur mit Hilfe größeren innerlichen Widerhalls ohne Verstärkung heldenmäßig wird, die Freude, die durch ihr sich öffnendes, über die hohe Stirn bis zu den Haaren sich ausbreitendes Gesicht in sie dringt, das Sichselbstgenügen beim Einzelgesang ohne Hinzunahme neuer Mittel, das Sichaufrichten beim Widerstand, das den Zuschauer zwingt, sich um ihren ganzen Körper zu kümmern; und nicht viel mehr. Aber da ist die Wahrheit des Ganzen und infolgedessen die Überzeugung, daß ihr nicht die geringste ihrer Wirkungen genommen werden kann, daß sie unabhängig ist vom Schauspiel und von uns.

Das Mitleid, das wir mit diesen Schauspielern haben, die so gut sind und nichts verdienen und auch sonst bei weitem nicht genug Dank und Ruhm bekommen, ist eigentlich nur das Mitleid über das traurige Schicksal vieler edler Bestrebungen und vor allem der unseren. Darum ist es auch so unverhältnismäßig stark, weil es sich äußerlich an fremde Leute hält und in Wirklichkeit zu uns gehört. Trotzdem ist es aber mit den Schauspielern immerhin so eng verbunden, daß ich es nicht einmal jetzt von ihnen lösen kann. Weil ich es erkenne, bindet es sich zum Trotz noch mehr an sie.

Die auffallende Glätte der Wangen der Frau Tschissik neben ihrem muskulösen Mund. Ihr etwas unförmiges kleines Mädchen.

Mit Löwy und meiner Schwester drei Stunden spazieren.

23. Oktober. Die Schauspieler überzeugen mich durch ihre Gegenwart immer wieder zu meinem Schrecken, daß das meiste, was ich bisher über sie aufgeschrieben habe, falsch ist. Es ist falsch, weil ich mit gleichbleibender Liebe (erst jetzt, da ich es aufschreibe, wird auch dieses falsch), aber wechselnder Kraft über sie schreibe und diese wechselnde Kraft nicht laut und richtig an die wirklichen Schauspieler schlägt, sondern dumpf sich an dieser Liebe verliert, die mit der Kraft niemals zufrieden sein wird und deshalb dadurch, daß sie sie aufhält, die Schauspieler zu schützen meint.

Streit zwischen Tschissik und Löwy. Ts.: Edelstatt[9] ist der größte jüdische Schreiber. Er ist erhaben. Rosenfeld[10] ist natürlich auch ein großer Schreiber, aber nicht der erste. Löwy: Ts. ist Sozialist und weil Edelstatt sozialistische Gedichte macht (er ist Redakteur einer sozial-jüdischen Zeitung in London), deshalb hält ihn Ts. für den größten. Aber wer ist Edelstatt, seine Partei kennt ihn, sonst niemand, aber Rosenfeld kennt die Welt. – Ts.: Auf die Anerkennung kommt es nicht an. Alles von Edelstatt ist erhaben. – L.: Ich kenne ihn ja auch genau. Der »Selbstmörder« zum Beispiel ist sehr gut. – Ts.: Was hilft der Streit? Einigen werden wir uns nicht. Ich werde meine Meinung bis morgen sagen und du auch. – L.: Ich bis übermorgen.

Goldfaden, verheiratet, Verschwender auch in großer Not. An hundert Stücke. Gestohlene liturgische Melodien volkstümlich gemacht. Das ganze Volk singt sie. Der Schneider bei seiner Arbeit (wird nachgemacht), das Dienstmädchen usw.

Bei so kleinem Raum fürs Anziehn muß man, wie Ts. sagt, in Streit kommen. Man kommt aufgeregt von der Szene, jeder hält sich für den größten Schauspieler, tritt da einer dem andern zum Beispiel auf den Fuß, was nicht zu vermeiden ist, so ist nicht nur ein Streit fertig, sondern ein großer Kampf. Ja, in Warschau, da waren fünfundsiebzig kleine Einzelgarderoben, jede beleuchtet.

Um sechs Uhr traf ich die Schauspieler in ihrem Kaffeehaus um zwei Tische herum, nach den zwei feindlichen Gruppen geordnet, sitzen. Auf dem Tisch der Ts.-Gruppe war ein Buch von Perez[11]. Löwy hatte es eben geschlossen und stand auf, um mit mir wegzugehn.

Bis zu zwanzig Jahren war Löwy ein Bocher[12], der studierte und seines wohlhabenden Vaters Geld ausgab. Es war da eine Gesellschaft gleichaltriger junger Leute, die gerade am Samstag in einem abgesperrten Lokal zusammenkamen und im Kaftan rauchten und sonst gegen die Feiertagsgebote sündigten.

»Der große Adler«[13], der berühmteste jiddische Schauspieler aus New York, der Millionär ist, für den Gordin[14] den »Wilden Menschen« geschrieben hat und den Löwy in Karlsbad gebeten hat, ja nicht zur Vorstellung zu kommen, da er vor ihm auf ihrer schlecht ausgestatteten Bühne zu spielen nicht den Mut hätte. – Nur Dekorationen, nicht diese elende Bühne, auf der man sich nicht bewegen kann. Wie werden wir den »Wilden Menschen« spielen! Dort braucht man einen Divan. Im Kristallpalast Leipzig war es großartig. Fenster, die man aufmachen konnte, die Sonne schien herein, man brauchte im Stück einen Thron, gut, da war ein Thron, ich ging durch die Menge zu ihm hin und war wirklich ein König. Da ist viel leichter zu spielen. Hier beirrt einen alles. [1911 / *T*, 110–115]

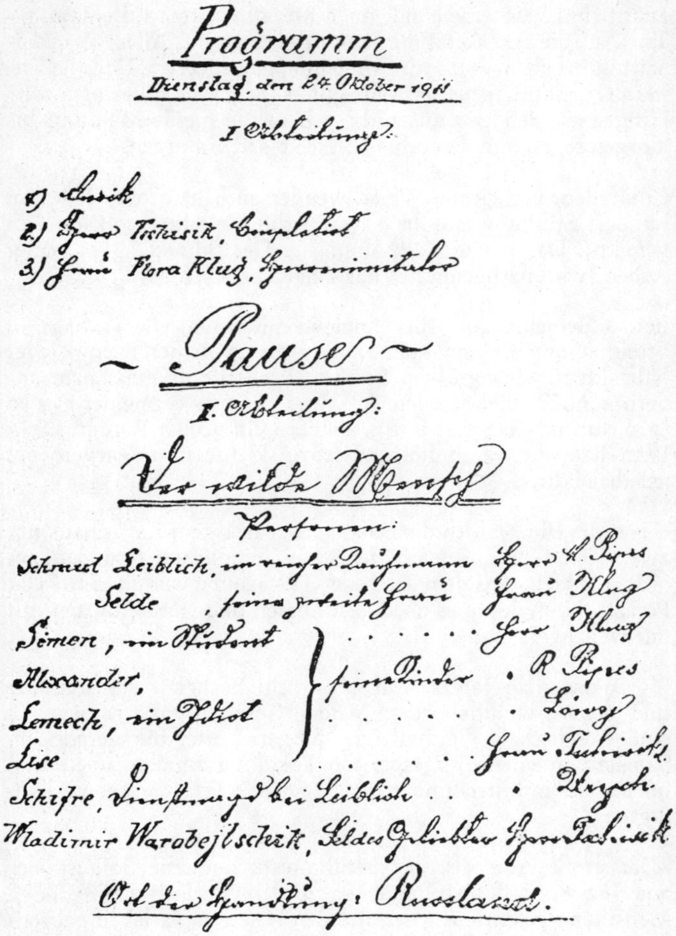

Programm des jiddischen Theaters
(zum »Wilden Menschen« von Gordin).

[Wagenbach, 178]

Heute stand ich vor dem Rat L., der sich unerwartet, ungebeten, kindisch, lügenhaft lächerlich und zum Ungeduldigwerden nach meiner Krankheit erkundigte. Wir hatten schon lange oder vielleicht noch überhaupt nicht so intim gesprochen, da fühlte ich, wie sich mein, von ihm noch nie so genau betrachtetes Gesicht für ihn in falsche, schlecht aufgefaßte, aber ihn jedenfalls überraschende Partien eröffnete. Für mich war ich nicht zu erkennen. Ich kenne ihn ganz genau.

26. Oktober. Donnerstag. Gestern hat Löwy den ganzen Nachmittag »Gott, Mensch, Teufel« von Gordin und dann aus seinen eigenen Tagebüchern von Paris vorgelesen. Vorgestern war ich bei der Aufführung des »Wilden Menschen« von Gordin. Gordin ist deshalb besser als Lateiner, Scharkansky, Feimann[15] usw., weil er mehr Details, mehr Ordnung und mehr Folgerichtigkeit in dieser Ordnung hat, dafür ist hier nicht mehr ganz das unmittelbare, förmlich ein für allemal improvisierte Judentum der andern Stücke, der Lärm dieses Judentums klingt dumpfer und daher wiederum weniger detailliert. Es werden allerdings dem Publikum Konzessionen gemacht und manchmal glaubt man sich recken zu müssen, um über die Köpfe des New Yorker jüdischen Theaterpublikums weg das Stück zu sehn (die Gestalt des wilden Menschen, die ganze Geschichte der Frau Selde), schlimmer aber ist, daß auch irgendeiner geahnten Kunst greifbare Konzessionen gemacht werden, daß zum Beispiel im »Wilden Menschen« die Handlung einen ganzen Akt flattert, infolge von Bedenken, daß der wilde Mensch menschlich undeutliche, literarisch aber so grobe Reden hält, daß man lieber die Augen schließt, ebenso ist das ältere Mädchen in »Gott, Mensch, Teufel«. Sehr mutig ist teilweise die Handlung des »Wilden Menschen«. Eine junge Witwe heiratet einen alten Mann, der vier Kinder hat, und bringt gleich ihren Liebhaber, den Wladimir Worobeitschik, mit in die Ehe. Nun ruinieren die zwei die ganze Familie, Schmut Leiblich (Pipes) muß alles Geld hergeben und wird krank, der älteste Sohn Simon (Klug), ein Student, verläßt das Haus, Alexander wird ein Spieler und Säufer, Lise (Tschissik) wird Dirne und Lemech (Löwy), der Idiot, wird gegenüber der Frau Selde von Haß, weil sie an Stelle seiner Mutter tritt, und von Liebe, weil sie die erste ihm nahe junge Frau ist, in einen idiotischen Wahnsinn gebracht. Die so weit getriebene Handlung löst sich mit der Ermordung der Selde durch Lemech. Alle andern bleiben dem Zuschauer in unvollendeter hilfloser Erinnerung. Die Erfindung dieser Frau und ihres Liebhabers, eine Erfindung, die niemanden um seine Meinung fragt, hat mir unklares verschiedenartiges Selbstvertrauen gegeben.

Der diskrete Eindruck des Theaterzettels. Man erfährt nicht nur die Namen, sondern etwas mehr, aber doch nur so viel, als der Öffentlichkeit, und selbst der wohlwollendsten und kühlsten, über eine ihrem Urteil ausgesetzte Familie bekanntwerden muß. Schmul Leiblich ist ein »reicher Kaufmann«, es wird aber nicht gesagt, daß er alt und kränklich, ein lächerlicher Weiberfreund, ein schlechter Vater und ein pietätloser Witwer ist, der am Jahrzeittag[16] seiner Frau heiratet. Und doch wären alle diese Bezeichnungen richtiger als jene des Theaterzettels, denn am Ende des Stückes ist er nicht mehr reich, weil ihn die Selde ausgeraubt hat, er ist auch kaum ein Kaufmann mehr, da er sein Geschäft vernachlässigt hat. Simon ist auf dem Theaterzettel »ein Student«, also etwas sehr Vages, was unseres Wissens viele Söhne unserer entferntesten Bekannten sind. Alexander, dieser charakterlose junge Mann ist nur »Alexander«, von »Lise«, dem häuslichen Mädchen, weiß man auch nur, daß sie »Lise« ist. Lemech ist leider »ein Idiot«, denn das ist etwas, was sich nicht verschweigen läßt. Wladimir Worobeitschik ist nur »Seldes Geliebter«, aber nicht der Verderber einer Familie, nicht Säufer, Spieler, Wüstling, Nichtstuer, Parasit. Mit der Bezeichnung »Seldes Geliebter« ist zwar viel verraten, mit Rücksicht auf sein Benehmen aber ist es das wenigste, was man sagen kann. Nun ist überdies der Ort der Handlung Rußland, die kaum gesammelten Personen sind über ein ungeheures Gebiet verstreut oder auf einem kleinen nicht verratenen Punkt dieses Gebietes gesammelt, kurz, das Stück ist unmöglich geworden, der Zuschauer wird nichts zu sehn bekommen.

Trotzdem beginnt das Stück, die offenbar großen Kräfte des Verfassers arbeiten, es kommen Dinge zutage, die den Personen des Theaterzettels nicht zuzutrauen sind, die ihnen aber mit der größten Sicherheit zukommen, wenn man nur dem Peitschen, Wegreißen, Schlagen, Achselnbeklopfen, Ohnmächtigwerden, Halsabschneiden, Hinken, Tanzen in russischen Stulpenstiefeln, Tanzen mit gehobenen Frauenröcken, Wälzen auf dem Kanapee glauben wollte, weil dies doch Dinge sind, wo keine Widerrede hilft. Es ist jedoch nicht einmal der erinnerungsweise erlebte Höhepunkt der Zuschaueraufregung nötig, um zu erkennen, daß der diskrete Eindruck des Theaterzettels ein falscher Eindruck ist, der sich erst nach der Aufführung bilden kann, jetzt aber schon unrichtig, ja unmöglich ist, der nur in einem müde Abseitsstehenden entstehen kann, da für den ehrlich Urteilenden nach der Vorstellung zwischen Theaterzettel und Vorstellung nichts Erlaubtes mehr zu sehen ist.

Vom Strich angefangen mit Verzweiflung geschrieben, weil heute besonders lärmend Karten gespielt werden, ich beim allgemeinen Tische sitzen muß, die O.[16a] mit vollem Mund lacht, aufsteht, sich setzt, über den Tisch hingreift, zu mir spricht und ich zur Vollendung des Unglücks so schlecht schreibe und an die guten, mit ununterbrochenem Gefühl geschriebenen Pariser Erinnerungen Löwys denken muß, die aus selbständigem Feuer kommen, während ich wenigstens jetzt, sicher hauptsächlich deshalb, weil ich so wenig Zeit habe, fast ganz unter Maxens Einfluß[17] stehe, was mir manchmal zum Überfluß auch noch die Freude an seinen Arbeiten verdirbt. Weil es mich tröstet, schreibe ich mir eine autobiographische Bemerkung von Shaw her, trotzdem sie eigentlich das Gegenteil von Trost enthält: Als Knabe war er Lehrling im Kontor eines Grund- und Bodenagenten in Dublin. Er gab diesen Posten bald auf und reiste nach London und wurde Schriftsteller. In den ersten neun Jahren von 1876 bis 1885 verdiente er im ganzen hundertvierzig Kronen. »Aber trotzdem ich ein starker junger Mensch war und meine Familie sich in üblen Umständen befand, warf ich mich nicht in den Kampf des Lebens; ich warf meine Mutter hinein und ließ mich von ihr erhalten. Ich war meinem alten Vater keine Stütze, im Gegenteil, ich hing mich an seine Rockschöße.« Schließlich tröstet es mich ein wenig. Die Jahre, die er frei in London verbracht hat, sind für mich schon vorüber, das mögliche Glück geht immer mehr ins unmögliche über, ich führe ein schreckliches ersatzweises Leben und bin feig und elend genug, Shaw nur soweit zu folgen, daß ich die Stelle meinen Eltern vorgelesen habe. Wie mir dieses mögliche Leben mit Stahlfarben, mit gespannten Stahlstangen und luftigem Dunkel dazwischen vor den Augen blitzt!

27. Oktober. Löwys Erzählungen und Tagebücher: wie ihn Notre Dame erschreckt, wie ihn der Tiger im Jardin des Plantes ergreift, als eine Darstellung des Verzweifelten und Hoffenden, der Verzweiflung und Hoffnung im Fraße sättigt; wie ihn sein frommer Vater in der Vorstellung befragt, ob er nun Samstag spazieren könne, ob er jetzt moderne Bücher zu lesen Zeit habe, ob er an den Festtagen essen dürfe, während er doch Samstag arbeiten muß, überhaupt keine Zeit hat und mehr fastet, als je eine Religion vorgeschrieben hat. Wenn er an seinem Schwarzbrot kauend durch die Gassen spaziert, sieht es von der Ferne aus, als esse er Schokolade. Die Arbeit in der Mützenfabrik und sein Freund, der Sozialist, der jeden für einen Bourgeois hält, der nicht genau so arbeitet wie er, zum Beispiel Löwy mit seinen feinen Händen, der sich sonntags langweilt, der das Lesen als etwas Üppiges verachtet, selbst nicht lesen kann und Löwy mit Ironie bittet, ihm einen Brief vorzulesen, den er bekommen hat.

Das jüdische Reinigungswasser, das in Rußland jede jüdische Gemeinde hat, das ich mir als eine Kabine denke, mit einem

Wasserbecken von genau bestimmten Umrissen, mit vom Rabbiner angeordneten und überwachten Einrichtungen, das nur den irdischen Schmutz der Seele abzuwaschen hat, dessen äußerliche Beschaffenheit daher gleichgültig ist, das ein Symbol, daher schmutzig und stinkend sein kann und auch ist, aber seinen Zweck doch erfüllt. Die Frau kommt her, um sich von der Periode zu reinigen, der Thoraschreiber, um sich vor dem Aufschreiben des letzten Satzes eines Thoraabschnittes von allen sündigen Gedanken zu reinigen.

Sitte, gleich nach dem Erwachen die Finger dreimal in Wasser zu tauchen, da die bösen Geister sich in der Nacht auf dem zweiten und dritten Fingerglied niederlassen. Rationalistische Erklärung: Es soll verhindert werden, daß die Finger gleich ins Gesicht fahren, da sie doch im Schlaf und Traum unbeherrscht alle möglichen Körperstellen, die Achselhöhlen, den Popo, die Geschlechtsteile berührt haben können.

Die Garderobe hinter ihrer Bühne ist so schmal, daß, wenn einer zufällig hinter dem Türvorhang der Szene vor dem Spiegel steht und ein zweiter an ihm vorbeikommen will, er jenen Vorhang heben und sich wider Willen einen Augenblick lang dem Publikum zeigen muß.

Aberglaube: Trinkt man aus einem unvollkommenen Glas, bekommen die bösen Geister Eingang in den Menschen.

Wie wund mir die Schauspieler nach der Vorstellung vorkamen, wie ich mich fürchtete, sie mit einem Wort zu betupfen. Wie ich lieber nach einem flüchtigen Händedruck rasch wegging, als wäre ich böse und unzufrieden, weil die Wahrheit meines Eindrucks auszusprechen so unmöglich war. Alle schienen mir falsch außer Max, der ruhig einiges Inhaltslose sagte. Falsch aber war der, welcher sich nach einem unverschämten Detail erkundigte, falsch der, welcher eine scherzhafte Antwort auf eine Bemerkung des Schauspielers gab, falsch der Ironische, falsch der, welcher seinen mannigfaltigen Eindruck aufzulösen begann, alles Gesindel, das, richtigerweise in die Tiefe des Zuschauerraumes gedrückt, jetzt spät in der Nacht aufstand und seinen Wert wieder bemerkte. (Sehr weit vom Richtigen.)

28. Oktober. Ein ähnliches Gefühl hatte ich zwar, aber vollkommen schien mir an jenem Abend bei weitem weder Spiel noch Stück. Gerade dadurch aber war ich zu einer besonderen Ehrfurcht vor den Schauspielern verpflichtet. Wer weiß bei kleinen, wenn auch vielen Lücken des Eindrucks, wer die Schuld an

ihnen trägt. Frau Tschissik trat einmal auf den Saum ihres Kleides und wankte einen Augenblick lang in ihrem prinzeßartigen Dirnenkleid, wie eine massige Säule, einmal versprach sie sich und wandte sich, um die Zunge zu beruhigen, in starker Bewegung der Rückwand zu, trotzdem dies den Worten gerade nicht entsprach; es beirrte mich, aber es verhinderte nicht den Anflug von Schauern oben auf den Wangenknochen, den ich immer beim Hören ihrer Stimme fühle. Weil aber die andern Bekannten einen viel unreineren Eindruck erhalten hatten als ich, schienen sie mir zu einer noch größeren Ehrfurcht verpflichtet als ich, auch deshalb, weil meiner Meinung nach ihre Ehrfurcht viel wirkungsvoller gewesen wäre als meine, so daß ich einen doppelten Grund hatte, ihr Benehmen zu verfluchen.

[1911 / *T*, 116–123]

Obwohl die Stammgäste und Angestellten des Kaffeehauses die Schauspieler lieben, können sie sich doch den Respekt zwischen den niederwerfenden Eindrücken nicht bewahren und verachten die Schauspieler als Hungerleider, Herumfahrende, Mitjuden ganz wie in historischen Zeiten. So wollte der Oberkellner den Löwy aus dem Saal werfen, der Türöffner, ein früherer Bordellangestellter und gegenwärtiger Zuhälter, schrie die kleine Tschissik nieder, als diese in der Aufregung ihres Mitgefühls beim »Wilden Menschen« irgend etwas den Schauspielern gereicht haben wollte; und als ich vorgestern Löwy zum Kaffeehaus zurückbegleitete, nachdem er mir im Kaffee City den ersten Akt von »Elieser ben Schevia« von Gordin vorgelesen hatte, rief ihm jener Kerl zu (er schielt und hat zwischen der gekrümmten spitzigen Nase und dem Mund eine Vertiefung, aus welcher heraus ein kleiner Schnurrbart sich sträubt): »Komm schon, Idiot. (Anspielung auf die Rolle im ›Wilden Menschen‹.) Man wartet. Ein Besuch ist heute da, wie du ihn wirklich nicht verdienst. Sogar ein Freiwilliger von der Artillerie ist da, schau hier.« Und er zeigt auf eine der verhängten Kaffeehausscheiben, hinter der jener Freiwillige angeblich sitzen soll. Löwy fährt sich mit der Hand über die Stirn: »Von Elieser ben Schevia zu diesem.«

[28. Oktober 1911 / *T*, 126–127]

Um es nicht zu vergessen, für den Fall, daß mich mein Vater wieder einmal einen schlechten Sohn nennen sollte, schreibe ich mir auf, daß er vor einigen Verwandten ohne besonderen Anlaß, sei es nun, um mich einfach zu drücken, sei es, um mich vermeintlich zu retten, Max einen »meschuggenen Ritoch«[18] nannte und daß er gestern, als Löwy in meinem Zimmer war, mit ironischem Körperschütteln und Mundverziehn von fremden Leuten sprach, die da in die Wohnung gelassen werden, was an einem fremden Menschen interessieren könne, wozu man so nutzlose Beziehungen anknüpfe usw. — Ich hätte es doch nicht aufschreiben sollen, denn ich habe mich geradezu in Haß gegen meinen Vater hineingeschrieben, zu dem er doch heute keinen Anlaß gegeben hat und der, wenigstens wegen Löwy, unverhältnismäßig groß ist, im Vergleich zu dem, was ich als Äußerung meines Vaters niedergeschrieben habe, und der sich daran noch steigert, daß ich an das eigentlich Böse im gestrigen Benehmen des Vaters mich nicht erinnern kann.

1. November. Heute »Geschichte des Judentums« von Graetz[19] gierig und glücklich zu lesen angefangen. Weil mein Verlangen danach das Lesen weit überholt hatte, war es mir zuerst fremder, als ich dachte, und ich mußte hie und da einhalten, um durch Ruhe mein Judentum sich sammeln zu lassen. Gegen Schluß ergriff mich aber schon die Unvollkommenheit der ersten Ansiedlungen im neu eroberten Kanaan und die treue Überlieferung der Unvollkommenheit der Volksmänner (Josuas, der Richter, Elis).

Gestern abend Abschied von Frau Klug. Wir, ich und Löwy, liefen den Zug entlang und sahen Frau Klug hinter einem geschlossenen Fenster des letzten Waggons im Dunkel herausschauen. Rasch streckte sie den Arm gegen uns noch drinnen im Coupé, stand auf, öffnete das Fenster, in dem sie einen Augenblick breit mit dem offenen Überkleid stand, bis ihr gegenüber der dunkle Herr Klug sich erhob, der den Mund nur groß und verbittert öffnen und ihn nur knapp, wie für immer, schließen kann. Ich habe Herrn Klug in den fünfzehn Minuten nur wenig angesprochen und vielleicht nur zwei Augenblicke angeschaut, sonst konnte ich unter schwachem, ununterbrochenem Gespräch die Augen von Frau Klug nicht abwenden. Sie war vollständig von meiner Gegenwart beherrscht, aber mehr in ihrer Einbildung als wirklich. Wenn sie sich an Löwy mit der wiederkehrenden Einleitung: »Du, Löwy« wendete, sprach sie für mich, wenn sie sich an ihren Mann drückte, der sie manchmal nur mit ihrer rechten Schulter beim Fenster ließ und ihr Kleid und den aufgebauschten Überzieher preßte, strengte sie sich an, mir damit ein leeres Zeichen zu geben.
Der erste Eindruck, den ich bei den Vorstellungen hatte, daß ich ihr nicht besonders angenehm war, wird wohl der richtige gewesen sein, mich forderte sie selten zum Mitsingen auf, wenn, so ohne Laune, wenn sie mich etwas fragte, antwortete ich leider falsch (»verstehen Sie das?«, ich sagte »ja«, sie wollte aber

»nein«, um zu antworten, »ich auch nicht«), ihre Ansichtskarten bot sie mir zum zweitenmal nicht an, ich bevorzugte Frau Tschissik, der ich zum Schaden der Frau Klug Blumen geben wollte. Zu dieser Abneigung aber kam die Achtung vor meinem Doktorat, die sich durch mein kindliches Aussehn nicht abhalten ließ, ja sich eher dadurch vergrößerte. Diese Achtung war so groß, daß sie aus ihrer zwar häufigen, aber gar nicht besonders betonten Ansprache »Wissen Sie, Herr Doktor« derartig klang, daß ich halb unbewußt bedauerte, sie viel zu wenig zu verdienen, und mich fragte, ob ich nicht Anspruch hätte, von jedem eine genau gleiche Ansprache zu bekommen. Da ich aber von ihr als Mensch so geachtet war, war ich es als Zuhörer erst recht. Ich glänzte, wenn sie sang, ich lachte und sah sie an, die ganze Zeit, während sie auf der Bühne war, ich sang die Melodien mit, später die Worte, ich dankte ihr nach einigen Vorstellungen; dafür konnte sie mich natürlich wieder gut leiden. Sprach sie mich aber aus diesem Gefühl an, war ich verlegen, so daß sie sicher mit dem Herzen zu ihrer ersten Abneigung zurückkehrte und bei ihr blieb. Desto mehr mußte sie sich anstrengen, mich als Zuhörer zu belohnen, und sie tat es gern, da sie eine eitle Schauspielerin und eine gutmütige Frau ist.
Besonders wenn sie dort oben im Coupéfenster schwieg, sah sie mich mit einem vor Verlegenheit und List verzückten Mund und mit blinzelnden Augen an, die auf den vom Mund herkommenden Falten schwammen. Sie mußte glauben, von mir geliebt zu sein, wie es auch wahr gewesen ist, und gab mir mit diesen Blicken die einzige Erfüllung, die sie als erfahrene, aber junge Frau, gute Ehefrau und Mutter, einem Doktor ihrer Einbildung geben konnte. Diese Blicke waren so dringend, und von Wendungen wie: »es gab hier so liebe Gäste, besonders einzelne« unterstützt, daß ich mich wehrte, und das waren die Augenblicke, in denen ich ihren Mann ansah. Ich hatte, wenn ich beide verglich, eine grundlose Verwunderung darüber, daß sie gemeinsam von uns wegfahren sollten und doch sich nur um uns bekümmerten und keinen Blick füreinander hatten. Löwy fragte, ob sie gute Plätze hätten; »ja, wenn es so leer bleibt«, antwortete Frau Klug und sah flüchtig in das Innere des Coupés, dessen warme Luft der Mann mit seinem Rauchen verderben wird. Wir sprachen von ihren Kindern, denen zuliebe sie wegfahren; sie haben vier Kinder, darunter drei Jungen, der älteste ist neun Jahre alt, sie haben sie schon achtzehn Monate nicht gesehn. Als ein Herr in der Nähe rasch einstieg, schien der Zug wegfahren zu wollen, wir nahmen in Eile Abschied, reichten einander die Hände, ich hob den Hut und hielt ihn dann an die Brust, wir traten zurück, wie man es bei der Abfahrt von Zügen tut, womit man zeigen will, daß alles vorüber ist und man sich damit abge-

funden hat. Der Zug aber fuhr noch nicht, wir traten wieder heran, ich war ganz froh darüber, sie erkundigte sich nach meinen Schwestern. Überraschend fing der Zug langsam zu fahren an. Frau Klug bereitete ihr Taschentuch zum Winken vor, ich möge ihr schreiben, rief sie noch, ob ich ihre Adresse wisse, sie war schon zu weit, als daß ich ihr mit Worten hätte antworten können, ich zeigte auf Löwy, von dem ich die Adresse erfahren könnte, das ist gut, nickte sie mir und ihm rasch zu und ließ das Taschentuch flattern, ich hob den Hut, zuerst ungeschickt, dann, je weiter sie war, desto freier.
Später erinnerte ich mich daran, daß ich den Eindruck gehabt hatte, der Zug fahre nicht eigentlich weg, sondern fahre nur die kurze Bahnhofstrecke, um uns ein Schauspiel zu geben, und versinke dann. Im Halbschlaf am gleichen Abend erschien mir Frau Klug unnatürlich klein, fast ohne Beine und rang die Hände mit verzerrtem Gesicht, als ob ihr ein großes Unglück geschehen wäre.

Heute nachmittag kam der Schmerz über meine Verlassenheit so durchdringend und straff in mich, daß ich merkte, auf diese Weise verbrauche sich die Kraft, die ich durch dieses Schreiben gewinne und die ich zu diesem Ziel wahrhaftig nicht bestimmt habe.

Sobald Herr Klug in eine neue Stadt kommt, merkt man, wie seine und seiner Frau Schmucksachen im Versatzamt verschwinden. Gegen die Abfahrt zu löst er sie langsam wieder ein.

Lieblingssatz der Frau des Philosophen Mendelssohn[20]: Wie mies ist mir vor tout l'univers!

Einer der wichtigsten Eindrücke beim Abschied der Frau Klug war, daß ich immer glauben mußte, als einfache bürgerliche Frau halte sie sich mit Gewalt unter dem Niveau ihrer wahren menschlichen Bestimmung und bedürfe nur eines Sprunges, eines Aufreißens der Tür, eines aufgedrehten Lichtes, um Schauspielerin zu sein und mich zu unterwerfen. Sie stand ja auch wirklich oben und ich unten wie im Theater. — Sie hat mit sechzehn Jahren geheiratet, ist sechsundzwanzig Jahre alt.

2. November. Heute früh zum erstenmal seit langer Zeit wieder die Freude an der Vorstellung eines in meinem Herzen gedrehten Messers. [1911 / *T*, 132–137]

Aufführung von »Bar-Kochba« von Goldfaden. Falsche Beurteilung des Stückes im ganzen Saal und auf der Bühne.

Ich hatte für Frau Tschissik einen Strauß mitgebracht mit einer angehängten Visitkarte mit der Inschrift »aus Dankbarkeit« und wartete auf den Augenblick, wo ich ihr ihn überreichen lassen könnte. Nun hatte die Vorstellung spät angefangen, die Hauptszene der Frau Tschissik war mir erst für den vierten Akt versprochen, vor Ungeduld und Angst, die Blumen könnten welken, ließ ich durch den Kellner schon während des dritten Aktes (es war elf Uhr) die Blumen auspacken, nun lagen sie seitwärts auf einem Tisch, das Küchenpersonal und einige schmutzige Stammgäste reichten sie einander und rochen an ihnen, ich konnte nur besorgt und wütend hinschauen, sonst nichts, während ihrer Hauptszene im Gefängnis liebte ich Frau Tschissik und drängte sie doch innerlich, Schluß zu machen, endlich war der Akt, für meine Zerstreutheit unbemerkt, zu Ende gegangen, der Oberkellner reichte die Blumen, Frau Tschissik nahm sie zwischen den zusammenschlagenden Vorhängen, sie verbeugte sich in einer kleinen Spalte des Vorhanges und kam nicht mehr zurück. Niemand bemerkte meine Liebe, und ich hatte sie allen zeigen und dadurch für Frau Tschissik wertvoll machen wollen, kaum daß man den Strauß bemerkte. Dabei war schon zwei Uhr vorüber, alles war müde, einige Zuschauer waren schon früher weggegangen, ich hatte Lust gehabt, ihnen mein Glas nachzuwerfen.

Mit mir war der Kontrollor P. aus unserer Anstalt, ein Christ. Er, den ich sonst gern habe, störte mich. Meine Sorge waren die Blumen, nicht seine Angelegenheiten. Dabei wußte ich, daß er das Stück schlecht auffasse, während ich keine Zeit, Lust und Fähigkeit hatte, ihm eine Hilfe aufzudrängen, die er nicht zu brauchen glaubte. Endlich schämte ich mich vor ihm, daß ich selbst so schlecht achtgab. Auch störte er mich im Verkehr mit Max und sogar durch die Erinnerung daran, daß ich ihn vorher gern gehabt hatte, nachher wieder gern haben würde und daß er mein heutiges Benehmen übelnehmen könnte.

Aber nicht nur ich war so gestört. Max fühlte sich wegen seines Lobartikels in der Zeitung verantwortlich. Den Juden in Bergmanns[21] Begleitung war es zu spät. Die Mitglieder des Vereins Bar Kochba[22] waren wegen des Namens des Stückes gekommen und mußten enttäuscht sein. Da ich Bar Kochba nur aus diesem Stücke kenne, hätte ich keinen Verein so genannt. Hinten im Saal waren zwei Ladenmädchen in ihrem Dirnenabendkleid mit den Liebhabern und mußten während der Sterbeszenen durch laute Rufe zur Ruhe gebracht werden. Endlich schlugen Leute auf der Gasse gegen die großen Scheiben aus Ärger darüber, daß sie so wenig von der Bühne sahen.

Auf der Bühne fehlten die Klugs. – Lächerliche Statisten. »Rohe Juden« wie Löwy sagte. Geschäftsreisende, die übrigens auch

kein Honorar bekamen. Sie hatten meistens nur damit zu tun, ihr Lachen zu verbergen oder zu genießen, wenn sie es auch sonst gut meinten. Ein Rundbackiger mit blondem Bart, dem gegenüber man sich kaum vor Lachen beherrschen konnte, lachte infolge der Unnatur des angeklebten, sich schüttelnden Vollbartes, der seine Wangen bei dem allerdings nicht vorgesehenen Lachen falsch begrenzte, besonders komisch. Ein zweiter lachte nur, wenn er wollte, aber dann viel. Als Löwy singend starb, in den Armen dieser zwei Ältesten sich wand, langsam mit dem abschwellenden Gesang zur Erde gleiten sollte, steckten sie hinter seinem Rücken die Köpfe zusammen, um sich endlich einmal, vom Publikum ungesehen (wie sie meinten), sattlachen zu können. Noch gestern, als ich mich beim Mittagsmahl daran erinnerte, mußte ich lachen.
Frau Tschissik muß im Gefängnis dem sie besuchenden betrunkenen römischen Statthalter (der junge Pipes) den Helm abnehmen und sich ihn dann selbst aufsetzen. Als sie ihn abnimmt, fällt ein zusammengedrücktes Handtuch heraus, das Pipes offenbar hineingestopft hat, weil ihn der Helm zu sehr drückte. Obwohl er jedoch wissen mußte, daß ihm der Helm auf der Bühne abgenommen wird, schaut er Frau Tschissik, seine Betrunkenheit vergessend, vorwurfsvoll an.
Schönes: wie Frau Tschissik unter den Händen der römischen Soldaten (die sie allerdings erst zu sich reißen mußte, denn sie fürchteten sich offenbar, sie anzurühren) sich wand, während die Bewegungen der drei Menschen durch ihre Sorge und Kunst fast, nur fast, dem Rhythmus des Gesanges folgten; das Lied, in dem sie die Erscheinung des Messias ankündigt und, ohne zu stören, nur infolge ihrer Macht, Harfenspiel durch Bewegungen der Violin-Bogenführung darstellt; im Gefängnis, wo sie beim öfteren Herannahen von Schritten ihren Trauergesang unterbricht, zur Tretmühle eilt und sie bei einem Arbeiterlied dreht, dann wieder zu ihrem Gesang wegläuft und wieder zur Mühle, wie sie im Schlaf singt, als Papus sie besucht, und ihr Mund geöffnet ist wie ein blinzelndes Auge, wie überhaupt ihre Mundwinkel beim Sichöffnen an die Winkel der Augen erinnern. – Im weißen Schleiertuch, wie im schwarzen war sie schön. Neu an ihr erkannte Bewegungen: Drücken der Hand in die Tiefe des nicht sehr guten Mieders, kurzes Zucken der Schultern und Hüften beim Hohn, besonders wenn sie dem Verhöhnten den Rücken zukehrt.
Sie hat die ganze Vorstellung geleitet wie eine Hausmutter. Sie hat allen eingesagt, selbst aber niemals gestockt; sie hat die Statisten belehrt, gebeten, endlich gestoßen, wenn es sein mußte; ihre helle Stimme mischte sich, wenn sie nicht auf der Bühne war, in den schwachen Chorgesang auf der Bühne; sie hielt die

spanische Wand (die im letzten Akt eine Zitadelle darstellen sollte), welche die Statisten zehnmal umgeworfen hätten.
Ich hatte gehofft durch den Blumenstrauß meine Liebe zu ihr ein wenig zu befriedigen, es war ganz nutzlos. Es ist nur durch Literatur oder durch den Beischlaf möglich. Ich schreibe das nicht, weil ich es nicht wußte, sondern weil es vielleicht gut ist, Warnungen oft aufzuschreiben.

7. November. Dienstag. Gestern sind die Schauspieler mit Frau Tschissik endgültig weggefahren. Ich begleitete Löwy am Abend zum Kaffeehaus, wartete aber draußen, wollte nicht hinein, wollte nicht Frau Tschissik sehn. Aber wie ich auf und ab ging, sah ich sie die Tür öffnen und mit Löwy herauskommen, ich ging ihnen grüßend entgegen und traf sie in der Mitte der Fahrbahn. Frau Tschissik dankte mir mit den großen, aber natürlichen Vokabeln ihrer Aussprache für meinen Strauß, erst jetzt hätte sie erfahren, daß er von mir sei. Dieser Lügner Löwy hatte ihr also nichts gesagt. Ich hatte Angst um sie, weil sie nur eine leichte dunkle Bluse mit kurzen Ärmeln trug, und ich bat sie — bald hätte ich sie angerührt, um sie zu treiben — ins Lokal hineinzugehn, damit sie sich nicht verkühle. Nein, sagte sie, sie verkühle sich nicht, sie habe ja einen Shawl, und sie hob ihn ein wenig, um ihn zu zeigen und zog ihn dann enger um die Brust zusammen. Ich konnte ihr nicht sagen, daß ich nicht eigentlich Angst um sie hätte, sondern nur froh sei, ein Gefühl gefunden zu haben, in dem ich meine Liebe genießen könnte, und deshalb sagte ich ihr wieder, ich hätte Angst.
Inzwischen war auch ihr Mann, ihre Kleine und Herr Pipes herausgekommen und es zeigte sich, daß es durchaus nicht bestimmt war, daß sie nach Brünn reisen sollten, wie mir Löwy eingeredet hatte, vielmehr war Pipes sogar entschlossen, nach Nürnberg zu fahren. Das sei das beste, ein Saal sei leicht zu bekommen, die Judengemeinde sei groß, weiterhin die Reise nach Leipzig und Berlin sehr bequem. Übrigens hätten sie den ganzen Tag beraten, und Löwy, der bis vier geschlafen habe, hätte sie einfach warten und den Brünner Halbacht-Zug versäumen lassen. Unter diesen Argumenten gingen wir ins Lokal und setzten uns an einen Tisch, ich Frau Tschissik gegenüber. Ich hätte mich so gerne ausgezeichnet, an und für sich war es nicht schwer, ich hätte nur einige Zugsverbindungen kennen, die Bahnhöfe unterscheiden, die Entscheidung zwischen Nürnberg oder Brünn herbeiführen, vor allem aber den Pipes niederschreien müssen, der sich wie sein Bar Kochba aufführte und dessen Geschrei Löwy sehr vernünftig, wenn auch ohne Absicht, ein sehr rasches, nicht zu unterbrechendes, für mich wenigstens damals ziemlich unverständliches, mittelstarkes Schwätzen ent-

gegenstellte. Statt mich nun auszuzeichnen, saß ich zusammengesunken in meinem Sessel, sah von Pipes zu Löwy hinüber und nur hie und da auf diesem Weg traf ich die Augen der Frau Tschissik, wenn sie aber mit einem Blick mir antwortete (sie mußte mir zum Beispiel nur zulächeln, wegen der Aufgeregtheit von Pipes), sah ich weg. Sinnlos war das nicht. Zwischen uns konnte es kein Lächeln über des Pipes Aufgeregtheit geben. Dazu war ich ihrem Gesicht gegenüber zu ernst und von diesem Ernst ganz müde. Wenn ich über irgend etwas lachen wollte, konnte ich über ihre Schulter weg die dicke Frau anschauen, die in Bar-Kochba die Statthalterin gespielt hatte. Aber ich konnte sie eigentlich auch nicht ernst ansehn. Denn das hätte geheißen, daß ich sie liebe. Sogar der junge Pipes hinter mir in seiner ganzen Unschuld hätte das erkennen müssen. Und das wäre wirklich unerhört gewesen. Ich, ein junger Mensch, den man allgemein für achtzehn Jahre alt hält, erklärt vor den Abendgästen des Café Savoy, im Kreis der herumstehenden Kellner, vor der Tischrunde der Schauspieler, einer dreißigjährigen Frau, die kaum jemand auch nur für hübsch hält, die zwei Kinder von zehn und acht Jahren hat, deren Mann neben ihr sitzt, die ein Muster von Ehrbarkeit und Sparsamkeit ist — erklärt dieser Frau seine Liebe, der er ganz verfallen ist, und — jetzt kommt das eigentlich Merkwürdigere, das allerdings niemand mehr bemerkt hätte — verzichtet sogleich auf die Frau, so wie er selbst dann auf sie verzichten würde, wenn sie jung und ledig wäre. Soll ich dankbar sein oder soll ich fluchen, daß ich trotz allem Unglück noch Liebe fühlen kann, eine unirdische, allerdings zu irdischen Gegenständen.

Schön war Frau Tschissik gestern. Die eigentlich normale Schönheit der kleinen Hände, der leichten Finger, der gewalzten Unterarme, die in sich so vollkommen sind, daß selbst der doch ungewohnte Anblick dieser Nacktheit nicht an den übrigen Körper denken läßt. Das in zwei Wellen geteilte, vom Gaslicht hell beleuchtete Haar. Die ein wenig unreine Haut um den rechten Mundwinkel. Wie zu kindlicher Klage öffnet sich ihr Mund, oben und unten in zart geformte Buchtungen verlaufend, man denkt, daß diese schöne Wortbildung, die das Licht der Vokale in den Worten verbreitet und mit der Zungenspitze die reine Kontur der Worte bewahrt, nur einmal gelingen kann und staunt das Immerwährende an. Niedrige weiße Stirn. Das Pudern, dessen Verwendung ich bisher gesehen habe, hasse ich, wenn aber diese weiße Farbe, dieser niedrig über der Haut schwebende Schleier von etwas getrübter Milchfarbe vom Puder herrührt, dann sollen sich alle pudern. Sie hat gern zwei Finger am rechten Mundwinkel, vielleicht hat sie auch die Fingerspitzen in den Mund gesteckt, ja vielleicht hat sie sogar einen Zahnstocher in den Mund geführt; ich habe diese Finger nicht genau angesehn, es sah aber fast so aus, als hätte sie einen Zahnstocher in einen hohlen Zahn geführt und ließe ihn dort eine Viertelstunde lang ruhen. [1911 / *T*, 142–149]

Der weitere Abschied: An Pipes bemerkte ich, weil ich mich von ihm unterdrückt fühlte, vor allem die gekerbten und dunkel punktierten Enden seiner Zähne. Endlich bekam ich einen halben Einfall: »Warum so weit bis nach Nürnberg in einem Zuge fahren?« fragte ich, »warum nicht in einer kleineren Zwischenstation ein, zwei Vorstellungen geben?« »Kennen Sie eine solche?« fragte Frau Tschissik, bei weitem nicht so scharf, wie ich es schreibe, und zwang mich dadurch, sie anzusehn. Ihr ganzer über dem Tisch sichtbarer Körper, die ganze Runde von Schultern, Rücken und Brust war weich, trotz ihres auf der Bühne im europäischen Kleid knochigen, fast rohen Baues. Ich nannte lächerlicherweise Pilsen. Stammgäste am Nebentisch nannten sehr vernünftig Teplitz. Herr Tschissik wäre für jede Zwischenstation eingetreten, er hat nur Vertrauen zu kleinen Unternehmungen, Frau Tschissik ebenso, ohne daß sie sich viel miteinander verständigten, außerdem fragt sie ringsherum nach den Fahrpreisen. Öfters sagten sie: es wäre ja genug, wenn man auf parnusse[23] verdiene. Ihr Mädchen reibt die Wange an ihrem Arm; sie fühlt es sicher nicht, aber für den Erwachsenen ergibt sich die kindliche Überzeugung, daß einem Kind bei seinen Eltern, selbst wenn sie wandernde Schauspieler sind, nichts geschehen kann und daß sich die wirklichen Sorgen so nahe an der Erde nicht vorfinden, sondern erst in der Gesichtshöhe der Erwachsenen. Ich war sehr für Teplitz, weil ich ihnen einen Empfehlungsbrief für Dr. P. mitgeben und mich so für Frau Tschissik einsetzen konnte. Unter Widerspruch des Pipes, der selbst die Lose für die drei möglichen Städte herstellte und die Verlosung mit Lebhaftigkeit leitete, wurde Teplitz zum dritten Male gezogen. Ich ging zum Nebentisch und schrieb aufgeregt den Empfehlungsbrief. Mit der Ausrede, daß ich nach Hause gehen müßte, um die genaue Adresse des Dr. P. zu erfahren, die übrigens nicht nötig war und die man auch zu Hause nicht kannte, empfahl ich mich. Verlegen spielte ich, während Löwy sich bereit machte, mich zu begleiten, mit der Hand der Frau und dem Kinn ihres Mädchens.

9. November. Vorgestern geträumt:
Lauter Theater, ich einmal oben auf der Galerie, einmal auf der Bühne, ein Mädchen, die ich vor ein paar Monaten gern gehabt hatte, spielte mit, spannte ihren biegsamen Körper, als sie sich

im Schrecken an einer Sessellehne festhielt; ich zeigte von der Galerie auf das Mädchen, das eine Hosenrolle spielte, meinem Begleiter gefiel sie nicht. In einem Akt war die Dekoration so groß, daß nichts anderes zu sehen war, keine Bühne, kein Zuschauerraum, kein Dunkel, kein Rampenlicht; vielmehr waren alle Zuschauer in großen Mengen auf der Szene, die den Altstädter Ring darstellte, wahrscheinlich von der Mündung der Niklasstraße aus gesehn. Trotzdem man infolgedessen den Platz vor der Rathausuhr und den kleinen Ring eigentlich nicht hätte sehen dürfen, war es doch durch kurze Drehungen und langsame Schwankungen des Bühnenbodens erreicht, daß man zum Beispiel vom Kinskypalais aus den kleinen Ring überblicken konnte. Es hatte dies keinen Zweck, als womöglich die ganze Dekoration zu zeigen, da sie nun schon einmal in solcher Vollkommenheit da war und da es zum Weinen schade gewesen wäre, etwas von dieser Dekoration zu übersehn, die, wie ich mir wohl bewußt war, die schönste Dekoration der ganzen Erde und aller Zeiten war. Die Beleuchtung war von dunklen, herbstlichen Wolken bestimmt. Das Licht der gedrückten Sonne erglänzte zerstreut in dieser oder jener gemalten Fensterscheibe der Südostecke des Platzes.
Da alles in natürlicher Größe und ohne sich im Kleinsten zu verraten ausgeführt war, machte es einen ergreifenden Eindruck, daß manche der Fensterflügel vom mäßigen Wind auf- und zugeweht wurden, ohne daß man wegen der großen Höhe der Häuser einen Laut gehört hätte. Der Platz war stark abfallend, das Pflaster fast schwarz, die Teinkirche war an ihrem Ort, vor ihr aber war ein kleines Kaiserschloß, in dessen Vorhof alles, was sonst an Monumenten auf dem Platz stand, in großer Ordnung versammelt war: die Mariensäule, der alte Brunnen vor dem Rathaus, den ich selbst nie gesehen habe, der Brunnen vor der Niklaskirche und eine Plankeneinzäunung, die man jetzt um die Grundaushebung für das Hus-Denkmal aufgeführt hat.
Dargestellt wurde — oft vergißt man im Zuschauerraum, daß nur dargestellt wird, wie erst auf der Bühne und in diesen Kulissen — ein kaiserliches Fest und eine Revolution. Die Revolution war so groß, mit riesigen, den Platz aufwärts und abwärts geschickten Volksmengen, wie sie wahrscheinlich in Prag niemals stattgefunden hatte; man hatte sie offenbar nur wegen der Dekoration nach Prag verlegt, während sie eigentlich nach Paris gehörte. Vom Fest sah man zuerst nichts, der Hof war jedenfalls zu einem Feste ausgefahren, inzwischen war die Revolution losgebrochen, das Volk war ins Schloß eingedrungen, ich selbst lief gerade über die Vorsprünge der Brunnen im Vorhof ins Freie, die Rückkehr ins Schloß aber sollte dem Hofe unmöglich werden. Da kamen die Hofwagen von der Eisengasse her in

so rasender Fahrt an, daß sie schon weit vor der Schloßeinfahrt bremsen mußten und mit festgehaltenen Rädern über das Pflaster schleiften. Es waren Wagen, wie man sie bei Volksfesten und Umzügen sieht, auf denen lebende Bilder gestellt werden, sie waren also flach, mit einem Blumengewinde umgeben, und von der Wagenplatte hing ringsherum ein farbiges Tuch herab, das die Räder verdeckte. Desto mehr wurde man sich des Schreckens bewußt, den ihre Eile bedeutete. Sie wurden von den Pferden, die sich vor der Einfahrt bäumten, wie ohne Bewußtsein im Bogen von der Eisengasse zum Schloß geschleppt. Gerade strömten viele Menschen an mir vorüber auf den Platz hinaus, meist Zuschauer, die ich von der Gasse her kannte und die vielleicht gerade jetzt angekommen waren. Unter ihnen war auch ein bekanntes Mädchen, ich weiß aber nicht welches; neben ihr ging ein junger eleganter Mann mit einem gelbbraunen kleinkarierten Ulster, die Rechte tief in der Tasche. Sie gingen zur Niklasstraße zu. Von diesem Augenblick an sah ich nichts mehr. [1911 / *T*, 150–154]

Löwy: Ein Rabbi im Talmud hatte das in diesem Falle sehr gottgefällige Prinzip, nichts, nicht einmal ein Glas Wasser von jemandem anzunehmen. Nun traf es sich aber, daß der größte Rabbi seiner Zeit ihn kennenlernen wollte und ihn also zum Essen einlud. Die Einladung eines solchen Mannes ablehnen, das war nicht möglich. Traurig machte sich daher der erste Rabbi auf den Weg. Aber weil sein Prinzip so stark war, schob sich zwischen die beiden Rabbi ein Berg. [1911 / *T*, 170–171]

Aus einem Brief Löwys an seinen Vater: Wenn ich nach Warschau komme, werde ich in meinen europäischen Kleidern zwischen euch herumgehn wie »eine Spinne vor den Augen, wie ein Trauernder unter Brautleuten«.

Löwy erzählt von einem verheirateten Freunde, der in Postin lebt, einer kleinen Stadt in der Nähe von Warschau, und sich in seinen fortschrittlichen Interessen einsam und daher unglücklich fühlt. »Postin, ist das eine große Stadt?« »So groß«, er hält mir seine flache Hand hin. Sie ist mit einem gerauhten gelbbraunen Handschuh bekleidet und stellt eine wüste Gegend vor.

23. November. Am 21., dem hundertsten Todestag Kleists, ließ die Familie Kleist einen Kranz auf sein Grab legen mit der Aufschrift: »Dem Besten ihres Geschlechts«. [1911 / *T*, 172]

24. November. »Schhite« (der, welcher die Schächterkunst lernt). Stück von Gordin. Darin Talmudzitate zum Beispiel: Wenn ein großer Gelehrter abends oder in der Nacht eine Sünde begeht, so darf man sie ihm am Morgen nicht mehr vorwerfen, denn in seiner Gelehrsamkeit hat er sie sicher schon selbst bereut. Stiehlt man einen Ochsen, so muß man zwei zurückgeben, schlachtet man den gestohlenen Ochsen, so muß man vier zurückgeben, schlachtet man aber ein gestohlenes Kalb, so muß man nur drei zurückgeben, weil angenommen wird, daß man das Kalb wegtragen mußte, also eine schwere Arbeit getan hat. Diese Annahme bestimmt die Strafe auch dann, wenn man das Kalb bequem fortgeführt hat.

Ehrenhaftigkeit schlechter Gedanken. Gestern abend fühlte ich mich besonders elend. Mein Magen war wieder verdorben, ich hatte mit Mühe geschrieben, der Vorlesung Löwys im Kaffeehaus (das zuerst still war und von uns geschont werden mußte, das sich dann aber belebte und uns nicht in Ruhe ließ) hatte ich mit Anstrengung zugehört, meine traurige nächste Zukunft erschien mir nicht wert, in sie einzutreten, verlassen ging ich durch die Ferdinandstraße. Da kamen mir an der Mündung des Bergsteins wieder die Gedanken an die spätere Zukunft. Wie wollte ich sie mit diesem aus einer Rumpelkammer gezogenen Körper ertragen? Auch im Talmud heißt es: Ein Mann ohne Weib ist kein Mensch. Gegenüber solchen Gedanken blieb mir an diesem Abend keine andere Hilfe, als daß ich mir sagte: »Jetzt kommt ihr, schlechte Gedanken, jetzt, weil ich schwach bin und verdorbenen Magen habe. Gerade jetzt wollt ihr euch durchdenken lassen. Nur darauf, was euch wohltut, habt ihr es abgesehn. Schämt euch. Kommt ein anderesmal, wenn ich kräftiger bin. Nützt meinen Zustand nicht so aus.« Und tatsächlich, ohne andere Beweise auch nur abzuwarten, wichen sie zurück, zerstreuten sich langsam und störten mich nicht mehr auf meinem weitern, natürlich nicht übermäßig glücklichen Spaziergang. Sie vergaßen aber offenbar, daß sie, wenn sie alle meine schlechten Zustände respektieren wollen, selten an die Reihe kommen werden.
Durch den Benzingeruch eines vom Theater her fahrenden Automobils wurde ich darauf aufmerksam, wie sichtbar auf die mir entgegenkommenden Theaterbesucher, die mit letzten Griffen ihre Mäntel und hängenden Gucker in Ordnung bringen, eine schöne Häuslichkeit wartet (und sei sie auch nur von einer Kerze beleuchtet, so ist es ja vor dem Schlafengehn recht), wie sie aber auch aus dem Theater nach Hause geschickt erscheinen, als untergeordnete Personen, vor denen der Vorhang zum letztenmal niedergegangen ist und hinter denen sich die Türen geöffnet haben,

durch die sie vor Anfang oder während des ersten Aktes hochmütig wegen irgendeiner lächerlichen Sorge eingetreten sind.

[1911 / *T*, 173–174]

Begegnung des Ehepaares Tschissik auf dem Graben. Sie trug ihr Dirnenkleid aus dem »Wilden Menschen«. Wenn ich ihre Erscheinung, wie ich sie damals auf dem Graben hatte, in die Details zerlege, wird sie unwahrscheinlich. (Ich sah sie nur flüchtig, denn ich erschrak bei ihrem Anblick, grüßte nicht, wurde auch nicht gesehn und wagte nicht gleich, mich umzudrehn.) Sie war viel kleiner als sonst, hatte die linke Hüfte nicht augenblicksweise, sondern ständig vorstehn, ihr rechtes Bein war eingeknickt, die Bewegung des Halses und des Kopfes, die sie ihrem Mann näherte, war sehr eilig, mit dem zur Seite gestreckten eingebogenen rechten Arm suchte sie sich in ihren Mann einzuhängen. Der trug sein Sommerhütchen mit der vorn niedergedrückten Krempe. Als ich mich umdrehte, waren sie weg. Ich erriet, daß sie ins Café Central gegangen waren, wartete ein wenig auf der anderen Grabenseite und hatte das Glück, nach einer langen Weile sie zum Fenster treten zu sehen. Als sie sich zum Tische setzte, sah man nur den Rand ihres mit blauem Samt überzogenen Pappendeckelhutes.
Im Traum war ich dann in einem sehr schmalen, auch nicht übermäßig hohen, glasüberwölbten Durchhaus, ähnlich den ungangbaren Kommunikationen auf primitiven italienischen Bildern, von der Ferne auch einem Durchhaus ähnlich, das wir in Paris gesehen haben, als eine Abzweigung der Rue des Petits Champs. Nur war jenes in Paris doch breiter und mit Geschäften angefüllt, dieses aber lief zwischen leeren Wänden hin, ließ im Anblick kaum für zwei nebeneinandergehende Personen Platz, ging man aber wirklich darin, wie ich mit Frau Tschissik, dann war überraschend viel Platz, ohne daß es uns überraschte. Während ich mit Frau Tschissik zu dem einen Ausgang hinausging, in der Richtung zu einem möglichen Beobachter des Ganzen, und Frau Tschissik sich wegen irgendeines Vergehns (es schien Trunksucht zu sein) gleichzeitig entschuldigte und mich bat, ihren Verleumdern nicht zu glauben, peitschte Herr Tschissik am andern Ende des Durchhauses einen zottigen blonden Bernhardiner, der ihm gegenüber auf den Hinterbeinen stand. Es war nicht ganz deutlich, ob Tschissik mit dem Hund nur spaßte und über ihm seine Frau vernachlässigte oder ob er ernstlich selbst von dem Hund angegriffen war oder ob er schließlich den Hund von uns abhalten wollte.

Mit L. auf dem Quai. Ich hatte einen leichten, mein ganzes Wesen unterdrückenden Ohnmachtsanfall, verwand ihn und erinnerte mich nach einer kleinen Weile an ihn wie an etwas längst Vergessenes. [1911 / *T*, 184–185]

19. Dezember. Gestern »Davids Geige« von Lateiner. Der verstoßene Bruder, ein künstlerischer Geiger, kommt, wie in den Träumen meiner ersten Gymnasialzeit, reichgeworden zurück, versucht aber zuerst im Bettlerkleid, die Füße mit Packhadern[24] wie ein Schneeschaufler umbunden, seine niemals aus der Heimat gekommenen Verwandten: Seine ehrliche arme Tochter, den reichen Bruder, der seinen Sohn der armen Base nicht zur Frau geben und trotz seines Alters sich eine junge Frau nehmen will. Erst später enthüllt er sich durch Aufreißen eines Kaiserrockes, unter dem auf einer quergebundenen Schärpe die Orden aller Fürsten Europas hängen. Mit Violinspiel und Gesang macht er alle Verwandten und ihren Anhang zu guten Menschen und bringt ihre Verhältnisse in Ordnung.

Frau Tschissik spielte wieder. Ihr Leib war gestern schöner als ihr Gesicht, das schmäler schien als sonst, so daß die Stirn, die sich beim ersten Wort in Falten wirft, zu sehr auffiel. Der schön gerundete mittelstarke große Körper gehörte gestern nicht zu ihrem Gesicht, und sie erinnerte mich undeutlich an Doppelwesen wie Seejungfrauen, Sirenen, Zentauren. Als sie dann vor mir stand, mit verzogenem Gesicht, unreinem, von der Schminke angegriffenem Teint, einem Fleck auf der dunkelblauen kurzärmeligen Bluse, war es mir, wie wenn ich im Kreise unbarmherziger Zuschauer zu einer Statue reden sollte.
Frau Klug stand neben ihr und beobachtete mich. Fräulein Weltsch beobachtete mich von links. Ich sagte so viel Dummheiten als möglich war. So ließ ich nicht ab, Frau Tschissik zu fragen, warum sie nach Dresden gefahren war, trotzdem ich wußte, daß sie sich mit den andern zerworfen hatte und deshalb weggefahren war, und daß ihr daher dieses Thema peinlich war. Schließlich war es mir noch peinlicher, nur fiel mir nichts anderes ein. Als Frau Tschissik dazutrat, während ich mit Frau Klug sprach, sagte ich, indem ich mich Frau Tschissik zuwendete, zu Frau Klug »Pardon!«, wie wenn ich beabsichtigte, von jetzt an mit Frau Tschissik mein Leben zu verbringen. Wie ich dann mit Frau Tschissik sprach, merkte ich, daß meine Liebe sie eigentlich nicht erfaßt hatte, sondern sie nur, bald näher, bald weiter, umflog. Ruhe kann ihr ja nicht gegeben sein.
Frau Liebgold spielte einen jungen Mann in einem Kleid, das ihren schwangern Leib fest umschloß. Da sie ihrem Vater

(Löwy) nicht folgt, drückt er ihren Oberkörper auf einen Sessel nieder und schlägt sie auf den Hintern, über dem sich die Hose äußerst spannt. Löwy sagte dann, er habe sie mit dem gleichen Widerwillen wie eine Maus angerührt. Sie ist aber von vorn gesehen hübsch, nur im Profil fährt ihre Nase zu lang, zu spitz und grausam hinab.

Ich kam erst um zehn Uhr hin, machte vorher einen Spaziergang und kostete die leichte Nervosität aus, einen Platz im Theater zu haben und während der Vorstellung, also während die Solisten mich herbeizusingen versuchen, spazierenzugehn. Ich versäumte auch Frau Klug, deren immer lebendigen Gesang anzuhören nichts anderes bedeutet, als die Welt auf ihre Festigkeit zu prüfen, was ich doch nötig habe. [1911 / *T*, 196–198]

Heute vormittag Beschneidung meines Neffen. Ein kleiner krummbeiniger Mann, Austerlitz, der schon zweitausendundachthundert Beschneidungen hinter sich hat, führte die Sache sehr geschickt aus. Es ist eine dadurch erschwerte Operation, daß der Junge, statt auf dem Tisch, auf dem Schoß seines Großvaters liegt und daß der Operateur, statt genau aufzupassen, Gebete murmeln muß. Zuerst wird der Junge durch Umbinden, das nur das Glied frei läßt, unbeweglich gemacht, dann wird durch Auflegen einer durchlochten Metallscheibe die Schnittfläche präzisiert, dann erfolgt mit einem fast gewöhnlichen Messer, einer Art Fischmesser, der Schnitt. Jetzt sieht man Blut und rohes Fleisch, der Moule[25] hantiert darin kurz mit seinen langnägeligen zittrigen Fingern und zieht irgendwo gewonnene Haut wie einen Handschuhfinger über die Wunde. Gleich ist alles gut, das Kind hat kaum geweint. Jetzt kommt nur noch ein kleines Gebet, während dessen der Moule Wein trinkt und mit seinen noch nicht ganz blutfreien Fingern etwas Wein an die Lippen des Kindes bringt. Die Anwesenden beten: »Wie er nun gelangt ist in den Bund, so soll er gelangen zur Kenntnis der Thora, zum glücklichen Ehebund und zur Ausübung guter Werke.«

Als ich heute den Begleiter des Moule zum Nachtisch beten hörte, und die Anwesenden, abgesehn von den beiden Großvätern, die Zeit in vollständigem Unverständnis des Vorgebeteten mit Träumen oder Langweile verbrachten, sah ich das in einem deutlichen unabsehbaren Übergang begriffene westeuropäische Judentum vor mir, über das sich die zunächst Betroffenen keine Sorgen machen, sondern als richtige Übergangsmenschen das tragen, was ihnen auferlegt ist. Diese an ihrem letzten

Ende angelangten religiösen Formen hatten schon in ihrer gegenwärtigen Übung einen so unbestrittenen bloß historischen Charakter, daß nur das Verstreichen einer ganz kleinen Zeit innerhalb dieses Vormittags nötig schien, um die Anwesenden durch Mitteilungen über den veralteten frühern Gebrauch der Beschneidung und ihrer halbgesungenen Gebete historisch zu interessieren.

Löwy, den ich fast jeden Abend eine halbe Stunde lang warten lasse, sagte mir gestern: Seit einigen Tagen schaue ich während des Wartens immer zu Ihrem Fenster hinauf. Zuerst sehe ich dort Licht, wenn ich, wie gewöhnlich, vor der Zeit gekommen bin, da nehme ich also an, daß sie noch arbeiten. Dann wird ausgelöscht, im Nebenzimmer bleibt das Licht, Sie nachtmahlen also; dann wird in Ihrem Zimmer wieder Licht, Sie putzen sich also die Zähne; dann wird ausgelöscht, Sie sind also schon auf der Treppe, aber dann wird wieder angezündet. –

[1911 / *T*, 204–206]

Beschneidung in Rußland. In der ganzen Wohnung, wo sich nur Türen finden, werden handtellergroße, mit kabbalistischen Zeichen bedruckte Tafeln aufgehängt, um die Mutter in der Zeit zwischen der Geburt und der Beschneidung vor bösen Geistern zu schützen, die ihr und dem Kind um diese Zeit besonders gefährlich werden können, vielleicht weil ihr der Körper so sehr geöffnet wurde und also allem Bösen bequem Eingang bietet und weil auch das Kind, solange es nicht in den Bund aufgenommen ist, dem Bösen keinen Widerstand leisten kann. Deshalb wird auch, damit die Mutter keinen Augenblick allein bleibe, eine Wärterin aufgenommen. Zur Abwehr der bösen Geister dient es auch, daß während sieben Tagen nach der Geburt mit Ausnahme des Freitag zehn bis fünfzehn Kinder, immer andere, gegen Abend unter Führung des Belfers (Hilfslehrers) zum Bett der Mutter vorgelassen werden, dort das »Schema Israel«[26] aufsagen und dann mit Süßigkeiten beschenkt werden. Diese unschuldigen, fünf bis acht Jahre alten Kinder sollen die bösen Geister, die gegen Abend am meisten drängen, besonders wirksam abhalten. Freitag wird ein besonderes Fest abgehalten, wie überhaupt während dieser Woche mehrere Gastmähler einander folgen. Vor dem Tag der Beschneidung werden die Bösen am wildesten, deshalb ist die letzte Nacht eine Wachnacht und man verbringt sie bis gegen Morgen wachend bei der Mutter. Die Beschneidung erfolgt meist in Gegenwart von oft über hundert Verwandten und Freunden. Der Angesehenste der Anwesenden darf das Kind tragen. Der Beschneider, der sein Amt ohne Bezahlung ausübt, ist meist ein Säufer, da er, beschäftigt wie er ist, an den verschiedenen Festessen sich nicht beteiligen kann und daher nur etwas Schnaps herunterschüttet. Alle diese Beschneider haben deshalb rote Nasen und riechen aus dem Mund. Es ist daher auch nicht appetitlich, wenn sie, nachdem der Schnitt ausgeführt ist, mit diesem Mund das blutige Glied aussaugen, wie es vorgeschrieben ist. Das Glied wird dann mit Holzmehl bedeckt und ist in drei Tagen beiläufig heil.

Den Juden und natürlich besonders denen in Rußland scheint nicht so sehr ein strenges Familienleben gemeinsam und bezeichnend zu sein, denn Familienleben findet sich schließlich auch bei Christen, und störend für das Familienleben der Juden ist doch, daß die Frau vom Talmudstudium ausgeschlossen ist, so daß die Frauen, wenn sich der Mann mit Gästen über gelehrte Talmuddinge, also den Mittelpunkt seines Lebens, unterhalten will, sich ins Nebenzimmer zurückziehen, wenn nicht zurückziehen müssen, — so ist es für sie noch eigentümlicher, daß sie so oft bei jeder möglichen Gelegenheit zusammenkommen, sei es zum Beten oder zum Studieren oder zur Besprechung göttlicher Dinge oder zumeist religiös begründeter Festmahlzeiten, bei denen nur sehr mäßig Alkohol getrunken wird. Sie fliehen förmlich zueinander.

Goethe hält durch die Macht seiner Werke die Entwicklung der deutschen Sprache wahrscheinlich zurück. Wenn sich auch die Prosa in der Zwischenzeit öfters von ihm entfernt, so ist sie doch schließlich, wie gerade gegenwärtig, mit verstärkter Sehnsucht zu ihm zurückgekehrt und hat sich selbst alte, bei Goethe vorfindliche, sonst aber mit ihm nicht zusammenhängende Wendungen angeeignet, um sich an dem vervollständigten Anblick ihrer grenzenlosen Abhängigkeit zu erfreuen.

Ich heiße hebräisch Amschel[27], wie der Großvater meiner Mutter von der Mutterseite, der als ein sehr frommer und gelehrter Mann mit langem weißem Bart meiner Mutter erinnerlich ist, die sechs Jahre alt war, als er starb. Sie erinnert sich, wie sie die Zehen der Leiche festhalten und dabei Verzeihung möglicher dem Großvater gegenüber begangener Verfehlungen erbitten mußte. Sie erinnert sich auch an die vielen, die Wände füllenden Bücher des Großvaters. Er badete jeden Tag im Fluß, auch im Winter, dann hackte er sich zum Baden ein Loch ins Eis. Die Mutter meiner Mutter starb frühzeitig an Typhus. Von diesem Tode angefangen wurde die Großmutter trübsinnig, weigerte sich zu essen, sprach mit niemandem, einmal, ein Jahr nach dem Tode ihrer Tochter, ging sie spazieren und kehrte nicht mehr zurück, ihre Leiche zog man aus der Elbe. Ein noch gelehrterer Mann als der Großvater war der Urgroßvater der Mutter, bei Christen und Juden stand er in gleichem Ansehen, bei einer Feuersbrunst geschah infolge seiner Frömmigkeit das Wunder, daß das Feuer sein Haus übersprang und verschonte, während die Häuser in der Runde verbrannten. Er hatte vier Söhne, einer trat zum Christentum über und wurde Arzt. Alle außer dem Großvater der Mutter starben bald. Dieser hatte einen Sohn, die Mutter kannte ihn als verrückten Onkel Nathan, und eine Tochter, eben die Mutter meiner Mutter.

Gegen das Fenster laufen und durch die zersplitterten Hölzer und Scheiben, schwach nach Anwendung aller Kraft, die Fensterbrüstung überschreiten.

26. Dezember. Wieder schlecht geschlafen, schon die dritte Nacht. So habe ich die drei Feiertage, in denen ich Dinge zu schreiben hoffte, die mir durch das ganze Jahr helfen sollten, in einem hilfsbedürftigen Zustand verbracht. Am Weihnachtsabend Spaziergang mit Löwy gegen Stern zu. Gestern »Blümale oder die Perle von Warschau«[28]. Für ihre standhafte Liebe und Treue wird Blümale vom Verfasser im Titel mit dem Ehrennamen »Perle von Warschau« ausgezeichnet. Erst der freigelegte hohe zarte Hals der Frau Tschissik erklärt ihre Gesichtsbildung. Der Tränenglanz in den Augen der Frau Klug beim Singen einer gleichmäßig welligen Melodie, in welche die Zuhörer ihre Köpfe hängen lassen, schien mir in seiner Bedeutung weit über das Lied, über das Theater, über die Sorgen des ganzen Publikums, ja über meine Vorstellungskraft hinauszugehn. Blick durch die hintere Portiere in die Garderobe, gerade auf Frau Klug, die dort im weißen Unterrock und kurzärmeligen Hemd steht. Meine Unsicherheit über die Gefühle des Publikums und daher anstrengende innerliche Aufstachelung seiner Begeisterung. Meine gestrige gewandte liebenswürdige Art, mit Fräulein T. und ihrer Begleitung zu sprechen. Es gehörte mit zu dieser gestern wie auch schon Samstag gefühlten Freiheit meines guten Wesens, daß ich, trotzdem ich es auch von der Ferne nicht nötig hatte, aus einer gewissen Nachgiebigkeit gegenüber der Welt und einer übermütigen Bescheidenheit ein paar äußerlich verlegene Worte und Bewegungen gebrauchte. Ich war allein mit meiner Mutter und nahm auch das leicht und schön; sah alle mit Festigkeit. [1911 / *T*, 210–214]

30. Dezember. Mein Nachahmungstrieb hat nichts Schauspielerisches, es fehlt ihm vor allem die Einheitlichkeit. Das Grobe,

auffallend Charakteristische in seinem ganzen Umfange kann ich gar nicht nachahmen, ähnliche Versuche sind mir immer mißlungen, sie sind gegen meine Natur. Zur Nachahmung von Details des Groben habe ich dagegen einen entschiedenen Trieb, die Manipulationen gewisser Menschen mit Spazierstöcken, ihre Haltung der Hände, ihre Bewegung der Finger nachzuahmen drängt es mich und ich kann es ohne Mühe. Aber gerade dieses Mühelose, dieser Durst nach Nachahmung entfernt mich vom Schauspieler, weil diese Mühelosigkeit ihr Gegenspiel darin hat, daß niemand merkt, daß ich nachahme. Nur meine eigene zufriedene oder öfter widerwillige Anerkennung zeigt mir das Gelingen an. Weit über diese äußerliche Nachahmung aber geht noch die innerliche, die oft so schlagend und stark ist, daß in meinem Innern gar kein Platz bleibt, diese Nachahmung zu beobachten und zu konstatieren, sondern daß ich sie erst in der Erinnerung vorfinde. Hier ist aber auch die Nachahmung so vollkommen und ersetzt mit einem Sprung und Fall mich selbst, daß sie auf der Bühne, unter der Voraussetzung, daß sie überhaupt augenscheinlich gemacht werden könnte, unerträglich wäre. Mehr als äußerstes Spiel kann dem Zuschauer nicht zugemutet werden. Wenn ein Schauspieler, der nach Vorschrift einen andern zu prügeln hat, in der Erregung, im übergroßen Anlauf der Sinne, wirklich prügelt und der andere vor Schmerzen schreit, dann muß der Zuschauer Mensch werden und sich ins Mittel legen. Was aber in dieser Art selten geschieht, geschieht in untergeordneten Arten unzählige Male. Das Wesen des schlechten Schauspielers besteht nicht darin, daß er schwach nachahmt, eher schon darin, daß er infolge von Mängeln seiner Bildung, Erfahrung und Anlage falsche Muster nachahmt. Aber sein wesentlichster Fehler bleibt, daß er die Grenze des Spiels nicht wahrt und zu stark nachahmt. Seine dämmerhafte Vorstellung von den Forderungen der Bühne treibt ihn dazu, und selbst wenn der Zuschauer glaubt, dieser oder jener Schauspieler sei schlecht, weil er stockig herumstehe, mit den Fingerspitzen am Rand seiner Tasche spiele, ungehörig die Hände an den Hüften einknicke, zum Souffleur hinhorche, um jeden Preis, mögen sich die Zeiten auch vollständig ändern, einen ängstlichen Ernst bewahre, so ist doch auch dieser auf die Bühne herabgeschneite Schauspieler nur deshalb schlecht, weil er zu stark nachahmt, wenn er dies auch nur in seiner Meinung tut. 31. Dezember. Gerade weil seine Fähigkeiten so begrenzt sind, fürchtet er sich, weniger zu tun als alles. Selbst wenn seine Fähigkeit nicht geradezu unteilbar klein sein sollte, will er doch nicht verraten, daß unter Umständen und bei Miteintritt seines Willens auch weniger Kunst ihm zur Verfügung stehen kann als seine ganze. (Die freie, ohne Rücksicht auf die Aufpasser im Parterre vor sich gehende, nach den rein gefühlten Bedürfnissen der Darstellung gelenkte ...) [bricht ab]

[1911 / *T*, 219–220]

Weltsch[29] eingeladen, zum Benefice[30] der Frau Klug zu kommen. Löwy mit seinen starken Kopfschmerzen, die wahrscheinlich ein schweres Kopfleiden anzeigen, lehnte sich unten auf der Gasse, wo er auf mich wartete, die Rechte verzweifelt an der Stirn, an eine Hausmauer. Ich zeigte ihn Weltsch, der sich vom Kanapee aus zum Fenster hinüberneigte. Ich glaubte zum erstenmal in meinem Leben in dieser leichten Weise aus dem Fenster einen mich nahe betreffenden Vorgang unten auf der Gasse beobachtet zu haben. An und für sich ist mir solches Beobachten aus Sherlock Holmes bekannt.

6. Januar. Gestern »Vicekönig« von Feimann. Die Eindrucksfähigkeit für das Jüdische in diesen Stücken verläßt mich, weil sie zu gleichförmig sind und in ein Jammern ausarten, das auf vereinzelte kräftigere Ausbrüche stolz ist. Bei den ersten Stükken konnte ich denken, an ein Judentum geraten zu sein, in dem die Anfänge des meinigen ruhen und die sich zu mir hin entwickeln und dadurch in meinem schwerfälligen Judentum mich aufklären und weiterbringen werden, statt dessen entfernen sie sich, je mehr ich höre, von mir weg. Die Menschen bleiben natürlich und an die halte ich mich.

Frau Klug hatte Benefice und sang deshalb einige neue Lieder und machte ein paar neue Witze. Aber nur bei ihrem Antrittslied war ich ganz unter ihrem Eindruck, dann bin ich zu jedem Teilchen ihres Anblicks in der stärksten Beziehung, zu den beim Gesang ausgestreckten Armen und den schnippenden Fingern, zu den festgedrehten Schläfenlocken, zu dem flach und unschuldig unter die Weste gehenden dünnen Hemd, zu der Unterlippe, die sich einmal beim Genießen der Wirkung eines Witzes aufstülpt (»seht ihr, alle Sprachen kann ich, aber auf jiddisch«), zu den fetten Füßchen, die in den dicken weißen Strümpfen bis hinter die Zehen durch die Schuhe sich niederhalten lassen. Da sie aber gestern neue Lieder sang, schädigte sie ihre Hauptwirkung auf mich, die darin bestand, daß sich hier ein Mensch zur Schau stellt, der ein paar Witze und Lieder herausgefunden hat, die sein Temperament und alle seine Kräfte auf das vollkommenste vorführen. Da diese Vorführung gelingt, ist alles gelungen; und macht es uns Freude, diesen Menschen öfters auf uns wirken zu lassen, so werden wir uns natürlich – und darin sind vielleicht alle Zuhörer mit mir einig – durch die ständige Wiederholung der immer gleichen Lieder nicht beirren lassen, wir werden es vielmehr als Hilfsmittel der Sammlung ebenso zum Beispiel wie die Verdunkelung des Saales gutheißen und, von der Frau aus gesehen, jene Unerschrockenheit und Selbstbewußtheit darin erkennen, die wir gerade suchen. Als daher die neuen Lieder kamen, die an Frau Klug nichts Neues zeigen konnten, da die früheren ihre Schuldigkeit so vollkommen getan hatten, und als daher diese Lieder Anspruch darauf machten, als Lieder beachtet zu werden, wozu gar kein Grund war, und als sie auf diese Weise von Frau Klug ablenkten, aber gleichzeitig zeigten, daß auch sie selbst in diesen Liedern sich nicht wohl fühlte und zum Teil verfehlte, zum Teil übertriebene Gesichter und Bewegungen machte, mußte man verdrießlich werden und blieb nur dadurch getröstet, daß die Erinnerung an ihre vollkommene Darstellung von früher infolge ihrer unerschütterlichen Wahrhaftigkeit zu fest war, um sich durch den gegenwärtigen Anblick stören zu lassen.

7. Januar. Frau Tschissik hat leider immer Rollen, welche nur die Essenz ihres Wesens zeigen, sie spielt immer Frauen und Mädchen, die mit einem Schlage unglücklich, verhöhnt, entehrt, gekränkt werden, denen aber nicht Zeit gegönnt ist, ihr Wesen in natürlicher Folge zu entwickeln. An der hervorbrechenden natürlichen Macht, mit welcher sie jene Rollen spielt, die nur im Spiel Höhepunkte, im geschriebenen Stück dagegen infolge des Reichtums, den sie fordern, bloße Andeutungen sind, erkennt man, was sie zu leisten fähig wäre. — Eine ihrer wichtigen Bewegungen geht als Schauer von den etwas steif gehaltenen, zuckenden Hüften aus. Ihre kleine Tochter scheint eine Hüfte völlig steif zu haben. — Wenn die Schauspieler einander umarmen, halten sie einander gegenseitig die Perücken fest.
Als ich letzthin mit Löwy in sein Zimmer hinaufging, wo er mir den Brief vorlesen wollte, den er an den Warschauer Schriftsteller Nomberg[31] geschrieben hatte, trafen wir auf dem Treppenabsatz das Ehepaar Tschissik. Sie trugen ihre Kostüme für »Kol Nidre«, die wie Mazzes[32] in Seidenpapier gepackt waren, in ihr Zimmer hinauf. Wir blieben ein Weilchen stehn. Ich hatte das Geländer zur Stütze der Hände und Satzbetonungen. Ihr großer Mund bewegte sich so nahe vor mir in überraschenden, aber natürlichen Formen. Das Gespräch drohte durch meine Schuld ins Trostlose auszugehn, denn durch mein Streben, in Eile alle Liebe und Ergebenheit auszudrücken, brachte ich es nur zu der Feststellung, daß die Geschäfte der Truppe elend gingen, daß ihr Repertoire erschöpft war, daß sie also nicht mehr lange bleiben könnten und daß die Interesselosigkeit der Prager Juden ihnen gegenüber unbegreiflich sei. Montag sollte ich — so bat sie mich — zu »Seidernacht« kommen, trotzdem ich

es schon kannte. Dann werde ich sie jenes Lied (bore Isroel) singen hören, das ich, wie sie sich aus einer alten Bemerkung erinnert hatte, besonders liebe.

»Jeschiwes« sind Talmudhochschulen, welche von vielen Gemeinden in Polen und Rußland ausgehalten werden. Die Kosten sind nicht sehr groß, weil diese Schulen meistens in einem alten unbrauchbaren Gebäude untergebracht sind, in dem sich, außer den Lehr- und Schlafzimmern der Schüler, die Wohnung des Rosch-Jeschiwe[33], der auch sonst Gemeindedienste versieht, und seines Gehilfen befindet. Die Schüler zahlen kein Schulgeld und bekommen die Mahlzeiten abwechselnd bei den Gemeindemitgliedern. Trotzdem diese Schulen auf den strenggläubigsten Grundlagen beruhen, sind gerade sie die Ausgangsstätten des abtrünnigen Fortschritts, weil hier junge Leute von weit her zusammenkommen und gerade die Armen, die Energischen, die von zu Hause fortstreben, — da hier die Beaufsichtigung nicht sehr streng ist und die jungen Leute hier ganz aufeinander angewiesen sind und der wesentlichste Teil des Studiums in gemeinsamem Lernen und gegenseitigen Erklärungen schwieriger Stellen besteht, — da die Frömmigkeit in den verschiedenen Heimatsorten der Studenten eine gleichartige ist, die nicht besonders zu Mitteilungen auffordert, während der niedergehaltene Fortschritt, je nach den verschiedenen Ortsverhältnissen, in der mannigfaltigsten Weise steigt oder fällt, so daß es hier immer viel zu erzählen gibt, — da ferner von den verbotenen fortschrittlichen Schriften sich immer nur eines oder das andere in den Händen eines Einzelnen befindet, während sie in der Jeschiwe von allen Seiten zusammengetragen werden und hier besonders wirken können, weil jeder Besitzer nicht nur den Text, sondern sein eigenes Feuer weiterträgt, — aus allen diesen Gründen und ihren nächsten Folgen sind aus diesen Schulen in der letzten Zeit alle fortschrittlichen Dichter, Politiker, Journalisten und Gelehrten hervorgegangen. Dadurch hat sich einerseits der Ruf dieser Schulen unter den Strenggläubigen sehr verschlechtert, andrerseits strömen ihnen mehr als früher fortschrittlich gesinnte junge Leute zu.
Eine berühmte Jeschiwe ist die von Ostro, einem kleinen, acht Eisenbahnstunden von Warschau entfernten Ort. Ganz Ostro ist eigentlich nur die Einfassung eines ganz kurzen Stückes der Landstraße. Löwy behauptet, es sei so lang wie sein Stock. Als einmal ein Graf mit seinem vierspännigen Reisewagen in Ostro haltmachte, standen die vorderen zwei Pferde und der hintere Teil des Wagens schon außerhalb des Ortes.
Löwy entschloß sich, im Alter von beiläufig vierzehn Jahren, als ihm der Zwang des Lebens zu Hause unerträglich schien,

nach Ostro zu fahren. Der Vater hatte ihm gerade, als er gegen Abend die Klaus[34] verließ, auf die Schulter geklopft und leichthin gesagt, er möchte dann später zu ihm kommen, er habe mit ihm zu reden. Weil hier offenbar wieder nichts anderes zu erwarten war als Vorwürfe, ging Löwy direkt von der Klaus ohne Gepäck, in einem etwas bessern Kaftan, weil es Samstagabend war, und mit seinem ganzen Geld, das er immer bei sich trug, auf den Bahnhof und fuhr mit dem Zehn-Uhr-Zug nach Ostro, wo er um sieben Uhr früh ankam. Er ging gleich in die Jeschiwe, wo er kein besonderes Aufsehen machte, weil jeder in eine Jeschiwe eintreten kann und keine besonderen Aufnahmebedingungen bestehn. Auffallend war nur, daß er gerade zu dieser Zeit – es war Sommer – eintreten wollte, was nicht üblich war, und weil er einen guten Kaftan hatte. Aber auch damit fand man sich bald ab, weil so ganz junge Leute, die in einer uns unbekannten Stärke durch ihr Judentum aneinander gebunden sind, sich leicht bekanntmachen. Beim Lernen zeichnete er sich aus, da er schon von zu Hause viel Wissen mitbrachte. Die Unterhaltung mit den fremden Jungen gefiel ihm, besonders da ihn alle, als sie von seinem Geld erfuhren, mit Kaufangeboten umdrängten. Einer, der ihm »Tage« verkaufen wollte, setzte ihn besonders in Erstaunen. Mit »Tagen« wurden nämlich Freitische bezeichnet. Ein verkäuflicher Gegenstand waren sie deshalb, weil es den Gemeindemitgliedern, die mit der Gewährung von Freitischen ohne Ansehen der Person ein gottgefälliges Werk tun wollten, gleichgültig war, wer an diesem Tische saß. Wenn nun ein Student besonders geschickt war, konnte es ihm gelingen, einen Tag mit zwei Freitischen zu besetzen. Diese doppelten Mahlzeiten konnte er um so besser ertragen, als sie nicht sehr reichhaltig waren und man nach der einen noch mit großem Vergnügen die zweite herunteressen konnte und weil es auch vorkam, daß zwar ein Tag doppelt besetzt war, andere Tage aber leer standen. Trotzdem war natürlich jeder froh, wenn er Gelegenheit fand, einen solchen überzähligen Freitisch vorteilhaft zu verkaufen. Kam nun einer im Sommer, wie Löwy, also zu einer Zeit, wo die Freitische längst verteilt waren, konnte man sie überhaupt nur noch durch Kauf bekommen, da die am Anfang überzähligen Freitische sämtlich von Spekulanten besetzt waren.

Die Nacht in der Jeschiwe war unerträglich. Zwar standen alle Fenster offen, weil die Nacht warm war, aber der Gestank und die Hitze wollten sich aus den Zimmern nicht rühren, weil die Studenten, die keine eigentlichen Betten hatten, wo sie gerade zuletzt saßen, ohne sich auszuziehn, in ihren verschwitzten Kleidern sich zum Schlaf niederlegten. Alles war voll Flöhe. Früh benetzte sich jeder nur flüchtig Hände und Gesicht mit

Wasser und fing wieder zu studieren an. Man lernte meist zusammen, gewöhnlich zwei aus einem Buch. Oft verbanden Debatten mehrere zu einem Kreis. Der Rosch-Jeschiwe erklärte nur hie und da die schwierigsten Stellen. Trotzdem Löwy später — er blieb zehn Tage in Ostro, schlief und aß aber im Gasthaus — zwei ihm gleichgesinnte Freunde fand (man fand einander nicht so leicht, weil man die Gesinnung und Vertrauenswürdigkeit des andern immer erst vorsichtig prüfen mußte), kehrte er doch sehr gern wieder nach Hause zurück, da er an ein geordnetes Leben gewöhnt war und es vor Heimweh nicht aushalten konnte. [1912 / *T*, 233–240]

Aus einem Gedicht von Rosenfeld, das einen Meersturm darstellt: »Es flattern die Seelen, es zittern die Leiber.« Löwy verkrampft beim Rezitieren die Haut der Stirn und der Nasenwurzel, wie man nur Hände verkrampfen zu können glaubt. Bei den ergreifendsten Stellen, die er einem nahebringen will, nähert er sich uns selbst oder, besser, er vergrößert sich, indem er seinen Anblick klarer macht. Nur ein wenig tritt er vor, hält die Augen aufgerissen, zupft mit der abwesenden linken Hand am Schlußrock und hält die rechte offen und groß uns hin. Auch sollen wir, wenn wir schon nicht ergriffen sind, seine Ergriffenheit anerkennen und ihm die Möglichkeit des beschriebenen Unglücks erklären.

Ich soll dem Maler Ascher[35] nackt zu einem heiligen Sebastian Modell stehn.

Wenn ich jetzt am Abend zu meinen Verwandten zurückkehren werde, werde ich, da ich nichts geschrieben habe, was mich freuen würde, ihnen nicht fremder, verächtlicher, nutzloser vorkommen als mir. Dies alles natürlich nur meinem Gefühl nach (das durch keine noch so genaue Beobachtung zu betrügen ist), denn tatsächlich haben sie alle Achtung vor mir und lieben mich auch.

24. Januar. Mittwoch. Aus folgenden Gründen so lange nicht geschrieben: Ich war mit meinem Chef bös und brachte das erst durch einen guten Brief ins reine; war mehrere Male in der Fabrik; las Pines »L'histoire de la Littérature Judéo-Allemande«[36], fünfhundert Seiten, und zwar gierig, wie ich es mit solcher Gründlichkeit, Eile und Freude bei ähnlichen Büchern noch niemals getan habe; jetzt lese ich Fromer »Organismus des Judentums«[37]; endlich hatte ich mit den jüdischen Schauspielern viel zu tun, schrieb für sie Briefe, habe beim zionistischen Verein durchgesetzt, daß die zionistischen Vereine Böhmens be-

fragt werden, ob sie Gastspiele der Truppe haben wollen, das nötige Rundschreiben habe ich geschrieben und vervielfältigen lassen; habe noch einmal »Sulamith« gesehn und einmal »Herzele Mejiches« von Richter[38], war beim Volksliederabend des Vereins Bar-Kochba und vorgestern beim »Graf von Gleichen« von Schmidtbonn[39].

Volksliederabend: Dr. Nathan Birnbaum[40] hält den Vortrag. Ostjüdische Gewohnheit, wo die Rede stockt, »meine verehrten Damen und Herren« oder nur »meine Verehrten« einzufügen. Wiederholt sich am Anfang der Rede Birnbaums zum Lächerlichwerden. So weit ich aber Löwy kenne, glaube ich, daß solche ständige Wendungen, die auch im gewöhnlichen ostjüdischen Gespräch oft vorkommen, wie »Weh ist mir!« oder »S' ist nischt« oder »S' ist viel zu reden« nicht Verlegenheit verdecken sollen, sondern als immer neue Quellen den für das ostjüdische Temperament immer noch zu schwer daliegenden Strom der Rede umquirlen sollen. Bei Birnbaum aber nicht.

26. Januar. Der Rücken des Herrn Weltsch und die Stille des ganzen Saales beim Anhören der schlechten Gedichte. – Birnbaum: Die Frisur mit den länglichen Haaren setzt scharf am Hals ab, der durch diese plötzliche Entblößung oder durch sich selbst sehr aufrecht ist. Große gekrümmte, nicht zu schmale und doch an den Seiten breitflächige Nase, die vor allem infolge der guten Proportionalität zum großen Bart schön aussieht. – Sänger Gollanin[41]. Friedliches, süßliches, himmlisches, herablassendes, mit zur Seite und in die Tiefe geneigtem Gesicht lang ausgehaltenes, mit gerümpfter Nase etwas zugespitztes Lächeln, das aber auch bloß zur Mundtechnik gehören kann.

[1912 / *T*, 241–243]

Vor einer Woche Vortrag Dr. Theilhaber[42] im Festsaale des Jüdischen Rathauses über den Untergang der deutschen Juden. Er ist unaufhaltbar, denn erstens sammeln sich die Juden in den Städten, die jüdischen Landgemeinden verschwinden. Das Streben nach Gewinn verzehrt sie. Ehen werden nur mit Rücksicht auf die Versorgung der Braut geschlossen. Zwei-Kinder-System. Zweitens: Mischehen. Drittens: Taufen.
Komische Szenen, als Professor Ehrenfels[43], der immer schöner wird und dem sich im Licht der kahle Kopf in einer gehauchten Kontur nach oben abgrenzt, die Hände aneinander gelegt und gegenseitig drückend, mit seiner vollen, wie bei einem Musikinstrument modulierten Stimme, vor Vertrauen zur Versammlung lächelnd, für Mischrassen sich einsetzt. [1912 / *T*, 246]

8. Februar. Goethe: Meine Lust am Hervorbringen war grenzenlos.

Ich bin nervöser, schwächer geworden und habe einen großen Teil der Ruhe, auf die ich vor Jahren stolz war, verloren. Als ich heute die Karte von Baum[44] bekam, in der er schreibt, daß er doch die Conférence zum ostjüdischen Abend nicht halten kann, und ich also glauben mußte, daß ich die Sache werde übernehmen müssen, war ich ganz unbeherrschbaren Zuckungen überlassen, wie kleine Feuerchen sprang das Aufklopfen der Adern den Körper entlang; saß ich, zitterten mir unter dem Tisch die Knie und die Hände mußte ich aneinanderdrücken. Ich werde ja einen guten Vortrag halten, das ist sicher, auch wird die aufs höchste gesteigerte Unruhe an dem Abend selbst mich so zusammenziehn, daß nicht einmal für Unruhe Raum sein wird und die Rede aus mir geradewegs kommen wird wie aus einem Flintenlauf. Es ist aber möglich, daß ich nachher niederfallen und jedenfalls es lange nicht werde verwinden können. So wenig Körperkraft! Sogar diese paar Worte sind unter der Beeinflussung der Schwäche geschrieben.

Gestern abend bei Baum mit Löwy. Meine Lebendigkeit. Letzthin hat Löwy bei Baum eine schlechte hebräische Geschichte »Das Auge« übersetzt.

13. Februar. Ich beginne für die Conférence zu Löwys Vorträgen zu schreiben. Sie ist schon Sonntag, den achtzehnten. Ich werde nicht mehr viel Zeit haben, mich vorzubereiten und stimme doch hier ein Rezitativ an wie in der Oper. Nur deshalb, weil schon seit Tagen eine ununterbrochene Aufregung mich bedrängt und ich vor dem eigentlichen Beginn halbwegs zurückgezogen ein paar Worte nur für mich hinschreiben will, um dann erst, ein wenig in Gang gebracht, vor die Öffentlichkeit mich hinzustellen. Kälte und Hitze wechselt in mir mit dem wechselnden Wort innerhalb des Satzes, ich träume melodischen Aufschwung und Fall, ich lese Sätze Goethes, als liefe ich mit ganzem Körper die Betonungen ab.

25. Februar. Das Tagebuch von heute an festhalten! Regelmäßig schreiben! Sich nicht aufgeben! Wenn auch keine Erlösung kommt, so will ich doch jeden Augenblick ihrer würdig sein. Diesen Abend verbrachte ich in vollständiger Gleichgültigkeit am Familientisch, die rechte Hand an der Sessellehne der neben mir Karten spielenden Schwester, die linke schwach im Schoß. Von Zeit zu Zeit suchte ich meines Unglücks mir bewußt zu werden, es gelang mir kaum.

Ich habe so lange nichts geschrieben, weil ich einen Vortragsabend Löwys im Festsaal des jüdischen Rathauses am 18. 2. 1912 veranstaltet habe, bei dem ich einen kleinen Einleitungsvortrag über Jargon hielt. Zwei Wochen lebte ich in Sorgen, weil ich den Vortrag nicht zustandebringen konnte. Am Abend vor dem Vortrag gelang es mir plötzlich.
Vorbereitungen zum Vortrag: Konferenzen mit dem Verein Bar-Kochba, Zusammenstellung des Programms, Eintrittskarten, Saal, Numerierung der Plätze, Schlüssel zum Klavier (Toynbeehalle[45]), erhöhtes Podium, Klavierspieler, Kostümierung, Kartenverkauf, Zeitungsnotizen, Zensur der Polizei und der Kultusgemeinde.
Lokale, in denen ich war, und Leute, mit denen ich gesprochen oder denen ich geschrieben habe. Allgemeines: mit Max, mit Schmerler[46], der bei mir war, mit Baum, der zuerst die Conférence übernommen hatte, sie dann ablehnte, den ich im Laufe eines dafür bestimmten Abends wieder umstimmte und der den nächsten Tag mit Rohrpostkarte wieder absagte, mit Dr. Hugo Hermann[47] und Leo Hermann[48] im Café Arco, öfters mit Robert Weltsch in seiner Wohnung, wegen Kartenverkaufes mit Dr. Bl. (umsonst), Dr. H., Dr. Fl., Besuch bei Frl. T., Vortrag im Afike Jehuda[49] (Rabb. Ehrentreu über Jeremias und seine Zeit, beim geselligen Zusammensein nachher kleine mißlungene Rede über Löwy), beim Lehrer W. (dann im Café, dann spazieren, von zwölf bis eins stand er lebendig wie ein Tier vor meiner Haustür und ließ mich nicht hinein). Wegen des Saales bei Dr. Karl B., zweimal in der Wohnung des L. auf dem Heuwagsplatz, einigemal bei Otto Pick[50], in der Bank, wegen des Klavierschlüssels beim Toynbeevortrag, mit Herrn R. und dem Lehrer St., dann in des letztern Wohnung den Schlüssel abholen und wieder zurückbringen, wegen des Podiums mit dem Hausmeister und Diener des Rathauses, wegen der Bezahlung in der Rathauskanzlei (zweimal), wegen des Verkaufes bei Frau Fr. in der Ausstellung »Der gedeckte Tisch«. Geschrieben an Frl. T., an einen Otto Kl. (nutzlos), für das »Tagblatt« (nutzlos), an Löwy (»ich werde den Vortrag nicht halten können, retten Sie mich!«).
Aufregungen: Wegen des Vortrags, eine Nacht zusammengedreht im Bett, heiß und schlaflos, Haß auf Dr. B., Schrecken vor Weltsch (er wird nichts verkaufen können), Afike Jehuda, in den Zeitungen erscheinen die Notizen nicht so, wie man es erwartet, Zerstreutheit im Bureau, das Podium kommt nicht, es wird wenig verkauft, die Farbe der Karten regt mich auf, der Vortrag muß unterbrochen werden, weil der Klavierspieler die Noten zu Hause in Kosir vergessen hat, häufige Gleichgültigkeit gegen Löwy, fast Abscheu.

Nutzen: Freude an Löwy und Vertrauen zu ihm, stolzes, überirdisches Bewußtsein während meines Vortrags (Kälte gegen das Publikum, nur der Mangel an Übung hindert mich an der Freiheit der begeisterten Bewegung), starke Stimme, müheloses Gedächtnis, Anerkennung, vor allem aber die Macht, mit der ich laut, bestimmt, entschlossen, fehlerfrei, unaufhaltsam, mit klaren Augen, fast nebenbei, die Frechheit der drei Rathausdiener unterdrücke und ihnen statt der verlangten zwölf Kronen nur sechs Kronen gebe und diese noch wie ein großer Herr. Da zeigen sich Kräfte, denen ich mich gern anvertrauen möchte, wenn sie bleiben wollten. (Meine Eltern waren nicht dort.)
Sonst: Akademie der Herdervereinigung[51] auf der Sophieninsel. Bie[52] schiebt mit Beginn des Vortrags die Hand in die Hosentasche. Dieses unter aller Täuschung befriedigte Gesicht der nach ihrem Belieben arbeitenden Menschen. Hofmannsthal liest mit falschem Klang in der Stimme. Gesammelte Gestalt, angefangen von den an den Kopf angepreßten Ohren. Wiesenthal[53]. Die schönen Tanzstellen, wenn sich zum Beispiel in einem auf den Boden Zurücksinken die natürliche Körperschwere zeigt.

[1912 / *T*, 248–252]

Rede über die jiddische Sprache *

Vor den ersten Versen der ostjüdischen Dichter möchte ich Ihnen, sehr geehrte Damen und Herren, noch sagen, wie viel mehr Jargon Sie verstehen als Sie glauben.
Ich habe nicht eigentlich Sorge um die Wirkung, die für jeden von Ihnen in dem heutigen Abend vorbereitet ist, aber ich will, daß sie gleich frei werde, wenn sie es verdient. Dies kann aber nicht geschehen, solange manche unter Ihnen eine solche Angst vor dem Jargon haben, daß man es fast auf ihren Gesichtern sieht. Von denen, welche gegen den Jargon hochmütig sind, rede ich gar nicht. Aber Angst vor dem Jargon, Angst mit einem gewissen Widerwillen auf dem Grunde ist schließlich verständlich wenn man will.
Unsere westeuropäischen Verhältnisse sind, wenn wir sie mit vorsichtig flüchtigem Blick ansehn, so geordnet; alles nimmt seinen ruhigen Lauf. Wir leben in einer geradezu fröhlichen Eintracht, verstehen einander, wenn es notwendig ist, kommen ohne einander aus, wenn es uns paßt, und verstehen einander selbst dann; wer könnte aus einer solchen Ordnung der Dinge heraus den verwirrten Jargon verstehen oder wer hätte auch nur die Lust dazu?
Der Jargon ist die jüngste europäische Sprache, erst vierhundert Jahre alt und eigentlich noch viel jünger. Er hat noch keine

Sprachformen von solcher Deutlichkeit ausgebildet, wie wir sie brauchen. Sein Ausdruck ist kurz und rasch.
Er hat keine Grammatiken. Liebhaber versuchen Grammatiken zu schreiben, aber der Jargon wird immerfort gesprochen; er kommt nicht zur Ruhe. Das Volk läßt ihn den Grammatikern nicht.
Er besteht nur aus Fremdwörtern. Diese ruhen aber nicht in ihm, sondern behalten die Eile und Lebhaftigkeit, mit der sie genommen wurden. Völkerwanderungen durchlaufen den Jargon von einem Ende bis zum anderen. Alles dieses Deutsche, Hebräische, Französische, Englische, Slawische, Holländische, Rumänische und selbst Lateinische ist innerhalb des Jargon von Neugier und Leichtsinn erfaßt, es gehört schon Kraft dazu, die Sprachen in diesem Zustande zusammenzuhalten. Deshalb denkt auch kein vernünftiger Mensch daran, aus dem Jargon eine Weltsprache zu machen, so nahe dies eigentlich läge. Nur die Gaunersprache entnimmt ihm gern, weil sie weniger sprachliche Zusammenhänge braucht als einzelne Worte. Dann, weil der Jargon doch lange eine mißachtete Sprache war.
In diesem Treiben der Sprache herrschen aber wieder Bruchstücke bekannter Sprachgesetze. Der Jargon stammt zum Beispiel in seinen Anfängen aus der Zeit, als das Mittelhochdeutsche ins Neuhochdeutsche überging. Da gab es Wahlformen, das Mittelhochdeutsche nahm die eine, der Jargon die andere. Oder der Jargon entwickelte mittelhochdeutsche Formen folgerichtiger als selbst das Neuhochdeutsche; so zum Beispiel ist das Jargon'sche ›mir seien‹ (neuhochdeutsch ›wir sind‹) aus dem Mittelhochdeutschen ›sîn‹ natürlicher entwickelt, als das neuhochdeutsche ›wir sind‹. Oder der Jargon blieb bei mittelhochdeutschen Formen trotz des Neuhochdeutschen. Was einmal ins Ghetto kam, rührte sich nicht so bald weg. So bleiben Formen wie ›Kerzlach‹, ›Blümlach‹, ›Liedlach‹[54].
Und nun strömen in diese Sprachgebilde von Willkür und Gesetz die Dialekte des Jargon noch ein. Ja der ganze Jargon besteht nur aus Dialekt, selbst die Schriftsprache, wenn man sich auch über die Schreibweise zum größten Teil geeinigt hat.
Mit all dem denke ich die meisten von Ihnen, sehr geehrte Damen und Herren, vorläufig überzeugt zu haben, daß Sie kein Wort des Jargon verstehen werden.
Erwarten Sie von der Erklärung der Dichtungen keine Hilfe. Wenn Sie nun nicht einmal imstande sind, Jargon zu verstehen, kann Ihnen keine Augenblickserklärung helfen. Sie werden im besten Fall die Erklärung verstehen und merken, daß etwas Schwieriges kommen wird. Das wird alles sein. Ich kann Ihnen zum Beispiel sagen:
Herr Löwy wird jetzt, wie es auch tatsächlich sein wird, drei Gedichte vortragen. Zuerst »Die Grine« von Rosenfeld. Grine

das sind die Grünen, die Grünhörner, die neuen Ankömmlinge in Amerika. Solche jüdische Auswanderer gehen in diesem Gedichte in einer kleinen Gruppe mit ihrem schmutzigen Reisegepäck durch eine New Yorker Straße. Das Publikum sammelt sich natürlich an, bestaunt sie, folgt ihnen und lacht. Der von diesem Anblick über sich hinaus erregte Dichter spricht über diese Straßenszenen hinweg zum Judentum und zur Menschheit. Man hat den Eindruck, daß die Auswanderergruppe stockt, während der Dichter spricht, trotzdem sie fern ist und ihn nicht hören kann.
Das zweite Gedicht ist von Frug[55] und heißt »Sand und Sterne«. Es ist eine bittere Auslegung einer biblischen Verheißung. Es heißt, wir werden sein wie der Sand am Meer und die Sterne am Himmel. Nun, getreten wie der Sand sind wir schon, wann wird das mit den Sternen wahr werden?
Das dritte Gedicht ist von Frischmann[56] und heißt »Die Nacht ist still«.
Ein Liebespaar begegnet in der Nacht einem frommen Gelehrten, der ins Bethaus geht. Sie erschrecken, fürchten verraten zu sein, später beruhigen sie einander.
Nun ist, wie Sie sehen, mit solchen Erklärungen nichts getan.
Eingenäht in diese Erklärungen werden Sie dann bei dem Vortrage das suchen, was Sie schon wissen, und das, was wirklich da sein wird, werden Sie nicht sehen. Glücklicherweise ist aber jeder der deutschen Sprache Kundige auch fähig, Jargon zu verstehen. Denn von einer allerdings großen Ferne aus gesehn, wird die äußere Verständlichkeit des Jargon von der deutschen Sprache gebildet; das ist ein Vorzug vor allen Sprachen der Erde. Sie hat dafür auch gerechterweise einen Nachteil vor allen. Man kann nämlich Jargon nicht in die deutsche Sprache übersetzen. Die Verbindungen zwischen Jargon und Deutsch sind zu zart und bedeutend, als daß sie nicht sofort zerreißen müßten, wenn Jargon ins Deutsche zurückgeführt wird, das heißt es wird kein Jargon mehr zurückgeführt, sondern etwas Wesenloses. Durch Übersetzung ins Französische zum Beispiel kann Jargon den Franzosen vermittelt werden, durch Übersetzung ins Deutsche wird er vernichtet. ›Toit‹ zum Beispiel ist eben nicht ›tot‹ und ›Blüt‹ ist keinesfalls ›Blut‹.
Aber nicht nur aus dieser Ferne der deutschen Sprache können Sie, verehrte Damen und Herren, Jargon verstehen; Sie dürfen einen Schritt näher. Noch zumindest vor nicht langer Zeit erschien die vertrauliche Verkehrssprache der deutschen Juden, je nachdem ob sie in der Stadt oder auf dem Lande lebten, mehr im Osten oder im Westen, wie eine fernere oder nähere Vorstufe des Jargon, und Abtönungen sind noch viele geblieben. Die historische Entwicklung des Jargon hätte deshalb fast

ebenso gut wie in der Tiefe der Geschichte, in der Fläche der Gegenwart verfolgt werden können.
Ganz nahe kommen Sie schon an den Jargon, wenn Sie bedenken, daß in Ihnen außer Kenntnissen auch noch Kräfte tätig sind und Anknüpfungen von Kräften, welche Sie befähigen, Jargon fühlend zu verstehen. Erst hier kann der Erklärer helfen, der Sie beruhigt, so daß Sie sich nicht mehr ausgeschlossen fühlen und auch einsehen, daß Sie nicht mehr darüber klagen dürfen, daß Sie Jargon nicht verstehen. Das ist das Wichtigste, denn mit jeder Klage entweicht das Verständnis. Bleiben Sie aber still, dann sind Sie plötzlich mitten im Jargon. Wenn Sie aber einmal Jargon ergriffen hat — und Jargon ist alles, Wort, chassidische Melodie und das Wesen dieses ostjüdischen Schauspielers selbst —, dann werden Sie Ihre frühere Ruhe nicht mehr wiedererkennen. Dann werden Sie die wahre Einheit des Jargon zu spüren bekommen, so stark, daß Sie sich fürchten werden, aber nicht mehr vor dem Jargon, sondern vor sich. Sie würden nicht imstande sein, diese Furcht allein zu ertragen, wenn nicht gleich auch aus dem Jargon das Selbstvertrauen über Sie käme, das dieser Furcht standhält und noch stärker ist. Genießen Sie es, so gut Sie können! Wenn es sich dann verliert, morgen und später — wie könnte es sich auch an der Erinnerung an einen einzigen Vortragsabend halten! —, dann wünsche ich Ihnen aber, daß Sie auch die Furcht vergessen haben möchten. Denn strafen wollten wir Sie nicht.

[gehalten am 18. Februar 1912 / *H*, 421–426]

Vortrag Bergmann »Moses und die Gegenwart«. Reiner Eindruck. — Ich habe jedenfalls damit nichts zu tun. Zwischen Freiheit und Sklaverei kreuzen sich die wirklichen schrecklichen Wege ohne Führung für die kommende Strecke und unter sofortigem Verlöschen der schon zurückgelegten. Solcher Wege gibt es unzählige oder nur einen, man kann das nicht feststellen, denn es gibt keine Übersicht. Dort bin ich. Ich kann nicht weg. Ich habe mich nicht zu beklagen. Ich leide nicht übermäßig, denn ich leide nicht zusammenhängend, es häuft sich nicht an, wenigstens fühle ich es vorläufig nicht, und die Größe meines Leidens liegt weit unter jenem Leiden, das mir vielleicht zukäme.

[1913 / *T*, 345]

Was habe ich mit Juden gemeinsam? Ich habe kaum etwas mit mir gemeinsam und sollte mich ganz still, zufrieden damit, daß ich atmen kann, in einen Winkel stellen. [1914 / *T*, 350]

Ost- und Westjuden, ein Abend. Die Verachtung der Ostjuden für die hiesigen Juden. Die Berechtigung dieser Verachtung. Wie die Ostjuden den Grund dieser Verachtung kennen, die Westjuden aber nicht. Zum Beispiel die grauenhafte, alle Lächerlichkeit übersteigende Auffassung, mit der die Mutter ihnen beizukommen sucht. Selbst Max, das Ungenügende, Schwächliche seiner Rede, Rockaufknöpfen, Rockzuknöpfen. Und hier ist doch guter und bester Wille. Dagegen ein gewisser W., zugeknöpft in ein elendes Röckchen, einen Kragen, der nicht mehr schmutziger werden kann, als Festkragen angezogen, schmettert Ja und Nein, Ja und Nein. Ein teuflisches unangenehmes Lächeln um den Mund, Falten im jungen Gesicht, Bewegungen der Arme, wild und verlegen. Der Beste aber der Kleine, der ganz aus Schulung besteht, mit spitzer, keiner Steigerung fähiger Stimme, die eine Hand in der Hosentasche, mit der andern gegen die Zuhörer bohrend, unaufhörlich fragt und gleich das zu Beweisende beweist. Stimme eines Kanarienvogels. Füllt mit dem Filigran der Rede bis zur Qual eingebrannte labyrinthartige Rinnen aus. Werfen des Kopfes. Ich wie aus Holz, ein in die Mitte des Saales geschobener Kleiderhalter. Und doch Hoffnung.

[1915 / *T*, 465–466]

14. September. Mit Max und Langer[57] Samstag beim Wunderrabbi. Žižkov. Harantova ulice[58]. Viele Kinder auf dem Trottoir und den Treppenstufen. Ein Gasthaus. Oben vollständig finster, blindlings ein paar Schritte mit vorgehaltenen Händen. Ein Zimmer mit bleichem Dämmerlicht, weißgraue Wände, einige kleine Frauen und Mädchen, weiße Kopftücher, blasse Gesichter, stehn herum, kleine Bewegungen. Eindruck des Blutleeren. Nächstes Zimmer. Alles schwarz, voll mit Männern und jungen Leuten. Lautes Beten. Wir drücken uns in eine Ecke. Kaum sehn wir uns ein wenig um, ist das Gebet zu Ende, das Zimmer leert sich. Ein Eckzimmer mit zwei Fensterwänden mit je zwei Fenstern. Wir werden zu einem Tisch gedrängt, rechts vom Rabbi. Wir wehren uns. »Ihr seid doch auch Juden.« Das stärkste väterliche Wesen macht den Rabbi. »Alle Rabbi sehen wild aus«, sagte Langer. Dieser im Seidenkaftan, darunter schon Unterhosen sichtbar. Haare auf dem Nasenrücken. Mit Fell eingefaßte Kappe, die er immerfort hin- und herrückt. Schmutzig und rein, Eigentümlichkeit intensiv denkender Menschen. Kratzt sich am Bartansatz, schneuzt durch die Hand auf den Fußboden, greift mit den Fingern in die Speisen, – wenn er aber ein Weilchen die Hand auf dem Tisch liegen läßt, sieht man das Weiß der Haut, wie man ein ähnliches Weiß nur in Vorstellungen der Kindheit gesehn zu haben glaubt. Damals allerdings waren auch die Eltern rein.

16. September. Anblick der polnischen Juden, die zum Kol Nidre gehn. Der kleine Junge, der, unter beiden Armen Gebetmäntel, neben seinem Vater herläuft. Selbstmörderisch, nicht in den Tempel zu gehn.

Bibel aufgeschlagen. Von den ungerechten Richtern. Finde also meine Meinung, oder wenigstens die Meinung, die ich in mir bisher vorgefunden habe. Übrigens hat es keine Bedeutung, ich werde in solchen Dingen niemals sichtbar gelenkt, vor mir flattern nicht die Blätter der Bibel. [1915 / *T*, 478–479]

Ein Glaube wie ein Fallbeil, so schwer, so leicht.
[1917–1918 / Betrachtung 87; *H*, 50]

*Brief an Milena**

Wie ist es, Milena[59], mit Ihrer Menschenkenntnis? Manchmal schon zweifelte ich an ihr, zum Beispiel wenn Sie von Werfel[60] schrieben, es sprach ja daraus auch Liebe und vielleicht nur Liebe, aber doch mißverstehende, und wenn man von allem absieht, was Werfel ist und nur bei dem Vorwurf der Dicke bleibt (der mir überdies unberechtigt scheint, Werfel wird mir schöner und liebenswerter von Jahr zu Jahr, ich sehe ihn allerdings nur flüchtig) wissen Sie denn nicht, daß nur die Dicken vertrauenswürdig sind? Nur in diesen starkwandigen Gefäßen wird alles zuendegekocht, nur diese Kapitalisten des Luftraums sind, soweit es bei Menschen möglich ist, geschützt vor Sorgen und Wahnsinn und können sich ruhig mit ihrer Aufgabe beschäftigen und sie allein sind, wie einmal einer sagte, als eigentliche Erdenbürger auf der ganzen Erde verwendbar, denn im Norden wärmen sie und im Süden geben sie Schatten. (Man kann das allerdings auch umkehren, aber es ist dann nicht wahr.)
Dann das Judentum. Sie fragen mich, ob ich Jude bin, vielleicht ist das nur Scherz, vielleicht fragen Sie nur, ob ich zu jenem ängstlichen Judentum gehöre, jedenfalls können Sie als Pragerin in dieser Hinsicht nicht so harmlos sein wie etwa Mathilde, Heines Frau[61]. (Vielleicht kennen Sie die Geschichte nicht. Es kommt mir vor, als hätte ich Ihnen Wichtigeres zu erzählen, auch schade ich mir irgendwie zweifellos, nicht durch die Geschichte, aber durch deren Erzählung; aber Sie wollen doch auch einmal etwas Hübsches von mir hören. Meißner[62], ein deutschböhmischer Dichter, kein Jude, erzählt es in seinen Erinnerungen. Mathilde ärgerte ihn immer mit ihren Ausfällen gegen die Deutschen: Die Deutschen seien boshaft, überwitzig, rechthaberisch,

wortklauberisch, aufdringlich, kurz ein unerträgliches Volk! »Sie kennen doch die Deutschen gar nicht«, sagt dann endlich einmal Meißner. »Henry verkehrt doch nur mit deutschen Journalisten und die sind hier in Paris alle Juden.« »Ach«, sagte Mathilde, »da übertreiben Sie, es mag ja hie und da unter Ihnen ein Jude sein, zum Beispiel Seiffert —« »Nein« sagte Meißner »das ist der einzige Nichtjude«. »Wie?« sagte Mathilde »Jeitteles zum Beispiel« — es war ein großer starker blonder Mensch — »wäre ein Jude?« »Allerdings« sagte Meißner. »Aber Bamberger?« »Auch.« »Arnstein?« »Ebenso«. So ging es weiter alle Bekannten durch. Schließlich wurde Mathilde ärgerlich und sagte: »Sie wollen mich ja nur zum Besten halten; zu guter Letzt werden Sie noch behaupten wollen, auch Kohn sei ein jüdischer Name, aber Kohn ist doch ein Vetter von Henry und Henry ist Lutheraner.« Dagegen konnte Meißner nichts mehr einwenden.) Jedenfalls scheinen Sie keine Angst vor dem Judentum zu haben. Das ist auf das letzte oder vorletzte Judentum unserer Städte bezogen etwas Heldenhaftes und — alle Scherze weit weg! — wenn ein reines Mädchen zu ihren Verwandten sagt: »Laßt mich« und dorthin auszieht, dann ist es mehr als der Auszug der Jungfrau von Orleans aus ihrem Dorfe.

Sie dürfen dann auch den Juden jene besondere Ängstlichkeit vorwerfen, trotzdem ein solcher allgemeiner Vorwurf mehr theoretische als praktische Menschenkenntnis enthält, mehr theoretische, denn erstens trifft der Vorwurf nach Ihrer früheren Beschreibung Ihren Mann[63] gar nicht, zweitens trifft er nach meiner Erfahrung die meisten Juden nicht und drittens trifft er nur Vereinzelte, diese aber sehr stark, zum Beispiel mich. Das Merkwürdigste ist es ja, daß der Vorwuf allgemein nicht paßt. Die unsichere Stellung der Juden, unsicher in sich, unsicher unter den Menschen, würde es über alles begreiflich machen, daß sie nur das zu besitzen glauben dürfen, was sie in der Hand oder zwischen den Zähnen halten, daß ferner nur handgreiflicher Besitz ihnen Recht auf das Leben gibt und daß sie, was sie einmal verloren haben, niemals wieder erwerben werden, sondern daß es glückselig für immer von ihnen fortschwimmt. Von den unwahrscheinlichsten Seiten drohen den Juden Gefahren, oder lassen wir, um genauer zu sein, die Gefahren weg und sagen: »drohen ihnen Drohungen«. Ein Ihnen naheliegendes Beispiel. Ich habe zwar vielleicht versprochen, davon zu schweigen (zu einer Zeit, als ich Sie noch kaum kannte), aber ich habe keine Bedenken, es Ihnen gegenüber zu erwähnen, denn es sagt Ihnen nichts Neues, zeigt Ihnen die Liebe der Verwandten, und Namen und Details sage ich nicht, weil ich sie nicht mehr weiß. Meine jüngste Schwester sollte einen Tschechen, einen Christen heiraten, er sprach einmal von seiner Absicht, eine Jüdin zu hei-

raten, mit einer Verwandten von Ihnen, sie sagte: »Nur das nicht, nur nicht mit Juden sich verbinden! Hören Sie: unsere Milena u.s.w.«
Wohin wollte ich Sie mit dem allen führen? Ich habe mich ein wenig verirrt, aber es tut nichts, denn Sie sind vielleicht mitgegangen und nun sind wir beide verirrt. Das ist ja das eigentlich Schöne bei Ihrer Übersetzung[64], daß sie treu ist (zanken Sie mich nur wegen des »treu« aus, Sie können alles, aber zanken können Sie vielleicht am besten, ich wollte Ihr Schüler sein und immerfort Fehler machen, um nur immerfort von Ihnen ausgezankt werden zu dürfen; man sitzt auf der Schulbank, wagt kaum aufzuschauen, Sie sind über einen gebeugt und immerfort flimmert oben Ihr Zeigefinger, mit dem Sie Aussetzungen machen, ist es so?) also daß sie »treu« ist und daß ich das Gefühl habe, als führte ich Sie an der Hand hinter mir durch die unterirdischen, finstern, niedrigen, häßlichen Gänge der Geschichte, fast endlos (deshalb sind die Sätze endlos, haben Sie das nicht erkannt?) fast endlos (zwei Monate nur, sagen Sie?), um dann beim Ausgang im hellen Tag hoffentlich den Verstand zu haben, zu verschwinden.
Eine Mahnung, für heute abzubrechen, für heute die glückbringende Hand freizugeben. Morgen schreibe ich wieder und werde erklären, warum ich, soweit ich für mich bürgen kann, nicht nach Wien kommen werde und werde mich nicht früher damit beruhigen, ehe Sie sagen: Er hat recht. Ihr F

Bitte schreiben Sie die Adresse ein wenig deutlicher, ist Ihr Brief schon im Umschlag, dann ist er schon fast mein Eigentum und Sie sollen fremdes Eigentum sorgfältiger, mit mehr Verantwortungsgefühl behandeln. *Tak.*[65]
Ich habe übrigens auch den Eindruck, ohne es näher bestimmen zu können, daß ein Brief von mir verloren gegangen ist. Ängstlichkeit der Juden! Statt zu fürchten, daß die Briefe gut ankommen!
Jetzt werde ich noch etwas Dummes zur gleichen Sache sagen, das heißt dumm ist, daß ich etwas, was ich für richtig halte, sage, ohne Rücksicht darauf, daß es mir schadet. Und dann redet noch Milena von Ängstlichkeit, gibt mir einen Stoß vor die Brust oder fragt, was im Tschechischen an Bewegung und Klang ganz dasselbe ist: Jste žid–?[66] Sehen Sie nicht, wie im »Jste« die Faust zurückgezogen wird, um Muskelkraft anzusammeln? Und dann im »žid« den freudigen, unfehlbaren, vorwärts fliegenden Stoß? Solche Nebenwirkungen hat für das deutsche Ohr die tschechische Sprache öfters. Sie fragten zum Beispiel einmal, wie es komme, daß ich meinen hiesigen Aufenthalt von einem Brief abhängig mache und antworteten gleich selbst: nechápu[67]. Ein

fremdartiges Wort im Tschechischen, und gar in Ihrer Sprache, es ist so streng, teilnahmslos, kaltäugig, sparsam und vor allem nußknackerhaft, dreimal krachen im Wort die Kiefer aufeinander oder richtiger: die erste Silbe macht einen Versuch, die Nuß zu fassen, es geht nicht, dann reißt die zweite Silbe den Mund ganz groß auf, nun paßt schon die Nuß hinein und die dritte Silbe endlich knackt, hören Sie die Zähne? Besonders dieses endgiltige Schließen der Lippen am Schluß verbietet dem andern jede andere weitere gegenteilige Erklärung, was ja allerdings manchmal recht gut ist, zum Beispiel, wenn der andere so schwätzt wie jetzt ich.* Worauf der Schwätzer wieder, um Verzeihung bittend, sagt: »Man schwätzt doch nur, wenn man einmal ein wenig froh ist.«
Allerdings Brief kam heute von Ihnen nicht. Und was ich zum Schluß eigentlich sagen wollte, habe ich auch noch nicht gesagt. Nächstens. Gern, gern würde ich morgen etwas von Ihnen hören, die letzten Worte, die ich von Ihnen vor dem Zuschlagen der Tür — alle zuschlagenden Türen sind abscheulich — gehört habe, sind schrecklich.

Ihr F

* Möglich, daß die drei Silben auch die Bewegungen der Apostel auf der Prager Uhr bedeuten: Ankunft, Sichzeigen und böser Abgang.

[nach 1920 / *BM*, 44–49]

*Brief an Milena**

Milena, verzeihe, ich habe letzthin vielleicht zu abgekürzt geschrieben, gereizt durch die (wie sich jetzt herausgestellt hat, gar nicht geschehene) Vorausbestellung des Zimmers. Ich will doch nach Gr. fahren, aber es sind noch kleine Verzögerungen da, die ein durchschnittlich kräftiger Mensch (allerdings würde er nicht nach Gr. fahren) längst beseitigt hätte, ich aber eben nicht. Auch habe ich jetzt erfahren, daß ich entgegen der Behauptung des Sanatoriums eine Aufenthaltserlaubnis der Landesregierung haben muß, die ja wahrscheinlich gegeben werden wird, aber jedenfalls nicht, solange ich nicht das Gesuch weggeschickt habe.
Die ganzen Nachmittage bin ich jetzt auf den Gassen und bade im Judenhaß. »Prašivé plemeno«[68] habe ich jetzt einmal die Juden nennen hören. Ist es nicht das Selbstverständliche, daß man von dort weggeht, wo man so gehaßt wird (Zionismus oder Volksgefühl ist dafür gar nicht nötig)? Das Heldentum, das darin besteht, doch zu bleiben, ist jenes der Schaben, die auch nicht aus dem Badezimmer auszurotten sind.
Gerade habe ich aus dem Fenster geschaut: berittene Polizei, zum Bajonettangriff bereite Gendarmerie, schreiende ausein-

anderlaufende Menge und hier oben im Fenster die widerliche Schande, immerfort unter Schutz zu leben.

[nach 1920 / *BM*, 240–241]

*Gustav Janouch berichtet**

Im Deutschen Theater gastierte der Wiener Hofschauspieler Rudolf Schildkraut[69] in dem Drama *Der Gott der Rache* von Schalom Asch[70].

Wir sprachen darüber mit Kafka.

»Rudolf Schildkraut ist ein anerkannter großer Schauspieler«, sagte Franz Kafka. »Ist er aber ein großer jüdischer Schauspieler? Ich glaube, daß das zweifelhaft ist. Schildkraut spielt jüdische Gestalten in jüdischen Theaterstücken. Da er aber nicht ausschließlich jüdisch für Juden, sondern deutsch für jedermann spielt, ist er kein ausgesprochener jüdischer Schauspieler. Er ist eine Randerscheinung, ein Mittler, der einen Blick in die Intimität des jüdischen Lebens ermöglicht. Er erweitert den Horizont der Nichtjuden, ohne die Existenz der Juden eigentlich zu klären. Das machen nur die armen jüdischen Schauspieler, die für Juden jüdisch spielen. Die blasen durch ihre Kunst die Ablagerungen fremden Lebens vom Wesen der Juden hinweg, stellen das verborgene, in die Vergessenheit versinkende jüdische Gesicht in ein helles, offenes Licht und festigen so den Menschen im Trubel der Zeit.«

Ich erzählte davon, wie ich gegen Ende des Krieges in dem kleinen Kaffeehaus *Savoy* auf dem Geisplatz zwei Vorstellungen jüdischer Wanderschauspieler besucht hatte.

Kafka war sehr erstaunt.

»Wie kamen Sie dorthin?«

»Mit meiner Mutter. Die lebte lange Zeit in Polen.«

»Und wie gefiel Ihnen das Theater?«

Ich zuckte die Achseln.

»Ich erinnere mich nur, daß ich die Sprache fast überhaupt nicht verstanden habe. Es wurde im Jargon gespielt. Meiner Mutter gefielen aber die Schauspieler.«

Kafka sah in die Ferne.

»Ich kannte jüdische Schauspieler im Kaffeehaus *Savoy*. Das war etwa vor zehn Jahren. Mir machte ihre Sprache auch gewisse Schwierigkeiten. Dann entdeckte ich, daß ich mehr jiddisch verstehe, als ich ahnte.«

»Meine Mutter spricht fließend jiddisch«, sagte ich stolz. Ich erzählte ihm, wie ich als sechsjähriges Kind mit meiner Mutter in die Schwarzgasse des Judenviertels in Przemysl kam. Wie aus alten Häusern und dunklen Kramläden Männer und Frauen herausliefen, meiner Mutter die Hände und den Rocksaum küßten,

lachten und weinten und »Unsere gute Frau! Unsere gute Frau« riefen. Ich erfuhr später, daß meine Mutter während Pogromunruhen viele Juden in ihrem Hause verborgen hatte.
Franz Kafka sagte, als ich das Erzählen dieser Erinnerungen beendete: »Und ich möchte zu diesen armen Juden des Ghetto hinlaufen, ihnen den Rocksaum küssen und nichts, gar nichts sagen. Ich wäre vollkommen glücklich, wenn sie stillschweigend meine Nähe ertragen würden.«
»So einsam sind Sie?« fragte ich.
Kafka nickte.
»Wie Kaspar Hauser[71]?« bemerkte ich.
Kafka lachte: »Viel ärger als Kaspar Hauser. Ich bin einsam — wie Franz Kafka.« [nach 1920 / *J*, 35–37]

*Gustav Janouch berichtet** (Gespräch über den Zionismus)
Ich suchte in einem großen Eckhause auf dem Bergstein das Versammlungslokal des jüdischen Arbeitervereins *Poale Zion*[72]. Als ich auf dem dunklen Hofe eine Gruppe von Leuten ansprach, erhielt ich — an Stelle der gewünschten Auskunft — einige Ohrfeigen, so daß ich flüchten mußte. Der von mir herbeigeholte Wachmann fand selbstverständlich niemanden mehr auf dem Hofe. Übelgelaunt fragte er mich: »Was wollen Sie eigentlich bei diesen Juden? Sie sind doch kein Jude.«
Ich schüttelte den Kopf.
»Nein, ich bin kein Jude.«
»Also sehen Sie«, meinte darauf der Hüter des Gesetzes triumphierend. »Da haben wir es! Was haben Sie bei diesem Gesindel zu suchen? Seien Sie froh, daß Sie nur ein paar Ohrfeigen bekommen haben, und gehen Sie heim. Anständige Menschen verkehren nicht mit Juden.«
Darauf drehte er sich um und ging.

Einige Tage später erzählte ich den Vorfall Kafka.
»Mit dem Zionismus wächst der Antisemitismus«, sagte er. »Die Selbstbesinnung der Juden wird als Verneinung der Umwelt empfunden. Dadurch entstehen Minderwertigkeitsgefühle, die man mit Haßausbrüchen leicht zum Abklingen bringt. Natürlich, daß man dadurch für die Dauer gar nichts gewinnen kann. Aber das ist ja die Wurzel jedes Verschuldens des Menschen, daß er an Stelle des anscheinend schwer erreichbaren sittlichen Wertes den verlockend naheliegenden Unwert wählt.«
»Vielleicht kann der Mensch nicht anders handeln«, bemerkte ich.
Kafka schüttelte heftig den Kopf.
»Nein. Der Mensch kann anders handeln. Der Sündenfall ist der Beweis seiner Freiheit.« [nach 1920 / *J*, 63–64]

*Gustav Janouch berichtet**
Spaziergang am Kai.
Ich fragte nach der Bedeutung des Wortes ›Diaspora‹. Kafka sagte, daß dies die griechische Bezeichnung für die Zerstreuung des jüdischen Volkes sei. Hebräisch heißt es ›Galut‹.
Er sagte: »Das jüdische Volk ist zerstreut, wie eine Saat zerstreut ist. Wie ein Saatkorn die Stoffe der Umwelt heranzieht, sie in sich aufspeichert und das eigene Wachstum höher führt, so ist es Schicksalsaufgabe des Judentums, die Kräfte der Menschheit in sich aufzunehmen, zu reinigen und so höher zu führen. Moses ist noch immer aktuell. Wie Abiram und Datan[73] sich Moses widersetzten mit den Worten ›Lo naale! Wir gehen nicht hinauf!‹ so widersetzt sich die Welt mit dem Geschrei des Antisemitismus. Um nicht zum Menschlichen aufzusteigen, stürzt man sich in die dunkle Tiefe der zoologischen Lehre von der Rasse. Man schlägt den Juden und erschlägt den Menschen.«

[nach 1920 / *J*, 65]

*Gustav Janouch berichtet** (Juden und Deutsche)
»Juden und Deutsche haben vieles gemeinsam«, sagte Kafka in einem Gespräch über Dr. Karl Kramář[74]. Sie sind strebsam, tüchtig, fleißig und gründlich verhaßt bei den anderen. Juden und Deutsche sind Ausgestoßene.«
»Vielleicht sind sie eben wegen dieser ihrer Eigenschaften verhaßt«, meinte ich.
Aber Kafka schüttelte den Kopf.
»O nein! Der Grund ist viel tiefer. Letzten Endes ist es ein religiöser Grund. Bei den Juden ist es klar. Bei den Deutschen sieht man das nicht so gut, weil man ihnen noch nicht ihren Tempel zerstört hat. Aber das kommt noch.«
»Wieso?« wunderte ich mich. »Die Deutschen sind doch kein theokratisches Volk. Sie haben doch keinen nationalen Gott in einem eigenen Tempel.«
»Das nimmt man allgemein an, in Wirklichkeit ist es aber ganz anders«, sagte Kafka. »Die Deutschen haben den Gott, der Eisen wachsen ließ. Ihr Tempel ist der preußische Generalstab.«
Wir lachten, Franz Kafka behauptete dabei aber, daß er es ganz ernst meine und daß er nur darum lache, weil ich lache. Sein Lachen sei nur eine Ansteckung.
Franz Kafka erzählte mir: Der Prager jüdische Dichter Oskar Baum hat als kleiner Junge die deutsche Volksschule besucht. Auf dem Heimwege kam es gewöhnlich zu Schlägereien zwischen deutschen und tschechischen Schülern. Bei einer solchen Rauferei wurde Oskar Baum mit einer hölzernen Federbüchse so über die Augen geschlagen, daß sich die Netzhaut vom Hin-

tergrunde des Augapfels loslöste und Oskar Baum das Augenlicht verlor.
»Der Jude Oskar Baum verlor sein Sehvermögen als Deutscher«, sagte Franz Kafka. »Als etwas, was er eigentlich nie war und was ihm nie zuerkannt wurde. Vielleicht ist Oskar nur ein trauriges Symbol der sogenannten deutschen Juden in Prag.«

[nach 1920 / J, 66–67]

*Brief an Robert Klopstock**
... ungläubig in dieser Hinsicht war ich nie, aber erstaunt, ängstlich, den Kopf voll so vieler Fragen als es Mücken auf dieser Wiese gibt. In der Lage etwa dieser Blume neben mir, die nicht ganz gesund ist, den Kopf zwar zur Sonne hebt, wer täte das nicht? aber voll geheimer Sorgen ist wegen der quälenden Vorgänge in ihrer Wurzel und in ihren Säften, etwas ist dort geschehn, geschieht noch immer dort, aber sie hat nur sehr undeutliche, quälend undeutliche Nachricht darüber und kann doch nicht jetzt sich niederbeugen, den Boden aufkratzen und nachsehn, sondern muß es den Brüdern nachtun und sich hoch halten, nun sie tut es auch, aber müde.
Ich könnte mir einen andern Abraham[75] denken, der – freilich würde er es nicht bis zum Erzvater bringen, nicht einmal bis zum Altkleiderhändler – der die Forderung des Opfers sofort, bereitwillig wie ein Kellner zu erfüllen bereit wäre, der das Opfer aber doch nicht zustandebrächte, weil er von zuhause nicht fort kann, er ist unentbehrlich, die Wirtschaft benötigt ihn, immerfort ist noch etwas anzuordnen, das Haus ist nicht fertig, aber ohne daß sein Haus fertig ist, ohne diesen Rückhalt kann er nicht fort, das sieht auch die Bibel ein, denn sie sagt: »er bestellte sein Haus« und Abraham hatte wirklich alles in Fülle schon vorher; wenn er nicht das Haus gehabt hätte, wo hätte er denn sonst den Sohn aufgezogen, in welchem Balken das Opfermesser stecken gehabt?

am andern Tag: noch viel über diesen Abraham nachgedacht, aber es sind alte Geschichten, nicht mehr der Rede wert, besonders der wirkliche Abraham nicht, er hat schon vorher alles gehabt, wurde von der Kindheit an dazu geführt, ich kann den Sprung nicht sehn. Wenn er schon alles hatte und doch noch höher geführt werden sollte, mußte ihm nun, wenigstens scheinbar, etwas fortgenommen werden, das ist folgerichtig und kein Sprung. Anders die oberen Abrahame, die stehn auf ihrem Bauplatz und sollen nun plötzlich auf den Berg Morija; womöglich haben sie noch nicht einmal einen Sohn und sollen ihn schon opfern. Das sind Unmöglichkeiten und Sarah hat Recht, wenn

sie lacht. Bleibt also nur der Verdacht, daß diese Männer absichtlich mit ihrem Haus nicht fertig werden und — um ein sehr großes Beispiel zu nennen — das Gesicht in magischen Trilogien[76] verstecken, um es nicht heben zu müssen und den Berg zu sehn, der in der Ferne steht.
Aber ein anderer Abraham. Einer, der durchaus richtig opfern will und überhaupt die richtige Witterung für die ganze Sache hat, aber nicht glauben kann, daß er gemeint ist, er, der widerliche alte Mann und sein Kind, der schmutzige Junge. Ihm fehlt nicht der wahre Glaube, diesen Glauben hat er, er würde in der richtigen Verfassung opfern, wenn er nur glauben könnte, daß er gemeint ist. Er fürchtet, er werde zwar als Abraham mit dem Sohne ausreiten, aber auf dem Weg sich in Don Quixote verwandeln. Über Abraham wäre die Welt damals entsetzt gewesen, wenn sie zugesehen hätte, dieser aber fürchtet, die Welt werde sich bei dem Anblick totlachen. Es ist aber nicht die Lächerlichkeit an sich, die er fürchtet — allerdings fürchtet er auch sie, vor allem sein Mitlachen — hauptsächlich aber fürchtet er, daß diese Lächerlichkeit ihn noch älter und widerlicher, seinen Sohn noch schmutziger machen wird, noch unwürdiger, wirklich gerufen zu werden. Ein Abraham, der ungerufen kommt! Es ist so wie wenn der beste Schüler feierlich am Schluß des Jahres eine Prämie bekommen soll und in der erwartungsvollen Stille der schlechteste Schüler infolge eines Hörfehlers aus seiner schmutzigen letzten Bank hervorkommt und die ganze Klasse losplatzt. Und es ist vielleicht gar kein Hörfehler, sein Name wurde wirklich genannt, die Belohnung des Besten soll nach der Absicht des Lehrers gleichzeitig eine Bestrafung des Schlechtesten sein.
Schreckliche Dinge — genug.
Sie klagen über das einsame Glück und wie ist es mit dem einsamen Unglück? — wirklich, es ist fast ein Paar.

[Juni 1921 / *B*, 332–334]

IV. GESCHLECHT, CHARAKTER UND SCHICKSAL

Am Ende von Rainer Maria Rilkes Legende vom verlorenen Sohn heißt es, daß man nicht wußte, wer er war. »Er war jetzt furchtbar schwer zu lieben, und er fühlte, daß nur Einer dazu imstande sei. Der aber wollte noch nicht« (Die Aufzeichnungen des Malte Laurids Brigge). Es war das Schicksal der Generation, die um das Jahr 1910 spruchreif wurde, daß sie, dem Beispiel Søren Kierkegaards folgend, »furchtbar schwer zu lieben« war. Denn ihre Liebe war über die Frau hinaus auf einen Vater gerichtet, der »noch nicht wollte«, und zwar darum nicht, weil ihn die Söhne entweder nicht wahrnehmen konnten oder nicht wahrhaben wollten.

Franz Kafkas Erzählung ›Das Urteil‹ schließt sich an das Wort ›Urteil‹ an, mit dem im Tagebuch die Schilderung seiner Begegnung mit Felice Bauer abbricht. Da diese Begegnung im Verlauf des nächsten Jahrfünfts zu zwei Verlobungen und zwei Entlobungen führen sollte, da sich außerdem in der Erzählung selbst Kafkas Durchbruch zu einer ihm gemäßen Erzählstruktur vollzog, ist man verleitet, in der »Berlinerin« Felice Bauer eine Kardinalgestalt von Kafkas Leben und in Frieda Brandenfeld die Hauptfigur des ›Urteils‹ zu sehen. Sogar ihre Initialen sind identisch und eine Verlobung löst im Leben wie im Werk eine tödliche Krise aus (siehe Kafkas Tagebücher vom Hochsommer 1914!). Dennoch war und blieb die Frau in Kafkas Biographie wie in seinen Romanen Nebensache. Jener, der Kafkas Liebe einzig würdig war, war der Vater und jener, der es noch nicht wollte, ist im ›Urteil‹ der Freund, der die Ausweitung des väterlichen Charismas in die Richtung auf das Göttliche hin andeutet.

So war es, so blieb es, und noch anderthalb Jahre vor seinem Tode mußte sich Kafka fragen: »Was hast du mit dem Geschenk des Geschlechtes getan?« (Seite 144). Er hatte dieses Geschenk verworfen, weil das Geschlecht seinen Charakter mit »Schmutz« zu verseuchen schien. So schrieb er wenigstens an die einzige Frau, die ihm geistig gewachsen war, die tschechische Schriftstellerin und Übersetzerin Milena Jesenská. Es war, bekannte er ihr, »Sehnsucht nach Schmutz« gewesen, was ihn zu seiner ersten Liebesnacht verführt hatte (Seite 114). Nun ist es freilich nicht so, daß dieser Schmutz als ein soziales oder medizinisches Phänomen zu verstehen wäre. Kafka fand beileibe nicht darin Schmutz, daß ein junger Herr aus besserem Haus sich mit einem beliebigen Ladenmädel einließ. Ebensowenig war das Wort Schmutz von der Angst vor Geschlechtskrankheiten diktiert, die unter den Männern zu jener Zeit grassierte. Es bedurfte Kafkas nicht, um dieses Geschlecht mit diesem Schmutz gleichzusetzen. Ein so weltlicher Schriftsteller wie Stefan Zweig konnte etwa über den »Eros Matutinus« um die Jahrhundertwende berichten: »Schlecht gekleidet, abgemüdet nach einem zwölfstündigen, jämmerlich bezahlten Tagewerk, ungepflegt (ein Badezimmer war in jenen Zeiten noch das Privileg reicher Familien), und in einem engen Lebenskreise aufgewachsen, standen diese armen Wesen so tief unter dem Niveau ihrer Liebhaber, daß sich diese meist selbst scheuten, öffentlich mit ihnen gesehen zu werden.« Wenn man durch die Straßen der großen Städte ging, »konnte man an jedem sechsten oder siebenten Haus die Tafel ›Spezialarzt für Haut- und Geschlechtskrankheiten‹ lesen, und zu der Angst vor der Infektion kam noch das Grauen vor der widrigen und entwürdigenden Form der damaligen Kuren ...« (›Die Welt von Gestern‹, S. 83—84 und 89.) Der Schmutz jedoch, den Franz Kafka fürchtete, war von anderer, irrationaler Art. Aus ihm richtet sich im ›Urteil‹ der alte Bendemann so hoch in seinem Bett auf, daß er die Zimmerdecke zu berühren scheint. Er ist das Tabu, das der Vater über das Geschlecht des Sohnes verhängt hat, und der Erdenrest, der ihm, dem allmächtigen und allwissenden Vater, anhaftet und ihn hindert, zu jener Höhe anzuwachsen, deren der Sohn bedarf, um ihn verehren zu können.

Franz Kafka wußte von Psychoanalyse mehr, als ihm gut tat, und zu wenig, als daß ihm sein Wissen hätte helfen können. Zwar hat er selbst versucht, die Erzählung ›Das Urteil‹, deren tiefenpsychologisches Material klar zu Tage liegt, nun seinerseits einer psychoanalytischen Deutung zu unterziehen (Seiten 128—129). Er verlief sich aber, wie es nicht anders zu erwarten war, in einem Labyrinth aus Spiegelreflexen. Daraufhin begann ihn ein Grauen vor allem Psychoanalytischen zu befallen. Soviel wir wissen, hat Kafka niemals ernstlich einen Nervenspezialisten konsultiert. Statt dessen verwarf er die Psychoanalyse in Bausch und Bogen (S. 135 und 148). Ja, es wird sich fragen lassen, ob der ›Brief an den Vater‹ nicht über Herrmann Kafka hinauszielt und an jene ferne Gestalt gerichtet ist, die sich hinter der Figur des alten Kafka ebenso verbirgt wie die Gestalt des Freundes hinter der Figur des alten Bendemann. Gilt der ›Brief an den Vater‹ nicht auch dem Schöpfer der Psychoanalyse, dem Urheber der Lehre, die einen Brief wie diesen überhaupt erst möglich gemacht hatte, lautet die unsichtbare Adresse dieses Schreibens nicht: Sigmund Freud?

Es hat seinen tiefen, tiefenpsychologischen Sinn, daß der Mensch, dem gegenüber Kafka namentlich das Geschlecht mit

Schmutz gleichsetzte, eine Frau und daß diese Frau die einzige Nichtjüdin in Kafkas Liebesleben war. So wird die Selbstbezichtigung zu einem weiteren Sympton des jüdischen Selbsthasses. Nicht von ungefähr fällt auch zu Milena das Wort vom »ewigen Juden« (Seite 113).

Sein Selbsthaß war das Schicksal, dem er zum Opfer fiel. In dieser Stilisierung berührt sich die Welt des Prager Juden Franz Kafka mit jener des Wiener Juden Otto Weininger. Während sich aber der Autor von ›Geschlecht und Charakter‹ 1903 dreiundzwanzigjährig eine Kugel ins Herz schoß, war die Kehlkopftuberkulose, der Kafka 1924 erlag, eine unvergleichlich sublimere Form, sich selbst auszulöschen. Die Geschlechts-Krankheit, der sowohl Weininger wie Kafka zum Opfer fielen, war die Besessenheit, anzunehmen, daß Geschlecht eine Krankheit sei. Wann immer sich Kafka und seine Figuren dem Geschlecht überließen, waren sie schon »bei den Toten zu Gaste« (S. 146 ff.).

Als Junge war ich (und wäre es sehr lange geblieben, wenn ich nicht mit Gewalt auf sexuelle Dinge gestoßen worden wäre) hinsichtlich sexueller Angelegenheiten so unschuldig und uninteressiert wie heute etwa hinsichtlich der Relativitätstheorie. Nur Kleinigkeiten (aber auch die erst nach genauer Belehrung) fielen mir auf, etwa, daß gerade die Frauen, die mir auf der Gasse die schönsten und die schönstangezogenen schienen, schlecht sein sollten. [1922 / *T*, 579]

Die erste Nacht*

Ich werde also die Frage »strach – touha[1]« beantworten, auf einmal wird es kaum gelingen, aber komme ich in mehreren Briefen nochmals darauf zurück, wird es vielleicht gehn. Eine gute Voraussetzung wäre es auch, wenn Du meinen (im übrigen schlechten, unnötigen) Vaterbrief kennen würdest. Vielleicht nehme ich ihn nach Gmünd mit.
Wenn man »strach« und »touha« so einschränkt, wie Du es im letzten Brief tust, dann ist die Frage nicht leicht, aber sehr einfach zu beantworten. *Dann habe ich nur »strach«.* Und das ist so:
Ich erinnere mich an die erste Nacht. Wir wohnten damals in der Zeltnergasse, gegenüber war ein Konfektionsgeschäft, in der Tür stand immer ein Ladenmädchen, oben wanderte ich, etwas über zwanzig Jahre alt, unaufhörlich im Zimmer auf und ab mit dem nervenspannenden Einlernen für mich sinnloser Dinge zur ersten Staatsprüfung beschäftigt. Es war im Sommer, sehr heiß, diese Zeit wohl, es war ganz unerträglich, beim Fenster blieb ich, die widerliche römische Rechtsgeschichte zwischen den Zähnen, immer stehn, schließlich verständigten wir uns durch Zeichen. Am Abend um 8 Uhr sollte ich sie abholen, aber als ich abend hinunterkam, war schon ein anderer da, nun das änderte nicht viel, ich hatte vor der ganzen Welt Angst, also auch vor diesem Mann; wenn er nicht dagewesen wäre, hätte ich *auch* Angst vor ihm gehabt. Aber das Mädchen hängte sich zwar in ihn ein, aber machte mir Zeichen, daß ich hinter ihnen gehen solle. So kamen wir auf die Schützeninsel, tranken dort Bier, ich am Nebentisch, gingen dann, ich hinterher, langsam zur Wohnung des Mädchens, irgendwo beim Fleischmarkt, dort nahm der Mann Abschied, das Mädchen lief ins Haus, ich war-

tete ein Weilchen, bis sie wieder zu mir herauskam, und dann gingen wir in ein Hotel auf der Kleinseite. Das alles war, schon vor dem Hotel, reizend, aufregend und abscheulich, im Hotel war es nicht anders. Und als wir dann gegen Morgen, es war noch immer heiß und schön, über die Karlsbrücke nachhause gingen, war ich allerdings glücklich, aber dieses Glück bestand nur darin, daß ich endlich Ruhe hatte von dem ewig jammernden Körper, vor allem aber bestand das Glück darin, daß das Ganze nicht *noch* abscheulicher, nicht *noch* schmutziger gewesen war. Ich war dann noch einmal mit dem Mädchen beisammen, ich glaube, zwei Nächte später, es war alles so gut wie zum erstenmal, aber als ich dann gleich in die Sommerfrische fuhr, draußen ein wenig mit einem Mädchen spielte, konnte ich in Prag das Ladenmädchen nicht mehr ansehn, kein Wort habe ich mehr mit ihr gesprochen, sie war (von mir aus gesehn) meine böse Feindin und war doch ein gutmütiges freundliches Mädchen, immerfort verfolgte sie mich mit ihren nichts verstehenden Augen. Ich will nicht sagen, daß der alleinige Grund meiner Feindschaft (sicher war er es nicht) der gewesen ist, daß das Mädchen im Hotel in aller Unschuld eine winzige Abscheulichkeit gemacht hat (nicht der Rede wert), eine kleine Schmutzigkeit gesagt hat, (nicht der Rede wert), aber die Erinnerung blieb, ich wußte im gleichen Augenblick, daß ich das nie vergessen werde und gleichzeitig wußte ich oder glaubte es zu wissen, daß dieses Abscheuliche und Schmutzige, äußerlich gewiß nicht notwendig, innerlich aber sehr notwendig mit dem Ganzen zusammenhänge und daß mich gerade dieses Abscheuliche und Schmutzige (dessen kleines Zeichen nur ihre kleine Handlung, ihr kleines Wort gewesen war) mit so wahnsinniger Gewalt in dieses Hotel gezogen hatte, dem ich sonst ausgewichen wäre mit meiner letzten Kraft.
Und so wie es damals war, blieb es immer. Mein Körper, oft jahrelang still, wurde dann wieder geschüttelt bis zum Nicht-ertragen-können von dieser Sehnsucht nach einer kleinen, nach einer ganz bestimmten Abscheulichkeit, nach etwas leicht Widerlichem, Peinlichem, Schmutzigem; noch in dem Besten, was es hier für mich gab, war etwas davon, irgendein kleiner schlechter Geruch, etwas Schwefel, etwas Hölle. Dieser Trieb hatte etwas vom ewigen Juden, sinnlos gezogen, sinnlos wandernd durch eine sinnlos schmutzige Welt.
Dann aber gab es auch Zeiten, wo der Körper nicht still war, wo überhaupt gar nichts still war, wo ich aber trotzdem unter gar keinem Zwang war, es war ein gutes, ruhiges, nur durch Hoffnung beunruhigtes (kennst Du eine bessere Unruhe?) Leben. In diesen Zeiten, soweit sie nur irgendeine Dauer hatten, war ich immer allein. Zum erstenmal in meinem Leben gibt es jetzt

solche Zeiten, in denen ich *nicht allein* bin. Darum ist nicht nur Deine körperliche Nähe, sondern Du selbst beruhigend-beunruhigend. Darum habe ich keine Sehnsucht nach Schmutz (in der ersten Meraner Hälfte[2] machte ich gegen meinen offenen Willen Tag und Nacht Pläne, wie ich mich des Stubenmädchens bemächtigen könnte – noch Ärgeres –, gegen das Meraner Ende zu lief mir ein sehr williges Mädchen in die Hände, ich mußte mir ihre Worte gewissermaßen erst in meine Sprache übersetzen, um sie überhaupt verstehn zu können), ich sehe förmlich auch keinen Schmutz, nichts derartiges, was von außen reizt, ist da, aber alles, das von innen Leben bringt, kurz, etwas von der Luft ist da, die man im Paradies vor dem Sündenfall geatmet hat. Nur etwas von dieser Luft, daher fehlt »touha«, nicht jene ganze Luft, daher gibt es »Angst«.

[nach 1920 / *BM*, 180–183]

Traum vom Bordell *

Traum von heute nacht, den ich selbst früh noch nicht für schön hielt, abgesehen von einer kleinen, aus zwei Gegenbemerkungen bestehenden komischen Szene, die jenes ungeheuerliche Traumwohlgefallen zur Folge hatte, die ich aber vergessen habe.

Ich ging – ob gleich am Anfang Max dabei war, weiß ich nicht – durch eine lange Häuserreihe in der Höhe des ersten bis zweiten Stockwerkes, so wie man in Durchgangszügen von einem Waggon zum andern geht. Ich ging sehr rasch, vielleicht auch, weil manchmal das Haus so gebrechlich war, daß man schon deshalb eilte. Die Türen zwischen den Häusern fielen mir gar nicht auf, es war eben eine riesige Zimmerflucht und doch war nicht nur die Verschiedenheit der einzelnen Wohnungen, sondern auch der Häuser zu erkennen. Es waren vielleicht lauter Zimmer mit Betten, durch die ich kam. Es ist mir ein typisches Bett in der Erinnerung geblieben, das seitwärts links von mir an der dunklen oder schmutzigen, vielleicht dachbodenartig schiefen Wand steht, einen niedrigen Aufbau von Bettwäsche hat und dessen Decke, eigentlich nur ein grobes Leintuch, zusammengetreten von den Füßen dessen, der hier geschlafen hat, in einem Zipfel hinunterhängt. Ich fühlte mich beschämt, zu einer Zeit, wo noch viele Leute in den Betten lagen, durch ihre Zimmer zu gehn, ging daher auf den Fußspitzen mit großen Schritten, durch die ich irgendwie zu zeigen hoffte, daß ich nur gezwungen durchgehe, alles möglichst schone und schwach auftrete, daß mein Durchgehn förmlich gar nicht gelte. Deshalb drehte ich auch im gleichen Zimmer niemals den Kopf und sah

nur entweder das, was rechts zur Gasse zu, oder was links zur Rückwand zu lag.
Die Reihe von Wohnungen war öfters von Bordellen unterbrochen, durch die ich aber, obwohl ich scheinbar ihretwegen diesen Weg machte, besonders rasch ging, so daß ich mir nichts als ihr Dasein gemerkt habe. Das letzte Zimmer aller Wohnungen war aber wieder ein Bordell, und hier blieb ich. Die der Tür, durch die ich eintrat, gegenüberliegende Wand, also die letzte Wand der Häuserreihe, war entweder aus Glas oder überhaupt durchbrochen und ich wäre beim Weitergehn hinuntergefallen. Es ist sogar wahrscheinlicher, daß sie durchbrochen war, denn es lagen gegen den Rand des Fußbodens die Dirnen. Klar waren mir zwei, auf der Erde, der einen hing der Kopf ein wenig über die Kante hinaus in die freie Luft hinunter. Links war eine feste Wand, dagegen war die Wand rechts nicht vollkommen, man sah in den Hof hinunter, wenn auch nicht bis auf seinen Grund, und eine baufällige graue Treppe führte in mehreren Abteilungen hinunter. Nach dem Licht im Zimmer zu schließen, war der Plafond so wie in den andern Zimmern.
Ich hatte hauptsächlich mit der Dirne zu tun, deren Kopf hinabhing, Max mit der links neben ihr liegenden. Ich betastete ihre Beine und blieb dann dabei, ihre Oberschenkel regelmäßig zu drücken. Mein Vergnügen dabei war so groß, daß ich mich wunderte, daß man für diese Unterhaltung, welche doch gerade die schönste war, noch nichts zahlen müsse. Ich war überzeugt, daß ich (und ich allein) die Welt betrüge. Dann erhob die Dirne bei ruhenden Beinen ihren Oberleib und wandte mir den Rükken zu, der zu meinem Schrecken mit großen siegellackroten Kreisen mit erblassenden Rändern und dazwischen versprengten roten Spritzern bedeckt war. Jetzt bemerkte ich, daß ihr ganzer Körper davon voll war, daß ich meinen Daumen auf ihren Schenkeln in solchen Flecken hielt und daß auch auf meinen Fingern diese roten Partikelchen wie von einem zerschlagenen Siegel lagen.
Ich trat zurück unter eine Anzahl Männer, die an der Wand, nahe der Mündung der Treppe, auf der ein kleiner Verkehr stattfand, zu warten schienen. Sie warteten so, wie Männer auf dem Land am Sonntagmorgen auf dem Markt zusammenstehn. Deshalb war auch Sonntag. Hier spielte sich auch die komische Szene ab, indem ein Mann, vor dem ich und Max Grund hatten sich zu fürchten, wegging, dann die Treppe heraufkam, zu mir trat, und während ich und Max mit Angst irgendeine schreckliche Drohung von ihm erwarteten, eine lächerlich einfältige Frage an mich stellte. Dann stand ich dort und sah besorgt zu, wie Max ohne Angst in diesem Lokal irgendwo links auf der

Erde saß und eine dicke Kartoffelsuppe aß, aus der die Kartoffeln als große Kugeln heraussahen, hauptsächlich eine. Er drückte sie mit dem Löffel, vielleicht mit zwei Löffeln in die Suppe hinein oder wälzte sie bloß. [1911 / *T*, 90–92]

Vor dem Einschlafen[3].
Es scheint so arg, Junggeselle zu sein, als alter Mann unter schwerer Wahrung der Würde um Aufnahme zu bitten, wenn man einen Abend mit Menschen verbringen will, sein Essen in einer Hand sich nach Hause zu tragen, niemanden mit ruhiger Zuversicht faul erwarten können, nur mit Mühe oder Ärger jemanden beschenken können, vor dem Haustor Abschied nehmen, niemals mit seiner Frau sich die Treppen hinaufdrängen zu können, kranksein und nur den Trost der Aussicht aus seinem Fenster haben, wenn man sich aufsetzen kann, in seinem Zimmer nur Seitentüren haben, die in fremde Wohnungen führen, die Fremdheit seiner Verwandten zu spüren bekommen, mit denen man nur durch das Mittel der Ehe befreundet bleiben kann, zuerst durch die Ehe seiner Eltern, dann, wenn deren Wirkung vergeht, durch die eigene, fremde Kinder anstaunen müssen und nicht immerfort wiederholen dürfen: ich habe keine, da keine Familie mit einem wächst, ein unveränderliches Altersgefühl haben, sich im Aussehn und Benehmen nach den ein oder zwei Junggesellen unserer Jugenderinnerungen ausbilden. Das alles ist wahr, nur begeht man leicht dabei den Fehler, die künftigen Leiden so sehr vor sich auszubreiten, daß der Blick weit über sie hinweggehn muß und nicht mehr zurückkommt, während man doch in Wirklichkeit heute und später selbst dastehen wird, mit einem Körper und einem wirklichen Kopf, also auch einer Stirn, um mit der Hand an sie zu schlagen.
[1911 / *T*, 160–161]

Das Unglück des Junggesellen ist für die Umwelt, ob scheinbar oder wirklich, so leicht zu erraten, daß er jedenfalls, wenn er aus Freude am Geheimnis Junggeselle geworden ist, seinen Entschluß verfluchen wird. Er geht zwar umher mit zugeknöpftem Rock, die Hände in den hohen Rocktaschen, die Ellbogen spitz, den Hut tief im Gesicht, ein falsches, schon eingeborenes Lächeln soll den Mund schützen, wie der Zwicker die Augen, die Hosen sind schmäler, als es an magern Beinen schön ist. Aber jeder weiß, wie es um ihn steht, kann ihm aufzählen, was er leidet. Kühle weht ihn aus seinem Innern an, in das er mit der noch traurigern andern Hälfte seines Doppelgesichts hineinschaut. Er übersiedelt förmlich unaufhörlich, aber mit erwarteter Gesetzmäßigkeit. Je weiter er von den Lebenden wegrückt, für die er doch, und das ist der ärgste Spott, arbeiten muß wie ein bewußter Sklave, der sein Bewußtsein nicht äußern darf, ein desto kleinerer Raum wird für ihn als genügend befunden. Während die andern, und seien sie ihr Leben lang auf dem Krankenbett gelegen, dennoch vom Tode niedergeschlagen werden müssen, denn wenn sie auch aus eigener Schwäche längst selbst gefallen wären, so halten sie sich doch an ihre liebenden starken gesunden Bluts- und Eheverwandten, er, dieser Junggeselle bescheidet sich aus scheinbar eigenem Willen schon mitten im Leben auf einen immer kleineren Raum, und stirbt er, ist ihm der Sarg gerade recht. [1911 / *T*, 180–181]

Wenn man sich am Abend endgültig entschlossen zu haben scheint, zu Hause zu bleiben, den Hausrock angezogen hat, nach dem Nachtmahl beim beleuchteten Tische sitzt und jene Arbeit oder jenes Spiel vorgenommen hat, nach dessen Beendigung man gewohnheitsmäßig schlafen geht, wenn draußen ein unfreundliches Wetter ist, das das Zuhausebleiben selbstverständlich macht, wenn man jetzt auch schon so lange bei Tisch stillgehalten hat, daß das Weggehn nicht nur väterlichen Ärger, sondern allgemeines Staunen hervorrufen müßte, wenn nun auch schon das Treppenhaus dunkel und das Haustor gesperrt ist und wenn man nun trotz alledem in einem plötzlichen Unbehagen aufsteht, den Rock wechselt, sofort straßenmäßig angezogen erscheint, weggehn zu müssen erklärt, es nach kurzem Abschied auch tut, je nach der Schnelligkeit, mit der man die Wohnungstüre zuschlägt und damit die allgemeine Besprechung des Fortgehens abschneidet, mehr oder weniger Ärger zu hinterlassen glaubt, wenn man sich auf der Gasse wiederfindet, mit Gliedern, die diese schon unerwartete Freiheit, die man ihnen verschafft hat, mit besonderer Beweglichkeit belohnen, wenn man durch diesen einen Entschluß alle Entschlußfähigkeit in sich aufgeregt fühlt, wenn man mit größerer als der gewöhnlichen Bedeutung erkennt, daß man mehr Kraft als Bedürfnis hat, die schnellste Veränderung leicht zu bewirken und zu ertragen, daß man mit sich allein gelassen in Verstand und Ruhe und in deren Genusse wächst, dann ist man für diesen Abend so gänzlich aus seiner Familie ausgetreten, wie man es durchdringender durch die entferntesten Reisen nicht erreichen könnte und man hat ein Erlebnis gehabt, das man wegen seiner für Europa äußersten Einsamkeit nur russisch nennen kann. Verstärkt wird es noch, wenn man zu dieser späten Abendzeit einen Freund aufsucht, um nachzusehn, wie es ihm geht[4].

[1912 / *T*, 232–233]

22. Januar. Nächtlicher Entschluß.
Die Bemerkung hinsichtlich der »Junggesellen der Erinnerung«[5] war hellseherisch, allerdings Hellseherei unter sehr günstigen Voraussetzungen. Die Ähnlichkeit mit O. R.[6] ist aber noch darüber hinaus verblüffend: beide still (ich weniger), beide von den Eltern abhängig (ich mehr), mit dem Vater verfeindet, von der Mutter geliebt (er noch zu dem schrecklichen Zusammenleben mit dem Vater verurteilt, freilich auch der Vater verurteilt), beide schüchtern, überbescheiden (er mehr), beide als edle gute Menschen angesehn, wovon bei mir nichts und meines Wissens auch bei ihm nicht viel zu finden war (Schüchternheit, Bescheidenheit, Ängstlichkeit gilt als edel und gut, weil sie den eigenen expansiven Trieben wenig Widerstand entgegensetzt), beide zuerst hypochondrisch, dann wirklich krank, beide als Nichtstuer von der Welt ziemlich gut erhalten (er, weil er ein kleinerer Nichtstuer war, viel schlechter erhalten, soweit man bis jetzt vergleichen kann), beide Beamte (er ein besserer), beide allereinförmigst lebend, ohne Entwicklung jung bis zum Ende, richtiger als jung ist der Ausdruck konserviert, beide nahe am Irrsinn, er, fern von Juden, mit ungeheurem Mut, mit ungeheurer Sprungkraft (an der man die Größe der Irrsinnsgefahr ermessen kann), in der Kirche gerettet, bis zum Ende noch, soweit man sehen konnte, lose gehalten, er selbst hielt sich wohl schon Jahre lang nicht. Ein Unterschied zu seinen Gunsten oder Ungunsten war, daß er eine kleinere künstlerische Begabung hatte als ich, also in der Jugend einen bessern Weg hätte wählen können, nicht so zerrissen war, auch durch Ehrgeiz nicht. Ob er um Frauen (mit sich) gekämpft hat, weiß ich nicht, eine Geschichte, die ich von ihm gelesen habe, deutete darauf hin, auch erzählte man, als ich ein Kind war, etwas dergleichen. Ich weiß viel zu wenig von ihm, danach zu fragen wage ich nicht. Übrigens schrieb ich bis hierher leichtsinnig über ihn wie über einen Lebenden. Es ist auch unwahr, daß er nicht gut war, ich habe an ihm keine Spur von Geiz, Neid, Haß, Gier bemerkt; um selbst helfen zu können, war er wahrscheinlich zu gering. Er war unendlich viel unschuldiger als ich, hier gibt es keinen Vergleich. Er war in Einzelheiten eine Karikatur von mir, im wesentlichen aber bin ich seine Karikatur. [1922 / *T*, 558–559]

Begegnung mit F. B. *

Fräulein F. B.[7] Als ich am 13. August zu Brod kam, saß sie bei Tisch und kam mir doch wie ein Dienstmädchen vor. Ich war auch gar nicht neugierig darauf, wer sie war, sondern fand mich sofort mit ihr ab. Knochiges leeres Gesicht, das seine Leere offen trug. Freier Hals. Überworfene Bluse. Sah ganz häuslich angezogen aus, trotzdem sie es, wie sich später zeigte, gar nicht war. (Ich entfremde ihr ein wenig dadurch, daß ich ihr so nahe an den Leib gehe. Allerdings in was für einem Zustand bin ich jetzt, allem Guten in der Gesamtheit entfremdet, und glaube es überdies noch nicht. Wenn mich heute bei Max die literarischen Nachrichten nicht zu sehr zerstreuen, werde ich noch die Geschichte von dem Blenkelt zu schreiben versuchen. Sie muß nicht lang sein, aber treffen muß sie mich.) Fast zerbrochene Nase. Blondes, etwas steifes reizloses Haar, starkes Kinn. Während ich mich setzte, sah ich sie zum erstenmal genauer an, als ich saß, hatte ich schon ein unerschütterliches Urteil. Wie sich . . . [bricht ab]

[1912 / *T*, 285]

Das Urteil

Es war an einem Sonntagvormittag im schönsten Frühjahr. Georg Bendemann, ein junger Kaufmann, saß in seinem Privatzimmer im ersten Stock eines der niedrigen, leichtgebauten Häuser, die entlang des Flusses in einer langen Reihe, fast nur in der Höhe und Färbung unterschieden, sich hinzogen. Er hatte gerade einen Brief an einen sich im Ausland befindlichen Jugendfreund beendet, verschloß ihn in spielerischer Langsamkeit und sah dann, den Ellbogen auf den Schreibtisch gestützt, aus dem Fenster auf den Fluß, die Brücke und die Anhöhen am anderen Ufer mit ihrem schwachen Grün.
Er dachte darüber nach, wie dieser Freund, mit seinem Fortkommen zu Hause unzufrieden, vor Jahren schon nach Rußland sich förmlich geflüchtet hatte. Nun betrieb er ein Geschäft in Petersburg, das anfangs sich sehr gut angelassen hatte, seit langem aber schon zu stocken schien, wie der Freund bei seinen immer seltener werdenden Besuchen klagte. So arbeitete er sich in der Fremde nutzlos ab, der fremdartige Vollbart verdeckte nur schlecht das seit den Kinderjahren wohlbekannte Gesicht, dessen gelbe Hautfarbe auf eine sich entwickelnde Krankheit hinzudeuten schien. Wie er erzählte, hatte er keine rechte Verbindung mit der dortigen Kolonie seiner Landsleute, aber auch fast keinen gesellschaftlichen Verkehr mit einheimischen Familien und richtete sich so für ein endgültiges Junggesellentum ein. Was wollte man einem solchen Manne schreiben, der sich offenbar verrannt hatte, den man bedauern, dem man aber nicht helfen konnte. Sollte man ihm vielleicht raten, wieder nach Hause zu kommen, seine Existenz hierherzuverlegen, alle die alten freundschaftlichen Beziehungen wiederaufzunehmen – wofür ja kein Hindernis bestand – und im übrigen auf die Hilfe der

Freunde zu vertrauen? Das bedeutete aber nichts anderes, als daß man ihm gleichzeitig, je schonender, desto kränkender, sagte, daß seine bisherigen Versuche mißlungen seien, daß er endlich von ihnen ablassen solle, daß er zurückkehren und sich als ein für immer Zurückgekehrter von allen mit großen Augen anstaunen lassen müsse, daß nur seine Freunde etwas verstünden und daß er ein altes Kind sei, das den erfolgreichen, zu Hause gebliebenen Freunden einfach zu folgen habe. Und war es dann noch sicher, daß alle die Plage, die man ihm antun müßte, einen Zweck hätte? Vielleicht gelang es nicht einmal, ihn überhaupt nach Hause zu bringen — er sagte ja selbst, daß er die Verhältnisse in der Heimat nicht mehr verstünde —, und so bliebe er dann trotz allem in seiner Fremde, verbittert durch die Ratschläge und den Freunden noch ein Stück mehr entfremdet. Folgte er aber wirklich dem Rat und würde hier — natürlich nicht mit Absicht, aber durch die Tatsachen — niedergedrückt, fände sich nicht in seinen Freunden und nicht ohne sie zurecht, litte an Beschämung, hätte jetzt wirklich keine Heimat und keine Freunde mehr, war es da nicht viel besser für ihn, er blieb in der Fremde, so wie er war? Konnte man denn bei solchen Umständen daran denken, daß er es hier tatsächlich vorwärtsbringen würde?
Aus diesen Gründen konnte man ihm, wenn man noch überhaupt die briefliche Verbindung aufrechterhalten wollte, keine eigentlichen Mitteilungen machen, wie man sie ohne Scheu auch den entferntesten Bekannten machen würde. Der Freund war nun schon über drei Jahre nicht in der Heimat gewesen und erklärte dies sehr notdürftig mit der Unsicherheit der politischen Verhältnisse in Rußland, die demnach also auch die kürzeste Abwesenheit eines kleinen Geschäftsmannes nicht zuließen, während hunderttausende Russen ruhig in der Welt herumfuhren. Im Laufe dieser drei Jahre hatte sich aber gerade für Georg vieles verändert. Von dem Todesfall von Georgs Mutter, der vor etwa zwei Jahren erfolgt war und seit welchem Georg mit seinem alten Vater in gemeinsamer Wirtschaft lebte, hatte der Freund wohl noch erfahren und sein Beileid in einem Brief mit einer Trockenheit ausgedrückt, die ihren Grund nur darin haben konnte, daß die Trauer über ein solches Ereignis in der Fremde ganz unvorstellbar wird. Nun hatte aber Georg seit jener Zeit, so wie alles andere, auch sein Geschäft mit größerer Entschlossenheit angepackt. Vielleicht hatte ihn der Vater bei Lebzeiten der Mutter dadurch, daß er im Geschäft nur seine Ansicht gelten lassen wollte, an einer wirklichen eigenen Tätigkeit gehindert, vielleicht war der Vater seit dem Tode der Mutter, trotzdem er noch immer im Geschäft arbeitete, zurückhaltender geworden, vielleicht spielten — was sogar sehr wahrscheinlich war — glück-

liche Zufälle eine weit wichtigere Rolle, jedenfalls aber hatte sich das Geschäft in diesen zwei Jahren ganz unerwartet entwickelt, das Personal hatte man verdoppeln müssen, der Umsatz hatte sich verfünffacht, ein weiterer Fortschritt stand zweifellos bevor.

Der Freund aber hatte keine Ahnung von dieser Veränderung. Früher, zum letztenmal vielleicht in jenem Beileidsbrief, hatte er Georg zur Auswanderung nach Rußland überreden wollen und sich über die Aussichten verbreitet, die gerade für Georgs Geschäftszweig in Petersburg bestanden. Die Ziffern waren verschwindend gegenüber dem Umfang, den Georgs Geschäft jetzt angenommen hatte. Georg aber hatte keine Lust gehabt, dem Freund von seinen geschäftlichen Erfolgen zu schreiben, und hätte er es jetzt nachträglich getan, es hätte wirklich einen merkwürdigen Anschein gehabt.

So beschränkte sich Georg darauf, dem Freund immer nur über bedeutungslose Vorfälle zu schreiben, wie sie sich, wenn man an einem ruhigen Sonntag nachdenkt, in der Erinnerung ungeordnet aufhäufen. Er wollte nichts anderes, als die Vorstellung ungestört lassen, die sich der Freund von der Heimatstadt in der langen Zwischenzeit wohl gemacht und mit welcher er sich abgefunden hatte. So geschah es Georg, daß er dem Freund die Verlobung eines gleichgültigen Menschen mit einem ebenso gleichgültigen Mädchen dreimal in ziemlich weit auseinanderliegenden Briefen anzeigte, bis sich dann allerdings der Freund, ganz gegen Georgs Absicht, für diese Merkwürdigkeit zu interessieren begann.

Georg schrieb ihm aber solche Dinge viel lieber, als daß er zugestanden hätte, daß er selbst vor einem Monat mit einem Fräulein Frieda Brandenfeld, einem Mädchen aus wohlhabender Familie, sich verlobt hatte. Oft sprach er mit seiner Braut über diesen Freund und das besondere Korrespondenzverhältnis, in welchem er zu ihm stand. »Er wird also gar nicht zu unserer Hochzeit kommen«, sagte sie, »und ich habe doch das Recht, alle deine Freunde kennenzulernen.« »Ich will ihn nicht stören«, antwortete Georg, »verstehe mich recht, er würde wahrscheinlich kommen, wenigstens glaube ich es, aber er würde sich gezwungen und geschädigt fühlen, vielleicht mich beneiden und sicher unzufrieden und unfähig, diese Unzufriedenheit jemals zu beseitigen, allein wieder zurückfahren. Allein — weißt du, was das ist?« »Ja, kann er denn von unserer Heirat nicht auch auf andere Weise erfahren?« »Das kann ich allerdings nicht verhindern, aber es ist bei seiner Lebensweise unwahrscheinlich.« »Wenn du solche Freunde hast, Georg, hättest du dich überhaupt nicht verloben sollen.« »Ja, das ist unser beider Schuld; aber ich wollte es auch jetzt nicht anders haben.« Und

wenn sie dann, rasch atmend unter seinen Küssen, noch vorbrachte: »Eigentlich kränkt es mich doch«, hielt er es wirklich für unverfänglich, dem Freund alles zu schreiben. »So bin ich und so hat er mich hinzunehmen«, sagte er sich, »ich kann nicht aus mir einen Menschen herausschneiden, der vielleicht für die Freundschaft mit ihm geeigneter wäre, als ich es bin.«
Und tatsächlich berichtete er seinem Freunde in dem langen Brief, den er an diesem Sonntagvormittag schrieb, die erfolgte Verlobung mit folgenden Worten: »Die beste Neuigkeit habe ich mir bis zum Schluß aufgespart. Ich habe mich mit einem Fräulein Frieda Brandenfeld verlobt, einem Mädchen aus einer wohlhabenden Familie, die sich hier erst lange nach Deiner Abreise angesiedelt hat, die Du also kaum kennen dürftest. Es wird sich noch Gelegenheit finden, Dir Näheres über meine Braut mitzuteilen, heute genüge Dir, daß ich recht glücklich bin und daß sich in unserem gegenseitigen Verhältnis nur insofern etwas geändert hat, als Du jetzt in mir statt eines ganz gewöhnlichen Freundes einen glücklichen Freund haben wirst. Außerdem bekommst Du in meiner Braut, die Dich herzlich grüßen läßt, und die Dir nächstens selbst schreiben wird, eine aufrichtige Freundin, was für einen Junggesellen nicht ganz ohne Bedeutung ist. Ich weiß, es hält Dich vielerlei von einem Besuche bei uns zurück, wäre aber nicht gerade meine Hochzeit die richtige Gelegenheit, einmal alle Hindernisse über den Haufen zu werden? Aber wie dies auch sein mag, handle ohne alle Rücksicht und nur nach Deiner Wohlmeinung.«
Mit diesem Brief in der Hand war Georg lange, das Gesicht dem Fenster zugekehrt, an seinem Schreibtisch gesessen. Einem Bekannten, der ihn im Vorübergehen von der Gasse aus gegrüßt hatte, hatte er kaum mit einem abwesenden Lächeln geantwortet.
Endlich steckte er den Brief in die Tasche und ging aus seinem Zimmer quer durch einen kleinen Gang in das Zimmer seines Vaters, in dem er schon seit Monaten nicht gewesen war. Es bestand auch sonst keine Nötigung dazu, denn er verkehrte mit seinem Vater ständig im Geschäft, das Mittagessen nahmen sie gleichzeitig in einem Speisehaus ein, abends versorgte sich zwar jeder nach Belieben, doch saßen sie dann meistens, wenn nicht Georg, wie es am häufigsten geschah, mit Freunden beisammen war oder jetzt seine Braut besuchte, noch ein Weilchen, jeder mit seiner Zeitung, im gemeinsamen Wohnzimmer. Georg staunte darüber, wie dunkel das Zimmer des Vaters selbst an diesem sonnigen Vormittag war. Einen solchen Schatten warf also die hohe Mauer, die sich jenseits des schmalen Hofes erhob. Der Vater saß beim Fenster in einer Ecke, die mit verschiedenen Andenken an die selige Mutter ausgeschmückt war, und las die

Zeitung, die er seitlich vor die Augen hielt, wodurch er irgendeine Augenschwäche auszugleichen suchte. Auf dem Tisch standen die Reste des Frühstücks, von dem nicht viel verzehrt zu sein schien.
»Ah, Georg!« sagte der Vater und ging ihm gleich entgegen. Sein schwerer Schlafrock öffnete sich im Gehen, die Enden umflatterten ihn — ›Mein Vater ist noch immer ein Riese‹, sagte sich Georg.
»Hier ist es ja unerträglich dunkel«, sagte er dann.
»Ja, dunkel ist es schon«, antwortete der Vater.
»Das Fenster hast du auch geschlossen?«
»Ich habe es lieber so.«
»Es ist ja ganz warm draußen«, sagte Georg, wie im Nachhang zu dem Früheren, und setzte sich.
Der Vater räumte das Frühstücksgeschirr ab und stellte es auf einen Kasten.
»Ich wollte dir eigentlich nur sagen«, fuhr Georg fort, der den Bewegungen des alten Mannes ganz verloren folgte, »daß ich nun doch nach Petersburg meine Verlobung angezeigt habe.« Er zog den Brief ein wenig aus der Tasche und ließ ihn wieder zurückfallen.
»Nach Petersburg?« fragte der Vater.
»Meinem Freunde doch«, sagte Georg und suchte des Vaters Augen. — Im Geschäft ist er doch ganz anders, dachte er, wie er hier breit sitzt und die Arme über der Brust kreuzt.
»Ja. Deinem Freunde«, sagte der Vater mit Betonung.
»Du weißt doch, Vater, daß ich ihm meine Verlobung zuerst verschweigen wollte. Aus Rücksichtnahme, aus keinem anderen Grunde sonst. Du weißt selbst, er ist ein schwieriger Mensch. Ich sagte mir, von anderer Seite kann er von meiner Verlobung wohl erfahren, wenn das auch bei seiner einsamen Lebensweise kaum wahrscheinlich ist — das kann ich nicht hindern —, aber von mir selbst soll er es nun einmal nicht erfahren.«
»Und jetzt hast du es dir wieder anders überlegt?« fragte der Vater, legte die große Zeitung auf den Fensterbord und auf die Zeitung die Brille, die er mit der Hand bedeckte.
»Ja, jetzt habe ich es mir wieder überlegt. Wenn er mein guter Freund ist, sagte ich mir, dann ist meine glückliche Verlobung auch für ihn ein Glück. Und deshalb habe ich nicht mehr gezögert, es ihm anzuzeigen. Ehe ich jedoch den Brief einwarf, wollte ich es dir sagen.«
»Georg«, sagte der Vater und zog den zahnlosen Mund in die Breite, »hör einmal! Du bist wegen dieser Sache zu mir gekommen, um dich mit mir zu beraten. Das ehrt dich ohne Zweifel. Aber es ist nichts, es ist ärger als nichts, wenn du mir jetzt nicht die volle Wahrheit sagst. Ich will nicht Dinge aufrühren, die nicht hierher gehören. Seit dem Tode unserer teueren Mutter

sind gewisse unschöne Dinge vorgegangen. Vielleicht kommt auch für sie die Zeit, und vielleicht kommt sie früher, als wir denken. Im Geschäft entgeht mir manches, es wird mir vielleicht nicht verborgen – ich will jetzt gar nicht die Annahme machen, daß es mir verborgen wird –, ich bin nicht mehr kräftig genug, mein Gedächtnis läßt nach, ich habe nicht mehr den Blick für alle die vielen Sachen. Das ist erstens der Ablauf der Natur, und zweitens hat mich der Tod unseres Mütterchens viel mehr niedergeschlagen als dich. – Aber weil wir gerade bei dieser Sache halten, bei diesem Brief, so bitte ich dich, Georg, täusche mich nicht. Es ist eine Kleinigkeit, es ist nicht des Atems wert, also täusche mich nicht. Hast du wirklich diesen Freund in Petersburg?«
Georg stand verlegen auf. »Lassen wir meine Freunde sein. Tausend Freunde ersetzen mir nicht meinen Vater. Weißt du, was ich glaube? Du schonst dich nicht genug. Aber das Alter verlangt seine Rechte. Du bist mir im Geschäft unentbehrlich, das weißt du ja sehr genau, aber wenn das Geschäft deine Gesundheit bedrohen sollte, sperre ich es noch morgen für immer. Das geht nicht. Wir müssen da eine andere Lebensweise für dich einführen. Aber von Grund aus. Du sitzt hier im Dunkeln und im Wohnzimmer hättest du schönes Licht. Du nippst vom Frühstück, statt dich ordentlich zu stärken. Du sitzt bei geschlossenem Fenster, und die Luft würde dir so gut tun. Nein, mein Vater! Ich werde den Arzt holen, und seinen Vorschriften werden wir folgen. Die Zimmer werden wir wechseln, du wirst ins Vorderzimmer ziehen, ich hierher. Es wird keine Veränderung für dich sein, alles wird mit übertragen werden. Aber das alles hat Zeit, jetzt lege dich noch ein wenig ins Bett, du brauchst unbedingt Ruhe. Komm, ich werde dir beim Ausziehen helfen, du wirst sehn, ich kann es. Oder willst du gleich ins Vorderzimmer gehn, dann legst du dich vorläufig in mein Bett. Das wäre übrigens sehr vernünftig.«
Georg stand knapp neben seinem Vater, der den Kopf mit dem struppigen weißen Haar auf die Brust hatte sinken lassen.
»Georg«, sagte der Vater leise, ohne Bewegung.
Georg kniete sofort neben dem Vater nieder, er sah die Pupillen in dem müden Gesicht des Vaters übergroß in den Winkeln der Augen auf sich gerichtet.
»Du hast keinen Freund in Petersburg. Du bist immer ein Spaßmacher gewesen und hast dich auch mir gegenüber nicht zurückgehalten. Wie solltest du denn gerade dort einen Freund haben! Das kann ich gar nicht glauben.«
»Denk doch einmal nach, Vater«, sagte Georg, hob den Vater vom Sessel und zog ihm, wie er nun doch recht schwach dastand, den Schlafrock aus, »jetzt wird es bald drei Jahre her sein, da war mein Freund bei uns zu Besuch. Ich erinnere mich noch, daß

du ihn nicht besonders gern hattest. Wenigstens zweimal habe ich ihn vor dir verleugnet, trotzdem er gerade bei mir im Zimmer saß. Ich konnte ja deine Abneigung gegen ihn ganz gut verstehn, mein Freund hat seine Eigentümlichkeiten. Aber dann hast du dich doch auch wieder ganz gut mit ihm unterhalten. Ich war damals noch so stolz darauf, daß du ihm zuhörtest, nicktest und fragtest. Wenn du nachdenkst, mußt du dich erinnern. Er erzählte damals unglaubliche Geschichten von der Russischen Revolution. Wie er zum Beispiel auf einer Geschäftsreise in Kiew bei einem Tumult einen Geistlichen auf einem Balkon gesehen hatte, der sich ein breites Blutkreuz in die flache Hand schnitt, diese Hand erhob und die Menge anrief. Du hast ja selbst diese Geschichte hier und da wiedererzählt.«

Währenddessen war es Georg gelungen, den Vater wieder niederzusetzen und ihm die Trikothose, die er über den Leinenunterhosen trug, sowie die Socken vorsichtig auszuziehn. Beim Anblick der nicht besonders reinen Wäsche machte er sich Vorwürfe, den Vater vernachlässigt zu haben. Es wäre sicherlich auch seine Pflicht gewesen, über den Wäschewechsel seines Vaters zu wachen. Er hatte mit seiner Braut darüber, wie sie die Zukunft des Vaters einrichten wollten, noch nicht ausdrücklich gesprochen, denn sie hatten stillschweigend vorausgesetzt, daß der Vater allein in der alten Wohnung bleiben würde. Doch jetzt entschloß er sich kurz mit aller Bestimmtheit, den Vater in seinen künftigen Haushalt mitzunehmen. Es schien ja fast, wenn man genauer zusah, daß die Pflege, die dort dem Vater bereitet werden sollte, zu spät kommen könnte.

Auf seinen Armen trug er den Vater ins Bett. Ein schreckliches Gefühl hatte er, als er während der paar Schritte zum Bett hin merkte, daß an seiner Brust der Vater mit seiner Uhrkette spielte. Er konnte ihn nicht gleich ins Bett legen, so fest hielt er sich an dieser Uhrkette.

Kaum war er aber im Bett, schien alles gut. Er deckte sich selbst zu und zog dann die Bettdecke noch besonders weit über die Schulter. Er sah nicht unfreundlich zu Georg hinauf.

»Nicht wahr, du erinnerst dich schon an ihn?« fragte Georg und nickte ihm aufmunternd zu.

»Bin ich jetzt gut zugedeckt?« fragte der Vater, als könne er nicht nachschauen, ob die Füße genug bedeckt seien.

»Es gefällt dir also schon im Bett«, sagte Georg und legte das Deckzeug besser um ihn.

»Bin ich gut zugedeckt?« fragte der Vater noch einmal und schien auf die Antwort besonders aufzupassen.

»Sei nur ruhig, du bist gut zugedeckt.«

»Nein!« rief der Vater, daß die Antwort an die Frage stieß, warf die Decke zurück mit einer Kraft, daß sie einen Augenblick im

Fluge sich ganz entfaltete, und stand aufrecht im Bett. Nur eine Hand hielt er leicht an den Plafond. »Du wolltest mich zudecken, das weiß ich, mein Früchtchen, aber zugedeckt bin ich noch nicht. Und ist es auch die letzte Kraft, genug für dich, zuviel für dich. Wohl kenne ich deinen Freund. Er wäre ein Sohn nach meinem Herzen. Darum hast du ihn auch betrogen die ganzen Jahre lang. Warum sonst? Glaubst du, ich habe nicht um ihn geweint? Darum doch sperrst du dich in dein Büro, niemand soll stören, der Chef ist beschäftigt – nur damit du deine falschen Briefchen nach Rußland schreiben kannst. Aber den Vater muß glücklicherweise niemand lehren, den Sohn zu durchschauen. Wie du jetzt geglaubt hast, du hättest ihn untergekriegt, so untergekriegt, daß du dich mit deinem Hintern auf ihn setzen kannst und er rührt sich nicht, da hat sich mein Herr Sohn zum Heiraten entschlossen!«

Georg sah zum Schreckbild seines Vaters auf. Der Petersburger Freund, den der Vater plötzlich so gut kannte, ergriff ihn wie noch nie. Verloren im weiten Rußland sah er ihn. An der Türe des leeren, ausgeraubten Geschäftes sah er ihn. Zwischen den Trümmern der Regale, den zerfetzten Waren, den fallenden Gasarmen stand er gerade noch. Warum hatte er so weit wegfahren müssen!

»Aber schau mich an!« rief der Vater, und Georg lief, fast zerstreut, zum Bett, um alles zu fassen, stockte aber in der Mitte des Weges.

»Weil sie die Röcke gehoben hat«, fing der Vater zu flöten an, »weil sie die Röcke so gehoben hat, die widerliche Gans«, und er hob, um das darzustellen, sein Hemd so hoch, daß man auf seinem Oberschenkel die Narbe aus seinen Kriegsjahren sah, »weil sie die Röcke so und so und so gehoben hat, hast du dich an sie herangemacht, und damit du an ihr ohne Störung dich befriedigen kannst, hast du unserer Mutter Andenken geschändet, den Freund verraten und deinen Vater ins Bett gesteckt, damit er sich nicht rühren kann. Aber kann er sich rühren oder nicht?« Und er stand vollkommen frei und warf die Beine. Er strahlte vor Einsicht.

Georg stand in einem Winkel, möglichst weit vom Vater. Vor einer langen Weile hatte er sich fest entschlossen, alles vollkommen genau zu beobachten, damit er nicht irgendwie auf Umwegen, von hinten her, von oben herab überrascht werden könne. Jetzt erinnerte er sich wieder an den längst vergessenen Entschluß und vergaß ihn, wie man einen kurzen Faden durch ein Nadelöhr zieht.

»Aber der Freund ist nun doch nicht verraten!« rief der Vater, und sein hin und her bewegter Zeigefinger bekräftigte es. »Ich war sein Vertreter hier am Ort.«

»Komödiant!« konnte sich Georg zu rufen nicht enthalten, erkannte sofort den Schaden und biß, nur zu spät, — die Augen erstarrt — in seine Zunge, daß er vor Schmerz einknickte.
»Ja, freilich habe ich Komödie gespielt! Komödie! Gutes Wort! Welcher andere Trost blieb dem alten verwitweten Vater? Sag — und für den Augenblick der Antwort sei du noch mein lebender Sohn —, was blieb mir übrig, in meinem Hinterzimmer, verfolgt vom ungetreuen Personal, alt bis in die Knochen? Und mein Sohn ging im Jubel durch die Welt, schloß Geschäfte ab, die ich vorbereitet hatte, überpurzelte sich vor Vergnügen und ging vor seinem Vater mit dem verschlossenen Gesicht eines Ehrenmannes davon! Glaubst du, ich hätte dich nicht geliebt, ich, von dem du ausgingst?«
Jetzt wird er sich vorbeugen, dachte Georg, wenn er fiele und zerschmetterte! Dieses Wort durchzischte seinen Kopf.
Der Vater beugte sich vor, fiel aber nicht. Da Georg sich nicht näherte, wie er es erwartet hatte, erhob er sich wieder.
»Bleib, wo du bist, ich brauche dich nicht! Du denkst, du hast noch die Kraft, hierherzukommen, und hältst dich bloß zurück, weil du so willst. Daß du dich nicht irrst! Ich bin noch immer der viel Stärkere. Allein hätte ich vielleicht zurückweichen müssen, aber so hat mir die Mutter ihre Kraft abgegeben, mit deinem Freund habe ich mich herrlich verbunden, deine Kundschaft habe ich hier in der Tasche!«
›Sogar im Hemd hat er Taschen!‹ sagte sich Georg und glaubte, er könne ihn mit dieser Bemerkung in der ganzen Welt unmöglich machen. Nur einen Augenblick dachte er das, denn immerfort vergaß er alles.
»Häng dich nur in deine Braut ein und komm mir entgegen! Ich fege sie dir von der Seite weg, du weißt nicht, wie!«
Georg machte Grimassen, als glaube er das nicht. Der Vater nickte bloß, die Wahrheit dessen, was er sagte, beteuernd, in Georgs Ecke hin.
»Wie hast du mich doch heute unterhalten, als du kamst und fragtest, ob du deinem Freund von der Verlobung schreiben sollst. Er weiß doch alles, dummer Junge, er weiß doch alles! Ich schrieb ihm doch, weil du vergessen hast, mir das Schreibzeug wegzunehmen. Darum kommt er schon seit Jahren nicht, er weiß ja alles hundertmal besser als du selbst, deine Briefe zerknüllt er ungelesen in der linken Hand, während er in der rechten meine Briefe zum Lesen sich vorhält!«
Seinen Arm schwang er vor Begeisterung über dem Kopf. »Er weiß alles tausendmal besser!« rief er.
»Zehntausendmal!« sagte Georg, um den Vater zu verlachen, aber noch in seinem Munde bekam das Wort einen todernsten Klang.

»Seit Jahren passe ich schon auf, daß du mit dieser Frage kämest! Glaubst du, mich kümmert etwas anderes? Glaubst du, ich lese Zeitungen? Da!« und er warf Georg ein Zeitungsblatt, das irgendwie mit ins Bett getragen worden war, zu. Eine alte Zeitung, mit einem Georg schon ganz unbekannten Namen.
»Wie lange hast du gezögert, ehe du reif geworden bist! Die Mutter mußte sterben, sie konnte den Freudentag nicht erleben, der Freund geht zugrunde in seinem Rußland, schon vor drei Jahren war er gelb zum Wegwerfen, und ich, du siehst ja, wie es mit mir steht. Dafür hast du doch Augen!«
»Du hast mir also aufgelauert!« rief Georg.
Mitleidig sagte der Vater nebenbei: »Das wolltest du wahrscheinlich früher sagen. Jetzt paßt es ja gar nicht mehr.«
Und lauter: »Jetzt weißt du also, was es noch außer dir gab, bisher wußtest du nur von dir! Ein unschuldiges Kind warst du ja eigentlich, aber noch eigentlicher warst du ein teuflischer Mensch! — Und darum wisse: Ich verurteile dich jetzt zum Tode des Ertrinkens!«
Georg fühlte sich aus dem Zimmer gejagt, den Schlag, mit dem der Vater hinter ihm aufs Bett stürzte, trug er noch in den Ohren davon. Auf der Treppe, über deren Stufen er wie über eine schiefe Fläche eilte, überrumpelte er seine Bedienerin, die im Begriffe war, hinaufzugehen, um die Wohnung nach der Nacht aufzuräumen. »Jesus!« rief sie und verdeckte mit der Schürze das Gesicht, aber er war schon davon. Aus dem Tor sprang er, über die Fahrbahn zum Wasser trieb es ihn. Schon hielt er das Geländer fest, wie ein Hungriger die Nahrung. Er schwang sich über, als der ausgezeichnete Turner, der er in seinen Jugendjahren zum Stolz seiner Eltern gewesen war. Noch hielt er sich mit schwächer werdenden Händen fest, erspähte zwischen den Geländerstangen einen Autoomnibus, der mit Leichtigkeit seinen Fall übertönen würde, rief leise: »Liebe Eltern, ich habe euch doch immer geliebt«, und ließ sich hinabfallen.
In diesem Augenblick ging über die Brücke ein geradezu unendlicher Verkehr. [22./23. September 1912 / *E*, 53–68]

11. Februar. Anläßlich der Korrektur des »Urteil« schreibe ich alle Beziehungen auf, die mir in der Geschichte klargeworden sind, soweit ich sie gegenwärtig habe. Es ist dies notwendig, denn die Geschichte ist wie eine regelrechte Geburt mit Schmutz und Schleim bedeckt aus mir herausgekommen und nur ich habe die Hand, die bis zum Körper dringen kann und Lust dazu hat: Der Freund ist die Verbindung zwischen Vater und Sohn, er ist ihre größte Gemeinsamkeit. Allein bei seinem Fenster sitzend wühlt Georg in diesem Gemeinsamen mit Wollust, glaubt den

Vater in sich zu haben und hält alles, bis auf eine flüchtige traurige Nachdenklichkeit für friedlich. Die Entwicklung der Geschichte zeigt nun, wie aus dem Gemeinsamen, dem Freund, der Vater hervorsteigt und sich als Gegensatz Georg gegenüber aufstellt, verstärkt durch andere kleinere Gemeinsamkeiten, nämlich durch die Liebe, Anhänglichkeit der Mutter, durch die treue Erinnerung an sie und durch die Kundschaft, die ja der Vater doch ursprünglich für das Geschäft erworben hat. Georg hat nichts; die Braut, die in der Geschichte nur durch die Beziehung zum Freund, also zum Gemeinsamen, lebt, und die, da eben noch nicht Hochzeit war, in den Blutkreis, der sich um Vater und Sohn zieht, nicht eintreten kann, wird vom Vater leicht vertrieben. Das Gemeinsame ist alles um den Vater aufgetürmt, Georg fühlt es nur als Fremdes, Selbständig-Gewordenes, von ihm niemals genug Beschütztes, russischen Revolutionen Ausgesetztes, und nur weil er selbst nichts mehr hat als den Blick auf den Vater, wirkt das Urteil, das ihm den Vater gänzlich verschließt, so stark auf ihn.
Georg hat so viel Buchstaben wie Franz. In Bendemann ist »mann« nur eine für alle noch unbekannten Möglichkeiten der Geschichte vorgenommene Verstärkung von »Bende«. Bende aber hat ebenso viele Buchstaben wie Kafka und der Vokal e wiederholt sich an den gleichen Stellen wie der Vokal a in Kafka.
Frieda hat ebensoviel Buchstaben wie F. und den gleichen Anfangsbuchstaben, Brandenfeld hat den gleichen Anfangsbuchstaben wie B. und durch das Wort »Feld« auch in der Bedeutung eine gewisse Beziehung. Vielleicht ist sogar der Gedanke an Berlin nicht ohne Einfluß gewesen und die Erinnerung an die Mark Brandenburg hat vielleicht eingewirkt.

12. Februar. Ich habe bei der Beschreibung des Freundes in der Fremde viel an Steuer[8] gedacht. Als ich nun zufällig, etwa ein Vierteljahr nach dieser Geschichte, mit ihm zusammenkam, erzählte er mir, daß er sich vor etwa einem Vierteljahr verlobt habe.
Nachdem ich die Geschichte gestern bei Weltsch vorgelesen hatte, ging der alte Weltsch hinaus und lobte, als er nach einem Weilchen zurückkam, besonders die bildliche Darstellung in der Geschichte. Mit ausgestreckter Hand sagte er: »Ich sehe diesen Vater vor mir«, und dabei sah er ausschließlich auf den leeren Sessel, in dem er während der Vorlesung gesessen war.
Die Schwester sagte: »Es ist unsere Wohnung.« Ich staunte darüber, wie sie die Örtlichkeit mißverstand und sagte: »Da müßte ja der Vater auf dem Klosett wohnen.«

[11. Februar 1913 / *T*, 296–297]

Folgerungen aus dem »Urteil« für meinen Fall. Ich verdanke die Geschichte auf Umwegen ihr. Georg geht aber an der Braut zugrunde.

Der Coitus als Bestrafung des Glückes des Beisammenseins. Möglichst asketisch leben, asketischer als ein Junggeselle, das ist die einzige Möglichkeit für mich, die Ehe zu ertragen. Aber sie?

Und trotz allem, wären wir, ich und F., vollständig gleichberechtigt, hätten wir gleiche Aussichten und Möglichkeiten, ich würde nicht heiraten. Aber diese Sackgasse, in die ich ihr Schicksal langsam geschoben habe, macht es mir zur unausweichlichen, wenn auch durchaus nicht etwa unübersehbaren Pflicht. Irgendein geheimes Gesetz der menschlichen Beziehungen wirkt hier.

[14. August 1913 / *T*, 315]

Zusammenstellung alles dessen, was für und gegen meine Heirat spricht:

1. Unfähigkeit, allein das Leben zu ertragen, nicht etwa Unfähigkeit zu leben, ganz im Gegenteil, es ist sogar unwahrscheinlich, daß ich es verstehe, mit jemandem zu leben, aber unfähig bin ich, den Ansturm meines eigenen Lebens, die Anforderungen meiner eigenen Person, den Angriff der Zeit und des Alters, den vagen Andrang der Schreiblust, die Schlaflosigkeit, die Nähe des Irreseins – alles dies allein zu ertragen bin ich unfähig. Vielleicht, füge ich natürlich hinzu. Die Verbindung mit F. wird meiner Existenz mehr Widerstandskraft geben.
2. Alles gibt mir gleich zu denken. Jeder Witz im Witzblatt, die Erinnerung an Flaubert und Grillparzer[9], der Anblick der Nachthemden auf den für die Nacht vorbereiteten Betten meiner Eltern, Maxens Ehe. Gestern sagte meine Schwester: »Alle Verheirateten (unserer Bekanntschaft) sind glücklich, ich begreife es nicht«, auch dieser Ausspruch gab mir zu denken, ich bekam wieder Angst.
3. Ich muß viel allein sein. Was ich geleistet habe, ist nur ein Erfolg des Alleinseins.
4. Alles, was sich nicht auf Literatur bezieht, hasse ich, es langweilt mich, Gespräche zu führen (selbst wenn sie sich auf Literatur beziehen), es langweilt mich, Besuche zu machen, Leiden und Freuden meiner Verwandten langweilen mich in die Seele hinein. Gespräche nehmen allem, was ich denke, die Wichtigkeit, den Ernst, die Wahrheit.
5. Die Angst vor der Verbindung, dem Hinüberfließen. Dann bin ich nie mehr allein.
6. Ich bin vor meinen Schwestern, besonders früher war es so,

oft ein ganz anderer Mensch gewesen als vor andern Leuten. Furchtlos, bloßgestellt, mächtig, überraschend, ergriffen wie sonst nur beim Schreiben. Wenn ich es durch Vermittlung meiner Frau vor allen sein könnte! Wäre es dann aber nicht dem Schreiben entzogen? Nur das nicht, nur das nicht!
7. Allein könnte ich vielleicht einmal meinen Posten wirklich aufgeben. Verheiratet wird es nie möglich sein.

[Juli/August 1913 / *T*, 310–312]

21. August. Ich habe heute Kierkegaard »Buch des Richters«[10] bekommen. Wie ich es ahnte, ist sein Fall trotz wesentlicher Unterschiede dem meinen sehr ähnlich, zumindest liegt er auf der gleichen Seite der Welt. Er bestätigt mich wie ein Freund. Ich entwerfe folgenden Brief an den Vater[11], den ich morgen, wenn ich die Kraft habe, wegschicken will.
»Sie zögern mit der Beantwortung meiner Bitte, das ist ganz verständlich, jeder Vater würde es jedem Bewerber gegenüber tun, das veranlaßt diesen Brief also ganz und gar nicht, äußersten Falls vergrößert es meine Hoffnung auf ruhige Würdigung dieses Briefes. Diesen Brief aber schreibe ich aus Furcht, daß Ihr Zögern oder Ihre Überlegung mehr allgemeine Gründe hat, als daß es, wie es allein notwendig wäre, von jener einzigen Stelle meines ersten Briefes ausgeht, die mich verraten konnte. Es ist dies die Stelle, die von der Unerträglichkeit meines Postens handelt.
Sie werden vielleicht über dieses Wort hinweggehn, aber das sollen Sie nicht, Sie sollen vielmehr ganz genau danach fragen, dann müßte ich Ihnen genau und kurz folgendes antworten. Mein Posten ist mir unerträglich, weil er meinem einzigen Verlangen und meinem einzigen Beruf, das ist der Literatur, widerspricht. Da ich nichts anderes bin als Literatur und nichts anderes sein kann und will, so kann mich mein Posten niemals zu sich reißen, wohl aber kann er mich gänzlich zerrütten. Davon bin ich nicht weit entfernt. Nervöse Zustände schlimmster Art beherrschen mich ohne auszusetzen und dieses Jahr der Sorgen und Quälereien um meine und Ihrer Tochter Zukunft hat meine Widerstandslosigkeit vollständig erwiesen. Sie könnten fragen, warum ich diesen Posten nicht aufgebe und mich – Vermögen besitze ich nicht – nicht von literarischen Arbeiten zu erhalten suche. Darauf kann ich nur die erbärmliche Antwort geben, daß ich nicht die Kraft dazu habe und, soweit ich meine Lage überblicke, eher in diesem Posten zugrundegehen, aber allerdings rasch zugrundegehen werde.
Und nun stellen Sie mich Ihrer Tochter gegenüber, diesem gesunden, lustigen, natürlichen, kräftigen Mädchen. Sooft ich es

ihr auch in etwa fünfhundert Briefen wiederholte und sooft sie mich mit einem allerdings nicht überzeugend begründeten ›Nein‹ beruhigte – es bleibt doch wahr, sie muß mit mir unglücklich werden, soweit ich es absehen kann. Ich bin nicht nur durch meine äußerlichen Verhältnisse, sondern noch viel mehr durch mein eigentliches Wesen ein verschlossener, schweigsamer, ungeselliger, unzufriedener Mensch, ohne dies aber für mich als Unglück bezeichnen zu können, denn es ist nur der Widerschein meines Zieles. Aus meiner Lebensweise, die ich zu Hause führe, lassen sich doch wenigstens Schlüsse ziehn. Nun, ich lebe in meiner Familie, unter den besten und liebevollsten Menschen, fremder als ein Fremder. Mit meiner Mutter habe ich in den letzten Jahren durchschnittlich nicht zwanzig Worte täglich gesprochen, mit meinem Vater kaum jemals mehr als Grußworte gewechselt. Mit meinen verheirateten Schwestern und den Schwägern spreche ich gar nicht, ohne etwa mit ihnen böse zu sein. Der Grund dessen ist einfach der, daß ich mit ihnen nicht das Allergeringste zu sprechen habe. Alles, was nicht Literatur ist, langweilt mich und ich hasse es, denn es stört mich oder hält mich auf, wenn auch nur vermeintlich. Für Familienleben fehlt mir dabei jeder Sinn außer der des Beobachters im besten Fall. Verwandtengefühl habe ich keines, in Besuchen sehe ich förmlich gegen mich gerichtete Bosheit.
Eine Ehe könnte mich nicht verändern, ebenso wie mich mein Posten nicht verändern kann.«

[21. August 1913 / *T*, 318–320]

Ich gehe absichtlich durch die Gassen, wo Dirnen sind. Das Vorübergehen an ihnen reizt mich, diese ferne, aber immerhin bestehende Möglichkeit, mit einer zu gehn. Ist das Gemeinheit? Ich weiß aber nichts Besseres und das Ausführen dessen scheint mir im Grunde unschuldig und macht mir fast keine Reue. Ich will nur die dicken ältern, mit veralteten, aber gewissermaßen durch verschiedene Behänge üppigen Kleider. Eine Frau kennt mich wahrscheinlich schon. Ich traf sie heute nachmittag, sie war noch nicht in Berufskleidung, die Haare lagen noch am Kopf an, sie hatte keinen Hut, eine Arbeitsbluse wie Köchinnen, und trug irgendeinen Ballen, vielleicht zur Wäscherin. Kein Mensch hätte etwas Reizendes an ihr gefunden, nur ich. Wir sahen einander flüchtig an. Jetzt abends, es ist inzwischen kalt geworden, sah ich sie in einem anliegenden, gelblich braunen Mantel auf der andern Seite der engen, von der Zeltnergasse abzweigenden Gasse, wo sie ihre Promenade hat. Ich sah zweimal nach ihr zurück, sie faßte auch den Blick, aber dann lief ich ihr eigentlich davon. [19. November 1913 / *T*, 330]

14. Februar. Wenn ich mich töten sollte, hat ganz gewiß niemand Schuld, selbst wenn zum Beispiel die offenbare nächste Veranlassung F.s Verhalten sein sollte. Ich habe mir selbst schon einmal im Halbschlaf die Szene vorgestellt, die es ergeben würde, wenn ich, in Voraussicht des Endes, den Abschiedsbrief in der Tasche, in ihre Wohnung käme, als Freier abgewiesen würde, den Brief auf den Tisch legte, zum Balkon ginge, von allen, die hinzueilen, gehalten, mich losreißen und die Balkonbrüstung, während eine Hand nach der andern ablassen muß, überspringen würde. In dem Brief aber stünde, daß ich F.s wegen zwar hinunterspringe, daß sich aber auch bei Annahme meines Antrages nichts Wesentliches für mich geändert hätte. Ich gehöre hinunter, ich finde keinen anderen Ausgleich, F. ist zufällig die, an der sich meine Bestimmung erweist, ich bin nicht fähig, ohne sie zu leben, und muß hinunterspringen, ich wäre aber — und F. ahnt dies —auch nicht fähig mit ihr zu leben.
Warum nicht die heutige Nacht dazu verwenden, schon erscheinen mir die Redner des heutigen Elternabends, die vom Leben und von der Schaffung seiner Bedingungen redeten, — aber ich halte mich an Vorstellungen, ich lebe ganz verwickelt ins Leben, ich werde es nicht tun, ich bin ganz kalt, bin traurig, daß ein Hemd um den Hals mich drückt, bin verdammt, schnappe im Nebel. [14. Februar 1914 / *T*, 360–361]

Bei einem gewissen Stande der Selbsterkenntnis und bei sonstigen für die Beobachtung günstigen Begleitumständen wird es regelmäßig geschehn müssen, daß man sich abscheulich findet. Jeder Maßstab des Guten — mögen die Meinungen darüber noch so verschieden sein — wird zu groß erscheinen. Man wird einsehen, daß man nichts anderes ist als ein Rattenloch elender Hintergedanken. Nicht die geringste Handlung wird von diesen Hintergedanken frei sein. Diese Hintergedanken werden so schmutzig sein, daß man sie im Zustand der Selbstbeobachtung nicht einmal wird durchdenken wollen, sondern sich von der Ferne mit ihrem Anblick begnügen wird. Es wird sich bei diesen Hintergedanken nicht etwa bloß um Eigennützigkeit handeln, Eigennützigkeit wird ihnen gegenüber als ein Ideal des Guten und Schönen erscheinen. Der Schmutz, den man finden wird, wird um seiner selbst willen da sein, man wird erkennen, daß man triefend von dieser Belastung auf die Welt gekommen ist und durch sie unkenntlich oder allzu gut erkennbar wieder abgehn wird. Dieser Schmutz wird der unterste Boden sein, den man finden wird, der unterste Boden wird nicht etwa Lava enthalten, sondern Schmutz. Er wird das Unterste und das Oberste sein und selbst die Zweifel der Selbstbeobachtung werden bald so schwach und selbstgefällig werden wie das Schaukeln eines Schweines in der Jauche. [Februar 1915 / *T*, 462]

2. Juni. Was für Verirrungen mit Mädchen trotz aller Kopfschmerzen, Schlaflosigkeit, Grauhaarigkeit, Verzweiflung. Ich zähle: es sind seit dem Sommer mindestens sechs. Ich kann nicht widerstehn, es reißt mir förmlich die Zunge aus dem Mund, wenn ich nicht nachgebe, eine Bewunderungswürdige zu bewundern und bis zur Erschöpfung der Bewunderung zu lieben. Gegenüber allen sechs habe ich fast nur innerliche Schuld, eine aber ließ mir durch jemanden Vorwürfe machen.

[1916 / *T*, 500]

5. Juli. Mühsal des Zusammenlebens. Erzwungen von Fremdheit, Mitleid, Wollust, Feigheit, Eitelkeit und nur im tiefen Grunde vielleicht ein dünnes Bächlein, würdig, Liebe genannt zu werden, unzugänglich dem Suchen, aufblitzend einmal im Augenblick eines Augenblicks. [1916 / *T*, 503]

Rein bleiben	Verheiratetsein
Junggeselle	Ehemann
Ich bleibe rein	Rein?
Ich halte alle meine Kräfte zusammen	Du bleibst außerhalb des Zusammenhangs, wirst ein Narr, fliegst in alle Windrichtungen, kommst aber nicht weiter, ich ziehe aus dem Blutkreislauf des menschlichen Lebens alle Kraft, die mir überhaupt zugänglich ist.
Nur für mich verantwortlich	Desto mehr für (in) dich vernarrt. (Grillparzer, Flaubert)
Keine Sorge. Konzentration auf die Arbeit.	Da ich an Kräften wachse, trage ich mehr. Hier ist aber eine gewisse Wahrheit.

[20. August 1916 / *H*, 238]

21. September. F. war hier, fährt, um mich zu sehn, dreißig Stunden, ich hätte es verhindern müssen. So wie ich es mir vorstelle, trägt sie, wesentlich durch meine Schuld, ein Äußerstes

an Unglück. Ich selbst weiß mich nicht zu fassen, bin gänzlich gefühllos, ebenso hilflos, denke an die Störung einiger meiner Bequemlichkeiten und spiele als einziges Zugeständnis etwas Komödie. In Kleinigkeiten hat sie unrecht, unrecht in der Verteidigung ihres angeblichen oder auch wirklichen Rechtes, im ganzen aber ist sie eine unschuldig zu schwerer Folter Verurteilte; ich habe das Unrecht getan, wegen dessen sie gefoltert wird, und bediene außerdem das Folterinstrument. — Mit ihrer Abfahrt (der Wagen mit ihr und Ottla umfährt den Teich, ich schneide geradeaus den Weg ab und komme ihr noch einmal nahe) und einem Kopfschmerz (Erdenrest des Komödianten) endet der Tag. [21. September 1917 / *T*, 531–532]

Psychologie ist Ungeduld.
Alle menschlichen Fehler sind Ungeduld, ein vorzeitiges Abbrechen des Methodischen, ein scheinbares Einpfählen der scheinbaren Sache. [1917–1919 / *H*, 72]

Selbsterkenntnis hat nur das Böse. [1917–1919 / *H*, 84]

Zum letztenmal Psychologie!
Zwei Aufgaben des Lebensanfangs: Deinen Kreis immer mehr einschränken und immer wieder nachprüfen, ob du dich nicht irgendwo außerhalb deines Kreises versteckt hältst.
[1917–1919 / *H*, 197]

Eines der wirksamsten Verführungsmittel des Bösen ist die Aufforderung zum Kampf. Er ist wie der Kampf mit Frauen, der im Bett endet.
Die wahren Seitensprünge des Ehemanns, die, richtig verstanden, niemals lustig sind. [1917–1919 / *H*, 74]

Die Frau, noch schärfer ausgedrückt vielleicht, die Ehe ist der Repräsentant des Lebens, mit dem du dich auseinandersetzen sollst.

Das Verführungsmittel dieser Welt sowie das Zeichen der Bürgschaft dafür, daß diese Welt nur ein Übergang ist, ist das gleiche. Mit Recht, denn nur so kann uns diese Welt verführen und es entspricht der Wahrheit. Das Schlimmste ist aber, daß wir nach geglückter Verführung die Bürgschaft vergessen und so eigentlich das Gute uns ins Böse, der Blick der Frau in ihr Bett gelockt hat. [1917–1919 / *H*, 118–119]

Arbeit als Freude, unzugänglich den Psychologen.

Übelkeit nach zuviel Psychologie. Wenn einer gute Beine hat und an die Psychologie herangelassen wird, kann er in kurzer Zeit und in beliebigem Zickzack Strecken zurücklegen, wie auf keinem andern Feld. Da gehen einem die Augen über.

[1917–1919 / *H*, 153]

Zölibat und Selbstmord stehn auf ähnlicher Erkenntnisstufe, Selbstmord und Märtyrertod keineswegs, vielleicht Ehe und Märtyrertod. [1917–1919 / *H*, 87]

*Gustav Janouch berichtet**

Ich kam mit meiner Freundin Helene Slaviček aus Chlumetz nach Prag. Wir gingen zu meinem Vater in die Kanzlei, um unsere Ankunft zu melden. Auf der Stiege trafen wir Franz Kafka. Ich stellte ihm Helene vor.

Zwei Tage später sagte er mir: »Die Frauen sind Fallen, die den Menschen von allen Seiten belauern, um ihn in das Nur-Endliche zu reißen. Sie verlieren ihre Gefährlichkeit, wenn man in eine Falle freiwillig hineinspringt. Überwindet man aber diese durch Gewöhnung, so öffnen sich wieder alle weiblichen Fangeisen.«

Der junge F. W. beging Selbstmord aus unglücklicher Liebe.
Wir sprachen darüber.

Franz Kafka sagte während des Gespräches: »Was ist Liebe? Das ist doch ganz einfach! Liebe ist alles, was unser Leben steigert, erweitert, bereichert. Nach allen Höhen und Tiefen. Die Liebe ist so unproblematisch wie ein Fahrzeug. Problematisch sind nur der Lenker, die Fahrgäste und die Straße.«

Ich erzählte von meinem Schulfreund W., welcher als zehnjähriger Knabe von seiner Französischlehrerin verführt wurde, und seit jener Zeit Angst vor allen jungen Mädchen, selbst vor seiner eigenen Schwester hatte, so daß er nun die ärztliche Hilfe des Psychoanalytikers Doktor Pötzl in Anspruch nehmen mußte.

»Die Liebe schlägt immer Wunden, die eigentlich nie richtig heilen, da die Liebe immer in Begleitung von Schmutz erscheint«, sagte Kafka. »Zu einer Scheidung von Liebe und Schmutz kommt es nur durch den Willen des Geliebten. So ein hilfloser Mensch, wie Ihr junger Freund, hat aber eigentlich noch keinen eigenen Willen in der Liebe, und so wird er vom Schmutz infiziert. Er ist ein Opfer seiner Verwirrung der Unreife. Dadurch können schwere Schäden entstehen. Die verbitterten Gesichtszüge eines Mannes sind oft nur die festgefrorene Verwirrung eines Knaben.«

Als ich einmal während eines Spazierganges von meiner Freundin Helene S. sprach, sagte Franz Kafka: »Im Augenblick der Liebe wird der Mensch nicht nur für sich, sondern auch für den anderen Menschen verantwortlich. Er befindet sich dabei in einer Art von Rauschzustand, der seine Urteilskraft vermindert. Der Inhalt des menschlichen Ichs ist größer als das festumgrenzte Blickfeld des augenblicklichen Bewußtseins. Das Bewußtsein ist nur ein Teil des Ichs. Mit jeder Entscheidung gibt man aber seinem ganzen Ich die Richtung. So kommt es zu den gewöhnlichsten und schwersten Zusammenstößen des Mißverstehens.«

Im Gespräch über C. bemerkte Kafka: »Der Stamm des Wortes Sinnlichkeit ist Sinn. Das hat seine ganz bestimmte Bedeutung. Der Mensch kann zum Sinn nur durch seine Sinne kommen. Natürlich ist auch dieser Weg mit Gefahren verbunden. Man kann das Mittel über den Zweck setzen. So kommt man zur Sinnlichkeit, die unsere Aufmerksamkeit vom Sinn gerade ablenkt.«

[nach 1920 / *J*, 109–111]

*Gustav Janouch berichtet**

Gegenüber dem alten Gebäude der Arbeiter-Unfallversicherungsanstalt auf dem Poříč war ein altes, braungelb angestrichenes Hotel *Zum goldenen Fasan*. Das einstöckige Haus wurde hauptsächlich von den Frauen benützt, die vor dem Hotel auf- und abspazierten.

Als ich einmal vor der Versicherungsanstalt auf Doktor Kafka wartete, bemerkte er: »Ich sah von oben, wie Sie gesammelt die Mädchenpromenade betrachteten. Also beeilte ich mich.«

Ich fühlte, wie ich im Gesicht rot wurde, darum sagte ich: »Mich interessieren nicht diese Frauen. Ich bin eigentlich nur — nur auf ihre Kunden neugierig.«

Kafka sah mich von der Seite an, wandte den Blick geradeaus und sagte nach einer kleinen Weile: »Die tschechische Sprache ist so tief und so aufrichtig. Die Bezeichnung ›bludčika‹ [Irrlicht] für diese Art von Frauen ist überraschend richtig. Wie arm, verlassen und erfroren müssen die Menschen sein, die sich an diesen flackernden Sumpfgasen erwärmen wollen. Die müssen so elend und verloren sein, daß man sie mit jedem neugierigen Blick schon verletzen könnte. Man sollte sie daher nicht anschauen. Ein Abwenden des Kopfes könnte man aber als eine Äußerung von Verachtung auffassen. Es ist schwer ... Der Weg zur Liebe führt immer durch Schmutz und Elend. Die Verachtung des Weges könnte aber leicht zum Verlust des Zieles führen. Man muß daher die verschiedenen Wegerscheinungen demütig hinnehmen. Nur so kommt man an das Ziel heran — vielleicht.« [nach 1920 / *J*, 112]

*Brief an Max Brod**

Ich? Wenn sie so aneinandergereiht sind, die Nachrichten über Dich, Felix[12] und Oskar[13], und ich mich damit vergleiche, so scheint es mir, daß ich umherirre wie ein Kind in den Wäldern des Mannesalters.

Wieder sind Tage vergangen in Müdigkeit, im Nichtstun, im Anschauen der Wolken, auch in Ärgerem. Es ist wirklich so, alle seid Ihr in den männlichen Stand aufgerückt. Unmerklich, die Eheschließung entscheidet hier nicht einmal, es gibt vielleicht Lebensschicksale mit historischer Entwicklung und solche ohne sie. Manchmal stelle ich mir zum Beispiel einen anonymen Griechen vor, der nach Troja kommt, ohne daß er jemals dorthin wollte. Er hat sich dort noch nicht umgesehn, ist er schon im Getümmel, die Götter selbst wissen noch gar nicht, um was es geht, er aber hängt schon an einem trojanischen Streitwagen und wird um die Stadt geschleift, Homer hat noch lange nicht zu singen angefangen, er aber liegt schon mit glasigen Augen da, wenn nicht im trojanischen Staub so in den Polstern des Liegestuhles. Und warum? Hekuba ist ihm natürlich nichts, aber auch Helena ist nicht entscheidend; so wie die andern Griechen, von Göttern gerufen, ausgefahren sind und, von Göttern beschützt, gekämpft haben, ist er infolge eines väterlichen Fußtritts ausgefahren und unter väterlichem Fluch hat er gekämpft; ein Glück, daß es noch andere Griechen gegeben hat, die Weltgeschichte wäre eingeschränkt geblieben auf zwei Zimmer der elterlichen Wohnung und die Türschwelle zwischen ihnen.

[Mitte April 1922 / *B*, 313–314]

*Brief an Milena**

Also die gestern versprochene Erklärung:

Ich will nicht (Milena, helfen Sie mir! Verstehen Sie mehr, als ich sage!) ich will nicht (das ist kein Stottern) nach Wien kommen, weil ich die Anstrengung geistig nicht aushalten würde.

Ich bin geistig krank, die Lungenkrankheit ist nur ein Aus-den-Ufern-treten der geistigen Krankheit. Ich bin so krank seit den vier, fünf Jahren meiner ersten zwei Verlobungen. (Ich konnte mir die Fröhlichkeit Ihres letzten Briefes nicht gleich erklären, später erst fiel mir die Erklärung ein, immer wieder vergesse ich es: Sie sind ja so jung, vielleicht gar nicht 25 Jahre, erst 23 vielleicht. Ich bin 37, fast 38, fast ein kleines Menschenalter älter, fast weißhaarig von den alten Nächten und Kopfschmerzen.) Ich will nicht die lange Geschichte vor Ihnen ausbreiten mit ihren wahren Wäldern von Einzelheiten, vor denen ich mich noch immer fürchte, wie ein Kind, nur ohne des Kindes Vergessenskraft. Gemeinsam war den drei Verlobungsgeschichten[14], daß ich an allem schuld war, ganz unanzweifelbar schuld, beide Mädchen habe ich unglücklich gemacht und zwar — hier rede ich nur von der ersten, von der zweiten kann ich nicht sprechen, sie ist empfindlich, jedes Wort, auch das freundlichste wäre die ungeheuerlichste Kränkung für sie, ich verstehe es — und zwar nur dadurch, daß ich durch sie (die sich, wenn ich es gewollt hätte, vielleicht geopfert hätte) nicht dauernd froh, nicht ruhig, nicht entschlossen, nicht heiratsfähig werden konnte, trotzdem ich es ihr höchst freiwillig immer wieder zugesichert hatte, trotzdem ich sie manchmal verzweifelt lieb hatte, trotzdem ich nichts erstrebenswerteres kannte als die Ehe an sich. Fast fünf Jahre habe ich auf sie eingehauen (oder, wenn Sie wollen, auf mich) nun, glücklicherweise, sie war unzerbrechlich, preußisch-jüdische Mischung, eine starke sieghafte Mischung. Ich war nicht so kräftig, allerdings hatte sie nur zu leiden, während ich schlug *und* litt. [1920–1923 / *BM*, 50–51]

*Brief an Milena**

Sehen Sie, Milena, ich liege auf dem Liegestuhl, vormittag, nackt, halb in Sonne, halb im Schatten, nach einer fast schlaflosen Nacht; wie hätte ich schlafen können, da ich, zu leicht für Schlaf, Sie immerfort umflogen habe und da ich wirklich, genau so wie Sie es heute schreiben, entsetzt war über das »was mir in den Schoß gefallen war«, so entsetzt im gleichen Sinn, wie man von den Propheten erzählt, die schwache Kinder waren (schon oder noch, das ist ja gleichgültig) und hörten wie die Stimme sie rief und sie waren entsetzt und wollten nicht und stemmten die Füße in den Boden und hatten eine gehirnzerreißende Angst und hatten ja auch früher schon Stimmen gehört und wußten nicht, woher der fürchterliche Klang gerade in diese Stimme kam — war es die Schwäche ihres Ohrs oder die Kraft dieser Stimme — und wußten auch nicht, denn es waren Kinder, daß die Stimme schon gesiegt hatte und einquartiert war gerade

durch diese vorausgeschickte ahnungsvolle Angst, die sie vor ihr hatten, womit aber noch nichts für ihr Prophetentum ausgesagt war, denn die Stimme hören viele, aber ob sie ihrer wert sind, ist auch objektiv noch sehr fraglich und der Sicherheit halber von vornherein lieber streng zu verneinen – also so lag ich da, als Ihre zwei Briefe kamen.
Eine Eigenheit haben wir, glaube ich, gemeinsam, Milena: so scheu und ängstlich sind wir, jeder Brief fast ist anders, fast jeder erschreckt über den vorhergehenden und noch mehr über den Antwortbrief. Sie sind es nicht von Natur aus, das sieht man leicht, und ich, vielleicht bin sogar ich es nicht von Natur aus, aber fast ist es schon zur Natur geworden, nur in Verzweiflung und höchstens noch im Zorn vergeht es und nicht zu vergessen: in der Angst.
Manchmal habe ich den Eindruck, wir hätten ein Zimmer mit zwei gegenüberliegenden Türen und jeder hält die Klinke einer Tür und ein Wimperzucken des einen, schon ist der andere hinter seiner Tür, und nun braucht der erste nur noch gar ein Wort zu sagen, dann hat der zweite schon gewiß die Tür hinter sich geschlossen und ist nicht mehr zu sehn. Er wird ja die Tür wieder öffnen, denn es ist ein Zimmer, das man vielleicht nicht verlassen kann. Wäre nur der Erste nicht genau so wie der Zweite, wäre er ruhig, sähe er lieber scheinbar gar nicht hin zum Zweiten, brächte er das Zimmer langsam in Ordnung, als sei es ein Zimmer wie jedes andere, statt dessen tut er genau das gleiche bei seiner Tür, manchmal sind sogar beide hinter den Türen und das schöne Zimmer ist leer.
Quälende Mißverständnisse entstehen daraus. Milena, Sie klagen über manche Briefe, man dreht sie nach allen Seiten und es fällt nichts heraus, aber doch sind das, wenn ich nicht irre, gerade jene, in denen ich Ihnen so nahe war, so gebändigt im Blut, so bändigend Ihres, so tief im Wald, so ruhend in Ruhe, daß man wirklich nichts anderes sagen will als etwa, daß durch die Bäume oben der Himmel zu sehen ist, das ist alles und in einer Stunde wiederholt man das Gleiche und es ist allerdings darin »ani jediné slovo, které by nebylo velmi dobře uváženo«[15]. Es dauert ja auch nicht lange, einen Augenblick höchstens, bald blasen wieder die Trompeten der schlaflosen Nacht.
Bedenken Sie auch Milena, wie ich zu Ihnen komme, welche 38jährige Reise hinter mir liegt (und da ich Jude bin, eine noch so viel längere) und wenn ich an einer scheinbar zufälligen Wegdrehung Sie sehe, die ich doch nie zu sehn erwartet habe und jetzt so spät erst recht nicht, dann, Milena, kann ich nicht schreien, es schreit auch nichts in mir, ich sage auch nicht tausend Narrheiten, sie sind nicht in mir (ich sehe von der anderen Narrheit ab, die ich überreichlich habe) und daß ich knie, er-

fahre ich vielleicht erst dadurch, daß ich ganz nahe vor meinen Augen Ihre Füße sehe und sie streichle.
Und verlangen Sie nicht Aufrichtigkeit von mir, Milena. Niemand kann sie mehr von mir verlangen als ich und doch entgeht mir vieles, gewiß, vielleicht entgeht mir alles. Aber Aufmunterung auf dieser Jagd muntert mich nicht auf, im Gegenteil, ich kann dann keinen Schritt mehr tun, plötzlich wird alles Lüge und die Verfolgten würgen den Jäger. Ich bin auf einem so gefährlichen Weg, Milena. Sie stehn fest bei einem Baum, jung, schön, Ihre Augen strahlen das Leid der Welt nieder. Man spielt škatule, škatule, hejbejte se[16], ich schleiche im Schatten von einem Baum zum andern, ich bin mitten auf dem Weg, Sie rufen mir zu, machen mich auf Gefahren aufmerksam, wollen mir Mut geben, entsetzen sich über meinen unsicheren Schritt, erinnern mich (mich!) an den Ernst des Spiels — ich kann nicht, ich falle um, ich liege schon. Ich kann nicht gleichzeitig hören auf die schrecklichen Stimmen des Innern und auch auf Sie, aber ich kann hören auf jene und es Ihnen vertrauen, Ihnen, wie niemandem sonst auf der Welt. Ihr F

[1920–1923 / *BM*, 40–43]

*Brief an Milena**

Warum, Milena, schreibst Du von der gemeinsamen Zukunft, die doch niemals sein wird, oder schreibst Du deshalb davon? Schon als wir einmal abend in Wien flüchtig davon sprachen, hatte ich das Gefühl, als suchten wir jemanden, den wir genau kannten und sehr entbehrten und den wir deshalb mit den schönsten Namen riefen, aber es kam keine Antwort; wie konnte er denn antworten, da er doch nicht da war, im weitesten Umkreis nicht.
Es gibt wenig sicheres, aber das gehört dazu, daß wir niemals zusammenleben werden, in gemeinsamer Wohnung, Körper an Körper, bei gemeinsamem Tisch, niemals, nicht einmal in der gleichen Stadt. Fast hätte ich jetzt gesagt, es scheine mir das so gewiß, wie die Gewißheit, daß ich morgen früh nicht aufstehn (ich allein soll mich heben! Ich sehe mich dann unter mir wie unter einem schweren Kreuz, bäuchlings niedergedrückt, schwer habe ich zu arbeiten, ehe ich mich wenigstens ducken kann und der Leichnam über mir sich ein wenig hebt) und nicht ins Bureau gehen werde. Das ist auch richtig, ich werde gewiß nicht aufstehn, doch reicht das Aufstehn nur ein kleines Stück über Menschenkraft hinaus, das erreiche ich noch, soweit über Menschenkraft erhebe ich mich noch knapp.
Doch nimm das über das Aufstehn nicht zu wörtlich, so schlimm ist es nicht; daß ich morgen aufstehn werde, ist immerhin ge-

wisser als die fernste Möglichkeit unseres Zusammenlebens. Übrigens meinst auch Du, Milena, es gewiß nicht anders, wenn Du Dich prüfst und mich und das »Meer« zwischen »Wien« und »Prag« mit seinen unüberblickbar hohen Wellen.
Und was den Schmutz betrifft, warum soll ich ihn, meinen einzigen Besitz (aller Menschen einziger Besitz, nur weiß ich das nicht so genau) nicht immer wieder ausbreiten? Aus Bescheidenheit etwa? Nun, das wäre der einzige berechtigte Einwand.
Dir wird ängstlich beim Gedanken an den Tod? Ich habe nur entsetzliche Angst vor Schmerzen. Das ist ein schlechtes Zeichen. Den Tod wollen, die Schmerzen aber nicht, das ist ein schlechtes Zeichen. Sonst aber kann man den Tod wagen. Man ist eben als biblische Taube ausgeschickt worden, hat nichts Grünes gefunden und schlüpft nun wieder in die dunkle Arche.

[1920–1923 / *BM*, 234–235]

*Brief an Milena**
Siehst Du, Milena, wie ich nur an mich denke, immerfort, oder richtiger an den schmalen, uns gemeinsamen, nach meinem Gefühl und Willen für uns entscheidenden Boden und wie ich alles andere ringsherum vernachlässige, nicht einmal für »Kmen«[17] und »Tribuna«[18] habe ich Dir noch gedankt, so schön Du es wieder gemacht hast. Ich werde Dir mein Exemplar schicken, das ich hier im Tisch habe, aber vielleicht willst Du auch dazu paar Bemerkungen, dann muß ich es noch einmal lesen und das ist nicht leicht. Wie gern lese ich Deine Übersetzungen fremder Schriften. War das Tolstoi-Gespräch aus dem Russischen übersetzt?

[1920–1923 / *BM*, 235–237]

*Brief an Milena**
Jetzt kam auch das Telegramm. Wirklich? Wirklich? Und Du schlägst nicht mehr nach mir?
Nein, froh kannst Du darüber nicht sein, das ist unmöglich. Es ist ein Augenblickstelegramm wie das vorige und die Wahrheit ist nicht dort nicht hier, manchmal, wenn man früh aufwacht, glaubt man, die Wahrheit sei knapp neben dem Bett, nämlich ein Grab mit paar welken Blumen, offen, zum Aufnehmen bereit.
Ich wage die Briefe kaum zu lesen, ich kann sie nur in Pausen lesen, ich halte den Schmerz beim Lesen der Briefe nicht aus.
Milena, — und wieder teile ich Dein Haar und schiebe es zur Seite — bin ich ein so böses Tier, böse gegen mich und genau so böse gegen Dich oder ist nicht richtiger das böse, was hinter mir ist und mich hetzt? Aber nicht einmal, daß es böse ist, wage

ich zu sagen, nur wenn ich Dir schreibe, scheint es mir so und ich sage es.
Sonst ist es wirklich so, wie ich geschrieben habe. Wenn ich Dir schreibe, ist vorher und nachher von Schlaf keine Rede; wenn ich nicht schreibe, schlafe ich wenigstens einen oberflächlichsten stundenweisen Schlaf. Wenn ich nicht schreibe, bin ich nur müde, traurig, schwer; wenn ich schreibe, zerreißt mich Unruhe und Angst. Es ist so, daß wir einander gegenseitig um Mitleid bitten, ich Dich, mich jetzt verkriechen zu dürfen, Du mich — — aber daß es möglich ist, ist der allerschrecklichste Widersinn.
Aber wie ist das möglich? fragst Du. Was will ich? Was tue ich? Es ist etwa so: ich, Waldtier, war ja damals kaum im Wald, lag irgendwo in einer schmutzigen Grube (schmutzig nur infolge meiner Gegenwart, natürlich), da sah ich Dich draußen im Freien, das wunderbarste, was ich je gesehen hatte, ich vergaß alles, vergaß mich ganz und gar, stand auf, kam näher, ängstlich zwar in dieser neuen und doch heimatlichen Freiheit, kam aber doch näher, kam bis zu Dir, Du warst so gut, ich duckte mich bei Dir nieder, als ob ich es dürfte, ich legte das Gesicht in Deine Hand, ich war so glücklich, so stolz, so frei, so mächtig, so zuhause, immer wieder dieses: so zuhause — aber im Grunde war ich doch nur das Tier, gehörte doch nur in den Wald, lebte hier im Freien doch nur durch Deine Gnade, las, ohne es zu wissen (denn ich hatte ja alles vergessen) mein Schicksal von Deinen Augen ab. Das konnte nicht dauern. Du mußtest, und wenn Du auch mit der gütigsten Hand über mich hinstrichst, Sonderbarkeiten erkennen, die auf den Wald deuteten, auf diesen Ursprung und diese wirkliche Heimat, es kamen die notwendigen, notwendig sich wiederholenden Aussprachen über die »Angst«, die mich (und Dich, aber Dich unschuldig) quälten bis auf den bloßen Nerv, es wuchs immer mehr vor mir auf, welche unsaubere Plage, überall störendes Hindernis ich für Dich war, das Mißverständnis mit Max rührte daran, in Gmünd war es schon deutlich, dann kam das Jarmila-Verständnis[19] und -Mißverständnis, und schließlich das Dumm-Grob-Gleichgültige bei V. und viele Kleinigkeiten waren dazwischen. Ich erinnerte mich daran, wer ich bin, in Deinen Augen las ich keine Täuschung mehr, ich hatte den Traum-Schrecken (irgendwo, wo man nicht hingehört, sich aufzuführen, als ob man zuhause sei), diesen Schrecken hatte ich in Wirklichkeit, ich mußte zurück ins Dunkel, ich hielt die Sonne nicht aus, ich war verzweifelt, wirklich wie ein irregegangenes Tier, ich fing zu laufen an, wie ich nur konnte, und immerfort der Gedanke: »wenn ich sie mitnehmen könnte!« und der Gegengedanke: »gibt es Dunkel, wo sie ist?«
Du fragst, wie ich lebe: so also lebe ich.

Der erste Brief war schon weggeschickt, als der Deine kam. Abgesehen von allem, was darunter — unter diesen Dingen »Angst« u. dgl. — sein mag und wovor mich ekelt, nicht weil es ekelhaft ist, sondern weil mein Magen zu schwach ist, abgesehen davon ist es vielleicht noch einfacher, als Du es sagst. Etwa so: Die einsame Unvollkommenheit muß man ertragen, jeden Augenblick hindurch, die Unvollkommenheit zu zweit muß man nicht ertragen. Hat man nicht die Augen, um sich sie auszureißen und das Herz zum gleichen Zweck? Dabei ist es ja nicht so schlimm, das ist Übertreibung und Lüge, alles ist Übertreibung, nur die Sehnsucht ist wahr, die kann man nicht übertreiben. Aber selbst die Wahrheit der Sehnsucht ist nicht so sehr ihre Wahrheit als vielmehr der Ausdruck der Lüge alles übrigen sonst.

Es klingt verdreht, aber es ist so.

Auch ist es vielleicht nicht eigentlich Liebe, wenn ich sage, daß Du mir das Liebste bist; Liebe ist, daß Du mir das Messer bist, mit dem ich in mir wühle.

Übrigens sagst Du es selbst: »nemáte síly milovat«[20]; sollte das noch keine genügende Unterscheidung sein zwischen »Tier« und »Mensch«? [1920–1923 / *BM*, 222–225]

Ein Augenblick Denken: Gib dich zufrieden, lerne (lerne, Vierzigjähriger) im Augenblick zu ruhn (doch, einmal konntest du es). Ja, im Augenblick, dem schrecklichen. Er ist nicht schrecklich, nur die Furcht vor der Zukunft macht ihn schrecklich. Und der Rückblick freilich auch. Was hast du mit dem Geschenk des Geschlechtes getan? Es ist mißlungen, wird man schließlich sagen, das wird alles sein. Aber es hätte leicht gelingen können. Freilich, eine Kleinigkeit, und nicht einmal erkennbar, hat es entschieden. Was findest du daran? Bei den größten Schlachten der Weltgeschichte ist es so gewesen. Die Kleinigkeiten entscheiden über die Kleinigkeiten.

M. hat recht: Die Furcht ist das Unglück, deshalb aber ist nicht Mut das Glück, sondern Furchtlosigkeit, nicht Mut, der vielleicht mehr will als die Kraft (in meiner Klasse waren wohl nur zwei Juden, die Mut hatten, und beide haben sich noch während des Gymnasiums oder kurz darauf erschossen), also nicht Mut, sondern Furchtlosigkeit, ruhende, offen blickende, alles ertragende. Zwinge dich zu nichts, aber sei nicht unglücklich darüber, daß du dich nicht zwingst, oder darüber, daß du, wenn du es tun solltest, dich zwingen müßtest. Und wenn du dich nicht zwingst, umlaufe nicht immerfort lüstern die Möglichkeiten des Zwanges. Freilich, so klar ist es niemals, oder doch, so klar ist es immer, zum Beispiel: das Geschlecht drängt mich, quält mich

Tag und Nacht, ich müßte Furcht und Scham und wohl auch Trauer überwinden, um ihm zu genügen, andererseits ist es aber gewiß, daß ich eine schnell und nah und willig sich darbietende Gelegenheit sofort ohne Furcht und Trauer und Scham benützen würde; dann bleibt nach dem obigen doch Gesetz, die Furcht usw. nicht zu überwinden (aber auch nicht mit dem Gedanken der Überwindung zu spielen), wohl aber die Gelegenheit zu benützen (aber nicht zu klagen, wenn sie nicht kommt). Freilich, es gibt ein Mittelding zwischen der »Tat« und der »Gelegenheit«, nämlich das Herbeiführen, Herbeilocken der »Gelegenheit«, eine Praxis, die ich nicht nur hier, sondern überall leider befolgt habe. Aus dem »Gesetz« ist kaum etwas dagegen zu sagen, trotzdem dieses »Herbeilocken«, besonders wenn es mit untauglichen Mitteln geschieht, dem »Spielen mit dem Gedanken der Überwindung« bedenklich ähnlich sieht, und von ruhender, offen blickender Furchtlosigkeit ist darin keine Spur. Es ist eben trotz »wörtlicher« Übereinstimmung mit dem »Gesetz« etwas Abscheuliches und unbedingt zu Vermeidendes. Freilich, Zwang gehört dazu, es zu vermeiden, und zu einem Ende komme ich damit nicht. [18. Januar 1922 / *T*, 553–555]

Das unendliche, tiefe, warme, erlösende Glück, neben dem Korb seines Kindes zu sitzen, der Mutter gegenüber.
Es ist auch etwas darin von dem Gefühl: es kommt nicht mehr auf dich an, es sei denn, daß du es willst. Dagegen das Gefühl des Kinderlosen: immerfort kommt es auf dich an, ob du willst oder nicht, jeden Augenblick bis zum Ende, jeden nervenzerrenden Augenblick, immerfort kommt es auf dich an und ohne Ergebnis. Sisyphus war ein Junggeselle.

[19. Januar 1922 / *T*, 555]

Ohne Vorfahren, ohne Ehe, ohne Nachkommen, mit wilder Vorfahrens-, Ehe- und Nachkommenslust. Alle reichen mir die Hand: Vorfahren, Ehe und Nachkommen, aber zu fern für mich. Für alles gibt es künstlichen, jämmerlichen Ersatz: für Vorfahren, Ehe und Nachkommen. In Krämpfen schafft man ihn und geht, wenn man nicht schon an den Krämpfen zugrundegegangen ist, an der Trostlosigkeit des Ersatzes zugrunde.

[21. Januar 1922 / *T*, 558]

12. Februar. Die abweisende Gestalt, die ich immer traf, war nicht die, welche sagt: »Ich liebe dich nicht«, sondern welche sagt: »Du kannst mich nicht lieben, so sehr du es willst, du

liebst unglücklich die Liebe zu mir, die Liebe zu mir liebt dich nicht.« Infolgedessen ist es unrichtig zu sagen, daß ich das Wort »Ich liebe dich« erfahren habe, ich habe nur die wartende Stille erfahren, welche von meinem »Ich liebe dich« hätte unterbrochen werden sollen, nur das habe ich erfahren, sonst nichts.

[1922 / *T*, 573]

10. April. Die fünf Leitsätze zur Hölle (genetische Aufeinanderfolge):
1. »Hinter dem Fenster ist das Schlimmste.« Alles andere ist engelhaft, entweder ausdrücklich oder bei Nichtbeachtung (der häufigere Fall) schweigend zugegeben.
2. »Du mußt jedes Mädchen besitzen!« nicht donjuanmäßig, sondern nach dem Teufelswort »sexuelle Etikette«.
3. »Dieses Mädchen darfst du nicht besitzen!« und kannst es daher auch nicht. Himmlische Fata Morgana in der Hölle.
4. »Alles ist nur Notdurft«; da du sie hast, gib dich zufrieden.
5. »Notdurft ist alles.« Wie könntest du alles haben? Infolgedessen hast du nicht einmal die Notdurft.

[10. April 1922 / *T*, 578–579]

Ich war bei den Toten zu Gast. Es war eine große reinliche Gruft, einige Särge standen schon dort, es war aber noch viel Platz, zwei Särge waren offen, es sah in ihnen aus wie in zerwühlten Betten, die eben verlassen worden sind. Ein Schreibtisch stand ein wenig abseits, so daß ich ihn nicht gleich bemerkte, ein Mann mit mächtigem Körper saß hinter ihm. In der rechten Hand hielt er eine Feder, es war, als habe er geschrieben und gerade jetzt aufgehört, die linke Hand spielte an der Weste mit einer glänzenden Uhrkette und der Kopf war tief zu ihr hinabgeneigt. Eine Bedienerin kehrte aus, doch war nichts auszukehren.
In irgendeiner Neugierde zupfte ich an ihrem Kopftuch, das das Gesicht ganz verschattete. Jetzt erst sah ich sie. Es war ein Judenmädchen, das ich einmal gekannt hatte. Sie hatte ein üppiges weißes Gesicht und schmale dunkle Augen. Als sie mich jetzt anlachte, mitten aus ihren Fetzen, die sie zu einer alten Frau machten, sagte ich: »Ihr spielt hier wohl Komödie?« »Ja«, sagte sie, »ein wenig. Wie du dich auskennst!« Dann aber zeigte sie auf den Mann beim Schreibtisch und sagte: »Nun geh und begrüße den dort, er ist hier der Herr. Solange du ihn nicht begrüßt hast, darf ich eigentlich nicht mit dir reden.« »Wer ist er denn?« fragte ich leiser. »Ein französischer Adeliger«, sagte sie, »de Poitin heißt er.« »Wie kommt er denn her?« fragte ich.

»Das weiß ich nicht«, sagte sie, »es ist hier ein großer Wirrwarr. Wir warten auf einen, der Ordnung macht. Bist du es?« »Nein, nein«, sagte ich. »Das ist sehr vernünftig«, sagte sie, »nun geh aber zu dem Herrn.«
Ich ging also hin und verbeugte mich. Da er den Kopf nicht hob — ich sah nur sein wirres weißes Haar —, sagte ich guten Abend, aber er rührte sich noch immer nicht, eine kleine Katze umlief den Rand des Tisches, sie war förmlich aus dem Schoß des Herrn emporgesprungen und verschwand dort wieder, vielleicht blickte er gar nicht auf die Uhrkette, sondern unter den Tisch hinab. Ich wollte nun erklären, auf welche Weise ich hergekommen war, aber meine Bekannte zupfte mich hinten am Rock und flüsterte: »Das genügt schon.«
Damit war ich sehr zufrieden, ich wandte mich zu ihr und wir gingen Arm in Arm weiter in der Gruft. Der Besen störte mich. »Wirf den Besen weg«, sagte ich. »Nein, bitte«, sagte sie, »laß mich ihn behalten. Daß mir das Auskehren hier keine Mühe machen kann, siehst du doch ein, nicht? Nun also, aber ich habe doch gewisse Vorteile davon, auf die ich nicht verzichten will. Wirst du übrigens hier bleiben?« fragte sie ablenkend. »Deinetwegen bleibe ich hier gern«, sagte ich langsam. Wir gingen nun eng aneinandergedrückt wie ein Liebespaar. »Bleib, o bleib«, sagte sie, »wie habe ich mich nach dir gesehnt. Es ist nicht so schlimm hier, wie du vielleicht fürchtest. Und was kümmert es uns zwei, wie es um uns ist.« Wir gingen ein Weilchen schweigend, die Arme hatten wir voneinander gelöst, wir hielten uns jetzt umschlungen. Wir gingen auf dem Hauptweg, rechts und links waren Särge, die Gruft war sehr groß, zumindest sehr lang. Es war zwar dunkel, aber nicht vollständig, es war eine Art Dämmerung, die sich aber auch noch ein wenig aufhellte, dort, wo wir waren, und in einem kleinen Kreis um uns. Plötzlich sagte sie: »Komm, ich werde dir meinen Sarg zeigen.« Das überraschte mich. »Du bist doch nicht tot«, sagte ich. »Nein«, sagte sie, »aber um die Wahrheit zu gestehn: ich kenne mich hier nicht aus, deshalb bin ich auch so froh, daß du gekommen bist. In kurzer Zeit wirst du alles verstehen, schon jetzt siehst du wahrscheinlich alles klarer als ich. Jedenfalls: einen Sarg habe ich.« Wir bogen rechts in einen Seitenweg ein, wieder zwischen zwei Sargreihen. In der Anlage erinnerte mich das Ganze an einen großen Weinkeller, den ich einmal gesehen hatte. Auf diesem Wege passierten wir auch einen kleinen, kaum einen Meter breiten, schnell fließenden Bach. Dann waren wir bald bei des Mädchens Sarg. Er war mit schönen spitzenbesetzten Kissen ausgestattet. Das Mädchen setzte sich hinein und lockte mich hinunter, weniger mit dem winkenden Zeigefinger als mit dem Blick. »Du liebes Mädchen«, sagte ich, zog ihr Kopftuch

fort und hielt die Hand auf der weichen Fülle ihres Haares. »Ich kann doch nicht bei dir bleiben. Es ist hier jemand in der Gruft, mit dem ich sprechen muß. Willst du mir nicht helfen, ihn zu suchen.« »Du mußt mit ihm sprechen? Hier gelten doch keine Verpflichtungen«, sagte sie. »Ich bin aber nicht von hier.« »Glaubst du, daß du von hier noch fortkommen wirst?« »Gewiß« sagte ich. »Desto weniger solltest du deine Zeit verschwenden«, sagte sie. Dann suchte sie unter dem Kissen und zog ein Hemd heraus. »Das ist mein Totenhemd«, sagte sie und reichte es mir empor, »ich trage es aber nicht.« [? / *H*, 259–262]

Du sagst, daß du es nicht verstehst. Such es zu verstehn, indem du es Krankheit nennst. Es ist eine der vielen Krankheitserscheinungen, welche die Psychoanalyse aufgedeckt zu haben glaubt. Ich nenne es nicht Krankheit und sehe in dem therapeutischen Teil der Psychoanalyse einen hilflosen Irrtum. Alle diese angeblichen Krankheiten, so traurig sie auch aussehn, sind Glaubenstatsachen, Verankerungen des in Not befindlichen Menschen in irgendwelchem mütterlichen Boden; so findet ja auch die Psychoanalyse als Urgrund der Religionen auch nichts anderes als was die ›Krankheiten‹ des einzelnen begründet, allerdings fehlt heute die religiöse Gemeinschaft, die Sekten sind zahllos und meist auf Einzelpersonen beschränkt, aber vielleicht zeigt sich das so nur dem von der Gegenwart befangenen Blick. Solche Verankerungen, die wirklichen Boden fassen, sind aber doch nicht ein einzelner Besitz des Menschen, sondern in seinem Wesen vorgebildet und nachträglich sein Wesen (auch seinen Körper) noch weiter in dieser Richtung umbildend. Hier will man heilen? [? / *H*, 335]

Ich liebte ein Mädchen, das mich auch liebte, ich mußte es aber verlassen.
Warum?
Ich weiß nicht. Es war so, als wäre sie von einem Kreis von Bewaffneten umgeben, welche die Lanzen nach auswärts hielten. Wann ich mich auch näherte, geriet ich in die Spitzen, wurde verwundet und mußte zurück. Ich habe viel gelitten.
Das Mädchen hatte daran keine Schuld?
Ich glaube nicht, oder vielmehr, ich weiß es. Der vorige Vergleich war nicht vollständig, auch ich war von Bewaffneten umgeben, welche ihre Lanzen nach innen, also gegen mich hielten. Wenn ich zu dem Mädchen drängte, verfing ich mich zuerst in den Lanzen meiner Bewaffneten und kam schon hier nicht vorwärts. Vielleicht bin ich zu den Bewaffneten des Mädchens nie-

mals gekommen und wenn ich hingekommen sein sollte, dann schon blutend von meinen Lanzen und ohne Besinnung.
Ist das Mädchen allein geblieben?
Nein, ein anderer ist zu ihr vorgedrungen, leicht und ungehindert. Ich habe, erschöpft von meinen Anstrengungen, so gleichgültig zugesehn, als wäre ich die Luft, durch die sich ihre Gesichter im ersten Kuß aneinanderlegten.

[? / *H*, 252–253]

V. SOZIALISMUS, POLITIK, METAPOLITIK

Im Frühsommer 1963 tagte auf dem tschechischen Schloß Liblice in der Nähe von Melnik die erste Kafka-Konferenz des Ostens. Schutzherrin der Veranstaltung war die offizielle tschechoslowakische Akademie der Wissenschaften. Nach dem Bericht der ›Welt‹ vom 19. Juli 1963 muß es bei dieser Veranstaltung hochemotionell zugegangen sein. »Kafka hat auch für uns gelebt!«, soll der Warschauer Literaturprofessor Roman Karst ausgerufen haben. »Sein Werk spricht auch zu uns!« Und der österreichische Parteitheoretiker Ernst Fischer appellierte an die Intellektuellen des Ostblocks: »Holt das Werk Kafkas aus unfreiwilligem Exil zurück! Gebt ihm ein Dauervisum!«
Man mag über die Unfreiwilligkeit von Kafkas Exil anderer Meinung sein, zumal da dieser metaphysische Anarchist unzweifelhaft freiwillig vor jedem totalitären Regime das Weite gesucht hätte. Aber das Wort vom »Dauervisum« ist glücklich gewählt, — Heimatrecht vermöchte die Welt des Sozialismus einem Kafka gewiß nicht zu gewähren. Freilich war sein Werk schon vor der Konferenz sozusagen als Contrebande hinter den eisernen Vorhang gelangt, und zwar überall dort, wo sich die Bestrebungen einer künstlerischen Avantgarde bemerkbar gemacht haben. Ein Wurf wie der Einakter ›Striptease‹ des Polen Sławomir Mrożek ist zum Beispiel ohne Kafkas Vorbild ebensowenig denkbar wie ohne den Einfluß von Sartres ›Huit-Clos‹ und Ionescos ›Les Chaises‹. Kafkas Geist scheint überall dort zu nisten, wo es im Gemäuer der monolithischen Staats- und Autoritätsformen zu rieseln beginnt. So wird er, der Getriebenste von Allen, gewissermaßen zum Vorboten der Freiheit; ein Umstand, der ihm gewiß ein ironisch-schmerzliches Lächeln entlockt hätte. Dann aber wäre er weitergeschritten, wie es seine Art war.
Wir haben Franz Kafka einen metaphysischen Anarchisten genannt. Mit diesem Epitheton glauben wir auch seinen Standort in der Kultur- und Sozialgeschichte seiner Zeit angedeutet zu haben. Max Brod hat schon früh auf die Verwandtschaft gewisser Kafkascher Figuren mit den Tramps in Filmen Charlie Chaplins hingewiesen (*MB*, 108); der nicht allzu zuverlässige Michal Mareš erinnert sich an Begegnungen Kafkas mit dem tschechischen Humoristen und politischen Saboteur Jaroslav Hašek, dem Schöpfer des unsterblichen Soldaten Schweik (*Wagenbach*, S. 270 ff.). Auch die Welt Franz Kafkas ist die Welt eines kleinen Mannes, aber seine Kleinheit wird nicht nur von

den Maßen der Gesellschaft bestimmt. Das Mißgeschick, das seinen Helden zustößt, ist deren willentliche Sabotage eines Weltplans, der seinerseits schon recht unlesbar und zerrissen ist.

Freilich kommt das Mißgeschick der Kafkaschen Figuren nicht von Gott allein. Das dunkle Pathos seines nach dem Jenseits gerichteten Protests wurde auch aus irdischen Quellen gespeist. Über die Proletarier, die in der Arbeiter-Unfall-Versicherungs-Anstalt seine Klienten waren, sagte er einmal zu Max Brod: »Wie bescheiden diese Menschen sind. Sie kommen zu uns bitten. Statt die Anstalt zu stürmen und alles kurz und klein zu schlagen, kommen sie bitten« (*MB*, 102). Und am 6. August 1914 registriert er den Ausbruch des ersten Weltkriegs: »Die Artillerie, die über den Graben zog. Blumen, Heil- und Nazdarrufe. Das krampfhaft stille, erstaunte, aufmerksame schwarze und schwarzäugige Gesicht.« Es war wohl die Menge, von deren Gesicht er hier sprach. Oder war es schon das Antlitz des Krieges, gezeichnet in einer mythischen Vision, die eines Georg Heym würdig gewesen wäre?

Die gleiche Eintragung jedoch fährt fort: »Ich bin zerrüttet, statt erholt. Ein leeres Gefäß, noch ganz und schon unter Scherben oder schon Scherbe und noch unter den Ganzen. Voll Lüge, Haß und Neid. Voll Unfähigkeit, Dummheit, Begriffsstutzigkeit. Voll Faulheit, Schwäche und Wehrlosigkeit. Einunddreißig Jahre alt« (*T*, 419). So hat ihn auch schon das Tagebuch des Sommers 1914 weit mehr mit sich selbst und seiner Affäre mit Felice Bauer befaßt gesehen als mit der Wirklichkeit der Schüsse von Sarajewo und deren Folgen. Ebenso heißt es, seine Problematik mißverstehen, wenn man sein Leiden im Beruf dem Mitleid mit den Erniedrigten und Beleidigten vor seinem Schreibtisch zuschreibt, und nicht der Last der Arbeitsstunden, die ihn von der Literatur fernhielten.

In seiner Gymnasiastenzeit war er wohl vorübergehend Sozialist gewesen (*Wagenbach*, S. 62); in seiner Amtszeit fühlte er sich selbst als Lohnsklave, dem freilich so surrealistische Bilder des sozialen Elends gelangen wie der Tod einer Proletarierfrau aus dem ›Verschollenen‹ (S. 157 ff.); seine späteren Gespräche mit Gustav Janouch hingegen beweisen, daß ihm auch der Sozialismus (zumal jener der russischen Revolution) als ein »eigentümlicher Apparat« erschien, wie er in der ›Strafkolonie‹ von einem archaischen Kommandanten zur Hinrichtung *aller* Unfolgsamen aufgerichtet steht.

Ernst Fischer hat seinen Antrag auf Kafkas Dauervisum in die sozialistische Welt mit der folgenden Begründung befürwortet: »Kafka neigte dazu, Zeitbedingtes ins Metaphysische umzudeuten, einen geschichtlichen Augenblick zum Dauerzustand des

Menschen zu versteinen, doch sein dialektisches Fortschreiten von jeder Antwort zu neuer Frage, von jedem Satz zum Gegensatz hat solcher Versteinerung stets entgegengewirkt« (Sinn und Form XIV [1962] S. 523). Franz Kafka aber war kein Hegelianer. Wenn er 1911 in sein Tagebuch einträgt: »Sicher ist mein Widerwille gegen Antithesen« (S. 237), dann entspringt dieser Widerwille nicht nur seinem Sprachgefühl und Lebensstil, sondern einem Wesen, das der abstrakten Dialektik des deutschen Philosophen und seiner sozialistischen Jünger von den schöpferischen Ursprüngen her diametral entgegengesetzt war. Was an Dialektik in seinen Schriften auftaucht, ist jüdisches »Klären«, das Hin- und Herwenden des Wortes der Schrift, damit es seinen Sinn offenbare. Auch der soziale Übelstand seiner Zeit war ihm ein solches Wort, ein Mene-Tekel-Upharsin, dessen abgründige Bedeutung er prophetisch zu ergründen trachtete. Die Frage, die er in stets erneuter Form stellte, schritt nicht von Satz zu Gegensatz, von These zu Antithese, fort, da ihre Grundthese das Fehlen eines jeden dialektischen Grundsatzes in Kafkas Welt war.

Wenn Kafkas Frage einer Frage verwandt ist, dann jener, die Hiob an seinen Gott richtete. Und es ist nicht ohne Reiz, sich vorzustellen, daß auf Schloß Liblice nicht nur das Problem Kafka, sondern auch das Problem Hiob zur Diskussion stand.

Gesuch an den Vorstand der Arbeiter-Unfall-Versicherungsanstalt *

Löblicher Vorstand!

Der ergebenst Gefertigte bittet den löblichen Vorstand der Arbeiter-Unfall-Versicherungsanstalt für das Königreich Böhmen um gütige Aufnahme als Hilfsbeamter und unterstützt diese Bitte mit Folgendem:

Die beigeschlossenen Staatsprüfungszeugnisse und das Absolutorium erbringen den Nachweis, daß der Petent an der k.k. deutschen Karl-Ferdinands-Universität in Prag die drei Staatsprüfungen mit Erfolg abgelegt hat.

An dieser Universität hat er auch nach Ablegung der drei Rigorosen am 18. Juni 1906 den iuridischen Doktorgrad erlangt.

Vom 1. April 1906 bis zum 1. Oktober 1906 war Petent als Advokatursconcipient tätig, trat dann in die Gerichtspraxis ein, in der er bis zum ersten Oktober 1907 blieb und ist seitdem Beamter der k.k. priv. Assicurazioni Generali in Prag.

Der Petent ist der deutschen und böhmischen Sprache in Wort und Schrift mächtig, beherrscht ferner die französische, teilweise die englische Sprache. Er hat vom 3. Februar d. J. bis zum 30. Mai den Kurs für Arbeiterversicherung an der Prager Handelsakademie besucht und die Prüfungen laut beigelegten Zeugnissen abgelegt. Im Jahre 1906 war Petent bei der dritten Stellung und ist militärfrei.

Prag, am 30. Juni 1908 JUDr. Franz Kafka

[*Wagenbach*, 250]

*Brief an Max Brod**

Daß ich Donnerstag zu Baum soll, habe ich aus Deinem Briefe hingenommen, aus Deiner Karte sehe ich gern die Möglichkeit, nicht kommen zu müssen, denn ich werde Donnerstag ebenso unfähig sein, wie ich es Montag gewesen wäre. Sein Roman freut mich ja so, und wenn ich mich aus meinem Zeug herausgearbeitet habe, tue ich Donnerstag nichts lieber als hingehn, aber er und seine Frau sollen nicht böse sein, wenn ich vielleicht wieder nicht komme. Denn was ich zu tun habe! In meinen vier Bezirkshauptmannschaften fallen – von meinen übrigen Arbeiten abgesehn – wie betrunken die Leute von den Gerüsten herunter, in die Maschinen hinein, alle Balken kippen um, alle Böschungen lockern sich, alle Leitern rutschen aus, was man hinauf gibt, das stürzt hinunter, was man herunter gibt, darüber stürzt man selbst. Und man bekommt Kopfschmerzen von diesen jungen Mädchen in den Porzellanfabriken, die unaufhörlich mit Türmen von Geschirr sich auf die Treppe werfen.

[Sommer 1909 / *B*, 73]

Aus dem Jahresbericht der Arbeiter-Unfall-Versicherungsanstalt *

»Unsere Abbildungen zeigen den Unterschied der Vierkantwellen und der runden Wellen in schutztechnischer Hinsicht. Die Messer der Vierkantwelle, direkt durch Schrauben an der Welle befestigt, drehen sich mit ihrer nackten Schneide bei dreitausendachthundert bis viertausend Umdrehungen in der Minute. Die Gefahren, die für den Arbeiter durch den großen Abstand zwischen Messerwelle und Tischfläche entstehen, treten deutlich hervor. An diesen Wellen wurde daher entweder gearbeitet in Unkenntnis der Gefahr, die dann womöglich noch größer wurde, oder es wurde im Bewußtsein einer ununterbrochenen Gefahr gearbeitet, die sich nicht vermeiden ließ. Ein äußerst vorsichtiger Arbeiter konnte wohl darauf achten, daß bei der Arbeit, also bei dem Hinwegführen des Holzstückes über den Hobelmesserkopf, kein Fingerglied über das Arbeitsstück hinaus vorstand, aber die Hauptgefahr spottete jeder Vorsicht. Selbst die Hand des vorsichtigsten Arbeiters mußte in die Messerspalte geraten beim Abrutschen, bzw. bei dem nicht selten vorkommenden Zurückschleudern des Holzes, wenn er mit der einen Hand das zu hobelnde Stück auf den Maschinentisch aufdrückte und es mit der anderen Hand der Messerwelle zuführte. Dieses Emporheben und Zurückschleudern des Holzes war weder vorherzusehen, noch zu verhindern, denn dies geschah schon, wenn das Holz an einzelnen Stellen verwachsen oder ästig war, wenn sich die Messer nicht schnell genug drehten oder sich selbst schlecht stellten oder wenn der Druck der Hände auf das Holz ungleichmäßig verteilt war. Ein solcher Unfall aber ging nicht vorüber, ohne daß mehrere Fingerglieder, ja selbst ganze Finger abgeschnitten wurden.

Aber nicht nur alle Vorsichtsmaßregeln, auch alle Schutzvorrichtungen schienen dieser Gefahr gegenüber zu versagen, indem sie sich entweder als durchaus ungenügend erwiesen, oder zwar einerseits die Gefahr verminderten (im Wege selbsttätiger Zudeckung der Messerspalte durch Schutzblechschieber oder durch Verkleinerung der Messerspalte), andrerseits aber die Gefahr erhöhten, indem sie den Spänen keinen genügenden Fallraum gaben, so daß die Messerspalte sich verstopfte und häufig Verletzungen von Fingern vorkamen, wenn der Arbeiter die Spalte von Spänen freimachen wollte.

Dadurch, daß die Welle nach Patent Schrader hinterdreht ist und vor den Messern in sanfter Neigung sich verflacht, ist verhindert, daß die Wellen sich verschmieren, und gleichzeitig bewirkt, daß das Holz sich leicht in die Welle schiebt und die Späne genügenden Fallraum haben.
Das Wichtigste jedoch in schutztechnischer Hinsicht ist, daß die Messer gerade nur mit ihrer Schneide vorragen und daß diese Messer, da sie mit der Welle förmlich verwachsen sind, ganz dünn sein dürfen, ohne die Gefahr eines Bruches.«

[1909 / *MB*, 103–104]

Gestern in der Fabrik. Die Mädchen in ihren an und für sich unerträglich schmutzigen und gelösten Kleidern, mit den wie beim Erwachen zerworfenen Frisuren, mit dem vom unaufhörlichen Lärm der Transmissionen und von der einzelnen, zwar automatischen, aber unberechenbar stockenden Maschine festgehaltenen Gesichtsausdruck, sind nicht Menschen, man grüßt sie nicht, man entschuldigt sich nicht, wenn man sie stößt, ruft man sie zu einer kleinen Arbeit, so führen sie sie aus, kehren aber gleich zur Maschine zurück, mit einer Kopfbewegung zeigt man ihnen, wo sie eingreifen sollen, sie stehn in Unterröcken da, der kleinsten Macht sind sie überliefert und haben nicht einmal genug ruhigen Verstand, um diese Macht mit Blicken und Verbeugungen anzuerkennen und sich geneigt zu machen. Ist es aber sechs Uhr und rufen sie das einander zu, binden sie die Tücher vom Hals und von den Haaren los, stauben sie sich ab mit einer Bürste, die den Saal umwandert und von Ungeduldigen herangerufen wird, ziehn sie die Röcke über die Köpfe und bekommen sie die Hände rein, so gut es geht, — so sind sie schließlich doch Frauen, können trotz Blässe und schlechten Zähnen lächeln, schütteln den erstarrten Körper, man kann sie nicht mehr stoßen, anschauen oder übersehn, man drückt sich an die schmierigen Kisten, um ihnen den Weg freizumachen, behält den Hut in der Hand, wenn sie guten Abend sagen, und weiß nicht, wie man es hinnehmen soll, wenn eine unseren Winterrock bereithält, daß wir ihn anziehn.

[Februar 1912 / *T*, 247–248]

2. Juli. Geschluchzt über dem Prozeßbericht einer dreiundzwanzigjährigen Marie Abraham, die ihr fast dreiviertel Jahre altes Kind Barbara wegen Not und Hunger erwürgte, mit einer Männerkrawatte, die ihr als Strumpfband diente und die sie abband. Ganz schematische Geschichte. [1913 / *T*, 307]

Tod einer Proletarierin *

Einmal erzählte Therese – Karl stand neben ihr beim Fenster und sah auf die Straße – vom Tode ihrer Mutter. Wie die Mutter und sie an einem Winterabend – sie konnte damals etwa fünf Jahre alt gewesen sein – jede mit ihrem Bündel durch die Straßen eilten, um Schlafstellen zu suchen. Wie die Mutter sie zuerst bei der Hand führte – es war ein Schneesturm und nicht leicht vorwärtszukommen –, bis die Hand erlahmte und sie Therese, ohne sich nach ihr umzusehen, losließ, die sich nun Mühe geben mußte, sich selbst an den Röcken der Mutter festzuhalten. Oft stolperte Therese und fiel sogar, aber die Mutter war wie in einem Wahn und hielt nicht an. Und diese Schneestürme in den langen, geraden New Yorker Straßen! Karl hatte noch keinen Winter in New York mitgemacht. Geht man gegen den Wind, und der dreht sich im Kreise, kann man keinen Augenblick die Augen öffnen, immerfort zerreibt einem der Wind den Schnee auf dem Gesicht, man läuft, aber kommt nicht weiter, es ist etwas Verzweifeltes. Ein Kind ist dabei natürlich gegen die Erwachsenen im Vorteil, es läuft unter dem Wind durch und hat noch ein wenig Freude an allem. So hatte auch damals Therese ihre Mutter nicht ganz begreifen können, und sie war fest davon überzeugt, daß, wenn sie sich an jenem Abend klüger – sie war eben noch ein so kleines Kind – zu ihrer Mutter verhalten hätte, diese nicht einen so jammervollen Tod hätte erleiden müssen. Die Mutter war damals schon zwei Tage ohne Arbeit gewesen, nicht das kleinste Geldstück war mehr vorhanden, der Tag war ohne einen Bissen im Freien verbracht worden, und in ihren Bündeln schleppten sie nur unbrauchbare Fetzen mit sich herum, die sie, vielleicht aus Aberglauben, nicht wegzuwerfen wagten. Nun war der Mutter für den nächsten Morgen Arbeit bei einem Bau in Aussicht gestellt worden, aber sie fürchtete, wie sie Therese den ganzen Tag über zu erklären suchte, die günstige Gelegenheit nicht ausnützen zu können, denn sie fühlte sich todmüde, hatte schon am Morgen zum Schrecken der Passanten auf der Gasse viel Blut gehustet, und ihre einzige Sehnsucht war, irgendwo in die Wärme zu kommen und sich auszuruhen. Und gerade an diesem Abend war es unmöglich, ein Plätzchen zu bekommen. Dort, wo sie nicht schon vom Hausbesorger aus dem Torgang gewiesen wurden, in dem man sich immerhin vom Wetter ein wenig hätte erholen können, durcheilten sie die engen, eisigen Korridore, durchstiegen die hohen Stockwerke, umkreisten die schmalen Terrassen der Höfe, klopften wahllos an Türen, wagten einmal niemanden anzusprechen, baten dann jeden, der ihnen entgegenkam, und einmal oder zweimal hockte die Mutter atemlos auf der

Stufe einer stillen Treppe nieder, riß Therese, die sich fast wehrte, an sich und küßte sie mit schmerzhaftem Anpressen der Lippen. Wenn man nachher weiß, daß das die letzten Küsse waren, begreift man nicht, daß man, und mag man ein kleiner Wurm gewesen sein, so blind sein konnte, das nicht einzusehen. In manchen Zimmern, an denen sie vorüberkamen, waren die Türen geöffnet, um eine erstickende Luft herauszulassen, und aus dem rauchigen Dunst, der, wie durch einen Brand verursacht, die Zimmer erfüllte, trat nur die Gestalt irgend jemandes hervor, der im Türrahmen stand und entweder durch seine stumme Gegenwart oder durch ein kurzes Wort die Unmöglichkeit eines Unterkommens in dem betreffenden Zimmer bewies. Therese schien es jetzt im Rückblick, daß die Mutter nur in den ersten Stunden ernstlich einen Platz suchte, denn nachdem etwa Mitternacht vorüber war, hat sie wohl niemanden mehr angesprochen, obwohl sie mit kleinen Pausen bis zur Morgendämmerung nicht aufhörte weiterzueilen und obwohl in diesen Häusern, in denen weder Haustore noch Wohnungstüren je verschlossen werden, immerfort Leben ist und einem auf Schritt und Tritt Menschen begegnen. Natürlich war es kein Laufen, das sie rasch weiterbrachte, sondern es war nur die äußerste Anstrengung, deren sie fähig waren, und es konnte in Wirklichkeit ganz gut auch bloß ein Schleichen sein. Therese wußte auch nicht, ob sie von Mitternacht bis fünf Uhr früh in zwanzig Häusern oder in zwei oder gar nur in einem Haus gewesen waren. Die Korridore dieser Häuser sind nach schlauen Plänen der besten Raumausnützung, aber ohne Rücksicht auf leichte Orientierung angelegt; wie oft waren sie wohl durch die gleichen Korridore gekommen! Therese hatte wohl in dunkler Erinnerung, daß sie das Tor eines Hauses, das sie ewig durchsucht hatten, wieder verließen, aber ebenso schien es ihr, daß sie sich auf der Gasse gleich umgewandt und wieder in dieses Haus gestürzt hätten. Für das Kind war es natürlich ein unbegreifliches Leid, einmal von der Mutter gehalten, einmal sich an ihr festhaltend, ohne ein kleines Wort des Trostes mitgeschleift zu werden, und das Ganze schien damals für seinen Unverstand nur die Erklärung zu haben, daß die Mutter von ihm weglaufen wolle. Darum hielt sich Therese desto fester, selbst wenn die Mutter sie an einer Hand hielt, der Sicherheit halber auch noch mit der anderen Hand an den Röcken der Mutter, und heulte in Abständen. Sie wollte nicht hier zurückgelassen werden, zwischen den Leuten, die vor ihnen die Treppe stampfend emporstiegen, die hinter ihnen, noch nicht zu sehen, hinter einer Wendung der Treppe herankamen, die in den Gängen vor einer Tür Streit miteinander hatten und einander gegenseitig in das Zimmer hineinstießen. Betrunkene wanderten mit dumpfem Gesang im Haus umher, und glücklich schlüpfte noch die Mutter mit Therese durch solche sich gerade schließende Gruppen. Gewiß hätten sie spät in der Nacht, wo man nicht mehr so achtgab und niemand mehr unbedingt auf seinem Recht bestand, wenigstens in einen der allgemeinen, von Unternehmern vermieteten Schlafsäle sich drängen können, an deren einigen sie vorüberkamen, aber Therese verstand es nicht, und die Mutter wollte keine Ruhe mehr. Am Morgen, dem Beginn eines schönen Wintertages, lehnten sie beide an einer Hausmauer und hatten dort vielleicht ein wenig geschlafen, vielleicht nur mit offenen Augen herumgestarrt. Es zeigte sich, daß Therese ihr Bündel verloren hatte, und die Mutter machte sich daran, Therese zur Strafe für die Unachtsamkeit zu schlagen, aber Therese hörte keinen Schlag und spürte keinen. Sie gingen dann weiter durch die sich belebenden Gassen, die Mutter an der Mauer, kamen über eine Brücke, wo die Mutter mit der Hand den Reif vom Geländer streifte, und gelangten schließlich, damals hatte Therese es hingenommen, heute verstand sie es nicht, gerade zu jenem Bau, zu dem die Mutter für jenen Morgen bestellt war. Sie sagte Therese nicht, ob sie warten oder weggehen solle, und Therese nahm dies als Befehl zum Warten, da dies ihren Wünschen am besten entsprach. Sie setzte sich also auf einen Ziegelhaufen und sah zu, wie die Mutter ihr Bündel aufschnürte, einen bunten Fetzen herausnahm und damit ihr Kopftuch umband, das sie während der ganzen Nacht getragen hatte. Therese war zu müde, als daß ihr auch nur der Gedanke gekommen wäre, der Mutter zu helfen. Ohne sich in der Bauhütte zu melden, wie dies üblich war, und ohne jemanden zu fragen, stieg die Mutter eine Leiter hinauf, als wisse sie schon selbst, welche Arbeit ihr zugeteilt war. Therese wunderte sich darüber, da die Handlangerinnen gewöhnlich nur unten mit Kalklöschen, mit dem Hinreichen der Ziegel und mit sonstigen einfachen Arbeiten beschäftigt werden. Sie dachte daher, die Mutter wolle heute eine besser bezahlte Arbeit ausführen, und lächelte verschlafen zu ihr hinauf. Der Bau war noch nicht hoch, kaum bis zum Erdgeschoß, gediehen, wenn auch schon die hohen Gerüststangen für den weiteren Bau, allerdings noch ohne Verbindungshölzer, zum blauen Himmel ragten. Oben umging die Mutter geschickt die Maurer, die Ziegel auf Ziegel legten und sie unbegreiflicherweise nicht zur Rede stellten, sie hielt sich vorsichtig mit zarter Hand an einem Holzverschlag, der als Geländer diente, und Therese staunte unten in ihrem Dusel diese Geschicklichkeit an und glaubte noch einen freundlichen Blick der Mutter erhalten zu haben. Nun kam aber die Mutter auf ihrem Gang zu einem kleinen Ziegelhaufen, vor dem das Geländer und wahrscheinlich auch der Weg aufhörte, aber sie hielt sich nicht daran, ging auf den Ziegelhaufen los, ihre Geschicklichkeit schien sie verlassen zu haben, sie stieß den Ziegelhaufen um und fiel über ihn hinweg in die Tiefe. Viele Ziegel rollten ihr nach und schließlich, eine ganze Weile später, löste sich irgendwo ein schweres Brett los und krachte auf sie nieder. Die letzte Erinnerung Thereses an ihre Mutter war, wie sie mit auseinandergestreckten Beinen dalag in dem karierten Rock, der noch aus Pommern stammte, wie jenes auf ihr liegende rohe Brett sie fast bedeckte, wie nun die Leute von allen Seiten zusammenliefen und wie oben vom Bau irgendein Mann zornig etwas hinunterrief.

[nach 1912 / *A*, 170–175]

Die besitzlose Arbeiterschaft

Pflichten: Kein Geld, keine Kostbarkeiten besitzen oder annehmen. Nur folgender Besitz ist erlaubt: einfachstes Kleid (im Einzelnen festzusetzen), zur Arbeit Nötiges, Bücher, Lebensmittel für den eigenen Gebrauch. Alles andere gehört den Armen.

Nur durch Arbeit den Lebensunterhalt erwerben. Vor keiner Arbeit sich scheuen, zu welcher die Kräfte ohne Schädigung der Gesundheit hinreichen. Entweder selbst die Arbeit wählen, oder, falls dies nicht möglich, sich der Anordnung des Arbeitsrates fügen, welcher sich der Regierung unterstellt.

Für keinen andern Lohn arbeiten als den Lebensunterhalt (im Einzelnen nach den Gegenden festzusetzen) für zwei Tage.

Mäßigstes Leben. Nur das unbedingt notwendige essen, zum Beispiel als Minimallöhnung, die in gewissem Sinn auch Maximallöhnung ist: Brot, Wasser, Datteln. Essen der Ärmsten, Lager der Ärmsten.

Das Verhältnis zum Arbeitgeber als Vertrauensverhältnis behandeln, niemals Vermittlung der Gerichte verlangen. Jede übernommene Arbeit zu Ende führen, unter allen Umständen, es wären denn schwere Gesundheitsrücksichten dem entgegen.

Rechte: Maximalarbeitszeit sechs Stunden, für körperliche Arbeit vier bis fünf.

Bei Krankheit und im unfähigen Alter Aufnahme in staatliche Altersheime, Krankenhäuser.

Das Arbeitsleben als eine Angelegenheit des Gewissens und eine Angelegenheit des Glaubens an den Mitmenschen.

Mitgebrachten Besitz dem Staat schenken, zur Errichtung von Krankenhäusern, Heimen.

Vorläufig wenigstens Ausschluß von Selbständigen, Verheirateten und Frauen.

Rat (schwere Pflicht) vermittelt mit der Regierung.

Auch in kapitalistischen Betrieben, [zwei Worte unlesbar].

Dort wo man helfen kann, in verlassenen Gegenden, Armenhäusern, [als] Lehrer.
Fünfhundert Männer Höchstgrenze.
Ein Probejahr. [1917–1919 / *H*, 126–127]

An Fortschritt glauben heißt nicht glauben, daß ein Fortschritt schon geschehen ist. Das wäre kein Glauben.
[1917–1918 / Betrachtung 48; *H*, 44]

Von einem gewissen Punkt an gibt es keine Rückkehr mehr. Dieser Punkt ist zu erreichen.
Der entscheidende Augenblick der menschlichen Entwicklung ist immerwährend. Darum sind die revolutionären geistigen Bewegungen, welche alles Frühere für nichtig erklären, im Recht, denn es ist noch nichts geschehen.
Die Menschengeschichte ist die Sekunde zwischen zwei Schritten eines Wanderers. [1917–1919 / *H*, 73–74]

Die Enge des Bewußtseins ist eine soziale Forderung.
Alle Tugenden sind individuell, alle Laster sozial. Was als soziale Tugend gilt, etwa Liebe, Uneigennützigkeit, Gerechtigkeit, Opfermut sind nur ›erstaunlich‹ abgeschwächte soziale Laster. [1920 / *BE*, 298]

*Gustav Janouch berichtet**
Franz Kafka blättert in dem Buch *Der Geist der russischen Revolution* von Alfons Paquet[1], das ich in seine Kanzlei mitgebracht habe.
»Wollen Sie das Buch lesen?« fragte ich.
»Danke«, sagte Kafka und reichte mir das Buch über die Tischplatte. »Ich habe jetzt keine Zeit. Schade. Die Menschen versuchen in Rußland eine vollkommen gerechte Welt aufzubauen. Das ist eine religiöse Angelegenheit.«
»Der Bolschewismus wendet sich aber gegen die Religionen.«
»Er tut es, weil er selbst eine Religion ist. Diese Interventionen, Aufstände und Blockadebestimmungen, was sind das für Dinge? Das sind kleine Vorspiele großer, grausamer Religionskriege, die über die Welt hinwegrasen werden.«

Wir begegneten einer großen Gruppe von Arbeitern, die mit Fahnen und Standarten zu einer Versammlung zogen. Kafka bemerkte: »Die Leute sind so selbstbewußt, selbstsicher und

gut aufgelegt. Sie beherrschen die Straße und meinen darum, daß sie die Welt beherrschen. In Wirklichkeit irren sie doch. Hinter ihnen sind schon die Sekretäre, Beamten, Berufspolitiker, alle die modernen Sultane, denen sie den Weg zur Macht bereiten.«
»Sie glauben nicht an die Kraft der Massen?«
»Ich *sehe* sie, diese formlose, scheinbar unbändige Kraft der Massen, welche sich danach sehnt, gebändigt und geformt zu werden. Am Schluß jeder wirklich revolutionären Entwicklung erscheint ein Napoleon Bonaparte.«
»Sie glauben nicht an eine weitere Ausbreitung der russischen Revolution?«
Kafka schwieg einen Augenblick, dann sagte er: »Je weiter sich eine Überschwemmung ausbreitet, um so seichter und trüber wird das Wasser. Die Revolution verdampft, und es bleibt nur der Schlamm einer neuen Bürokratie. Die Fesseln der gequälten Menschheit sind aus Kanzleipapier.«

Ich berichtete Franz Kafka von einem Vortrag über die Lage in Rußland, welcher vom Verband der marxistischen Studenten[2] im Rosa-Saal[3] des Sozialdemokratischen Volkshauses in der Hybernergasse veranstaltet und von mir in Begleitung meines Vaters besucht wurde.
Nachdem ich meinen Bericht beendet hatte, bemerkte Franz Kafka: »Ich verstehe nichts von politischen Dingen. Das ist natürlich ein Mangel, den ich gerne beseitigen möchte. Ich habe aber so viele Fehler! Die allernächsten Dinge fliehen vor mir immer mehr und mehr in die Ferne. Ich bewundere Max Brod[4], der sich selbst im Gestrüpp der Politik auskennt. Er erzählt mir oft sehr viel und lange über das Tagesgeschehen. Ich höre ihm zu, so wie ich jetzt Ihnen zuhörte, und doch – kann ich in die Sache nicht ganz eindringen.«
»Habe ich mich nicht gut ausgedrückt?«
»Sie mißverstehen mich. Sie haben sich gut ausgedrückt. Der Fehler ist in mir. Der Krieg, die Revolution in Rußland und das Elend der ganzen Welt erscheinen mir wie eine Flut des Bösen. Es ist eine Überschwemmung. Der Krieg hat die Schleusen des Chaos geöffnet. Die äußeren Hilfskonstruktionen der menschlichen Existenz brechen zusammen. Das geschichtliche Geschehen wird nicht mehr vom Einzelnen, sondern nur noch von den Massen getragen. Wir werden gestoßen, gedrängt, hinweggefegt. Wir erleiden die Geschichte.«
»Sie meinen also, daß der Mensch nicht mehr Mitschöpfer der Welt sei?«
Kafka machte einige kleine, pendelnde Bewegungen mit dem Oberkörper.

»Sie verstehen mich wieder nicht. Im Gegenteil: der Mensch hat seine Mitarbeit und Mitverantwortung an der Welt von sich geworfen.«

»Das ist nicht möglich. Sehen Sie nicht das Anwachsen der Arbeiterpartei? Die Mobilität der Massen?«

[Meine Bemerkung war ein Widerhall des Vortrages über die Lage in Rußland und die daran geknüpften Äußerungen meines Vaters.]

»Das ist es eben«, sagte Franz Kafka. »Die Bewegung nimmt uns die Möglichkeit des Schauens. Unser Bewußtsein wird verengt. Ohne daß wir es merken, verlieren wir die Besinnung, ohne das Leben zu verlieren.«

»Sie meinen also, daß die Menschen verantwortungslos werden?«

Franz Kafka lächelte bitter.

»Wir alle leben so, als ob wir Alleinherrscher wären. Dadurch werden wir zu Bettlern.«

»Wohin wird das führen?«

Kafka zuckte die Achseln und sah zum Fenster hinaus.

»Die Antworten sind nur Wünsche und Versprechungen. Das ist aber keine Sicherheit.«

»Wenn es aber keine Sicherheit gibt, was ist dann das ganze Leben?«

»Das ist ein Sturz. Vielleicht ist es ein Sündenfall.«

»Was ist Sünde?«

Kafka befeuchtete die Unterlippe mit der Zungenspitze, ehe er antwortete.

»Was ist Sünde ... Wir kennen das Wort und die Handhabung, aber das Empfinden und die Erkenntnis sind uns abhanden gekommen. Vielleicht ist das schon die Verdammung, die Gottverlassenheit, das Sinnlose.«

Das Eintreten meines Vaters unterbrach das Gespräch.

Beim Abschied sagte mir Doktor Kafka plötzlich mit dem Ton der Entschuldigung in der Stimme: »Grübeln Sie nicht darüber nach, was ich Ihnen gesagt habe.«

Ich war überrascht. Kafka war für mich Lehrer und Beichtvater. Darum fragte ich ihn bedrückt: »Warum? Sie haben ja alles ganz ernst gemeint.«

Er lächelte.

»Eben darum. Mein Ernst könnte auf Sie wie ein Gift wirken. Sie sind jung.«

Das beleidigte mich.

»Jugend ist doch kein Gebrechen. Deswegen kann ich immer noch denken.«

»Ich sehe, daß wir einander heute wirklich nicht verstehen. Das ist aber gut. Das Mißverstehen schützt Sie vor meinem bösen Pessimismus, der – eine Sünde ist.« [nach 1920 / *J*, 70–74]

*Gustav Janouch berichtet**

Ich verabschiedete mich auf dem Platz der Republik von meinem Freunde Leo Lederer[5], als unerwartet Franz Kafka auf mich zutrat.
»Ich gehe schon vom Teschnov hinter Ihnen«, sagte er nach den üblichen einleitenden Sätzen. »Sie waren ganz im Gespräch verloren.«
»Leo erklärte mir den Taylorismus und die Arbeitsteilung in der Industrie.«
»Das ist eine schreckliche Sache.«
»Sie denken dabei, Herr Doktor, an die Versklavung der Menschen?«
»Es handelt sich um mehr als das. Bei so einem gewaltigen Frevel kann zum Schluß nur die Knechtung durch das Böse herauskommen. Das ist natürlich. Der erhabenste und am wenigsten abtastbare Teil aller Schöpfung, die Zeit, wird in das Netz unreiner Geschäftsinteressen gepreßt. Damit wird nicht nur die Schöpfung, sondern vor allem der Mensch, der ihr Bestandteil ist, befleckt und erniedrigt. So ein vertaylorisiertes Leben ist ein grauenvoller Fluch, aus dem nur Hunger und Elend an Stelle des gewünschten Reichtums und Gewinnes erwachsen kann. Das ist ein Fortschritt ...«
»Zum Weltuntergang«, ergänzte ich seinen Satz.
Franz Kafka schüttelte den Kopf.
»Wenn man das wenigstens mit Sicherheit sagen könnte. Es ist aber nichts sicher. Darum kann man nichts sagen. Man kann nur schreien, stammeln, keuchen. Das laufende Band des Lebens trägt einen irgendwohin — man weiß nicht wohin. Man ist mehr Sache, Gegenstand — als Lebewesen.«
Kafka blieb plötzlich stehen und streckte die Hand aus.
»Sehen Sie! Hier, hier! Sehen Sie es?«
Aus einem Haus der Jakobsgasse, wohin wir während des Gespräches gelangt waren, lief ein kleiner, einem Wollknäuel ähnlicher Hund, überquerte unseren Weg und verschwand hinter der Ecke der Tempelgasse.
»Ein niedliches Hündchen«, bemerkte ich.
»Ein Hund?« fragte Kafka mißtrauisch und setzte sich langsam in Bewegung.
»Ein kleiner, junger Hund. Haben Sie ihn nicht gesehen?«
»Gesehen habe ich. Ob es aber ein Hund war?«
»Ein Pudelchen war es.«
»Ein Pudel! Das kann ein Hund, aber auch ein Zeichen sein. Wir Juden irren uns manchmal in tragischer Weise.«
»Es war nur ein Hund«, sagte ich.
»Das wäre gut«, nickte Kafka. »Doch das Nur gilt allein für den, der es gebraucht. Was für den einen ein Abfallbündel oder ein Hund ist, das ist für den anderen ein Zeichen.«

»Odradek aus der Geschichte *Die Sorge des Hausvaters*[6]«, bemerkte ich.
Kafka reagierte aber nicht auf meine Worte, sondern sprach in der begonnenen Richtung weiter den abschließenden Satz: »Etwas geht immer über die Rechnung hinaus.«
Wir durchschritten schweigend den Teinhof. Vor dem Seitenportal der Teinkirche sagte ich: »Bloy[7] schreibt, daß die tragische Schuld der Juden darin bestehe, daß sie den Messias nicht erkannt haben.«
»Vielleicht ist dem wirklich so«, sagte Kafka. »Vielleicht haben sie ihn wirklich nicht erkannt. Wie grausam ist aber ein Gott, der zuläßt, daß seine Geschöpfe ihn nicht erkennen. Es meldet sich doch immer der Vater zu den Kindern, da diese nicht richtig denken und sprechen können. Das ist aber kein Thema für ein Gespräch auf der Straße. Außerdem bin ich am Ziel.«
Kafka deutete mit einer Kopfbewegung auf das Geschäft seines Vaters, reichte mir die Hand, grüßte und verschwand mit raschen Schritten im Kinsky-Palais. [nach 1920 / *J*, 68–70]

*Gustav Janouch berichtet**
Ich brachte Kafka einige neue Bücher aus der Buchhandlung Neugebauer zur Ansicht.
Als er in einem Band mit Zeichnungen von George Grosz[8] blätterte, sagte er: »Das ist die alte Ansicht vom Kapital – der dicke Mann im Zylinderhut sitzt auf dem Geld der Armen.«
»Das ist ja nur eine Allegorie«, bemerkte ich.
Franz Kafka zog die Augenbrauen zusammen.
»Sie sagen ›nur‹! Die Allegorie wird im Denken der Menschen zum Abbild der Wirklichkeit, was natürlich falsch ist. Aber die Verirrung ist schon hier.«
»Sie meinen also, Herr Doktor, daß das Bild falsch sei.«
»Das möchte ich nicht gerade sagen. Es ist richtig, und es ist falsch. Richtig ist es nur nach einer Richtung hin. Falsch ist es, insofern es diese Teilansicht zur Gesamtansicht proklamiert. Der dicke Mann im Zylinderhut sitzt den Armen im Nacken. Das ist richtig. Der dicke Mann ist aber der Kapitalismus, und das ist nicht mehr ganz richtig. Der dicke Mann beherrscht den armen Mann im Rahmen eines bestimmten Systems. Er ist aber nicht das System selbst. Er ist nicht einmal sein Beherrscher. Im Gegenteil: der dicke Mann trägt auch Fesseln, die in dem Bild nicht dargestellt sind. Das Bild ist nicht vollständig. Darum ist es nicht gut. Der Kapitalismus ist ein System von Abhängigkeiten, die von innen nach außen, von außen nach innen, von oben nach unten und von unten nach oben gehen. Alles ist ab-

hängig, alles ist gefesselt. Kapitalismus ist ein Zustand der Welt und der Seele.«

»Wie würden Sie ihn also darstellen?«

Doktor Kafka zuckte die Achseln und lächelte traurig.

»Ich weiß nicht. Wir Juden sind eigentlich keine Maler. Wir können die Dinge nicht statisch darstellen. Wir sehen sie immer im Fluß, in der Bewegung, als Wandlung. Wir sind Erzähler.«

Das Eintreten eines Beamten unterbrach das Gespräch.

Als der störende Besuch die Kanzlei verließ, wollte ich auf das eben begonnene interessante Gesprächsthema zurückkommen. Kafka sagte jedoch abschließend: »Lassen wir das. Ein Erzähler kann nicht über das Erzählen sprechen. Er erzählt oder er schweigt. Das ist alles. Seine Welt beginnt in ihm zu tönen oder sie versinkt in Schweigen. Meine Welt verklingt. Ich bin ausgebrannt.« [nach 1920 / *J*, 89–91]

Fern, fern geht die Weltgeschichte vor sich, die Weltgeschichte deiner Seele. [? / *H*, 273]

VI. ERZIEHUNG

Dora Dymant, Kafkas Gefährtin während seines letzten Lebensjahres, berichtet aus der ersten Zeit ihrer Bekanntschaft: »Abends saßen wir alle auf Bänken an langen Tischen. Ein kleiner Junge stand auf und wurde, als er hinausging, so verlegen, daß er hinfiel. Kafka sagte zu ihm mit vor Bewunderung leuchtenden Augen: ›Wie geschickt bist du gefallen und wie geschickt wieder aufgestanden!‹« (Der Monat I [1949] S. 91). Er sprach zu dem Jungen, wie er wünschte, daß zu ihm in seiner Kindheit gesprochen worden wäre, und was in seinen Augen glänzte, war nicht fingierte Bewunderung, sondern Schmerz, Erkenntnis und Empörung über all das, was an ihm versäumt worden war. So sind denn auch die Briefe, die er zwei Jahre früher an seine Schwester Elli Hermann schrieb, nicht eigentlich Anweisungen, wie man es in der Erziehung machen solle, sondern Warnungen davor, wie man sich nicht anstellen dürfe. Gegenstand seiner Besorgnis war sein Neffe Felix, der schon im ›Brief an den Vater‹ Erwähnung findet: »Deine Erziehungsmittel in den allerersten Jahren kann ich heute natürlich nicht unmittelbar beschreiben, aber ich kann sie mir etwa vorstellen ... aus Deiner Behandlung des Felix« (S. 16). Die Identifikation liegt auf der Hand und führt zum Rat der Absonderung des Kindes von den Eltern. Es ist, als sähe Kafka in dieser Absonderung den Preis, der für die Hoffnung zu zahlen wäre, die für die Anderen besteht, nur nicht für ihn, der bis ans Ende an die Familie rückgebunden blieb.

Immer hatte die Erziehung der Mädchen, ihr Erwachsensein, die Gewöhnung an die Gesetze der Welt, einen besonderen Wert für mich. Sie laufen dann einem, der sie nur flüchtig kennt und gern mit ihnen flüchtig reden möchte, nicht mehr so hoffnungslos aus dem Weg, sie bleiben schon ein wenig stehn und sei es auch nicht gerade an der Stelle des Zimmers, wo man sie haben will, man muß sie nicht mehr halten mit Blicken, Drohungen oder der Macht der Liebe; wenn sie sich abwenden, tun sie es langsam und wollen damit nicht verwunden, dann ist auch ihr Rücken breiter geworden. Was man ihnen sagt, geht nicht verloren, sie hören die ganze Frage an, ohne daß man sich beeilen müßte, und antworten, zwar scherzhaft, jedoch genau auf die gestellte Frage. Ja sie fragen sogar selbst mit erhobenem Gesicht und ein kleines Gespräch ist ihnen nicht unerträglich. Sie lassen sich in der Arbeit, die sie gerade vorgenommen haben, durch einen Zuschauer kaum mehr stören und berücksichtigen ihn also weniger, doch darf er sie auch länger anschauen. Nur zum Ankleiden ziehn sie sich zurück. Es ist die einzige Zeit, während der man unsicher sein kann. Sonst aber muß man nicht mehr durch Gassen laufen, bei Haustoren abfangen und immer wieder auf einen glücklichen Zufall warten, trotzdem man doch schon erfahren hat, daß man die Fähigkeit nicht besitzt, ihn zu zwingen.

Trotz dieser großen Veränderung aber, die mit ihnen vorgegangen ist, ist es keine Seltenheit, daß sie bei einer unerwarteten Begegnung mit einer Trauermiene uns entgegenkommen, die Hand flach in die unsere legen und mit langsamen Bewegungen uns wie einen Geschäftsfreund zum Eintritt in die Wohnung laden. Schwer gehn sie im Nebenzimmer auf und ab; wie wir aber auch dort eindringen, aus Lüsternheit und Trotz, hocken sie in einer Fensternische und lesen die Zeitung, ohne einen Blick für uns zu haben. [November 1911 / *T*, 178–179]

*Gustav Janouch berichtet**

Jugend bezauberte Franz Kafka. Seine Erzählung *Der Heizer*[1] ist voller Sanftmut und Ergriffenheit. Ich sagte ihm das, als wir zusammen die tschechische Übersetzung Milena Jesenskás, welche in der literarischen Zeitschrift *Kmen* [Der Stamm] erschienen war, durchsprachen.

»In der Erzählung ist so viel Sonne und gute Stimmung. Es ist

da so viel Liebe – obwohl von ihr überhaupt nicht gesprochen wird.«
»Warum lassen Sie es also drucken?«
»Das ist es eben! Max Brod, Felix Weltsch, alle meine Freunde bemächtigen sich immer irgendeiner Sache, die ich geschrieben habe, und überraschen mich dann mit dem fertigen Verlagsvertrag. Ich will ihnen keine Unannehmlichkeiten bereiten, und so kommt es zum Schluß zur Herausgabe von Dingen, die eigentlich nur ganz private Aufzeichnungen oder Spielereien sind. Persönliche Belege meiner menschlichen Schwäche werden gedruckt und sogar verkauft, weil meine Freunde, mit Max Brod an der Spitze, es sich in den Kopf gesetzt haben, daraus Literatur zu machen, und ich nicht die Kraft besitze, diese Zeugnisse der Einsamkeit zu vernichten.«
Nach einer kleinen Pause sprach er mit veränderter Stimme: »Was ich hier sagte, ist natürlich nur eine Übertreibung und kleine Boshaftigkeit meinen Freunden gegenüber. In Wirklichkeit bin ich schon so verdorben und schamlos, daß ich selbst an der Herausgabe dieser Dinge mitarbeite. Um meine Schwäche zu entschuldigen, mache ich die Umwelt stärker, als sie in Wirklichkeit ist. Das ist natürlich ein Betrug. Ich bin eben Jurist. Darum kann ich vom Bösen nicht loskommen.«

[nach 1920 / *J*, 23–24]

*Briefe an Elli Hermann**

Liebe Elli, eigentlich hätte ich einen weniger ablehnenden Brief erwartet, wenigstens einen fröhlicher entschiedenen. Siehst Du denn das Glück nicht ein? Oder kennst Du eine bessere Erziehungsmöglichkeit? Es gibt radikalere, persönlicher geführte, vielleicht bedeutendere Schulen z. B. Wickersdorf[2], es gibt glattere, fremdartigere, von hier aus nicht zu beurteilende Schulen im weiteren Ausland, es gibt blutsnähere und vielleicht wichtigere Schulen in Palästina, aber in der Nähe und weniger riskant wohl keine außer Hellerau[3]. Zu jung, weil ihm ein paar Monate zum zehnten Jahr fehlen? Es werden Siebenjährige aufgenommen, es gibt ja drei Vorschuljahrgänge. Man kann zu jung sein für das Erwerbsleben, für das Heiraten, für das Sterben, aber zu jung für eine zarte, zwanglose, alles Gute entfaltende Erziehung? Zehn Jahre sind wenig, aber unter Umständen ein hohes Alter, zehn Jahre ohne Körperübung, ohne Körperpflege, in Wohlleben, vor allem in Wohlleben ohne Übung der Augen und Ohren und Hände (außer beim Ordnen des Liftgeldes), im Käfig der Erwachsenen, die sich doch im Grunde, es geht nicht anders im gewöhnlichen Leben, an den Kindern nur austoben – solche zehn Jahre sind nicht wenig. Freilich bei

Felix können sie nicht so schlimm wirken, er ist kräftig, ruhig, klug, fröhlich, aber diese zehn Jahre sind überdies in Prag verbracht, in dem von Kindern nicht abzuhaltenden besondern Geist, der gerade in Prager wohlhabenden Juden wirkt, ich meine natürlich nicht einzelne Menschen, sondern diesen fast mit Händen zu greifenden allgemeinen Geist, der sich in jedem je nach Anlagen verschieden äußert, der in Dir ist, so wie in mir, diesen kleinen, schmutzigen, lauwarmen, blinzelnden Geist. Vor dem das eigene Kind retten können, was für ein Glück!

F.

Liebe Elli, nein, Energie ist das nicht, laß Dich dadurch weder erschrecken (so als ob ich Dir durch Energie etwas gegen Deinen Willen abzwingen könnte), noch ermutigen (so als ob ich den Dir fehlenden Willen, Felix wegzuschicken, den Willen, den Du gern hättest und der Dir fehlt, als ob ich durch Energie diesen Willen ersetzen könnte), es ist keine Energie, höchstens Energie in Worten und auch diese wird aufhören, hört sogar schon auf, Energie ist es nicht, eher ist es das, was Du erstaunlich gut fühlst, aber unrichtig deutest, wenn Du schreibst, daß auch Du aus »unserem Milieu« heraus willst und deshalb (deshalb!) Felix nicht wegschicken kannst. Du willst aus unserem Milieu hinaus und dies mit Hilfe des Felix, beides ist gut und möglich, Kinder sind zur Rettung der Eltern da, theoretisch verstehe ich gar nicht, wie es Menschen ohne Kinder geben kann, aber wie willst Du dieses »Hinauskommen« erreichen? Eben durch eine typische Tat gerade dieses Milieus, durch Geiz (ich gebe ihn nicht fort!), durch Verzweiflung (was wäre ich ohne ihn!), durch Hoffnungslosigkeit (er wird nicht mehr mein Sohn sein!), durch Sichselbst-Belügen, durch Scheingründe, durch Verschönerung der Schwäche, durch Verschönerung des »Milieus« (»Leben erträglich machen«, »Verantwortung tragen«, »selbst aus der Entfernung kann das Beispiel solcher Mütter« u.s.f.). Das alles täte ich an Deiner Stelle natürlich auch und noch viel »großartiger«. Aus der Geschichte der »Aufklärung« lese ich außer dem Schönen und Rührenden, das in ihr ist, noch Folgendes heraus: Erstens: Du bist zu spät gekommen, 2. Felix ist mit der Geschichte des Prager Jungen nicht zu Dir gekommen, 3. Auch über Věra[4] hat er Dich nicht ausgefragt, sondern verhört, denn die Erklärung des Jungen besaß er ja. 4. Du konntest als Erklärung natürlich nur ein Abstraktum verwenden, die Liebe. Schon das ist schlimm (der Vorteil der Storchgeschichte ist ja ihre, überdies nicht nachzuprüfende und ziemlich ferne Realität), noch schlimmer ist, daß dieses Abstraktum neben die für den Jungen fürchterlich überraschende Realität der Schwangerschaft gestellt ist. Gut, Du lügst nicht, nur verschweigt er außerdem auch nichts.

5. Sehr gut war Deine Bemerkung, alles könne man, wenn man wolle, lächerlich und schlecht machen. Leider kann man das aber nicht nur durch Worte machen, sondern auch durch Taten und das schlecht gemachte Gute schaut dem Allerschlechtesten dann zum Verwechseln ähnlich. Was bleibt dann von Deiner Bemerkung? Und hat der Brüxer Junge in seinem Umkreis nicht Recht? 6. Du hast dann einen Zusammenhang hergestellt zwischen Deiner Erklärung und jener der Jungen, es würde mich interessieren, wie Du das gemacht hast, aber an und für sich kann das ja nicht schwer sein, jeder macht das notgedrungen in seinem Leben irgendwie. Ich rede nicht von den Frauen, aber in allen Männern ringsherum steckt doch der Brüxer Junge, nur daß die Gemeinschaft bei dem Jungen, auf welche Art sie sich auch zeigen mag, immerhin geheiligt ist durch die Scheu vor den ihm übergeordneten Dingen und durch den Erkenntnisdrang. Darum bin ich auf Seite des Jungen gegenüber den Männern und in gewissem Sinn auch gegenüber Deiner Aufklärung, denn nur der Junge ist der unbestechliche Wahrheitssucher und der rücksichtslose Vermittler und hinsichtlich dessen, was ihm noch an Wissen und Erfahrung fehlt, kann man zu ihm das Vertrauen haben, daß er das Fehlende kraft der ihm innewohnenden Gemeinheit, denn er ist ja Blut vom Blute der andern, annähernd richtig erfühlt.

Sieh z. B. die zwei Jungen, die mich belehrt haben, sie wissen heute gewiß nicht mehr als damals, allerdings waren es, wie sich gezeigt hat, besonders einheitliche konsequente Charaktere. Sie belehrten mich gleichzeitig, der eine von rechts, der andere von links, der rechte lustig, väterlich, weltmännisch, mit einem Lachen, das ich später bei Männern aller Lebensalter, auch bei mir, genau so gehört habe (es gibt gewiß auch ein freies, ein anderes Lachen über den Dingen, von einem Lebenden habe ich es aber noch nicht gehört), der linke sachlich, theoretisch, das war viel abscheulicher. Beide haben längst geheiratet und sind in Prag geblieben, der rechte ist schon viele Jahre von Syphilis bis zur Unkenntlichkeit zerstört, ich weiß nicht, ob er noch lebt, der linke ist Professor für Geschlechtskrankheiten und Gründer und Vorsitzender eines Vereines zur Bekämpfung der Geschlechtskrankheiten. Gegeneinander abschätzen will ich sie nicht, übrigens waren sie nicht etwa Freunde, damals sind sie nur zufällig zwecks meiner Belehrung zusammengekommen.

Aber verhältnismäßig ist ja das alles ziemlich unwesentlich, Deine Aufklärung und die des Jungen. Es kommt nur darauf an, wie er selbst, wenn sein Körper sich zu rühren anfängt, sich entscheiden wird. Ich denke dabei nicht an bestimmte Taten oder Unterlassungen, sondern an den Geist, der ihn führen wird. Und er wird sich im allgemeinen, wenn nicht übermenschlich starke

Anlagen eingreifen, so entscheiden, wie sein Leben bis dahin gewesen ist. Ist sein Leben übersättigt, geistig und körperlich weich gebettet, großstädtisch überreizt, glaubenslos und gelangweilt gewesen, dann wird er sich entsprechend entscheiden, und wenn Du die ganze Zeit über jeden Augenblick, was ja zeitlich und geistig unmöglich ist, mit liebenden Ermahnungen hinter ihm her bist. Du kannst ja z. B. nicht einmal das scheinbar Leichteste tun, nämlich die Langweile, diese Einbruchsstelle aller bösen Geister, verhindern. Das hast Du selbst zugestanden und ich habe ihn ja auch in Zuständen gesehn, die in dieser Hinsicht trostlos waren. Diese Zustände müssen aber von Jahr zu Jahr schlimmer und gefährlicher werden, weil sie für ihn und Dich unkenntlicher werden. In der Kinderzeit waren sie undeutlich und man konnte zur Not etwas dagegen tun, allmählich aber schauen gerade die Zustände (im geistigen Sinn) schlimmster Langweile wie allerbeste Unterhaltung aus, er liest, er lernt Musik, er spielt Fußball, alles das muß nicht, aber kann entsetzliche Langweile und Führungslosigkeit enthalten, an sich weder ihm noch andern, aber in den Folgen erkennbar.

... Ich habe für mich (unter vielen andern) einen großen Zeugen, den ich hier aber nur zitiere, eben weil er groß ist, und dann, weil ich es gestern gerade gelesen habe, nicht weil ich die gleiche Meinung zu haben wagte. In der Beschreibung zu Gullivers Reise in Liliput (dessen Einrichtungen sehr gelobt werden) sagt Swift[5]: »Die Begriffe von den gegenseitigen Pflichten der Eltern und Kinder sind gänzlich von den unsrigen verschieden. Da nämlich die Verbindung der Männer und Weiber, wie bei allen Tiergeschlechtern, auf Naturgesetzen beruht, behaupten sie durchaus, daß Männer und Frauen nur deshalb sich vereinigen; die Zärtlichkeit gegen die Jungen folge aus demselben Grundsatz; deshalb wollen sie nicht zugestehn, ein Kind sei für sein Dasein den Eltern verpflichtet, welches ohnedies wegen des menschlichen Elends keine Wohltat sei; auch bezweckten die Eltern keine Wohltat, sondern dächten an ganz andere Dinge bei ihren verliebten Zusammenkünften. Wegen dieser und anderer Schlußfolgen sind sie der Meinung, Eltern dürfe man am wenigsten unter allen Menschen die Erziehung der Kinder anvertrauen.« Er meint damit offenbar, ganz entsprechend Deiner Unterscheidung zwischen »Mensch« und »Sohn«, daß das Kind, wenn es Mensch werden soll, möglichst bald, wie er sich ausdrückt, der Tierheit, dem bloß tierischen Zusammenhang entzogen werden muß.
Du gibst selbst zu, daß bei Deinem Zögern Eigennutz mitwirkt. Ist aber dieser Eigennutz nicht sogar als Eigennutz etwas verkehrt? Wenn Du z. B. die Wintersachen über den Sommer nicht

zum Kürschner geben willst, weil Deinem Gefühl nach die Sachen, wenn Du sie im Herbst zurückbekommst, Dir innerlich fremd wären, und wenn Du daher die Sachen selbst aufbewahrst, so werden sie Dir allerdings im Herbst vollständig, innerlich und äußerlich gehören, werden aber von Motten zerfressen sein. (Das ist keine Bosheit, wirklich nicht, nur ein Beispiel, ein naheliegendes.) . . .
So sehe ich also Deine Bedenken, vollständig könnte ich überhaupt nur ein Gegenargument anerkennen, das Du aber nicht erwähnst. Vielleicht denkst Du es aber. Es ist dieses: Wie kann mein Rat hinsichtlich der Erziehung von Kindern anderer etwas wert sein, wenn ich nicht einmal imstande war, mir einen Rat dafür zu geben, wie man eigene Kinder bekommt. – Dieses Argument ist unwiderleglich und trifft mich vollständig, aber so ausgezeichnet es auch ist, so glaube ich doch, daß es mehr mich trifft, als diesen meinen Rat. Laß es meinen Rat nicht entgelten, daß er von mir kommt.

. . . Nicht das, was Du hervorhebst (Kinder müssen für ihr Dasein den Eltern nicht dankbar sein), ist die Hauptsache bei Swift. In dieser Knappheit behauptet das ja im Grunde auch niemand. Das Hauptgewicht liegt auf dem Schlußsatz: »Eltern darf man am wenigsten unter allen Menschen die Erziehung der Kinder anvertrauen.« Allerdings ist das, wie auch die zu diesem Satz führende Beweisführung, viel zu gedrängt gesagt und ich werde es Dir deshalb ausführlicher zu erklären suchen, doch wiederhole ich, daß das alles nur Swifts Meinung ist (der übrigens Familienvater war), meine Meinung geht zwar auch in der Richtung, nur wage ich nicht, so entschieden zu sein.
Swift meint also:
Jede typische Familie stellt zunächst nur einen tierischen Zusammenhang dar, gewissermaßen einen einzigen Organismus, einen einzigen Blutkreislauf. Sie kann daher, auf sich allein angewiesen, nicht über sich hinaus, sie kann aus sich allein keinen neuen Menschen schaffen, versucht sie es durch Familienerziehung, ist es eine Art geistiger Blutschande.
Die Familie ist also ein Organismus, aber ein äußerst komplizierter und unausgeglichener, wie jeder Organismus strebt auch sie fortwährend nach Ausgleichung. Soweit dieses Streben nach Ausgleichung zwischen Eltern und Kindern vor sich geht (die Ausgleichung zwischen den Eltern gehört nicht hierher), wird sie Erziehung genannt. Warum das so genannt wird, ist unverständlich, denn von wirklicher Erziehung, also dem ruhigen, uneigennützig liebenden Entfalten der Fähigkeiten eines werdenden Menschen oder auch nur dem ruhigen Dulden einer selbständigen Entfaltung ist hier keine Spur. Vielmehr ist es

eben nur der meist unter Krämpfen vorsichgehende Versuch der Ausgleichung eines zumindest während vieler Jahre zur schärfsten Unausgeglichenheit verurteilten tierischen Organismus, den man zum Unterschied vom einzelnen Menschentier das Familientier nennen kann.
Der Grund der unbedingten Unmöglichkeit einer sofortigen gerechten Ausgleichung (und nur eine gerechte Ausgleichung ist wirkliche Ausgleichung, nur sie hat Bestand) innerhalb dieses Familientieres ist die Unebenbürtigkeit seiner Teile, nämlich die ungeheuerliche Übermacht des Elternpaares gegenüber den Kindern während vieler Jahre. Infolgedessen maßen sich die Eltern während der Kinderzeit der Kinder das Alleinrecht an, die Familie zu repräsentieren, nicht nur nach außen, sondern auch in der inneren geistigen Organisation, nehmen also dadurch den Kindern das Persönlichkeitsrecht Schritt für Schritt und können sie von da aus unfähig machen, jemals dieses Recht in guter Art geltend zu machen, ein Unglück, das die Eltern später nicht viel weniger schwer treffen kann als die Kinder.
Der wesentliche Unterschied zwischen wirklicher Erziehung und Familienerziehung ist: die erstere ist eine menschliche Angelegenheit, die zweite eine Familienangelegenheit. In der Menschheit hat jeder Mensch Platz oder zumindest die Möglichkeit auf seine Art zugrundezugehn, in der von den Eltern umklammerten Familie aber haben nur ganz bestimmte Menschen Platz, die ganz bestimmten Forderungen und überdies noch den von den Eltern diktierten Terminen entsprechen. Entsprechen sie nicht, werden sie nicht etwa ausgestoßen — das wäre sehr schön, ist aber unmöglich, denn es handelt sich ja um einen Organismus —, sondern verflucht oder verzehrt oder beides. Dieses Verzehren geschieht nicht körperlich wie bei dem alten Elternvorbild in der griechischen Mythologie (Kronos, der seine Söhne auffraß, — der ehrlichste Vater), aber vielleicht hat Kronos seine Methode der sonst üblichen gerade aus Mitleid mit seinen Kindern vorgezogen.
Der Eigennutz der Eltern — das eigentliche Elterngefühl — kennt ja keine Grenzen. Noch die größte Liebe der Eltern ist im Erziehungssinn eigennütziger als die kleinste Liebe des bezahlten Erziehers. Es ist nicht anders möglich. Die Eltern stehn ja ihren Kindern nicht frei gegenüber, wie sonst ein Erwachsener dem Kind gegenübersteht, es ist doch das eigene Blut — noch eine schwere Komplikation: das Blut beider Elternteile. Wenn der Vater (bei der Mutter ist es entsprechend) »erzieht«, findet er z. B. in dem Kind Dinge, die er schon in sich gehaßt hat und nicht überwinden konnte und die er jetzt bestimmt zu überwinden hofft, denn das schwache Kind scheint ja mehr in seiner Macht

als er selbst, und so greift er blindwütend, ohne die Entwicklung abzuwarten, in den werdenden Menschen, oder er erkennt z. B. mit Schrecken, daß etwas, was er als eigene Auszeichnung ansieht und was daher (daher!) in der Familie (in der Familie!) nicht fehlen darf, in dem Kinde fehlt, und so fängt er an, es ihm einzuhämmern, was ihm auch gelingt, aber gleichzeitig mißlingt, denn er zerhämmert dabei das Kind, oder er findet z. B. in dem Kind Dinge, die er in der Ehefrau geliebt hat, aber in dem Kinde (das er unaufhörlich mit sich selbst verwechselt, alle Eltern tun das) haßt, so wie man z. B. die himmelblauen Augen seiner Ehefrau sehr lieben kann, aber aufs höchste angewidert wäre, wenn man plötzlich selbst solche Augen bekäme, oder er findet z. B. in dem Kind Dinge, die er in sich liebt oder ersehnt und für familiennotwendig hält, dann ist ihm alles andere an dem Kinde gleichgültig, er sieht in dem Kind nur das Geliebte, er hängt sich an das Geliebte, er erniedrigt sich zu seinem Sklaven, er verzehrt es aus Liebe.

Das sind, aus Eigennutz geboren, die zwei Erziehungsmittel der Eltern: Tyrannei und Sklaverei in allen Abstufungen, wobei sich die Tyrannei sehr zart äußern kann (»Du mußt mir glauben, denn ich bin deine Mutter!«) und die Sklaverei sehr stolz (»Du bist mein Sohn, deshalb werde ich dich zu meinem Retter machen«), aber es sind zwei schreckliche Erziehungsmittel, zwei Antierziehungsmittel, geeignet, das Kind in den Boden, aus dem es kam, zurückzustampfen.

Die Eltern haben eben für die Kinder nur die tierische, sinnlose, sich mit dem Kinde immerfort verwechselnde Liebe, der Erzieher hat für das Kind Achtung, und das ist im Erziehungssinn unvergleichbar mehr, selbst wenn keine Liebe mitsprechen sollte. Ich wiederhole: im Erziehungssinn; denn wenn ich die Elternliebe eine tierisch sinnlose nenne, so ist das an sich keine Minderbewertung, sie ist ein ebenso unerforschliches Geheimnis wie die sinnvoll schöpferische Liebe des Erziehers, nur in Hinsicht der Erziehung allerdings kann diese Minderbewertung gar nicht groß genug sein. Wenn sich N. eine Henne nennt, so hat sie ganz recht, jede Mutter ist es im Grunde, und die, welche es nicht ist, ist entweder eine Göttin oder aber wahrscheinlich ein krankes Tier. Nun will aber diese Henne N. nicht Hühnchen, sondern Menschen zu Kindern haben, darf also ihre Kinder nicht allein erziehn.

Ich wiederhole: Swift will die Elternliebe nicht entwürdigen, er hält sie sogar unter Umständen für stark genug, um die Kinder vor eben dieser Elternliebe zu schützen. Eine Mutter, die in irgendeinem Gedicht ihr Kind aus den Pranken des Löwen rettet, sollte dieses Kind nicht vor ihren eigenen Händen schützen können? Und tut sie es denn ohne Lohn oder, was richtiger ist, ohne die Möglichkeit eines Lohnes? In einem andern Schullesebuchgedicht, das Du gewiß kennst, heißt es von dem Wanderer, der nach vielen Jahren in das Heimatdorf zurückkommt und den niemand mehr erkennt außer der Mutter: »das Mutteraug hat ihn doch erkannt«[6]. Das ist das wirkliche Wunder der Mutterliebe und eine große Weisheit ist hier ausgedrückt, aber nur eine halbe, denn es fehlt die Hinzufügung, daß, wenn der Sohn zu Hause geblieben wäre, sie ihn niemals erkannt hätte, daß das tägliche Zusammensitzen mit dem Sohn ihr ihn völlig unkenntlich gemacht hätte und daß dann das Gegenteil des Gedichts geschehen wäre und jeder andere ihn besser erkannt hätte als sie. (Freilich hätte sie ihn dann auch gar nicht erkennen brauchen, denn er wäre niemals zu ihr zurückgekommen.) Du wirst vielleicht sagen, daß der Wanderer erst nach dem elften Lebensjahr in die Welt gegangen ist, ich aber weiß ganz bestimmt, daß ihm noch ein paar Monate zum zehnten Jahr gefehlt[7] haben, oder anders ausgedrückt, daß es keine Mutter war, die habsüchtig die Verantwortung tragen wollte, habsüchtig die Freuden und, was vielleicht noch schlimmer ist, die Schmerzen teilen wollte (nichts soll er ganz haben!), keine Mutter, die Veranstaltungen getroffen hatte, um von ihrem Sohn gerettet zu werden, die also zu ihm Vertrauen hatte (Mißtrauen ist pragerisch, übrigens ist Vertrauen und Mißtrauen gleicher Weise in den Folgen riskant, Mißtrauen aber überdies in sich selbst), und die gerade deshalb gerettet wurde durch die Heimkehr ihres Sohnes. (Dabei war ja vielleicht von allem Anfang an ihre Gefahr nicht so unmäßig groß, denn es war keine Prager Judenfrau, sondern irgendeine fromme Katholikin aus der Steiermark.)

Was ist also zu tun? Nach Swift sind die Kinder den Eltern fortzunehmen, d. h. der Ausgleich, den jenes »Familientier« braucht, soll zunächst provisorisch dadurch erreicht werden, daß man durch Wegnahme der Kinder die endgültige Ausgleichung auf eine Zeit verschiebt, bis die Kinder, von den Eltern unabhängig, an Körper und Geisteskraft ihnen ebenbürtig sind und dann die Zeit für den wirklichen, für den liebenden Ausgleich gekommen ist, nämlich das, was Du »Rettung« nennst und was andere »Dankbarkeit der Kinder« nennen und so selten finden. Übrigens versteht Swift einzuschränken und hält die Wegnahme der Kinder armer Leute nicht für unbedingt notwendig. Bei armen Leuten dringt nämlich gewissermaßen die Welt, das Arbeitsleben von selbst unhinderbar in die Hütte (so wie z. B. bei der Geburt Christi in der halboffenen Hütte gleich die ganze Welt dabei war, die Hirten und die Weisen aus dem Morgenlande) und läßt nicht die dumpfe, giftreiche, kinderauszehrende Luft des schön eingerichteten Familienzimmers entstehn.

Auch leugnet natürlich Swift nicht, daß Eltern unter Umständen eine ausgezeichnete Erziehungsgemeinschaft darstellen können, aber nur für fremde Kinder. So also etwa lese ich die Swiftsche Stelle.

[Herbst 1921 (?) / *B*, 339–347]

13. März. Das reine Gefühl und die Klarheit über seine Gründe. Der Anblick der Kinder, besonders eines Mädchens (aufrechter Gang, kurze schwarze Haare) und eines anderen (blond, unbestimmte Züge, unbestimmtes Lächeln), die aufmunternde Musik, der Marschschritt. Das Gefühl eines, der in Not ist, und es kommt Hilfe, der sich aber nicht freut, weil er gerettet wird – er wird gar nicht gerettet –, sondern weil neue junge Menschen kommen, zuversichtlich, bereit den Kampf aufzunehmen, zwar unwissend hinsichtlich dessen, was bevorsteht, aber in einer Unwissenheit, die den Zuschauenden nicht hoffnungslos macht, sondern ihn zur Bewunderung, zur Freude, zu Tränen bringt. Auch der Haß gegen den, dem der Kampf gilt, mischt sich ein (aber wenig jüdisches Gefühl, wie ich glaube).

[13. März 1922 / *T*, 576–577]

VII. ÜBER DIE LITERATUR DER KLEINEN NATIONEN

Die folgenden Tagebuchseiten des Achtundzwanzigjährigen gehören zu den hellsten Seiten, die Franz Kafka je geschrieben hat. Ihr Anlaß war die Entdeckung eines jüdischen Gemeinschaftslebens im Osten: sie sind namentlich mit dem jiddischen Schauspieler Jizchak Löwy verknüpft. Ihr Thema ist Kafkas eigenstes Interessengebiet – die Literatur. Da es sich in ihnen ferner nicht um die Hervorbringungen eines Einzelnen (etwa Kafkas) handelt, sondern um die Wirkung ins Große (wenn auch nur einer »kleinen Nation«), so vermag er hier wie selten anderswo seine Gedanken aufs Allgemeine und sein Heil zu richten. Der klare Fluß seiner Rede beweist, wie sehr sie ihm vom Herzen kam.
Aus der Perspektive der Nachwelt gesehen, fällt es freilich schwer, Kafkas jugendlichen Optimismus zu teilen. Die jüdische Literatur in Warschau ging mit ihren Trägern im zweiten Weltkrieg zugrunde, während die Literatur der Tschechen, jener anderen »kleinen Nation«, die Kafka unzweifelhaft vorgeschwebt hatte, mit dem Einmarsch der Deutschen in Prag ihre Freiheit verlor.
Wir werden kaum fehlgehen, wenn wir in dieser frühen Äußerung Kafkas eine Grundlage seines Interesses an Max Brods zionistischen Aspirationen sehen. Erwarteten doch die »Kulturzionisten« eine eigenständige Literatur von der »kleinen Nation«, die sich in Israel ansiedeln sollte. Kafka selbst blieb in der ihm eigenen Verklausulierung bis an sein Ende der Erkenntnis treu: »Erst im Chor mag eine gewisse Wahrheit liegen« (S. 241). Daß er diesen Chor 1911 noch im Politischen suchte, erscheint als ein rührender Schritt des jungen Kafka in die Richtung auf die Wirklichkeit zu. In seinem letzten Lebensjahr wiederholte er diesen Schritt auf der Ebene der Literatur mit der Erzählung ›Josefine, die Sängerin, oder das Volk der Mäuse‹ (*E*, 268–291), die den Einzelnen im Untergang, die »kleine Nation« der Mäuse aber als eine un-literarische Un-Nation schildert.

25. Dezember. Was ich durch Löwy von der gegenwärtigen jüdischen Literatur in Warschau und was ich durch teilweise eigenen Einblick von der gegenwärtigen tschechischen Literatur erkenne, deutet darauf hin, daß viele Vorteile der literarischen Arbeit – die Bewegung der Geister, das einheitliche Zusammenhalten des im äußern Leben oft untätigen und immer sich zersplitternden nationalen Bewußtseins, der Stolz und der Rückhalt, den die Nation durch eine Literatur für sich und gegenüber der feindlichen Umwelt erhält, dieses Tagebuchführen einer Nation, das etwas ganz anderes ist als Geschichtsschreibung, und als Folge dessen eine schnellere und doch immer vielseitig überprüfte Entwicklung, die detaillierte Vergeistigung des großflächigen öffentlichen Lebens, die Bindung unzufriedener Elemente, die hier, wo Schaden nur durch Lässigkeit entstehen kann, sofort nützen, die durch das Getriebe der Zeitschriften sich bildende, immer auf das Ganze angewiesene Gliederung des Volkes, die Einschränkung der Aufmerksamkeit der Nation auf ihren eigenen Kreis und Aufnahme des Fremden nur in der Spiegelung, das Entstehen der Achtung vor literarisch tätigen Personen, die vorübergehende, aber nachwirkende Erweckung höheren Strebens unter den Heranwachsenden, die Übernahme literarischer Vorkommnisse in die politischen Sorgen, die Veredlung und Besprechungsmöglichkeit des Gegensatzes zwischen Vätern und Söhnen, die Darbietung der nationalen Fehler in einer zwar besonders schmerzlichen, aber verzeihungswürdigen und befreienden Weise, das Entstehen eines lebhaften und deshalb selbstbewußten Buchhandels und der Gier nach Büchern – alle diese Wirkungen können schon durch eine Literatur hervorgebracht werden, die sich in einer tatsächlich zwar nicht ungewöhnlichen Breite entwickelt, aber infolge des Mangels bedeutender Talente diesen Anschein hat. Die Lebhaftigkeit einer solchen Literatur ist sogar größer als die einer talentreichen, denn, da es hier keinen Schriftsteller gibt, vor dessen Begabung wenigstens die Mehrzahl der Zweifler zu schweigen hätte, bekommt der literarische Streit in größtem Ausmaß eine wirkliche Berechtigung. Die von keiner Begabung durchbrochene Literatur zeigt deshalb auch keine Lücken, durch die sich Gleichgültige drücken könnten. Der Anspruch der Literatur auf Aufmerksamkeit wird dadurch zwingender. Die Selbständigkeit des einzelnen Schriftstellers, natürlich nur innerhalb der nationalen Grenzen, wird besser gewahrt. Der Mangel unwiderstehlicher

nationaler Vorbilder hält völlig Unfähige von der Literatur ab. Aber selbst schwache Fähigkeiten genügen nicht, um sich von den undeutlichen Charakterzeichen der eben herrschenden Schriftsteller beeinflussen zu lassen, oder die Ergebnisse fremder Literaturen einzuführen oder die schon eingeführte fremde Literatur nachzuahmen, was man schon daraus erkennen kann, daß zum Beispiel innerhalb einer an großen Begabungen reichen Literatur wie der deutschen die schlechtesten Schriftsteller sich mit ihrer Nachahmung an das Inland halten. Besonders wirkungsvoll zeigt sich die in den obigen Richtungen schöpferische und beglückende Kraft einer im einzelnen schlechten Literatur, wenn damit begonnen wird, verstorbene Schriftsteller literaturgeschichtlich zu registrieren. Ihre unleugbaren damaligen und gegenwärtigen Wirkungen werden etwas so Tatsächliches, daß es mit ihren Dichtungen vertauscht werden kann. Man spricht von den letzteren und meint die ersteren, ja man liest sogar die letzteren und sieht bloß die ersteren. Da sich jene Wirkungen aber nicht vergessen lassen und die Dichtungen selbständig die Erinnerung nicht beeinflussen, gibt es auch kein Vergessen und kein Wiedererinnern. Die Literaturgeschichte bietet einen unveränderlichen vertrauenswürdigen Block dar, dem der Tagesgeschmack nur wenig schaden kann.
Das Gedächtnis einer kleinen Nation ist nicht kleiner als das Gedächtnis einer großen, es verarbeitet daher den vorhandenen Stoff gründlicher. Es werden zwar weniger Literaturgeschichtskundige beschäftigt, aber die Literatur ist weniger eine Angelegenheit der Literaturgeschichte als Angelegenheit des Volkes und darum ist sie, wenn auch nicht rein, so doch sicher aufgehoben. Denn die Anforderungen, die das Nationalbewußtsein innerhalb eines kleinen Volkes an den Einzelnen stellt, bringen es mit sich, daß jeder immer bereit sein muß, den auf ihn entfallenden Teil der Literatur zu kennen, zu tragen, zu verfechten und jedenfalls zu verfechten, wenn er ihn auch nicht kennt und trägt.
Die alten Schriften bekommen viele Deutungen, die gegenüber dem schwachen Material mit einer Energie vorgehn, die nur gedämpft ist durch die Befürchtung, daß man zu leicht bis zum Ende vordringen könnte, sowie durch die Ehrfurcht, über die man sich geeinigt hat. Alles geschieht in der ehrlichsten Weise, nur daß innerhalb einer Befangenheit gearbeitet wird, die sich niemals löst, keine Ermüdung aufkommen läßt und durch das Sichheben einer geschickten Hand meilenweit sich verbreitet. Schließlich heißt aber Befangenheit nicht nur die Verhinderung des Ausblicks, sondern auch jene des Einblicks, wodurch ein Strich durch alle diese Bemerkungen gezogen wird.

Weil die zusammenhängenden Menschen fehlen, entfallen zusammenhängende literarische Aktionen. (Eine einzelne Angelegenheit wird in die Tiefe gedrückt, um sie von der Höhe beobachten zu können, oder sie wird in die Höhe gehoben, damit man sich oben an ihrer Seite behaupten kann. Falsch.) Wenn auch die einzelne Angelegenheit oft mit Ruhe durchdacht wird, so kommt man doch nicht bis an ihre Grenzen, an denen sie mit gleichartigen Angelegenheiten zusammenhängt, am ehesten erreicht man die Grenze gegenüber der Politik, ja man strebt sogar danach, diese Grenze früher zu sehen, als sie da ist, und oft diese sich zusammenziehende Grenze überall zu finden. Die Enge des Raumes, ferner die Rücksicht auf Einfachheit und Gleichmäßigkeit, endlich auch die Erwägung, daß infolge der innern Selbständigkeit der Literatur die äußere Verbindung mit der Politik unschädlich ist, führen dazu, daß die Literatur sich dadurch im Lande verbreitet, daß sie sich an den politischen Schlagworten festhält.

Allgemein findet sich die Freude an der literarischen Behandlung kleiner Themen, die nur so groß sein dürfen, daß eine kleine Begeisterung sich an ihnen verbrauchen kann, und die polemische Aussichten und Rückhalte haben. Literarisch überlegte Schimpfworte rollen hin und wieder, im Umkreis der stärkeren Temperamente fliegen sie. Was innerhalb großer Literaturen unten sich abspielt und einen nicht unentbehrlichen Keller des Gebäudes bildet, geschieht hier im vollen Licht, was dort einen augenblicksweisen Zusammenlauf entstehen läßt, führt hier nichts weniger als die Entscheidung über Leben und Tod aller herbei.

Schema zur Charakteristik kleiner Literaturen

Wirkung im guten Sinn hier wie dort auf jeden Fall. Hier sind im einzelnen sogar bessere Wirkungen.

1. Lebhaftigkeit
   a) Streit   b) Schulen   c) Zeitschriften
2. Entlastung
   a) Prinzipienlosigkeit   c) leichte Symbolbildung
   b) kleine Themen   d) Abfall der Unfähigen
3. Popularität
   a) Zusammenhang mit Politik   c) Glaube an die Literatur, ihre Gesetzgebung wird ihr überlassen.
   b) Literaturgeschichte

Es ist schwer, sich umzustimmen, wenn man dieses nützliche fröhliche Leben in allen Gliedern gefühlt hat.

[25. Dezember 1911 / *T*, 206–210]

VIII. LITERATUR UND LÜGE

»Das Wort entschlief, als jene Welt erwachte.« (Karl Kraus, 1933)

Der Titel dieses Abschnittes ist ein Zitat aus Karl Kraus. So nannte der Wiener Satiriker einen 1929 erschienenen Auswahlband seiner Literaturkritik, die zugleich Gesellschafts- und Kulturkritik gewesen ist. Aber schon 1909, zu einer Zeit, da Franz Kafka sich noch um einen eigenen Stil bemühte, gab der Polemiker in der ›Fackel‹ die folgende Definition des zeitgenössischen Schrifttums: »Hier kann einer machen, was er will, niemand wird daran Anstoß nehmen ... Hier kann ein Mensch, der keine blasse Ahnung von Stil hat, über Werke der Sprache in einem impertinenten Ton aburteilen, für den man ihm in jeder besseren Gesellschaft auf den Mund schlüge. Hier dünkt sich ein Reporter, dem man keinen Gerichtssaalbericht anvertraute, einen Gott. Es soll vorkommen, daß solche Leute an auswärtige Revuen Beiträge schicken und wenn sie ihnen abgelehnt werden, mit den Waffen ihrer kritischen Hausmacht zu spielen beginnen. Daß sie dann in ihrem Gehege sich für alle Zurücksetzungen, die ihrer Talentlosigkeit widerfahren, für die Enttäuschungen ihres Ehrgeizes, für alle Verbitterung schadlos halten, ist nur zu begreiflich« (Literatur und Lüge [Ausgabe von 1958] S. 41). Der Reporter als Affe Gottes, der Journalist als Affe des Schriftstellers, der Schriftsteller als Affe des Lebens, — das ist die Karikatur eines literarischen Betriebs, dem sich Karl Kraus mit blankem Hohn, Franz Kafka jedoch mit Ironie, das heißt: zweideutig, zu entziehen trachtete.

Kafka kannte Kraus und folgte ihm verständnisvoll aus der Ferne (s. S. 209). Zu Gustav Janouch, der ihm ein neues Heft der ›Fakkel‹ brachte, sagte er über deren Herausgeber: »Er zerpflückt die Journalisten wunderbar. Nur ein gerissener Wilddieb kann so ein strenger Waldhüter sein« (*J*, 50). Den Selbsthaß, an dem er litt, imputierte Kafka dem Satiriker mit Recht. Sie beide sehen nicht mehr, wie Thomas Manns Tonio Kröger, im Schriftsteller einen verirrten Bürger, sondern das Abfallsprodukt der Schöpfung. Beide wußten, wovon sie reden: sie redeten vom Selbsthaß.

Daher könnte Kafkas früher Satz »Schriftsteller reden Gestank« (S. 186), beinahe von Karl Kraus stammen. Beinahe nur, denn für Karl Kraus schrieben die Schriftsteller Spülicht, während er selbst in reiner Quelle sprudelte. Kafkas Satz will jedoch besagen, daß dem Schriftsteller, da ihm die kalte Schrift heilig ist, für die lebende Rede nichts mehr übrig bleibt als der Geruch der

Fäulnis, der ihm an Atems statt von den Lippen kommt. Verdammte ihrer selbst waren sie beide; nur daß Karl Kraus andere Schriftsteller als Sündenböcke in eine Wüste trieb, der sich Franz Kafka in einem rasanten Akt von Hingabe schon selbst ausgesetzt hatte. Karl Kraus wie Franz Kafka bezeugen damit den extremen Trieb zur Reinheit, der einer so hybriden Mischform wie der deutschjüdischen Literatur am Ende doch innewohnte.

Beide sind nicht so sehr Steller wie Deuter der Schrift. Das Wort »Kommentar« taucht immer wieder im Werk beider auf. Auch der juristische Instinkt, die Nomenklatur der Gerichtshöfe, ist ihnen beiden gemeinsam: Kafkas Romane sind wie die ›Fakkel‹ auf Kanzleipapier geschrieben. Beide standen im ›Prozeß‹ der Ewigkeit gegen ihre Zeitgenossenschaft, nur daß sich Karl Kraus auf die Seite der Ewigkeit schlug, am bewegendsten wohl in den Schlußworten, die Gott über ›Die letzten Tage der Menschheit‹ spricht: »Ich habe es nicht gewollt« (Neuausgabe, S. 770). Franz Kafka dagegen zog es vor, den ›Prozeß‹ gegen die Unendlichkeit zu führen, wobei ihn seine Zeitgenossenschaft kaum beachtete. Freilich glaubte Karl Kraus, ein später und österreichischer Nachfahr Gotthold Ephraim Lessings und Georg Christoph Lichtenbergs, an den Primat einer reinen Vernunft und ging daran zugrunde, daß er die unreine Unvernunft mit der ihr eigenen Unlogik unaufhaltsam herannahen sah. Solch einem Glauben, solch einem heroischen Scheitern war Franz Kafka schon entrückt. Sein Kommentar ist das Labyrinth, in dem sich die Literatur verliert, wenn sie nichts anderes mehr zu tun vermag, als deutend die Lüge der Weltordnung zu offenbaren (Seite 225). Sie waren beide Apokalyptiker: Als die Nazis 1933 zur Macht kamen, bekannte Karl Kraus, ihm falle zu Hitler nichts ein. Der Diktator war für den Satiriker zum leibgewordenen Gottseibeiuns geworden. Aber schon, als Franz Kafka 1922 ›Das Schloß‹ schrieb, war ihm zum lieben Gott nichts mehr eingefallen. Da ihnen Literatur zur Lüge geworden war, öffnet sich das Wort Kafkas wie Karl Kraus' am Ende ins Schweigen.

Wir werden also kaum fehlgehen, wenn wir annehmen, daß es Kafka zumindest zu Zeiten Ernst war mit der Vernichtung seines Nachlasses; einer Vernichtung, die er gleich in doppelter Ausfertigung seinem Testamentsvollstrecker Max Brod auftrug. Brod hat dann den letzten Willen seines Freundes souverän mißachtet, der Nachwelt zu Dank, sich selbst und den Freunden Kafkas aber zu nie völlig beschwichtigtem Zweifel. Denn da für Kafka Literatur nicht nur das Allerheiligste, sondern auch zugleich der Ausbund allen Schmutzes war, werden wir annehmen dürfen, daß die Stunden, in denen er die Vernichtung seines Beitrags zu ihr verfügte, zwar nicht mit seinen schöpferischen Stunden identisch waren, diesen aber zum Verzweifeln ähnlich sahen.

*Brief an Max Brod**

Ich wunderte mich, daß Du mir nichts über Tonio Kröger geschrieben hast. Aber ich sagte zu mir: »Er weiß, wie froh ich bin, wenn ich einen Brief von ihm bekomme, und über Tonio Kröger[1] muß man etwas sagen. Offenbar hat er mir also geschrieben, aber es gibt Zufälle, Wolkenbrüche, Erdbeben, der Brief ist verloren gegangen.« Gleich darauf aber ärgerte ich mich über diesen Einfall, da ich nicht in Schreiberlaune war, und schimpfend darüber, einen vielleicht ungeschriebenen Brief beantworten zu müssen, begann ich zu schreiben: Als ich Deinen Brief bekam, überlegte ich in meiner Verwirrung, ob ich zu Dir gehn oder Dir Blumen schicken sollte. Aber ich tat keines von beiden, teils aus Nachlässigkeit, teils weil ich fürchtete, Dummheiten zu begehn, da ich ein wenig aus meinem Schritt gekommen bin und traurig bin wie ein Regenwetter.

Da hat mir aber Dein Brief gut getan. Denn wenn mir jemand eine Art von Wahrheit sagt, so finde ich das anmaßend. Er belehrt mich dadurch, erniedrigt mich, erwartet von mir die Mühsal eines Gegenbeweises, ohne aber selbst in Gefahr zu sein, da er doch seine Wahrheit für unangreifbar halten muß. Aber so zeremoniell, unbesonnen und rührend es ist, wenn man jemandem ein Vorurteil sagt, noch rührender ist es, wenn man es begründet und gar wenn man es wieder mit Vorurteilen begründet. Du schreibst vielleicht auch von der Ähnlichkeit mit Deiner Geschichte »Ausflug ins Dunkelrote«[2]. Ich habe auch früher an eine solche ausgebreitete Ähnlichkeit gedacht, ehe ich »Tonio Kröger« jetzt wieder gelesen habe. Denn das Neue des »Tonio Kröger« liegt nicht in dem Auffinden dieses Gegensatzes (Gott sei Dank, daß ich nicht mehr an diesen Gegensatz glauben muß, es ist ein einschüchternder Gegensatz), sondern in dem eigentümlichen nutzbringenden (der Dichter im »Ausflug«) Verliebtsein in das Gegensätzliche.

Wenn ich nun annehme, daß Du über diese Gegenstände geschrieben hast, so verstehe ich nicht, warum Dein Brief im ganzen so aufgeregt und ohne Atem ist. (Es ist möglich, daß das bei mir bloß eine Erinnerung daran ist, daß Du Sonntag Vormittag so gewesen bist.) Ich bitte Dich, laß Dich ein wenig in Ruhe.

Ja, ja es ist gut, daß auch dieser Brief verloren gehen wird.

Dein Franz K.

Nach zwei verlernten Tagen. [1904 / *B*, 31]

*Brief an Max Brod**

Lieber Max,

ich schreibe Dir gern, noch ehe ich mich schlafen lege; es ist erst vier Uhr.

Ich habe gestern die »Gegenwart«[3] gelesen, allerdings mit Unruhe, da ich in Gesellschaft war und das in der »Gegenwart« Gedruckte ins Ohr gesagt sein will.

Nun, das ist Fasching, durchaus Fasching, aber der liebenswürdigste. — Gut, so habe ich in diesem Winter doch einen Tanzschritt gemacht.

Besonders freue ich mich, daß nicht jeder die Notwendigkeit meines Namens an dieser Stelle erkennen wird. Denn er müßte den ersten Absatz schon daraufhin lesen und sich die Stelle, die vom Glück der Sätze handelt, merken. Dann würde er finden: eine Namengruppe, die mit Meyrink[4] (offenbar ist das ein zusammengezogener Igel) endet, ist am Anfang eines Satzes unmöglich, wenn die folgenden Sätze noch atmen sollen. Also bedeutet ein Name mit offenem Vokal am Ende — hier eingefügt — die Lebensrettung jener Worte. Mein Verdienst dabei ist ein geringes.

Traurig ist nur — ich weiß, Du hattest diese Absicht nicht —, daß es mir jetzt zu einer unanständigen Handlung gemacht worden ist, später etwas herauszugeben, denn die Zartheit dieses ersten Auftretens würde vollständigen Schaden bekommen. Und niemals würde ich eine Wirkung finden, die jener ebenbürtig wäre, die meinem Namen in Deinem Satze gegeben ist.

Allerdings ist das nur eine nebensächliche Erwägung heute, mehr suche ich Sicherheit über den Kreis meiner jetzigen Berühmtheit zu bekommen, da ich ein braves Kind bin und Liebhaber der Geographie. Mit Deutschland, glaube ich, kann ich hier nur wenig rechnen. Denn wieviele Leute lesen hier eine Kritik mit gleicher Spannung bis in den letzten Absatz hinein? Das ist nicht Berühmtheit. Anders aber ist es bei den Deutschen im Auslande, zum Beispiel in den Ostseeprovinzen, besser noch in Amerika oder gar in den deutschen Kolonien, denn der verlassene Deutsche liest seine Zeitschrift ganz und gar. Mittelpunkte meines Ruhmes sind also Dar-es-Salam, Udschidschi, Windhoek. Aber gerade zur Beruhigung dieser rasch interessierten Leute (schön ist es: Farmer, Soldaten) hättest Du noch in Klammern schreiben sollen: »Diesen Namen wird man vergessen müssen.«

Ich küsse Dich, mach die Prüfung bald, Dein Franz

[12. Februar 1907 / *B*, 35–36]

Schriftsteller reden Gestank. [1910 / *T*, 11]

Endlich nach fünf Monaten meines Lebens, in denen ich nichts schreiben konnte, womit ich zufrieden gewesen wäre, und die mir keine Macht ersetzen wird, obwohl alle dazu verpflichtet wären, komme ich auf den Einfall, wieder einmal mich anzusprechen. Darauf antwortete ich noch immer, wenn ich mich wirklich fragte, hier war immer noch etwas aus mir herauszuschlagen, aus diesem Strohhaufen, der ich seit fünf Monaten bin und dessen Schicksal es zu sein scheint, im Sommer angezündet zu werden und zu verbrennen, rascher, als der Zuschauer mit den Augen blinzelt. Wollte das doch nur mit mir geschehn! Und zehnfach sollte mir das geschehn, denn ich bereue nicht einmal die unglückselige Zeit. Mein Zustand ist nicht Unglück, aber er ist auch nicht Glück, nicht Gleichgültigkeit, nicht Schwäche, nicht Ermüdung, nicht anderes Interesse, also was ist er denn? Daß ich das nicht weiß, hängt wohl mit meiner Unfähigkeit zu schreiben zusammen. Und diese glaube ich zu verstehn, ohne ihren Grund zu kennen. Alle Dinge nämlich, die mir einfallen, fallen mir nicht von der Wurzel aus ein, sondern erst irgendwo gegen ihre Mitte. Versuche sie dann jemand zu halten, versuche jemand ein Gras und sich an ihm zu halten, das erst in der Mitte des Stengels zu wachsen anfängt. Das können wohl einzelne, zum Beispiel japanische Gaukler, die auf einer Leiter klettern, die nicht auf dem Boden aufliegt, sondern auf den emporgehaltenen Sohlen eines halb Liegenden, und die nicht an der Wand lehnt, sondern nur in die Luft hinaufgeht. Ich kann es nicht, abgesehen davon, daß meiner Leiter nicht einmal jene Sohlen zur Verfügung stehn. Es ist das natürlich nicht alles, und eine solche Anfrage bringt mich noch nicht zum Reden. Aber jeden Tag soll zumindest eine Zeile gegen mich gerichtet werden, wie man die Fernrohre jetzt gegen den Kometen richtet. Und wenn ich dann einmal vor jenem Satze erscheinen würde, hergelockt von jenem Satze, so wie ich zum Beispiel letzte Weihnachten gewesen bin und wo ich so weit war, daß ich mich nur noch gerade fassen konnte, und wo ich wirklich auf der letzten Stufe meiner Leiter schien, die aber ruhig auf dem Boden stand und an der Wand. Aber was für ein Boden, was für eine Wand! Und doch fiel jene Leiter nicht, so drückten sie meine Füße an den Boden, so hoben sie meine Füße an die Wand.

[1910 / *T*, 11–13]

Damit diese falschen Stellen, die um keinen Preis aus der Geschichte heraus wollen, mir endlich Ruhe geben, schreibe ich zwei her: »Seine Atemzüge waren laut wie Seufzer über einen Traum, in dem das Unglück leichter zu tragen ist als in unserer Welt, so daß einfache Atemzüge schon genügendes Seufzen sind.«

»Jetzt überblicke ich ihn so frei, wie man ein kleines Geduldspiel überblickt, von dem man sich sagt: Was tut es, daß ich die Kügelchen nicht in ihre Höhlungen bringen kann, alles gehört mir ja, das Glas, die Fassung, die Kügelchen und was noch da ist; die ganze Kunst kann ich einfach in die Tasche stecken.«

[20. Dezember 1910 / *T*, 31]

Drei Kritiken *

Ein Roman der Jugend[5]

[Felix Sternheim: Die Geschichte des jungen Oswald. Hyperionverlag Hans von Weber, München 1910]

Ob es will oder nicht, es ist ein Buch, um junge Leute glücklich zu machen.

Vielleicht muß der Leser, während er diesen Roman in Briefform zu lesen beginnt, aus Not ein wenig einfältig werden, denn ein Leser kann nicht gedeihen, beugt man seinen Kopf sogleich mit dem ersten Ruck über den unveränderlichen Strom eines Gefühls. Und vielleicht ist diese Einfalt des Lesers die Ursache, daß ihm die Schwächen des Autors hier im Anfang geradezu morgendlich klar erscheinen: Eine beschränkte Terminologie, von Werthers Schatten umkreist, schmerzlich den Ohren mit immer ›süß‹ und immer ›hold‹. Ein beständig wiederkehrendes Entzücken, dessen Fülle niemals aufgegeben wird, das aber, oft nur noch gerade an den Worten hängend, tot durch die Seiten geht. Wird dann aber der Leser vertrauter, bekommt er einen geschützten Platz, dessen Boden schon gemeinsam mit dem Boden der Geschichte zittert, dann ist die Einsicht nicht mehr schwierig, daß die Briefform des Romans den Autor fast mehr braucht als er sie. Die Briefform gestattet, einen raschen Wechsel aus einem dauernden Zustand heraus zu schildern, ohne daß der rasche Wechsel um seine Raschheit kommt; sie gestattet, einen dauernden Zustand durch einen Aufschrei bekannt zu machen und die Dauer bleibt daneben bestehn. Sie erlaubt, ohne Schaden die Entwicklung aufzuhalten, denn während der Mann, dessen berechtigte Hitze uns erregt, seine Briefe schreibt, schonen ihn alle Mächte, die Vorhänge sind herabgelassen und bei Ruhigsein des ganzen Körpers schiebt er gleichmäßig seine Hand über das Briefpapier. Es wird des Nachts im Halbschlaf geschrieben; je größer die Augen hiebei sind, desto früher fallen sie zu. Es werden zwei Briefe hintereinander an verschiedene Adressaten geschrieben und der zweite mit einem Kopf, der nur an den ersten denkt. Es werden Briefe abends, in der Nacht und am Morgen geschrieben, und das Gesicht am Morgen schaut über das schon unkenntliche Nachtgesicht hinweg, dem Gesicht vom

Abend noch mit Verständnis in die Augen. Die Worte ›Liebstes, liebstes Gretchen!‹ kommen verdeckt zwischen zwei großen Sätzen hervor, stoßen durch die Überraschung beide zurück und bekommen alle Freiheit.
Und wir verlassen alles, den Ruhm, die Dichtkunst, die Musik und verlieren uns, wie wir sind, in jenes sommerliche Land, wo die Felder und Wiesen »ähnlich wie im Holländischen, von schmalen, dunklen Wasserarmen durchzogen sind«, wo, im Kreise erwachsener Mädchen, kleiner Kinder und einer klugen Frau, Oswald in das Gretchen beim Ticktack kleiner gesprochener Sätze sich verliebt. Dieses Gretchen lebt in der tiefsten Stille des Romans; von allen Seiten, immer wieder, stürzen wir ihm zu. Selbst Oswald verlieren wir hie und da aus den Augen, sie nicht, selbst durch das lauteste Lachen ihrer kleinen Gesellschaft sehn wir sie wie durch ein Gebüsch. Jedoch kaum sehn wir sie, ihre einfache Gestalt, schon sind wir ihr so nahe, daß wir sie nicht mehr sehen können, kaum fühlen wir sie nahe, sind wir ihr schon entrissen und sehn sie klein in der Ferne. »Sie lehnte ihr Köpfchen an das Birkengeländer, so daß der Mond zur Hälfte ihr Gesicht beschien.«
Die Bewunderung für diesen Sommer im Herzen — wer wagte zu sagen oder besser, wer wagte die leichte Beweisführung, daß sich von da ab das Buch zugleich mit dem Helden, mit der Liebe, der Treue, zugleich mit allen guten Dingen geradewegs totschlägt, während bloß die Dichtkunst des Helden siegt, eine Angelegenheit, die nur infolge ihrer Gleichgültigkeit nicht fraglich ist. So geschieht es, daß der Leser, je mehr es gegen Ende geht, desto stärker zu jenem anfänglichen Sommer sich zurückwünscht und schließlich, statt dem Helden auf den Selbstmordfelsen zu folgen, glücklich zu jenem Sommer zurückkehrt und für immer sich dort festhalten möchte.

Über Kleists »Anekdoten«[6]

Das ist ein Anblick, wenn die großen Werke, selbst bei willkürlicher Zerteilung, aus ihrem unzerteilbaren Innern immer wieder leben, dann vielleicht ganz besonders in unsere trüben Augen schlagend. Darum hat jede Einzelausgabe, welche die Aufmerksamkeit ein für allemal an ein Begrenztes hält, ihr tatsächliches Verdienst, gar wenn sie, wie diese Sammlung Kleistscher Anekdoten, eine neue Einheit respektiert und so den Umfang des Kleistschen Werkes förmlich vergrößert. Sie vergrößert ihn selbst dann, wenn wir alle diese Anekdoten schon kennen sollten, was aber zur Freude vieler durchaus nicht der Fall sein muß. Der Kenner wird es natürlich erklären können, warum manche dieser Anekdoten in verschiedenen Gesamtausgaben, selbst in der Tempelausgabe, fehlen; der Nichtkenner wird das nicht verstehn, dafür sich aber desto fester an diesen neuen Text halten, den ihm der Verlag Rowohlt in klarem Druck und ernsthafter Ausstattung (besonders das etwas getönte Papier scheint uns passend) für die Kleinigkeit von zwei Mark liefert.

Hyperion[7]

Die Zeitschrift Hyperion hat ihre Arbeit halb gezwungen, halb freiwillig beendet und ihre zwölf wie Steinplatten großen weißen Hefte sollen jetzt abgeschlossen sein. Unmittelbar erinnern an sie nur noch die Hyperion-Almanache 1910 und 1911, um die sich das Publikum wie um die unterhaltenden Reliquien eines unbequemen Toten reißt. Der wesentliche Herausgeber war Franz Blei[7], dieser bewunderungswerte Mann, den die Heftigkeit und noch mehr die Mannigfaltigkeit seiner Talente in die dichteste Literatur hineintreibt, wo er sich aber nicht befreien und halten kann, sondern mit verwandelter Energie zu Zeitschriftengründungen entläuft. Der Verleger war Hans von Weber, dessen Verlag zuerst von Hyperion ganz überdeckt war, heute aber, ohne sich in einer Seitengasse der Literatur zu verstecken, ohne aber auch mit allgemeinen Programmen zu strahlen, einer der zielbewußten deutschen Verlage geworden ist. Die Absicht dieser Gründer des Hyperion war, mit ihm in jene Lücke des literarischen Zeitschriftenwesens zu treten, welche zuerst der »Pan«[8] erkannt, welche nach ihm die »Insel«[9] auszufüllen versucht hatte und welche seitdem scheinbar offen stand. Hier fängt schon der Irrtum des Hyperion an, freilich hat kaum je eine literarische Zeitschrift edler geirrt. Der »Pan« brachte zu seiner Zeit über Deutschland die Wohltat eines von ihm aus tausendfach sich verzweigenden Schreckens, indem er die wesentlichen zeitgemäßen, aber noch unbekannten Kräfte einigte und durch einander stärkte; die »Insel« erschmeichelte sich dort, wo ihr jene äußerste Notwendigkeit fehlte, eine andere, wenn auch niedrigere; der Hyperion hatte keine. Er sollte denen, die an den Grenzen der Literatur wohnen, eine große lebendige Repräsentation geben; aber sie gebührte jenen nicht und sie wollten sie im Grunde auch nicht haben. Diejenigen, welche ihre Natur von der Gemeinschaft fernhält, können nicht ohne Verlust regelmäßig in einer Zeitschrift auftreten, wo sie sich zwischen den andern Arbeiten in eine Art bühnenmäßigen Lichts gestellt fühlen müssen und fremder aussehn, als sie sind; sie brauchen auch keine Verteidigung, denn das Unverständnis kann sie nicht treffen, weil sie dunkel sind, und die Liebe findet sie überall; sie brauchen auch keine Kräftigung, denn, wenn sie wahrhaftig bleiben wollen, können sie nur von sich selbst zehren, so daß man ihnen nicht helfen kann, ohne ihnen vorher zu schaden. Während aber diese Möglichkeiten anderer Zeitschriften:

zu repräsentieren, zu zeigen, zu verteidigen, zu kräftigen, sich dem Hyperion versagten, konnten überdies peinliche Nachteile nicht vermieden werden: Eine solche Literaturversammlung, wie sie im Hyperion beisammen war, zieht mit Macht und ohne die Fähigkeit, sich zu wehren, Lügenhaftes an; dagegen gab es dort, wo die beste allgemeine Literatur und Kunst in den Hyperion eintrat, keineswegs immer einen vollkommenen Zusammenklang und jedenfalls keinen besondern, anderswo nicht zu erreichenden Gewinn. Alle diese Bedenken aber konnten in den zwei Jahren den Genuß des Hyperion nicht stören, denn schon der Reiz des Versuches, der nur soweit barbarisch war, wie es jedes Heldenhafte ist, machte alles andere vergessen; dem Hyperion selbst allerdings gingen diese Bedenken wohl an den Leib und sie hätten ihn schon als Selbstvorwürfe, wenn das ziellose Unverständnis des Publikums nicht zuvorgekommen wäre, gewiß verschwinden lassen. Verschwinden lassen wie einen Geist, dem die Nachtluft ausgeht und der gar nicht ohnmächtiger war, als es alle guten Geister in unserem Leben sind, das er — förmlich ohne zu fragen, ob es erlaubt sei — mit neuer Verwirrung ordnen wollte. Sein Andenken aber wird schon deshalb nicht verschwinden können, weil in den nächsten Generationen sich sicher keiner finden wird, der den Willen, die Kraft, den Opfermut und die begeisterte Verblendung hätte, ein ähnliches Unternehmen wieder anzufangen; und deshalb beginnt der unvergessene Hyperion jeder Feindschaft schon zu entrücken und wird in zehn oder zwanzig Jahren einfach ein bibliographischer Schatz sein. [um 1910 / *E*, 313–318]

Es ist meine alte Gewohnheit, reine Eindrücke, ob sie schmerzlich oder freudig sind, wenn sie nur ihre höchste Reinheit erreicht haben, nicht sich wohltätig in mein ganzes Wesen verlaufen zu lassen, sondern sie durch neue, unvorhergesehene, schwache Eindrücke zu trüben und zu verjagen. Es ist nicht böse Absicht, mir selbst zu schaden, sondern Schwäche im Ertragen der Reinheit jenes Eindrucks, die aber nicht eingestanden wird, sondern lieber unter innerlicher Stille durch scheinbar willkürliches Hervorrufen des neuen Eindrucks sich zu helfen sucht, statt daß sie, was allein richtig wäre, sich offenbarte und andere Kräfte zu ihrer Unterstützung riefe.
So war ich zum Beispiel Samstag abend nach dem Anhören der guten Novelle des Fräulein T.[10], die doch Max mehr gehört, ihm zumindest in größerem Umfange mit größerem Anhang gehört als eine eigene, dann nach dem Anhören des ausgezeichneten Stückes »Konkurrenz« von Baum, in welchem dramatische Kraft genau so ununterbrochen bei der Arbeit und in der Wirkung

gesehen werden kann, wie im Erzeugnis eines lebendigen Handwerkers, nach dem Anhören dieser beiden Dichtungen war ich so niedergeworfen und mein durch mehrere Tage schon ziemlich leeres Innere ziemlich unvorbereitet mit so schwerer Trauer angefüllt, daß ich Max auf dem Nachhauseweg erklärte, aus »Robert und Samuel[11]« könne nichts werden. Zu dieser Erklärung war damals weder mir noch Max gegenüber auch nicht der geringste Mut nötig. Das folgende Gespräch verwirrte mich ein wenig, da »Robert und Samuel« damals bei weitem nicht meine Hauptsorge war und ich daher auf Maxens Einwände nicht die richtigen Antworten fand. Als ich dann aber allein war und nicht nur die Störung meiner Trauer durch das Gespräch, sondern auch der fast immer wirkende Trost von Maxens Gegenwart entfallen war, entwickelte sich meine Hoffnungslosigkeit so, daß sie mein Denken aufzulösen begann (hier kommt, während ich eine Nachtmahlpause mache, Löwy in die Wohnung und stört mich und freut mich von sieben Uhr bis zehn). Statt jedoch zu Hause abzuwarten, was weiter geschehe, las ich unordentlich zwei Hefte der »Aktion[12]«, ein wenig in den »Mißgeschickten[13]«, endlich auch in meinen Pariser Notizen und legte mich ins Bett, eigentlich zufriedener als früher, aber verstockt. Ähnlich war es vor einigen Tagen, als ich von einem Spaziergang in heller Nachahmung Löwys zurückkam, mit der äußerlich meinem Ziel zugewendeten Kraft seiner Begeisterung. Auch da las ich und redete zu Hause vieles durcheinander und verfiel.

[30. Oktober 1911 / *T*, 129–130]

Dieses Gefühl des Falschen, das ich beim Schreiben habe, ließe sich unter dem Bilde darstellen, daß einer vor zwei Bodenlöchern auf eine Erscheinung wartet, die nur aus dem zur rechten Seite herauskommen darf. Während aber gerade dieses unter einem matt sichtbaren Verschluß bleibt, steigt aus dem linken eine Erscheinung nach der andern, sucht den Blick auf sich zu ziehn und erreicht dies schließlich mühelos durch ihren wachsenden Umfang, der endlich sogar die richtige Öffnung, so sehr man abwehrt, verdeckt. Nun ist man aber, wenn man diesen Platz nicht verlassen will – und das will man um keinen Preis – auf die Erscheinungen angewiesen, die einem aber infolge ihrer Flüchtigkeit – ihre Kraft verbraucht sich im bloßen Erscheinen – nicht genügen können, die man aber, wenn sie aus Schwäche stocken, aufwärts und in alle Richtungen vertreibt, um nur andere heraufzubringen, da der dauernde Anblick einer unerträglich ist und da auch die Hoffnung bleibt, daß nach Erschöpfung der falschen Erscheinungen endlich die wahren emporkommen werden. Wie wenig kräftig ist das obere

Bild. Zwischen tatsächliches Gefühl und vergleichende Beschreibung ist wie ein Brett eine zusammenhanglose Voraussetzung eingelegt. [27. Dezember 1911 / *T*, 216–217]

*Brief an Max Brod**

Mein liebster Max, weil mir Dein Brief vor Freude in den Händen brennt, antworte ich gleich. Dein Gedicht wird der Schmuck meiner Hütte bleiben, und wenn ich in der Nacht aufwache, was oft vorkommt, denn an die Geräusche in Gras, Baum und Luft bin ich noch nicht gewöhnt, so werde ich es bei der Kerze lesen. Vielleicht bringe ich es einmal dazu, es auswendig hersagen zu können, dann werde ich mich, und sei es auch nur im Gefühl, wenn ich verkannt bei meinen Nüssen sitze, damit erheben. Es ist rein (nur mit den »schweren Trauben« kommt in die zwei Zeilen ein nicht ganz sicherer Überfluß, da solltest Du noch mit der Hand hineingreifen), aber außerdem und vorher noch hast Du es für mich bestimmt, nicht wahr, schenkst es mir vielleicht, läßt es gar nicht drucken, denn, weißt Du, noch die erträumteste Vereinigung ist für mich das Wichtigste auf dieser Welt.
Der brave, der kluge, der tüchtige Rowohlt[14]! Wandere aus, Max, wandere von Juncker[15] aus, mit allem oder mit möglichst vielem. Er hat Dich aufgehalten, nicht in Dir, daran glaube ich nicht, da bist Du auf dem guten Weg, aber vor der Welt bestimmt. Die Schrift der Kleist-Anekdoten paßt ganz genau, aus dieser trockenen Schrift wird man die »Höhe des Gefühls«[16] um so besser rauschen hören.
Vom Jahrbuch[17] und vom »Billig«[18] schreibst Du nichts. Nimmt Rowohlt den »Begriff«[19] umsonst? Daß er an mein Buch denkt, ist mir natürlich recht, aber ihm von hier aus schreiben? Ich wüßte nicht, was ich ihm schreiben sollte.
Wenn das Bureau Dich ein wenig plagt, so tut das nichts, dazu ist es hier, man kann nichts anderes verlangen. Dagegen kann man verlangen, daß aber schon in nächster Zeit Rowohlt oder irgendein anderer kommt und Dich aus Deinem Bureau herauszieht. Er soll Dich dann aber nur in Prag lassen und Du sollst dort bleiben wollen! Hier ist es schon schön, aber ich bin unfähig genug und traurig. Das muß nicht endgiltig sein, das weiß ich. Jedenfalls reicht es zum Schreiben noch lange nicht. Der Roman[20] ist so groß, wie über den ganzen Himmel hin entworfen (auch so farblos und unbestimmt wie heute) und ich verfitze mich beim ersten Satz, den ich schreiben will. Daß ich mich durch die Trostlosigkeit des schon Geschriebenen nicht abschrecken lassen darf, das habe ich schon herausgebracht und habe von dieser Erfahrung gestern viel Nutzen gehabt.

Dagegen macht mir mein Haus viel Vergnügen. Der Fußboden ist ständig mit Gräsern bedeckt, die ich hereinbringe. Gestern vor dem Einschlafen glaubte ich sogar Frauenstimmen zu hören. Wenn man das Klatschen nackter Füße im Gras nicht kennt, so ist, wenn man im Bett liegt, ein vorüberlaufender Mensch wie ein dahineilender Büffel anzuhören. Mähen kann ich nicht erlernen.

Lebe wohl und grüße alle. Dein Franz

[10. Juli 1912 / *B*, 95–96]

*Brief an Max Brod**

Mein liebster Max!

Nachdem ich in der Nacht von Sonntag auf Montag gut geschrieben hatte – ich hätte die Nacht durchschreiben können und den Tag und die Nacht und den Tag und schließlich wegfliegen – und heute sicher auch gut hätte schreiben können – eine Seite, eigentlich nur ein Ausatmen der gestrigen zehn ist sogar fertig – muß ich aus folgendem Grunde aufhören: Mein Schwager, der Fabrikant, ist, was ich in meiner glücklichen Zerstreutheit kaum beachtet hatte, heute früh zu einer Geschäftsreise ausgefahren, die zehn bis vierzehn Tage dauern wird. In dieser Zeit ist die Fabrik tatsächlich dem Werkmeister allein überlassen und kein Geldgeber, um wie viel weniger ein so nervöser wie mein Vater, wird an der vollkommen betrügerischen Wirtschaft zweifeln, die jetzt in der Fabrik vor sich geht. Im übrigen glaube ich dasselbe, zwar nicht so sehr aus Angst um das Geld, als aus Uninformiertheit und Gewissensunruhe. Schließlich aber dürfte auch ein Unbeteiligter, soweit ich mir ihn vorstellen kann, an der Berechtigung der Angst meines Vaters nicht besonders zweifeln, wenn ich auch nicht vergessen darf, daß *ich* im letzten Grunde es gar nicht einsehe, warum nicht ein reichsdeutscher Werkmeister auch in Abwesenheit meines Schwagers, dem er in allem Technischen und Organisatorischen himmelweit überlegen ist, alles in der gleichen Ordnung führen könnte, wie sonst, denn schließlich sind wir Menschen und nicht Diebe.

Nun ist außer dem Werkmeister noch der jüngere Bruder meines Schwagers da, zwar ein Narr in allen Sachen außer dem Geschäftlichen und auch noch weit ins Geschäftliche hinein, aber doch tüchtig, fleißig, aufmerksam, ein Springer möchte ich sagen. Der muß aber natürlich viel im Bureau sein und außerdem das Agenturgeschäft führen, zu diesem Zweck den halben Tag in der Stadt herumlaufen und für die Fabrik bleibt ihm also wenig Zeit.

Wie ich einmal in letzter Zeit Dir gegenüber behauptet habe, daß mich von außen her nichts im Schreiben stören könne (was

natürlich keine Prahlerei, sondern Selbsttröstung war), dachte ich nur daran, wie die Mutter mir fast jeden Abend vorwimmert, ich solle doch einmal hie und da zur Beruhigung des Vaters in die Fabrik schauen und wie mir das auch von seiner Seite der Vater mit Blicken und sonst auf Umwegen viel ärger gesagt hat. Solche Bitten und Vorwürfe gingen zwar zum größten Teil nicht auf Unsinn heraus, denn eine Überwachung des Schwagers würde ihm und der Fabrik sicher sehr gut tun; nur kann ich aber – und darin lag der nicht aus der Welt zu schaffende Unsinn jenes Geredes – eine derartige Überwachung auch in meinen hellsten Zuständen nicht leisten.
Darum handelt es sich aber für die nächsten vierzehn Tage nicht, für die ja nichts anderes nötig ist, als zwei beliebige Augen, und seien es auch nur die meinen, in der Fabrik herumgehn zu lassen. Dagegen, daß diese Forderung gerade an mich gestellt wird, ist nicht das geringste zu sagen, denn ich trage nach der Meinung aller die Hauptschuld an der Gründung der Fabrik – ich muß diese Schuld halb im Traum übernommen haben, scheint mir allerdings – und außerdem ist auch niemand da, der sonst in die Fabrik gehen könnte, denn die Eltern, an die übrigens auch sonst nicht zu denken wäre, haben jetzt gerade die stärkste Geschäftssaison (das Geschäft scheint auch in dem neuen Lokal besser zu gehn) und heute war z. B. die Mutter gar nicht beim Mittagessen zuhause.
Als heute abend die Mutter also wieder mit der alten Klage anfing und abgesehen von dem Hinweis auf die Verbitterung und das Krankwerden des Vaters durch meine Schuld, auch diese neue Begründung von der Abreise des Schwagers und der vollständigen Verlassenheit der Fabrik vorbrachte und auch meine jüngste Schwester, die doch sonst zu mir hält, mit richtigem, von mir in der letzten Zeit auf sie übergegangenem Gefühl und gleichzeitig mit ungeheuerem Unverstand mich vor der Mutter verließ, und mir die Bitterkeit – ich weiß nicht, ob es nur Galle war – durch den ganzen Körper rann, sah ich vollkommen klar ein, daß es für mich jetzt nur zwei Möglichkeiten gab, entweder nach dem allgemeinen Schlafengehen aus dem Fenster zu springen oder in den nächsten vierzehn Tagen täglich in die Fabrik und in das Bureau des Schwagers zu gehn. Das erstere gab mir die Möglichkeit, alle Verantwortung sowohl für das gestörte Schreiben als auch für die verlassene Fabrik abzuwerfen, das zweite unterbrach mein Schreiben unbedingt – ich kann mir nicht den Schlaf von vierzehn Nächten einfach aus den Augen wischen – und ließ mir, wenn ich genug Kraft des Willens und der Hoffnung hatte, die Aussicht, in vierzehn Tagen möglicherweise dort anzusetzen, wo ich heute aufgehört habe.

Ich bin also nicht hinuntergesprungen und auch die Lockungen, diesen Brief zu einem Abschiedsbrief zu machen (meine Eingebungen für ihn gehn in anderer Richtung), sind nicht sehr stark. Ich bin lange am Fenster gestanden und habe mich gegen die Scheibe gedrückt und es hätte mir öfters gepaßt, den Mauteinnehmer[21] auf der Brücke durch meinen Sturz aufzuschrecken. Aber ich habe mich doch die ganze Zeit über zu fest gefühlt, als daß mir der Entschluß, mich auf dem Pflaster zu zerschlagen, in die richtige entscheidende Tiefe hätte dringen können. Es schien mir auch, daß das Amlebenbleiben mein Schreiben – selbst wenn man nur, nur vom Unterbrechen spricht – weniger unterbricht als der Tod, und daß ich zwischen dem Anfang des Romans und seiner Fortsetzung in vierzehn Tagen mich irgendwie gerade in der Fabrik, gerade gegenüber meinen zufriedengestellten Eltern im Innersten meines Romans bewegen und darin leben werde.
Ich lege Dir, mein liebster Max, das Ganze nicht vielleicht zur Beurteilung vor, denn darüber kannst Du ja kein Urteil haben, aber da ich fest entschlossen war, ohne Abschiedsbrief hinunterzuspringen – vor dem Ende darf man doch müde sein – so wollte ich, da ich wieder als Bewohner in mein Zimmer zurücktreten soll, an Dich dafür einen langen Wiedersehensbrief schreiben und da ist er. Und jetzt noch einen Kuß und Gute Nacht, damit ich morgen ein Fabrikschef bin, wie es verlangt wird.

Dein Franz

Dienstag 1/2 1 Uhr, Oktober 1912

Und doch, das darf ich jetzt am Morgen auch nicht verschweigen, ich hasse sie alle der Reihe nach und denke, ich werde in diesen vierzehn Tagen kaum die Grußworte für sie fertig bringen. Aber Haß – und das richtet sich wieder gegen mich – gehört doch mehr außerhalb des Fensters, als ruhig schlafend im Bett. Ich bin weit weniger sicher als in der Nacht[22].

[8. Oktober 1912 / *B*, 107–109]

*Brief an Kurt Wolff**

Sehr geehrter Herr Wolff!
Eben spät abend bekomme ich Ihren so liebenswürdigen Brief. Natürlich ist es mir auch beim besten Willen unmöglich, bis Sonntag die Manuscripte in Ihre Hände kommen zu lassen, wenn ich es auch viel leichter ertragen würde eine unfertige Sache wegzugeben, als auch nur den Anschein aufkommen zu lassen, daß ich Ihnen nicht gefällig sein will. Ich sehe zwar nicht ein, auf welche Weise und in welchem Sinn diese Manuscripte eine Gefälligkeit bedeuten könnten; um so eher sollte ich sie

eben schicken. Das erste Kapitel des Romans[23] werde ich auch tatsächlich gleich schicken, da es von früher her zum größten Teil schon abgeschrieben ist; Montag oder Dienstag ist es in Leipzig. Ob es selbständig veröffentlicht werden kann, weiß ich nicht; man sieht ihm zwar die 500 nächsten und vollständig mißlungenen Seiten nicht gerade an, immerhin ist es wohl doch nicht genug abgeschlossen; es ist ein Fragment und wird es bleiben, diese Zukunft gibt dem Kapitel die meiste Abgeschlossenheit. Die andere Geschichte, die ich habe, »die Verwandlung«, ist allerdings noch gar nicht abgeschrieben, denn in der letzten Zeit hielt mich alles von der Literatur und von der Lust an ihr ab. Aber auch diese Geschichte werde ich abschreiben lassen und frühestens schicken. Für späterhin würden vielleicht diese zwei Stücke und »das Urteil« aus der Arkadia ein ganz gutes Buch ergeben, das »die Söhne« heißen könnte.
Mit herzlichem Dank für Ihre Freundlichkeit und den besten Wünschen für Ihre Reise Ihr ergebener Franz Kafka

[4. April 1913 / *B*, 115]

Klägliche Beobachtung, die gewiß wieder von einer Konstruktion ausgeht, deren unterstes Ende irgendwo im Leeren schwebt: Als ich das Tintenfaß vom Schreibtisch nahm, um es ins Wohnzimmer zu tragen, fühlte ich irgendeine Festigkeit in mir, so wie zum Beispiel die Kante eines großen Gebäudes im Nebel erscheint und gleich verschwindet. Ich fühlte mich nicht verloren, etwas wartete in mir, unabhängig von Menschen, selbst von F. Wie nun, wenn ich davon wegliefe, so wie zum Beispiel einer einmal in die Felder läuft.

Dieses Voraussagen, dieses sich nach Beispielen richten, diese bestimmte Angst ist lächerlich. Das sind Konstruktionen, die selbst in der Vorstellung, in der allein sie herrschen, nur fast bis zur lebendigen Oberfläche kommen, aber immer mit einem Ruck überschwemmt werden müssen. Wer hat die Zauberhand, daß er sie in die Maschinerie steckte und sie würde nicht durch tausend Messer zerrissen und verstreut.

[November 1913 / *T*, 331]

29. Mai. Morgen nach Berlin. Ist es ein nervöser oder ein wirklicher verläßlicher Zusammenhalt, den ich fühle? Wie wäre das? Ist es richtig, daß wenn man einmal die Erkenntnis des Schreibens erhält, nichts verfehlt werden kann, nichts versinkt, aber auch nur selten etwas übermäßig hoch emporschlägt? Wäre es das Herandämmern der Ehe mit F.? Sonderbarer, mir allerdings in der Erinnerung nicht ganz fremder Zustand.

Lange mit Pick vor dem Tor gestanden. Nur daran gedacht, wie ich bald loskommen könnte, denn mein Erdbeernachtmahl war oben für mich vorbereitet. Alles, was ich jetzt über ihn schreiben werde, ist eine Gemeinheit, denn ich lasse ihn nichts davon sehn oder bin zufrieden, daß er es nicht sieht. Aber ich bin sogar mitschuldig an seinem Wesen, solange ich mit ihm gehe, und so gilt das, was ich von ihm sage, auch von mir, selbst wenn man die Künstelei abzieht, die in einer solchen Bemerkung liegt.

Ich mache Pläne. Ich sehe starr vor mich hin, um nicht die Augen von den imaginären Gucklöchern des imaginären Kaleidoskops zu entfernen, in das ich schaue. Ich mische gute und eigennützige Absichten durcheinander, die guten werden in der Farbe verwaschen, die dafür auf die bloß eigennützigen übergeht. Ich lade Himmel und Erde ein, sich an meinen Plänen zu beteiligen, aber ich vergesse nicht die kleinen Leute, die aus jeder Seitengasse hervorzuziehen sind und die vorläufig meinen Plänen besser nützen können. Es ist ja erst der Anfang, immer wieder erst der Anfang. Noch stehe ich hier in meinem Jammer, aber schon kommt hinter mir der ungeheure Wagen meiner Pläne angefahren, die erste kleine Plattform schiebt sich unter meine Füße, nackte Mädchen, wie auf Karnevalswagen besserer Länder, führen mich rücklings die Stufen empor, ich schwebe, weil die Mädchen schweben, und hebe meine Hand, die Ruhe befiehlt. Rosenbüsche stehn zu meiner Seite, Weihrauchflammen brennen, Lorbeerkränze werden herabgelassen, man streut Blumen vor und über mich, zwei Trompeter wie aus Steinquadern aufgebaut blasen Fanfaren, kleines Volk läuft in Massen heran, geordnet hinter Führern, die leeren, blanken, gerade geschnittenen, freien Plätze werden dunkel, bewegt und überfüllt, ich fühle die Grenze menschlicher Bemühungen und mache auf meiner Höhe aus eigenem Antrieb und plötzlich mich überkommendem Geschick das Kunststück eines vor vielen Jahren von mir bewunderten Schlangenmenschen, indem ich mich langsam zurückbeuge – eben versucht der Himmel aufzubrechen, um einer mir geltenden Erscheinung Raum zu geben, aber er stockt –, den Kopf und Oberkörper zwischen meinen Beinen durchziehe und allmählich wieder als gerader Mensch aufstehe. War es die letzte Steigerung, die Menschen gegeben ist? Es scheint so, denn schon sehe ich aus allen Toren des tief und groß unter mir liegenden Landes die kleinen gehörnten Teufel sich heraufdrängen, alles überlaufen, unter ihrem Schritt zerbricht alles in der Mitte, ihr Schwänzchen wischt alles aus, schon putzen fünfzig Teufelsschwänze mein Gesicht, der Boden wird weich, ich versinke mit einem Fuß, dann mit dem andern, die Schreie der

Mädchen verfolgen mich in meine Tiefe, in die ich lotrecht versinke, durch einen Schacht, der genau den Durchmesser meines Körpers, aber eine endlose Tiefe hat. Diese Endlosigkeit verlockt zu keinen besonderen Leistungen, alles, was ich täte, wäre kleinlich, ich falle sinnlos und es ist das beste.

[29. Mai 1914 / *T*, 382–384]

Von der Literatur aus gesehen ist mein Schicksal sehr einfach. Der Sinn für die Darstellung meines traumhaften innern Lebens hat alles andere ins Nebensächliche gerückt und es ist in einer schrecklichen Weise verkümmert und hört nicht auf zu verkümmern. Nichts anderes kann mich jemals zufriedenstellen. Nun ist aber meine Kraft für jene Darstellung ganz unberechenbar, vielleicht ist sie schon für immer verschwunden, vielleicht kommt sie doch noch einmal über mich, meine Lebensumstände sind ihr allerdings nicht günstig. So schwanke ich also, fliege unaufhörlich zur Spitze des Berges, kann mich aber kaum einen Augenblick oben erhalten. Andere schwanken auch, aber in untern Gegenden, mit stärkeren Kräften; drohen sie zu fallen, so fängt sie der Verwandte auf, der zu diesem Zweck neben ihnen geht. Ich aber schwanke dort oben, es ist leider kein Tod, aber die ewigen Qualen des Sterbens. [August 1914 / *T*, 420]

Letzthin bei Felix[24]. Auf dem Nachhauseweg sagte ich Max, daß ich auf dem Sterbebett, vorausgesetzt daß die Schmerzen nicht zu groß sind, sehr zufrieden sein werde. Ich vergaß hinzuzufügen und habe es später mit Absicht unterlassen, daß das Beste, was ich geschrieben habe, in dieser Fähigkeit, zufrieden sterben zu können, seinen Grund hat. An allen diesen guten und stark überzeugenden Stellen handelt es sich immer darum, daß jemand stirbt, daß es ihm sehr schwer wird, daß darin für ihn ein Unrecht und wenigstens eine Härte liegt und daß das für den Leser, wenigstens meiner Meinung nach, rührend wird.

Für mich aber, der ich glaube, auf dem Sterbebett zufrieden sein zu können, sind solche Schilderungen im geheimen ein Spiel, ich freue mich ja in dem Sterbenden zu sterben, nütze daher mit Berechnung die auf den Tod gesammelte Aufmerksamkeit des Lesers aus, bin bei viel klarerem Verstande als er, von dem ich annehme, daß er auf dem Sterbebett klagen wird, und meine Klage ist daher möglichst vollkommen, bricht auch nicht etwa plötzlich ab wie wirkliche Klage, sondern verläuft schön und rein. Es ist so, wie ich der Mutter gegenüber immer über Leiden mich beklagte, die bei weitem nicht so groß waren, wie die

Klage glauben ließ. Gegenüber der Mutter brauchte ich allerdings nicht so viel Kunstaufwand wie gegenüber dem Leser.

[13. Dezember 1914 / *T*, 448–449]

Anfang jeder Novelle zunächst lächerlich. Es scheint hoffnungslos, daß dieser neue, noch unfertige, überall empfindliche Organismus in der fertigen Organisation der Welt sich wird erhalten können, die wie jede fertige Organisation danach strebt, sich abzuschließen. Allerdings vergißt man hiebei, daß die Novelle, falls sie berechtigt ist, ihre fertige Organisation in sich trägt, auch wenn sie sich noch nicht ganz entfaltet hat; darum ist die Verzweiflung in dieser Hinsicht vor dem Anfang einer Novelle unberechtigt; ebenso müßten Eltern vor dem Säugling verzweifeln, denn dieses elende und besonders lächerliche Wesen hatten sie nicht auf die Welt bringen wollen. Allerdings weiß man niemals, ob die Verzweiflung, die man fühlt, die berechtigte oder die unberechtigte ist. Aber einen gewissen Halt kann diese Überlegung geben, das Fehlen dieser Erfahrung hat mir schon geschadet.

20. Dezember. Maxens Einwand gegen Dostojewski, daß er zuviel geistig Kranke auftreten läßt. Vollständig unrichtig. Es sind nicht geistig Kranke. Die Krankheitsbezeichnung ist nichts als ein Charakterisierungsmittel, und zwar ein sehr zartes und sehr ergiebiges. Man muß zum Beispiel einer Person nur immer mit größter Hartnäckigkeit nachsagen, daß sie einfältig und idiotisch ist, und sie wird, wenn sie Dostojewskischen Kern in sich hat, förmlich zu ihren Höchstleistungen aufgestachelt. Seine Charakterisierungen haben in dieser Hinsicht etwa die Bedeutung wie Schimpfworte unter Freunden. Sagen sie einander »du bist ein Dummkopf«, so meinen sie nicht, daß der andere ein wirklicher Dummkopf ist und sie sich durch diese Freundschaft entwürdigt haben, sondern es liegt darin meistens, wenn es nicht bloß Scherz ist, aber selbst dann, eine unendliche Mischung von Absichten. So ist zum Beispiel der Karamasowsche Vater durchaus kein Narr, sondern ein sehr kluger, fast Iwan ebenbürtiger, allerdings böser Mann und viel klüger jedenfalls als beispielsweise sein vom Erzähler unangefochtener Vetter oder Neffe, der Gutsbesitzer, der sich ihm gegenüber so erhaben fühlt.

[12./20. Dezember 1914 / *T*, 450–451]

*Brief an Kurt Wolff**

Sehr geehrter Herr!

Sie schrieben letzthin, daß Ottomar Starke[25] ein Titelblatt zur Verwandlung zeichnen wird. Nun habe ich einen kleinen, allerdings soweit ich den Künstler aus »Napoleon[26]« kenne, wahr-

scheinlich sehr überflüssigen Schrecken bekommen. Es ist mir nämlich, da Starke doch tatsächlich illustriert, eingefallen, er könnte etwa das Insekt selbst zeichnen wollen. Das nicht, bitte das nicht! Ich will seinen Machtkreis nicht einschränken, sondern nur aus meiner natürlicherweise bessern Kenntnis der Geschichte heraus bitten. Das Insekt selbst kann nicht gezeichnet werden. Es kann aber nicht einmal von der Ferne aus gezeigt werden. Besteht eine solche Absicht nicht und wird meine Bitte also lächerlich — desto besser. Für die Vermittlung und Bekräftigung meiner Bitte wäre ich Ihnen sehr dankbar. Wenn ich für eine Illustration selbst Vorschläge machen dürfte, würde ich Szenen wählen, wie: die Eltern und der Prokurist vor der geschlossenen Tür oder noch besser die Eltern und die Schwester im beleuchteten Zimmer, während die Tür zum ganz finsteren Nebenzimmer offensteht.
Sämtliche Korrekturen sowie die Besprechungen haben Sie wohl schon bekommen.
Mit besten Grüßen Ihr ergebener Franz Kafka

[25. Oktober 1915 / *B*, 135–136]

27. August. Schlußansicht nach zwei schauerlichen Tagen und Nächten: Danke deinem Beamtenlaster der Schwäche, Sparsamkeit, Unschlüssigkeit, Berechnungskunst, Vorsorge usw., daß du die Karte an F. nicht weggeschickt hast. Es ist möglich, daß du sie nicht widerrufen hättest, ich räume ein, es ist möglich. Was wäre der Erfolg? Eine Tat, ein Aufschwung? Nein. Diese Tat hast du schon einigemal vollzogen, gebessert hat sich nichts. Suche es nicht zu erklären; gewiß kannst du alle Vergangenheit erklären, da du doch nicht einmal eine Zukunft wagen willst, ohne sie vorher erklärt zu haben. Was eben unmöglich ist. Das, was Verantwortungsgefühl ist und als solches sehr ehrenwert wäre, ist im letzten Grunde Beamtengeist, Knabenhaftigkeit, vom Vater her gebrochener Wille. Das bessere, daran arbeite, das liegt unmittelbar vor deiner Hand. Das heißt also, schone dich nicht (überdies auf Kosten des doch von dir geliebten Menschenlebens von F.), denn schonen ist unmöglich, das scheinbare Schonen hat dich heute fast zugrunde gerichtet. Es ist nicht nur das Schonen, was F., Ehe, Kinder, Verantwortung usw. betrifft, es ist auch das Schonen, was das Amt betrifft, in dem du hockst, was die schlechte Wohnung betrifft, aus der du dich nicht rührst. Alles. Also damit höre auf. Man kann sich nicht schonen, nicht vorausberechnen. Du weißt nichts von dir in der Hinsicht, was besser für dich ist. Heute in der Nacht zum Beispiel ist in dir auf Kosten deines Gehirnes und Herzens ein Kampf zwischen zwei ganz gleichwertigen gleichstarken Moti-

ven durchgeführt worden, auf beiden Seiten Sorgen, das heißt Unmöglichkeit der Berechnung. Was bleibt übrig? Dich nicht mehr zu solchem Kampfplatz zu entwürdigen, wo förmlich ohne Rücksicht auf dich gekämpft wird und du nichts fühlst als die Stöße der schrecklichen Kämpfer. Dich schwinge also auf. Dich bessere, der Beamtenhaftigkeit entlaufe, fange doch an zu sehn, wer du bist, statt zu rechnen, was du werden sollst. Die nächste Aufgabe ist unbedingt: Soldat werden. Laß auch den unsinnigen Irrtum, daß du Vergleiche anstellst, etwa mit Flaubert, Kierkegaard, Grillparzer[27]. Das ist durchaus Knabenart. Als Glied in der Kette der Berechnungen sind die Beispiele gewiß zu brauchen oder vielmehr mit den ganzen Berechnungen unbrauchbar, einzeln in Vergleich gesetzt sind sie aber schon von vornherein unbrauchbar. Flaubert und Kierkegaard wußten ganz genau, wie es mit ihnen stand, hatten den geraden Willen, das war nicht Berechnung, sondern Tat. Bei dir aber eine ewige Folge von Berechnungen, ein ungeheuerlicher Wellengang von vier Jahren. Mit Grillparzer stimmt der Vergleich vielleicht, aber Grillparzer scheint dir doch nicht nachahmenswert, ein unglückseliges Beispiel, dem die Künftigen danken sollen, weil er für sie gelitten hat. [1916 / *T*, 510–512]

*Brief an Kurt Wolff**

Sehr geehrter Herr Kurt Wolff!

Zunächst erlaube ich mir Sie herzlichst wieder einmal in unserer Nähe zu begrüßen[28], trotzdem jetzt allerdings Ferne und Nähe nicht sehr unterschieden sind. Ihre freundlichen Worte über mein Manuskript[29] sind mir sehr angenehm eingegangen. Ihr Aussetzen des Peinlichen trifft ganz mit meiner Meinung zusammen, die ich allerdings in dieser Art fast gegenüber allem habe, was bisher von mir vorliegt. Bemerken Sie, wie wenig in dieser oder jener Form von diesem Peinlichen frei ist! Zur Erklärung dieser letzten Erzählung füge ich nur hinzu, daß nicht nur sie peinlich ist, daß vielmehr unsere allgemeine und meine besondere Zeit gleichfalls sehr peinlich war und ist und meine besondere sogar noch länger peinlich als die allgemeine. Gott weiß wie tief ich auf diesem Weg gekommen wäre, wenn ich weitergeschrieben hätte oder besser, wenn mir meine Verhältnisse und mein Zustand das, mit allen Zähnen in allen Lippen, ersehnte Schreiben erlaubt hätten. Das haben sie aber nicht getan. So wie ich jetzt bin, bleibt mir nur übrig auf Ruhe zu warten, womit ich mich ja, wenigstens äußerlich als zweifelloser Zeitgenosse darstelle. Auch damit stimme ich ganz überein, daß die Geschichte nicht in den »Jüngsten Tag«[30] kommen soll. Allerdings wohl auch nicht in den Vorlesesaal Goltz, wo ich sie im November vorlesen will und hoffentlich auch vorlesen werde. Ihr Angebot, das Novellenbuch herauszugeben, ist außerordentlich entgegenkommend, doch glaube ich, daß (insbesondere da jetzt das »*Urteil*«[31] dank Ihrer Freundlichkeit besonders erscheint) das Novellenbuch nur als naher Vor- oder Nachläufer einer neuen größeren Arbeit eigentlichen Sinn hätte, augenblicklich also nicht. Übrigens glaube ich diese Meinung auch aus der betreffenden Bemerkung im Brief an Max Brod herauslesen zu können. Vor einer Woche etwa habe ich an Herrn Meyer einige Gedichte von Ernst Feigl[32] (er ist Bruder des Malers Fritz Feigl[33], der unter anderem für Georg Müller[34] Dostojewski illustriert) geschickt, es ist mir nun lieb, daß jetzt die Möglichkeit besteht, daß auch Sie die Gedichte in Leipzig lesen können. Vielleicht wäre es dem Verlag möglich, diese schönen Gedichte irgendwie herauszubringen, es müßte ja nicht gleich sein, wenn auch »gleich« natürlich das erfreulichste wäre. Beim ersten Lesen der Gedichte mag beirren, daß sie verschiedene Anknüpfungen nach verschiedenen Seiten zeigen, liest man aber weiter, so muß man glaube ich aus der Einheit des Ganzen finden, daß die kleinen Anknüpfungen wirklich klein, die großen aber im guten Sinne groß sind, als eine Flamme im gemeinsamen Feuer. So scheint es mir. Ihr herzlich ergebener Franz Kafka

[11. Oktober 1916 / *B*, 150–151]

4. August. Literatur, als Vorwurf ausgesprochen, ist eine so starke Sprachverkürzung, daß sie — vielleicht lag von allem Anfang an Absicht darin — allmählich auch eine Denkverkürzung mit sich gebracht hat, welche die richtige Perspektive nimmt und den Vorwurf weit vor dem Ziele und weit abseits fallen läßt.
Die Lärmtrompeten des Nichts. [1917 / *T*, 523]

18. September. Alles zerreißen. [1917 / *T*, 529]

*Brief an Max Brod** [Zürau, 18./19. Dezember 1917]

Lieber Max, ich hätte Dir schon längst für Esther[35] gedankt, aber sie kam gerade in die innerlich schlimmsten Tage — auch das gibt es — die ich bisher in Zürau hatte. Es ist die Unruhe, die Wellenunruhe, die nicht aufhören wird, solange die Schöpfungsgeschichte nicht rückgängig gemacht wird. Aber es ist etwas anderes als Dein Leid, insoferne als niemand außer mir mit hineingezogen wird, es wäre denn die eine, die es vielleicht und hoffentlich allmählich zu fühlen aufhört.

Deine Sache hat also Fortschritte gemacht in einer Richtung, wo ich kaum welche mehr erwartet hätte. Aber immer noch glaube ich, daß die Entscheidung hier weder von rechts noch links, nicht von den Frauen kommen wird. Denn wie es anderswo auch sein mag, ich sehe Dich nicht hier, nicht dort unbedingt lieben, das Negative hier jagt Dich auf und hinüber, das Negative dort jagt Dich wieder zurück, vielleicht kannst Du Dich für Ruth entscheiden, zwischen *diesen* beiden Frauen aber tust Du nicht so, als ob Du es könntest oder als ob es von Dir verlangt würde oder als ob es Deine Sache wäre. Das Weinen scheint nicht dem Ort zu gelten, wo Du es tust, hier weinst Du wegen jener, dort wegen dieser oder wenn auch gewiß nicht in dieser Bestimmtheit, so ruhst Du doch wohl in keiner. Könnte man das nicht so deuten, daß Du überhaupt aus diesem Kreis verwiesen wirst. Natürlich trägt diese Deutung allzusehr mein Zeichen.
Die Frau tut Übermenschliches? Gewiß. Vielleicht nur Übermännliches, aber auch das ist natürlich übergenug.
»Esther« habe ich Ottla in einem Zug vorgelesen (auch eine Atemleistung, nicht?). Im Ganzen hat sich der Eindruck von Prag bestätigt, also die Bewunderung eines großen Teiles des Vorspieles, fast alles dessen, was Haman[36] gehört, — eine wirklich große Unterbrechung, infolge deren ich das angefangene Blatt zerreiße, hauptsächlich wegen der Unterbrechung. Unser Fräulein war heute in Flöhau und bringt jetzt abend die Post, die ich sonst erst morgen bekommen hätte: Deine Geschenke überwiegen, die Drucksachensendung, die Karte, zu der sich nichts sagen läßt (Werfel bricht immer so aus und ist es bei Dir Gutsein zu mir, so gilt es gern in jeder Weise), dann Zeitung und Selbstwehr[37], dann ein langer Brief von meinem Oberinspektor (mit dem ich in sehr freundlicher Verbindung bin, er war auch hier zu Besuch), schließlich aber, und das ist die Unterbrechung, ein Brief von F., die ihre Ankunft für Weihnachten anzeigt, trotzdem wir vorher eindeutig über das Sinnlose, ja Böse einer solchen Fahrt uns geeinigt zu haben schienen. Aus verschiedenen des Aufzählens nicht werten Gründen werde ich deshalb wahrscheinlich, trotzdem ich erst nach Weihnachten nach Prag kommen sollte, schon diesen Samstag gegen Abend kommen.

zurück zu Esther so gut es danach geht.

Bewunderung des zweiten Aktes, der mich durchdringt, und des ganzen Anteiles der Juden. Alle Abneigungen gegen Kleinigkeiten, die Du kennst, blieben, da ich sie für mich begründen kann. Aber andererseits wußte ich auch im Voraus, daß ich das Stück anders lesen würde, als in der schlechten Unruhe in Prag. Das

Ergebnis dessen aber ist, daß ich das Stück weniger gut zu verstehen glaube und daß mir gleichzeitig die Wichtigkeit des Stückes noch mehr aufgegangen ist. Ich meine damit: ich faßte es auch früher, etwa so wie man etwas am Henkel faßt, als Kunstwerk also, aber ich umfaßte es nicht und dazu reicht mein Verständnis des Stückes nicht hin. Es liegt dies vielleicht an der Grundschwierigkeit, daß etwas notwendig Unwahres dadurch gegeben ist, daß die drei Spieler Haman, König und Esther doch nur Eines sind, eine ebenso künstliche als künstlerische Dreifaltigkeit, die durch ihre ineinander sich wühlenden Teile solche Voraussetzungen, Spannungen, Durchblicke, Folgerungen entstehen läßt, die nur zum Teil, wenn auch zum größten Teil vielleicht, wahr sind oder richtiger unbedingt notwendig sind für die Geschichte der Seele. Ein Beispiel dafür, ein, eben weil ich es nicht ganz fasse, gewiß irriges Beispiel: Haman und Esther springen zu gleicher Zeit, am gleichen Abend auf, wie überhaupt etwas tief Marionettenhaftes drin verborgen ist, im ganzen Stück (in der Verzweiflung des letzten Aktes z. B. die ich in der Aufzählung meiner Stellen vergessen habe). Auch daß Haman zuschauend sieben Jahre an des Königs Tafel sitzt, ist sehr schön und sehr unmenschlich. Aber kommen sie wirklich erst an diesem Abend? Der König hat schon eine wesentliche Lebensperiode hinter sich, er hat gesündigt, gelitten, sich bezwungen und doch verloren, vielleicht liegt das alles eine Ebene tiefer als das, was jetzt geschieht, vielleicht aber ist es auch von oberster Höhe gesehn ganz das Gleiche, jedenfalls war es ohne Haman und Esther nicht möglich; die wiederholten Grottenbesuche deuten es fast an, wie ja überhaupt der König im ersten Akt schon den Schauplatz des Ganzen kennt und versteht, als wäre es ein altes vergangenes Spiel und im Abschiedsgespräch im letzten Akt in einer gewissen Undurchdringlichkeit mehr durchsprochen und durchklagt wird als bloß die Ereignisse des Stückes. Was aber in den Voraussetzungen dieser Szenen zu wenig gesagt wird, entladet sich dann wieder in der Geschichte der Jahrtausende im zweiten Akt. — Dadurch ergeben sich, glaube ich, gewisse das Kunstwerk sogar stärkende, schwer zugängliche Irrwege, die ich nicht gehn kann und die, wenn ich es genau ansehe, etwas in mir zu gehn sich weigert, weil sie ein der Kunst gebrachtes Opfer und Dein Schaden sind. Ich meine: Dein Schaden, sowie etwa in Deinem Roman (wie Du letzthin einmal schriebst), eine Dreiteilung Deines Wesens erfolgt und jeder Teil den andern bedauert und tröstet. Hier ergibt sich vielleicht ein schädigender Gegensatz zwischen Kunst und wahrer Menschlichkeit. Dort wird eine gewisse künstlerische Gerechtigkeit verlangt (die Dich z. B. den König, über den in Wahrheit längst entschieden worden ist, bis ans Ende führen und darüber hinaus in die Zukunft stoßen läßt oder die Dich z. B. dazu bringt, daß Esther, die doch die Welt trägt, im Leben des Stückes klein und unwissend – wie sie ja sein muß, wie es aber in der Perspektive des Stückes einen andern Sinn mitbekommt – neben Haman geht und sie, die Unveränderliche, durch seine Tötung sich im Wesen ändert), hier aber nur entschiedenes Dasein. –

Zu spät und zuviel. Wir sehen uns ja bald. Über diese Dinge kann ich allerdings noch weniger sprechen als schreiben. Franz

[Randbemerkung:] Falle schon bestellt. – Ja, Anbruch-Adresse[38] von Fuchs[39], er schrieb mir vom »miesen Anbruch«, zu dem er mich hatte einladen lassen. Ich habe den Leuten schon längst – weil mir das Rundschreiben gefallen hat – aufrichtig die Nicht-Mitarbeit erklärt. [18./19. Dezember 1917 / *B*, 212–215]

Unsere Kunst ist ein von der Wahrheit Geblendet-Sein: Das Licht auf dem zurückweichenden Fratzengesicht ist wahr, sonst nichts. [1917–1918 / Betrachtung 63, *H*, 46]

Selbstvergessenheit und Selbstaufhebung der Kunst: Was Flucht ist, wird vorgeblich Spaziergang oder gar Angriff.

[1919 / *H*, 95]

Ich sollte Einigkeit begrüßen und bin, wenn ich sie finde, traurig. Ich sollte durch Einigkeit mich vollkommen fühlen und fühle mich hinabgedrückt?

Du sagst: ich sollte – fühlen; damit drückst du ein Gebot aus, das in dir ist?

So meine ich es.

Nun ist es aber nicht möglich, daß nur ein Gebot in dich gelegt ist, in der Weise, daß du dieses Gebot nur hörst und sonst nichts geschieht. Ist es ein fortwährendes oder nur ein zeitweiliges Gebot?

Das kann ich nicht entscheiden, doch glaube ich, daß es ein fortwährendes Gebot ist, ich aber nur zeitweilig es höre.

Woraus schließest du das?

Daraus, daß ich es gewissermaßen höre, auch wenn ich es nicht höre, in der Weise, daß es nicht selbst hörbar wird, aber die Gegenstimme dämpft oder allmählich verbittert, die Gegenstimme nämlich, welche mir die Einigkeit verleidet.

Und hörst du ähnlich auch die Gegenstimme dann, wenn das Gebot zur Einigkeit spricht?

Wohl auch, ja manchmal glaube ich, ich höre gar nichts anderes als die Gegenstimme, alles andere sei nur Traum und ich ließe den Traum in den Tag hineinreden.
Warum vergleichst du das innere Gebot mit einem Traum? Scheint es wie dieser sinnlos, ohne Zusammenhang, unvermeidlich, einmalig, grundlos beglückend oder ängstigend, nicht zur Gänze mitteilbar und zur Mitteilung drängend?
Alles das; – sinnlos, denn nur wenn ich ihr nicht folge, kann ich hier bestehn; ohne Zusammenhang, ich weiß nicht, wer es gebietet und worauf er abzielt; unvermeidlich, es trifft mich unvorbereitet und mit der gleichen Überraschung wie das Träumen den Schlafenden, der doch, da er sich schlafen legte, auf Träume gefaßt sein mußte. Es ist einmalig oder scheint wenigstens so, denn ich kann es nicht befolgen, es vermischt sich nicht mit dem Wirklichen und behält dadurch seine unberührte Einmaligkeit; es beglückt und ängstigt grundlos, allerdings viel seltener das erste als das zweite; es ist nicht mitteilbar, weil es nicht faßbar ist und es drängt zur Mitteilung aus demselben Grunde.

[1917–1919 / *H*, 110–112]

*Brief an Max Brod**

Danke, Max, Dein Brief hat mir sehr wohl getan. Auch die Geschichte war zu rechter Zeit erzählt, ich habe sie zehnmal gelesen und zehnmal über ihr gezittert, sie auch mit Deinen Worten wiedererzählt.
Aber der Unterschied zwischen uns besteht. Siehst Du, Max, es ist doch etwas ganz anderes, Du hast eine ungeheure Festung, ein Ring ist vom Unglück eingenommen, aber Du bist im Innersten oder wo Du sonst zu sein Lust hast, und arbeitest, arbeitest gestört, unruhig, aber arbeitest, ich aber brenne selbst, ich habe plötzlich gar nichts, ein paar Balken, stützte ich sie nicht mit meinem Kopf, würden sie zusammenbrechen und nun brennt diese ganze Armut. Klagte ich? Ich klage nicht. Mein Anblick klagt. Und wessen ich gewürdigt bin, das weiß ich.
Die zweite Nachricht freut mich natürlich, zum Teil stammt sie schon aus meiner Zeit. Inzwischen habe ich diesem Menschen das Schlimmste getan, was ich ihm tun konnte, und vielleicht auf die schlimmste Weise. So wie ein Waldarbeiter in einen Baum hineinhackt (aber er hat den Befehl). Du siehst, Max, Scham habe ich noch. Gern wäre ich im Mai bei Dir gewesen und ich freue mich sehr auf Dich.
Nur eine Stelle stört Deinen Brief. Wo Du vom Gesund-werden sprichst. Nein, davon ist seit einem Monat keine Rede mehr. Übrigens hast Du ja die »Insel Carina«[40] geschrieben. Dein Franz

[Juni 1920 / *B*, 276–277]

*Gustav Janouch berichtet**

Ich brachte in die Arbeiter-Unfallversicherungsanstalt das Buch *Die doppelköpfige Nymphe* von Kasimir Edschmid[41], welcher in dem Kapitel *Theodor Däubler und die Schule der Abstrakten* sich auch über Franz Kafka äußerte.

»Kennen Sie das?« fragte ich.

Franz Kafka nickte: »Man hat mich darauf aufmerksam gemacht.«

»Was sagen Sie dazu, Herr Doktor?«

Franz Kafka zuckte die Achseln und machte eine hilflose Bewegung mit der rechten Hand.

»Edschmid spricht von mir so, als ob ich ein Konstrukteur wäre. Dabei bin ich nur ein sehr mittelmäßiger, stümperhafter Abzeichner. Edschmid behauptet, daß ich Wunder in gewöhnliche Vorgänge hineinpraktiziere. Das ist natürlich ein schwerer Irrtum von seiner Seite. Das Gewöhnliche selbst ist ja schon ein Wunder! Ich zeichne es nur auf. Möglich, daß ich die Dinge auch ein wenig beleuchte, wie der Beleuchter auf einer halbverdunkelten Bühne. Das ist aber nicht richtig! In Wirklichkeit ist die Bühne gar nicht verdunkelt. Sie ist voller Tageslicht. Darum schließen die Menschen die Augen und sehen so wenig.«

[nach 1920 / *J*, 38]

*Gustav Janouch berichtet**

Ich zeigte ihm mein Porträt, das mein Freund Vladimír Sychra[42] zeichnete.

Kafka war von der Zeichnung begeistert.

»Die Zeichnung ist wunderschön. Sie ist voller Wahrheit«, sagte er einigemal.

»Meinen Sie damit, daß sie getreu wie eine Photographie ist?«

»Was fällt Ihnen ein? Nichts kann Sie so täuschen wie eine Photographie. Die Wahrheit ist doch eine Angelegenheit des Herzens. Dem kann man nur mit der Kunst beikommen.«

»Wirkliche Realität ist immer unrealistisch«, sagte Franz Kafka. »Sehen Sie sich die Klarheit, Reinheit und Wahrhaftigkeit eines chinesischen farbigen Holzschnittes an. So sprechen zu können – das wäre etwas!«

Wir betrachteten Josef Capeks[43] Linoleumschnitte in der radikalen Zeitschrift Cerven [Juni].

»Die Ausdrucksform ist mir etwas unverständlich«, bemerkte ich.

»Dann verstehen Sie auch nicht den Inhalt«, sagte Franz Kafka. »Die Form ist nicht der Ausdruck des Inhaltes, sondern nur sein

Anreiz, das Tor und der Weg zum Inhalt. Wirkt er, dann öffnet sich auch der verborgene Hintergrund.«

[nach 1920 / *J*, 91–92]

*Gustav Janouch berichtet**

In der Zeit meiner Besuche bei Franz Kafka in der Kanzlei am Poříč war die Ehe meiner Eltern in einer schweren Krise. Ich litt unter den häuslichen Zwistigkeiten. Ich beklagte mich darüber bei Kafka und gestand ihm, daß die Unruhe um mich eigentlich der entscheidende Anlaß meiner literarischen Versuche sei.
»Vielleicht würde ich gar nicht schreiben, wenn es daheim anders wäre«, sagte ich. »Ich will der Unruhe entrinnen, die Stimmen um mich und in mir nicht hören, und darum schreibe ich. So wie jemand mit der Laubsäge verschiedene Dummheiten erzeugt, um die Langeweile häuslicher Abende auszufüllen, so kleistere ich Worte, Sätze und Absätze zusammen, damit ich Grund habe allein zu sein, mich von der Umwelt, die mich bedrängt, abzuschließen.«
»Das ist richtig«, sagte Kafka darauf. »Das machen viele Menschen. Flaubert schreibt in einem Brief, daß sein Roman ein Felsen sei, an den er sich halte, um nicht in den Wogen der Umwelt unterzugehen.«
»Ich bin zwar auch ein Gustav, aber kein Flaubert«, meinte ich lächelnd.
»Die Technik seelischer Hygiene ist nicht Einzelnen vorbehalten. Damit Sie Flauberts Name nicht stört, verrate ich Ihnen, daß ich es in einer gewissen Zeit ebenso gemacht habe, wie Sie es jetzt tun. Nur ist die Sache bei mir etwas komplizierter. Durch das Gekritzel laufe ich vor mir selbst davon, um mich beim Schlußpunkt selbst zu ertappen. Ich kann mir nicht entrinnen.«

[nach 1920 / *J*, 112–113]

*Brief an Max Brod**

Vor längerer Zeit habe ich »Literatur«[44] von Kraus gelesen. Du kennst es wohl? Nach dem damaligen Eindruck, der sich seither natürlich schon sehr abgeschwächt hat, schien es mir außerordentlich treffend, ins Herz treffend zu sein. In dieser kleinen Welt der deutsch-jüdischen Literatur herrscht er wirklich oder vielmehr das von ihm vertretene Prinzip, dem er sich so bewunderungswürdig untergeordnet hat, daß er sich sogar mit dem Prinzip verwechselt und andere diese Verwechslung mitmachen läßt. Ich glaube, ich sondere ziemlich gut, das, was in dem Buch nur Witz ist, allerdings prachtvoller, dann was erbarmungswürdige Kläglichkeit ist, und schließlich was Wahrheit ist, zumindest so viel Wahrheit, als es meine schreibende Hand ist, auch so deutlich und beängstigend körperlich. Der Witz ist hauptsächlich das Mauscheln[45], so mauscheln wie Kraus kann niemand, trotzdem doch in dieser deutsch-jüdischen Welt kaum jemand etwas anderes als mauscheln kann, das Mauscheln im weitesten Sinn genommen, in dem allein es genommen werden muß, nämlich als die laute oder stillschweigende oder auch selbstquälerische Anmaßung eines fremden Besitzes, den man nicht erworben, sondern durch einen (verhältnismäßig) flüchtigen Griff gestohlen hat und der fremder Besitz bleibt, auch wenn nicht der einzigste Sprachfehler nachgewiesen werden könnte, denn hier kann ja alles nachgewiesen werden durch den leisesten Anruf des Gewissens in einer reuigen Stunde. Ich sage damit nichts gegen das Mauscheln, das Mauscheln an sich ist sogar schön, es ist eine organische Verbindung von Papierdeutsch und Gebärdensprache (wie plastisch ist dieses: Worauf herauf hat er Talent? oder dieses den Oberarm ausrenkende und das Kinn hinaufreißende: Glauben *Sie!* oder dieses die Knie an einander zerreibende: »er schreibt. Über wem?«) und ein Ergebnis zarten Sprachgefühls, welches erkannt hat, daß im Deutschen nur die Dialekte und außer ihnen nur das allerpersönlichste Hochdeutsch wirklich lebt, während das übrige, der sprachliche Mittelstand, nichts als Asche ist, die zu einem Scheinleben nur dadurch gebracht werden kann, daß überlebendige Judenhände sie durchwühlen. Das ist eine Tatsache, lustig oder schrecklich, wie man will; aber warum lockt es die Juden so unwiderstehlich dorthin? Die deutsche Literatur hat auch vor dem Freiwerden der Juden gelebt und in großer Herrlichkeit, vor allem war sie, soviel ich sehe, im Durchschnitt niemals etwa weniger mannigfaltig als heute, vielleicht hat sie sogar heute an Mannigfaltigkeit verloren. Und daß dies beides mit dem Judentum als solchem zusammenhängt, genauer mit dem Verhältnis der jungen Juden zu ihrem Judentum, mit der schrecklichen inneren Lage dieser Generationen, das hat doch besonders Kraus erkannt oder richtiger, an ihm gemessen ist es sichtbar geworden. Er ist etwas wie der Großvater in der Operette, von dem er sich nur dadurch unterscheidet, daß er statt bloß oi zu sagen, auch noch langweilige Gedichte macht. (Mit einem gewissen Recht übrigens, mit dem gleichen Recht, mit dem Schopenhauer in dem fortwährenden von ihm erkannten Höllensturz leidlich fröhlich lebte.)

Besser als die Psychoanalyse gefällt mir in diesem Fall die Erkenntnis, daß dieser Vaterkomplex, von dem sich mancher geistig nährt, nicht den unschuldigen Vater, sondern das Judentum des Vaters betrifft. Weg vom Judentum, meist mit unklarer Zustimmung der Väter (diese Unklarheit war das Empörende), wollten die meisten, die deutsch zu schreiben anfingen, sie wollten es, aber mit den Hinterbeinchen klebten sie noch am Judentum des Vaters und mit den Vorderbeinchen fanden sie keinen neuen Boden. Die Verzweiflung darüber war ihre Inspiration. Eine Inspiration, ehrenwert wie irgendeine andere, aber bei näherem Zusehn doch mit einigen traurigen Besonderheiten. Zunächst konnte das, worin sich ihre Verzweiflung entlud, nicht deutsche Literatur sein, die es äußerlich zu sein schien. Sie lebten zwischen drei Unmöglichkeiten, (die ich nur zufällig sprachliche Unmöglichkeiten nenne, es ist das Einfachste, sie so zu nennen, sie könnten aber auch ganz anders genannt werden): der Unmöglichkeit, nicht zu schreiben, der Unmöglichkeit, deutsch zu schreiben, der Unmöglichkeit, anders zu schreiben, fast könnte man eine vierte Unmöglichkeit hinzufügen, die Unmöglichkeit zu schreiben (denn die Verzweiflung war ja nicht etwas durch Schreiben zu Beruhigendes, war ein Feind des Lebens *und* des Schreibens, das Schreiben war hier nur ein Provisorium, wie für einen, der sein Testament schreibt, knapp bevor er sich erhängt, — ein Provisorium, das ja recht gut ein Leben lang dauern kann), also war es eine von allen Seiten unmögliche Literatur, eine Zigeunerliteratur, die das deutsche Kind aus der Wiege gestohlen und in großer Eile irgendwie zugerichtet hatte, weil doch irgendjemand auf dem Seil tanzen muß. (Aber es war ja nicht einmal das deutsche Kind, es war nichts, man sagte bloß, es tanze jemand) [bricht ab.]

[Ein dem vorigen Brief Max Brods beigelegter Fragebogen, von Franz Kafka ausgefüllt und retourniert.]

Fragebogen

Gewichtszunahme?	8 kg
Totalgewicht?	über 65 kg
objektiver Lungenbefund?	Geheimnis des Arztes, angeblich günstig
Temperaturen?	im allgemeinen fieberfrei
Atmung?	nicht gut, an kalten Abenden fast wie im Winter
Unterschrift:	Die einzige Frage die mich in Verlegenheit bringt

[Juni 1921 / *B*, 336–338]

16. Januar. Es war in der letzten Woche wie ein Zusammenbruch, so vollständig wie nur etwa in der einen Nacht vor zwei Jahren, ein anderes Beispiel habe ich nicht erlebt. Alles schien zu Ende und scheint auch heute durchaus noch nicht ganz an-

ders zu sein. Man kann es auf zweierlei Art auffassen, und es ist auch wohl gleichzeitig so aufzufassen.
Erstens: Zusammenbruch, Unmöglichkeit zu schlafen, Unmöglichkeit zu wachen, Unmöglichkeit, das Leben, genauer die Aufeinanderfolge des Lebens, zu ertragen. Die Uhren stimmen nicht überein, die innere jagt in einer teuflischen oder dämonischen oder jedenfalls unmenschlichen Art, die äußere geht stockend ihren gewöhnlichen Gang. Was kann anderes geschehen, als daß sich die zwei verschiedenen Welten trennen, und sie trennen sich oder reißen zumindest aneinander in einer fürchterlichen Art. Die Wildheit des inneren Ganges mag verschiedene Gründe haben, der sichtbarste ist die Selbstbeobachtung, die keine Vorstellung zur Ruhe kommen läßt, jede emporjagt, um dann selbst wieder als Vorstellung von neuer Selbstbeobachtung weitergejagt zu werden.
Zweitens: Dieses Jagen nimmt die Richtung aus der Menschheit. Die Einsamkeit, die mir zum größten Teil seit jeher aufgezwungen war, zum Teil von mir gesucht wurde — doch was war auch dies anderes als Zwang —, wird jetzt ganz unzweideutig und geht auf das Äußerste. Wohin führt sie? Sie kann, dies scheint am zwingendsten, zum Irrsinn führen, darüber kann nichts weiter ausgesagt werden, die Jagd geht durch mich und zerreißt mich. Oder aber ich kann — ich kann? —, sei es auch nur zum winzigsten Teil, mich aufrechterhalten, lasse mich also von der Jagd tragen. Wohin komme ich dann? »Jagd« ist ja nur ein Bild, ich kann auch sagen »Ansturm gegen die letzte irdische Grenze«, und zwar Ansturm von unten, von den Menschen her, und kann, da auch dies nur ein Bild ist, es ersetzen durch das Bild des Ansturmes von oben, zu mir herab.
Diese ganze Literatur ist Ansturm gegen die Grenze, und sie hätte sich, wenn nicht der Zionismus dazwischengekommen wäre, leicht zu einer neuen Geheimlehre, einer Kabbala, entwickeln können. Ansätze dazu bestehen. Allerdings ein wie unbegreifliches Genie wird hier verlangt, das neu seine Wurzeln in die alten Jahrhunderte treibt oder die alten Jahrhunderte neu erschafft und mit all dem sich nicht ausgibt, sondern jetzt erst sich auszugeben beginnt. [1922 / *T*, 552–553]

*Entwurf eines Briefes an Franz Werfel**
Ich muß doch, so gern ich es vermeiden wollte, die Lästigkeit fortsetzen, die ich für Sie mit meinem vordringlichen Widerspruch — es war nicht Widerspruch, so weit komme ich nicht, es war nur Widerstreben — gegen »Schweiger«[46] begonnen habe, die Sache noch einmal aufnehmen. Das Gespräch damals am Abend lag nachher zu schwer auf mir, die ganze Nacht über, und

hätte nicht am Morgen eine unerwartete Zufälligkeit mich ein wenig abgelenkt, ich hätte Ihnen gewiß gleich schreiben müssen. Das für mich Quälende des Abends – ich sah das Gespräch von allem Anfang an, vom Öffnen der Tür an, sich nähern, das war bös, es brachte mich fast um die ganze Freude über Ihren Besuch – lag für mich darin, daß ich eigentlich nichts gegen den »Schweiger« gesagt, nur ein weniges geschwätzt habe und übrigens nur bockig gewesen bin, während das, was Sie zur Verteidigung von Einzelheiten sagten, ausgezeichnet, für mich unerwartet war und völlig zutraf. Überzeugen aber konnte es mich nicht, ich bin hier völlig unüberzeugbar, noch lange ehe ich zu den Einzelheiten komme. Wenn ich aber trotzdem meine Einwände nicht begreiflich machen kann, nicht einmal mir selbst, so hat das seinen Grund in meiner Schwäche, welche sich nicht nur im Denken und Sprechen äußert, sondern auch in Anfällen einer Art wacher Ohnmacht. Ich versuche zum Beispiel etwas gegen das Stück zu sagen und schon in den zweiten Satz beginnt sich die Ohnmacht mit Fragen zu drängen, wie: ›Worüber sprichst du? Um was handelt es sich? Was ist das, Literatur? Woher kommt es? Welchen Nutzen bringt es? Was für fragwürdige Dinge! Leg zu dieser Fragwürdigkeit noch die Fragwürdigkeit deiner Reden und es entsteht ein Ungeheuer. Wie bist du auf diese hohen nichtsnutzigen Wege gekommen? Verdient das ernste Frage, ernste Antwort? Vielleicht, aber nicht deine, das ist Sache höherer Regenten. Schnell zurück!‹ Und dieses Zurück bedeutet, daß ich gleich in völliger Finsternis [bin], aus der mich nicht des Gegensprechers Hilfe und niemandes Hilfe hinausführen kann. Sie scheinen derartiges an sich gar nicht zu kennen, trotzdem Sie den »Spiegelmensch« geschrieben haben. Freilich gebe ich auch in ruhendem Zustand dem Zwischenredner recht, Sie waren manchmal zu streng zu ihm, er ist ja nichts anderes als der Wind, der mit den luftigen Existenzen spielt, er verlängert das Leben der fallenden Blätter.

Trotz allem aber will ich doch noch versuchen, nicht ganz stumm zu bleiben und kurz zu sagen, worin mich »Schweiger« beleidigt.

Vor allem fühle ich eine Verschleierung darin, daß »Schweiger« zu einem allerdings tragischen Einzelfall degradiert ist; die Gegenwärtigkeit des ganzen Stückes verbietet das. Wenn man ein Märchen erzählt, dann wissen alle, daß man sich fremden Mächten anvertraut und die heutigen Gerichte ausgeschaltet hat. Hier weiß man das aber nicht. Das Stück will den Eindruck erwecken, daß nur heute, gerade an diesem Abend, mehr zufällig als absichtlich der Fall Schweiger verhandelt wird, daß ebensogut zum Beispiel die Vorgänge in einem ganz anders gearteten Nachbarhaus hätten vorgenommen werden können.

Diese Behauptung des Stückes kann ich aber nicht glauben; wenn in den andern Häusern dieser katholischen österreichischen Stadt, die rings um Schweiger aufgebaut ist, überhaupt jemand wohnt, dann wohnt in jedem Haus Schweiger, niemand sonst. Auch die andern Personen des Stückes haben keine eigene Wohnung, sie wohnen mit Schweiger und sind seine Begleiterscheinungen. Schweiger und Anna haben ja nicht einmal die Möglichkeit, sich irgendwo auf ein glückliches Ehepaar zu berufen, das wird ehrlich stillschweigend zugestanden, vielleicht ist das, was sie wollen, allgemein unmöglich, niemand im Stück hätte die Kraft, das zu widerlegen; woher die vielen Kinder auf dem Donauschiff stammen, ist ein Rätsel. Warum also das Städtchen, warum Österreich, warum der kleine darin versunkene Einzelfall?

Aber Sie machen ihn noch vereinzelter. Es ist, als könnten Sie ihn gar nicht genug vereinzelt machen. Sie erfinden die Geschichte von dem Kindermord. Das halte ich für eine Entwürdigung der Leiden einer Generation. Wer hier nicht mehr zu sagen hat als die Psychoanalyse, dürfte sich nicht einmischen. Es ist keine Freude, sich mit der Psychoanalyse abzugeben, und ich halte mich von ihr möglichst fern, aber sie ist zumindest so existent wie die Generation. Das Judentum bringt seit jeher seine Leiden und Freuden fast gleichzeitig mit dem zugehörigen Raschi-Kommentar[47] hervor, so auch hier.

[1922 / *H*, 275–278]

*Brief an Max Brod**

Lieber Max, nach einer schlaflosen Nacht, der ersten in Planá, bin ich zwar zu allem andern unfähig, aber Deinen Brief kann ich vielleicht besser verstehn als sonst, besser als Du, vielleicht aber überspitze ich es und verstehe ihn zu gut, denn Dein Fall ist doch insofern von meinem verschieden, als er zwar auch nicht wirklich, aber wirklichkeitsnäher ist als der meine. Mir ist folgendes geschehn: Ich sollte, wie Du weißt, nach Georgental fahren, ich hatte niemals einen Einwand dagegen; wenn ich einmal sagte, es würden dort zu viel Schriftsteller sein, so war das vielleicht eine Vorahnung des Kommenden, aber als Einwand war es nicht ernstlich, war es nur Koketterie, im Gegenteil, in der Nähe bewundere ich jeden Schriftsteller, (darum wollte ich auch zur Preissová[48], von der mir auch Deine Frau abgeraten hat), ich bewundere zwar jeden Menschen, aber den Schriftsteller besonders, vor allem den mir sonst persönlich unbekannten Schriftsteller, unvorstellbar ist mir, wie er sich in diesem luftigen und schrecklichen Reich so behaglich eingerichtet hat und wie er dort so geordnete Wirtschaft führt; die meisten Schriftsteller, die ich kenne, kommen mir, wenigstens in Person, behaglich vor, auch Winder[49] z. B. Und zudritt wäre es für meine Verhältnisse sogar besonders angenehm, es würde gar nicht auf mich ankommen, ich könnte mich zur Seite halten und wäre doch nicht allein, wovor ich mich fürchte. Und hätte auch sonst in Oskar, den ich lieb habe und der gut zu mir ist, einen Rückhalt. Und ich würde wieder ein neues Stück Welt sehn, zum ersten Mal seit acht Jahren wieder Deutschland. Und billig ist es und gesund. Und hier ist es zwar schön bei Ottla und besonders jetzt, da ich mein altes Zimmer wieder habe, aber gerade gegen Ende des Monats und im nächsten Monat kommen Gäste aus des Schwagers Familie, der Platz wird wieder ein wenig beengt sein, es wäre sehr gut, wenn ich wegfahre, und zurückkommen kann ich ja wieder, denn Ottla bleibt bis Ende September. Hier ist also keine Verstandes- und Gefühlslücke, die Reise ist unbedingt zu empfehlen. Und nun ist gestern ein sehr lieber, ausführlicher Brief Oskars gekommen, ein schönes stilles Zimmer mit Balkon, Liegestuhl, guter Ernährung, Gartenaussicht für 150 M täglich ist gefunden, ich brauche nur anzunehmen oder vielmehr ich habe schon im voraus angenommen, denn ich hatte ja gesagt, daß ich, wenn etwas derartiges gefunden wird, bestimmt komme.

Und was geschieht nun? Ich habe, um es zuerst ganz allgemein zu sagen, Angst vor der Reise, ich ahnte es schon, als in den letzten Tagen das Ausbleiben des Oskarschen Briefes mir Freude machte. Aber es ist nicht Angst vor dem Reisen selbst, ich bin doch auch, allerdings nur 2 Stunden und dort sind es zwölf, hierher gefahren und das Fahren selbst war mir langweilig aber sonst gleichgültig. Es ist nicht Reiseangst, wie man es letzthin z. B. von Myslbeck[50] las, der nach Italien fahren wollte und schon bei Beneschau umkehren mußte. Es ist nicht Angst vor Georgental, wo ich mich, wenn ich doch hinkommen sollte, gewiß sofort, noch am gleichen Abend eingewöhnt haben werde. Es ist auch nicht Willensschwäche, bei welcher der Entschluß erst dann eintreten will, wenn der Verstand alles genau ausgerechnet hat, was meist unmöglich ist. Hier ist ein Grenzfall, wo der Verstand wirklich rechnen kann und immer wieder zu dem Resultat kommt, daß ich fahren soll. Eher ist es Angst vor der Veränderung, Angst davor, die Aufmerksamkeit der Götter durch eine für meine Verhältnisse große Tat auf mich zu lenken.

Als ich heute in der schlaflosen Nacht alles immer wieder hin- und hergehn ließ zwischen den schmerzenden Schläfen, wurde mir wieder, was ich in der letzten genug ruhigen Zeit fast vergessen hatte, bewußt, auf was für einem schwachen oder gar nicht vorhandenen Boden ich lebe, über einem Dunkel, aus dem die dunkle Gewalt nach ihrem Willen hervorkommt und, ohne sich an mein Stottern zu kehren, mein Leben zerstört. Das Schreiben erhält mich, aber ist es nicht richtiger zu sagen, daß es diese Art Leben erhält? Damit meine ich natürlich nicht, daß mein Leben besser ist, wenn ich nicht schreibe. Vielmehr ist es dann viel schlimmer und gänzlich unerträglich und muß mit dem Irrsinn enden. Aber das freilich nur unter der Bedingung, daß ich, wie es tatsächlich der Fall ist, auch wenn ich nicht schreibe, Schriftsteller bin und ein nicht schreibender Schriftsteller ist allerdings ein den Irrsinn herausforderndes Unding. Aber wie ist es mit dem Schriftstellersein selbst? Das Schreiben ist ein süßer wunderbarer Lohn, aber wofür? In der Nacht war es mir mit der Deutlichkeit kindlichen Anschauungsunterrichtes klar, daß es der Lohn für Teufelsdienst ist. Dieses Hinabgehen zu den dunklen Mächten, diese Entfesselung von Natur aus gebundener Geister, fragwürdige Umarmungen und was alles noch unten vor sich gehen mag, von dem man oben nichts mehr weiß, wenn man im Sonnenlicht Geschichten schreibt. Vielleicht gibt es auch anderes Schreiben, ich kenne nur dieses; in der Nacht, wenn mich die Angst nicht schlafen läßt, kenne ich nur dieses. Und das Teuflische daran scheint mir sehr klar. Es ist die Eitelkeit und Genußsucht, die immerfort um die eigene oder auch um eine fremde Gestalt — die Bewegung vervielfältigt sich dann, es wird ein Sonnensystem der Eitelkeit — schwirrt und sie genießt. Was der naive Mensch sich manchmal wünscht: »Ich wollte sterben und sehn, wie man mich beweint«, das verwirklicht ein solcher Schriftsteller fortwährend, er stirbt (oder er lebt nicht) und beweint sich fortwährend. Daher kommt eine schreckliche Todesangst, die sich nicht als Todesangst äußern muß, sondern auch auftreten kann als Angst vor Veränderung, als Angst vor Georgental. Die Gründe für die Todesangst lassen sich in zwei Hauptgruppen teilen. Erstens hat er schreckliche Angst zu sterben, weil er noch nicht gelebt hat. Damit meine ich nicht, daß zum Leben Weib und Kind und Feld und Vieh nötig ist. Nötig zum Leben ist nur, auf Selbstgenuß zu verzichten; einziehn in das Haus, statt es zu bewundern und zu bekränzen. Dagegen könnte man sagen, daß das Schicksal ist und in niemandes Hand gegeben. Aber warum hat man dann Reue, warum hört die Reue nicht auf? Um sich schöner und schmackhafter zu machen? Auch das. Aber warum bleibt darüber hinaus das Schlußwort in solchen Nächten immer: Ich könnte leben und lebe nicht. Der zweite Hauptgrund — vielleicht ist es auch nur einer, jetzt wollen sich mir die zwei nicht recht sondern — ist die Überlegung: »Was ich gespielt habe, wird wirklich geschehn. Ich habe mich durch das Schreiben nicht losgekauft. Mein Leben lang bin ich gestorben und nun werde ich wirklich sterben. Mein Leben war süßer als das der andern, mein Tod wird um so schrecklicher sein. Der Schriftsteller in mir wird natürlich sofort sterben, denn eine solche Figur hat keinen Boden, hat keinen Bestand, ist nicht einmal aus Staub; ist nur im tollsten irdischen Leben ein wenig möglich, ist nur eine Konstruktion der Genußsucht. Dies ist der Schriftsteller. Ich selbst aber kann nicht weiterleben, da ich ja nicht gelebt habe, ich bin Lehm geblieben, den Funken habe ich nicht zum Feuer gemacht, sondern nur zur Illuminierung meines Leichnams benützt.« Es wird ein eigentümliches Begräbnis werden, der Schriftsteller, also etwas nicht Bestehendes, übergibt den alten Leichnam, den Leichnam seit jeher, dem Grab. Ich bin genug Schriftsteller, um das in völliger Selbstvergessenheit – nicht Wachheit, Selbstvergessenheit ist erste Voraussetzung des Schriftstellertums – mit allen Sinnen genießen oder, was dasselbe ist, erzählen zu wollen, aber das wird nicht mehr geschehn. Aber warum rede ich nur vom wirklichen Sterben. Im Leben ist es ja das Gleiche. Ich sitze hier in der bequemen Haltung des Schriftstellers, bereit zu allem Schönen, und muß untätig zusehn – denn was kann ich anderes als schreiben –, wie mein wirkliches Ich, dieses arme, wehrlose (das Dasein des Schriftstellers ist ein Argument gegen die Seele, denn die Seele hat doch offenbar das wirkliche Ich verlassen, ist aber nur Schriftsteller geworden, hat es nicht weiter gebracht; sollte die Trennung vom Ich die Seele so sehr schwächen können?) aus einem beliebigen Anlaß, einer kleinen Reise nach Georgental, (ich wage es nicht stehn zu lassen, es ist auch in dieser Weise nicht richtig) vom Teufel gezwickt, geprügelt und fast zermahlen wird. Mit welchem Recht erschrecke ich, der ich nicht zuhause war, daß das Haus plötzlich zusammenbricht; weiß ich denn, was dem Zusammenbruch vorhergegangen ist, bin ich nicht ausgewandert und habe das Haus allen bösen Mächten überlassen? Ich habe gestern Oskar geschrieben, zwar meine Angst erwähnt, aber meine Ankunft zugesagt, der Brief ist noch nicht weggeschickt, inzwischen war die Nacht. Vielleicht warte ich noch eine Nacht ab; überstehe ich es nicht, müßte ich doch abschreiben. Damit ist dann entschieden, daß ich aus Böhmen nicht mehr hinausfahren darf, nächstens werde ich dann auf Prag eingeschränkt, dann auf mein Zimmer, dann auf mein Bett, dann auf eine bestimmte Körperlage, dann auf nichts mehr. Vielleicht werde ich dann auf das Glück des Schreibens freiwillig – auf die Freiwilligkeit und Freudigkeit kommt es an, – verzichten können.

Um diese ganze Geschichte schriftstellerisch zu pointieren – nicht ich pointiere, die Sache tut es – muß ich hinzufügen, daß in meiner Angst vor der Reise sogar die Überlegung eine Rolle spielt, ich würde zumindest durch einige Tage vom Schreibtisch abgehalten sein. Und diese lächerliche Überlegung ist in Wirklichkeit die einzige berechtigte, denn das Dasein des Schriftstellers ist wirklich vom Schreibtisch abhängig, er darf sich eigentlich, wenn er dem Irrsinn entgehen will, niemals vom Schreibtisch entfernen, mit den Zähnen muß er sich festhalten. Die Definition des Schriftstellers, eines solchen Schriftstellers, und die Erklärung seiner Wirkung, wenn es eine Wirkung überhaupt gibt: Er ist der Sündenbock der Menschheit, er erlaubt den Menschen, eine Sünde schuldlos zu genießen, fast schuldlos. [5. Juli 1922 / *B*, 382–386]

*Brief an Max Brod**

Ich hatte also keine Zeit zu Dir zu kommen, aber ich wäre wahrscheinlich auch nicht gekommen, wenn ich Zeit gehabt hätte, allzusehr hätte ich mich geschämt für den Fall, daß Du mein Heft[51] schon gelesen haben solltest, dieses Heft, das ich Dir nach Deiner Novelle zu geben gewagt hatte, obwohl ich weiß, daß es doch nur da ist zum Geschrieben-, nicht zum Gelesenwerden. Nach dieser Novelle, die so vollkommen, so rein, so geradegewachsen, so jung ist, ein Opfer, dessen Rauch oben wohlgefällig sein muß. Nur weil sie mir so teuer ist, bitte ich Dich, den Anfang, nicht nur den allerersten, sondern bis zur Professorsfamilie und dann den allerletzten Schluß noch einmal durchzusehn. Der Anfang irrt, wenigstens für den, der das Ganze nicht kennt, ein wenig umher, so als suchte er die zur Erholung angenehmen, das Ganze aber schädigenden Nebenerfindungen, die ja wirklich im Ganzen völlig abgewehrt sind, in jenem Anfang aber ein wenig wetterleuchten. Der Schluß aber atmet zu lange aus, während der Leser, der noch mit dem Atem kämpft, dadurch verwirrt die Blickrichtung ein wenig verliert. Mit dem sage ich aber nichts gegen die Briefform, die mich schon überzeugt hat. Ich weiß ganz und gar nicht, wie sich diese Novelle in meine Ansicht vom »Schriftsteller« einfügt, mache mir darüber keine Sorgen und bin glücklich darüber, daß die Novelle vorhanden ist. Aber gute Nahrung hat gestern meine Ansicht bekommen, als ich auf der Fahrt ein Reclambändchen »Storm: Erinnerungen«[52] las. Ein Besuch bei Mörike. Diese beiden guten Deutschen sitzen im Frieden dort beisammen in Stuttgart, unterhalten sich über deutsche Literatur, Mörike liest »Mozart auf der Reise nach Prag« vor (Hartlaub, Mörikes Freund, der die Novelle schon sehr gut kennt, »folgte der Vorlesung mit einer verehrenden Begeisterung, die er augenscheinlich kaum zurückzuhalten vermochte. Als eine Pause eintrat, rief er mir zu: ›Aber, i bitt Sie, ist das nun zum Aushalten‹.« – Es ist 1855, es sind schon alternde Männer, Hartlaub ist Pfarrer), und dann sprechen sie auch über Heine. Über Heine ist schon in diesen Erinnerungen gesagt, daß für Storm die Pforten der deutschen Literatur durch Goethes Faust und Heines Buch der Lieder, diese beiden Zauberbücher, aufgesprungen sind. Und auch für Mörike hat Heine große Bedeutung, denn unter den wenigen, ihm sehr teueren Autogrammen, die Mörike besitzt und Storm zeigt, ist auch »ein sehr durchkorrigiertes Gedicht von Heine«. Trotzdem sagt Mörike über Heine – und es ist, obwohl es hier wohl nur Wiedergabe einer landläufigen Ansicht ist, zumindest von einer Seite her eine blendende und noch immer geheimnisvolle Zusammenfassung dessen, was ich vom Schriftsteller denke und auch was ich denke, ist in einem andern Sinn landläufige Ansicht: »Er ist ein Dichter ganz und gar« sagte Mörike »aber nit eine Viertelstund' könnt' ich mit ihm leben, wegen der Lüge seines ganzen Wesens.« Den Talmudkommentar dazu her!

[20. Juli 1922 / *B*, 396–397]

Die Legende vom Türhüter und ihre Exegese *

»Willst du nicht herunterkommen?« sagte K. »Es ist doch keine Predigt zu halten. Komm zu mir herunter.« »Jetzt kann ich schon kommen«, sagte der Geistliche, er bereute vielleicht sein Schreien. Während er die Lampe von ihrem Haken löste, sagte er: »Ich mußte zuerst aus der Entfernung mit dir sprechen. Ich lasse mich sonst zu leicht beeinflussen und vergesse meinen Dienst.«

K. erwartete ihn unten an der Treppe. Der Geistliche streckte ihm schon von einer oberen Stufe im Hinuntergehen die Hand entgegen. »Hast du ein wenig Zeit für mich?« fragte K. »Soviel Zeit, als du brauchst«, sagte der Geistliche und reichte K. die kleine Lampe, damit er sie trage. Auch in der Nähe verlor sich eine gewisse Feierlichkeit aus seinem Wesen nicht. »Du bist sehr freundlich zu mir«, sagte K., sie gingen nebeneinander im dunklen Seitenschiff auf und ab. »Du bist eine Ausnahme unter allen, die zum Gericht gehören. Ich habe mehr Vertrauen zu dir als zu irgend jemandem von ihnen, so viele ich schon kenne. Mit dir kann ich offen reden.« »Täusche dich nicht«, sagte der Geistliche. »Worin sollte ich mich denn täuschen?« fragte K. »In dem Gericht täuschst du dich«, sagte der Geistliche, »in den einleitenden Schriften zum Gesetz heißt es von dieser Täuschung: Vor dem Gesetz steht ein Türhüter. Zu diesem Türhüter kommt ein Mann vom Lande und bittet um Eintritt in das Gesetz. Aber der Türhüter sagt, daß er ihm jetzt den Eintritt nicht gewähren könne. Der Mann überlegt und fragt dann, ob er also später werde eintreten dürfen. ›Es ist möglich‹, sagt der Türhüter, ›jetzt aber nicht.‹ Da das Tor zum Gesetz offensteht wie immer und der Türhüter beiseite tritt, bückt sich der Mann, um durch das Tor in das Innere zu sehen. Als der Türhüter das merkt, lacht er und sagt: ›Wenn es dich so lockt, versuche es doch, trotz meinem Verbot hineinzugehen. Merke aber: Ich bin mächtig. Und ich bin nur der unterste Türhüter. Von Saal zu Saal stehen aber Türhüter, einer mächtiger als der andere. Schon den Anblick des dritten kann nicht einmal ich mehr vertragen.‹ Solche Schwierigkeiten hat der Mann vom Lande nicht erwartet, das Gesetz soll doch jedem und immer zugänglich sein, denkt er, aber als er jetzt den Türhüter in seinem Pelzmantel genauer ansieht, seine große Spitznase, den langen, dünnen, schwarzen, tartarischen Bart, entschließt er sich doch, lieber zu warten, bis er die Erlaubnis zum Eintritt bekommt. Der Türhüter gibt ihm einen Schemel und läßt ihn seitwärts von der Tür sich niedersetzen. Dort sitzt er Tage und Jahre. Er macht viele Versuche, eingelassen zu werden und ermüdet den Türhüter durch seine Bitten. Der Türhüter stellt öfters kleine Verhöre mit ihm an, fragt ihn nach seiner Heimat aus und nach vielem anderen, es sind aber teilnahmslose Fragen, wie sie große Herren stellen, und zum Schlusse sagt er ihm immer wieder, daß er ihn doch nicht einlassen könne. Der Mann, der sich für seine Reise mit vielem ausgerüstet hat, verwendet alles, und sei es noch so wertvoll, um den Türhüter zu bestechen. Dieser nimmt zwar alles an, aber sagt dabei: ›Ich nehme es nur an, damit du nicht glaubst, etwas versäumt zu haben.‹ Während der vielen Jahre beobachtet der Mann den Türhüter fast ununterbrochen. Er vergißt die anderen Türhüter, und dieser erste scheint ihm das einzige Hindernis für den Eintritt in das Gesetz. Er verflucht den unglücklichen Zufall in den ersten Jahren laut, später, als er alt wird, brummt er nur noch vor sich hin. Er wird kindisch, und da er in dem jahrelangen Studium des Türhüters auch die Flöhe in seinem Pelzkragen erkannt hat, bittet er auch die Flöhe, ihm zu helfen und den Türhüter umzustimmen. Schließlich wird sein Augenlicht schwach, und er weiß nicht, ob es um ihn wirklich dunkler wird oder ob ihn nur die Augen täuschen. Wohl aber erkennt er jetzt im Dunkel einen Glanz, der unverlöschlich aus der Türe des Gesetzes bricht. Nun lebt er nicht mehr lange. Vor seinem Tode sammeln sich in seinem Kopfe alle Erfahrungen der ganzen Zeit zu einer Frage, die er bisher an den Türhüter noch nicht gestellt hat. Er winkt ihm zu, da er seinen erstarrenden Körper nicht mehr aufrichten kann. Der Türhüter muß sich tief zu ihm hinunterneigen, denn die Größenunterschiede haben sich sehr zuungunsten des Mannes verändert. ›Was willst du denn jetzt noch wissen?‹ fragt der Türhüter, ›Du bist unersättlich‹. ›Alle streben doch nach dem Gesetz‹, sagt der Mann, ›wie kommt es, daß in den vielen Jahren niemand außer mir Einlaß verlangt hat?‹ Der Türhüter erkennt, daß der Mann schon am Ende ist, und um sein vergehendes Gehör noch zu erreichen, brüllt er ihn an: ›Hier konnte niemand sonst Einlaß erhalten, denn dieser Eingang war nur für dich bestimmt. Ich gehe jetzt und schließe ihn.‹«

»Der Türhüter hat also den Mann getäuscht«, sagte K. sofort, von der Geschichte sehr stark angezogen. »Sei nicht übereilt«, sagte der Geistliche, »übernimm nicht die fremde Meinung ungeprüft. Ich habe dir die Geschichte im Wortlaut der Schrift erzählt. Von Täuschung steht darin nichts.« »Es ist aber klar«, sagte K., »und deine erste Deutung war ganz richtig. Der Türhüter hat die erlösende Mitteilung erst dann gemacht, als sie dem Manne nicht mehr helfen konnte.« »Er wurde nicht früher gefragt«, sagte der Geistliche, »bedenke auch, daß er nur Türhüter war, und als solcher hat er seine Pflicht erfüllt.« »Warum glaubst du, daß er seine Pflicht erfüllt hat?« fragte K., »er hat sie nicht erfüllt. Seine Pflicht war es vielleicht, alle Fremden abzuwehren, diesen Mann aber, für den der Eingang bestimmt war, hätte er einlassen müssen.« »Du hast nicht genug Achtung vor der Schrift und veränderst die Geschichte«, sagte der Geistliche. »Die Geschichte enthält über den Einlaß ins Gesetz zwei wichtige Erklärungen des Türhüters, eine am Anfang, eine am Ende. Die eine Stelle lautet: daß er ihm jetzt den Eintritt nicht gewähren könne, und die andere: dieser Eingang war nur für dich bestimmt. Bestände zwischen diesen beiden Erklärungen ein Widerspruch, dann hättest du recht, und der Türhüter hätte den Mann getäuscht. Nun besteht aber kein Widerspruch. Im Gegenteil, die erste Erklärung deutet sogar auf die zweite hin. Man könnte fast sagen, der Türhüter ging über seine Pflicht hinaus, indem er dem Mann eine zukünftige Möglichkeit des Einlasses in Aussicht stellte. Zu jener Zeit scheint es nur seine Pflicht gewesen zu sein, den Mann abzuweisen, und tatsächlich wundern sich viele Erklärer der Schrift darüber, daß der Türhüter jene Andeutung überhaupt gemacht hat, denn er scheint die Genauigkeit zu lieben und wacht streng über sein Amt. Durch viele Jahre verläßt er seinen Posten nicht und schließt das Tor erst ganz zuletzt, er ist sich der Wichtigkeit seines Dienstes sehr bewußt, denn er sagt: ›Ich bin mächtig‹, er hat Ehrfurcht vor den Vorgesetzten, denn er sagt: ›Ich bin nur der unterste Türhüter‹, er ist nicht geschwätzig, denn während der vielen Jahre stellt er nur, wie es heißt, ›teilnahmslose Fragen‹, er ist nicht bestechlich, denn er sagt über ein Geschenk: ›Ich nehme es nur an, damit du nicht glaubst, etwas versäumt zu haben‹, er ist, wo es um Pflichterfüllung geht, weder zu rühren noch zu erbittern, denn es heißt von dem Mann, ›er ermüdet den Türhüter durch sein Bitten‹, schließlich deutet auch sein Äußeres auf einen pedantischen Charakter hin, die große Spitznase und der lange, dünne, schwarze, tartarische Bart. Kann es einen pflichttreueren Türhüter geben? Nun mischen sich aber in den Türhüter noch andere Wesenszüge ein, die für den, der Einlaß verlangt, sehr günstig sind und welche es immerhin begreiflich machen, daß er in jener Andeutung einer zukünftigen Möglichkeit über seine Pflicht etwas hinausgehen konnte. Es ist nämlich nicht zu leugnen, daß er ein wenig einfältig und im Zusammenhang damit ein wenig eingebildet ist. Wenn auch seine Äußerungen über seine Macht und über die Macht der anderen Türhüter und über deren sogar für ihn unerträglichen Anblick — ich sage, wenn auch alle diese Äußerungen an sich richtig sein mögen, so zeigt doch die Art, wie er diese Äußerungen vorbringt, daß seine Auffassung durch Einfalt und Überhebung getrübt ist. Die Erklärer sagen hiezu: ›Richtiges Auffassen einer Sache und Mißverstehen der gleichen Sache schließen einander nicht vollständig aus.‹ Jedenfalls aber muß man annehmen, daß jene Einfalt und Überhebung, so geringfügig sie sich vielleicht auch äußern, doch die Bewachung des Eingangs schwächen, es sind Lücken im Charakter des Türhüters. Hiezu kommt noch, daß der Türhüter seiner Naturanlage nach freundlich zu sein scheint, er ist durchaus nicht immer Amtsperson. Gleich in den ersten Augenblicken macht er den Spaß, daß er den Mann trotz dem ausdrücklich aufrechterhaltenen Verbot zum Eintritt einlädt, dann schickt er ihn nicht etwa fort, sondern gibt ihm, wie es heißt, einen Schemel und läßt ihn seitwärts von der Tür sich niedersetzen. Die Geduld, mit der er durch alle die Jahre die Bitten des Mannes erträgt, die kleinen Verhöre, die Annahme der Geschenke, die Vornehmheit, mit der er es zuläßt, daß der Mann neben ihm laut den unglücklichen Zufall verflucht, der den Türhüter hier aufgestellt hat — alles dieses läßt auf Regungen des Mitleids schließen. Nicht jeder Türhüter hätte so gehandelt. Und schließlich beugt er sich noch auf einen Wink hin tief zu dem Mann hinab, um ihm Gelegenheit zur letzten Frage zu geben. Nur eine schwache Ungeduld — der Türhüter weiß ja, daß alles zu Ende ist — spricht sich in den Worten aus: ›Du bist unersättlich.‹ Manche gehen sogar in dieser Art der Erklärung noch weiter und meinen, die Worte ›Du bist unersättlich‹, drücken eine Art freundschaftlicher Bewunderung aus, die allerdings von Herablassung nicht frei ist. Jedenfalls schließt sich so die Gestalt des Türhüters anders ab, als du es glaubst.« »Du kennst die Geschichte genauer als ich und längere Zeit«, sagte K. Sie schwiegen ein Weilchen. Dann sagte K.: »Du glaubst also, der Mann wurde nicht getäuscht?« »Mißverstehe mich nicht«, sagte der Geistliche, »ich zeige dir nur die Meinungen, die darüber bestehen. Du mußt nicht zuviel auf Meinungen achten. Die Schrift ist unveränderlich und die Meinungen sind oft nur ein Ausdruck der Verzweiflung darüber. In diesem Falle gibt es sogar eine Meinung, nach welcher gerade der Türhüter der Getäuschte ist.« »Das ist eine weitgehende Meinung«, sagte K. »Wie wird sie begründet?« »Die Begründung«, antwortete der Geistliche, »geht von der Einfalt des Türhüters aus. Man sagt, daß er das Innere des Gesetzes nicht kennt, sondern nur den Weg, den er vor dem Eingang immer wieder abgehen muß. Die Vorstellungen, die er von dem Innern hat, werden für kindlich gehalten, und man nimmt an, daß er das, wovor er dem Manne Furcht machen will, selbst fürchtet. Ja, er fürchtet es mehr als der Mann, denn dieser will ja nichts anderes als eintreten, selbst als er von den schrecklichen Türhütern des Innern gehört hat, der Türhüter dagegen will nicht eintreten, wenigstens erfährt man nichts darüber. Andere sagen zwar, daß er bereits im Innern gewesen sein muß, denn er ist doch einmal in den Dienst des Gesetzes aufgenommen worden, und das könne nur im Innern geschehen sein. Darauf ist zu antworten, daß er wohl auch durch einen Ruf aus dem Innern zum Türhüter bestellt worden sein könnte und daß er zumindest tief im Innern nicht gewesen sein dürfte, da er doch schon den Anblick des dritten Türhüters nicht mehr ertragen kann. Außerdem aber wird auch nicht berichtet, daß er während der vielen Jahre außer der Bemerkung über die Türhüter irgend etwas von dem Innern erzählt hätte. Es könnte ihm verboten sein, aber auch vom Verbot hat er nichts erzählt. Aus alledem schließt man, daß er über das Aussehen und die Bedeutung des Innern nichts weiß und sich darüber in Täuschung befindet. Aber auch über den Mann vom Lande soll er sich in Täuschung befinden, denn er ist diesem Mann untergeordnet und weiß es nicht. Daß er den Mann als einen Untergeordneten behandelt, erkennt man aus vielem, das dir noch erinnerlich sein dürfte. Daß er ihm aber tatsächlich untergeordnet ist, soll nach dieser Meinung ebenso deutlich hervorgehen. Vor allem ist der Freie dem Gebundenen übergeordnet. Nun ist der Mann tatsächlich frei, er kann hingehen, wohin er will, nur der Eingang in das Gesetz ist ihm verboten, und überdies nur von einem einzelnen, vom Türhüter. Wenn er sich auf den Schemel seitwärts vom Tor niedersetzt und dort sein Leben lang bleibt, so geschieht dies freiwillig, die Geschichte erzählt von keinem Zwang. Der Türhüter dagegen ist durch sein Amt an seinen Posten gebunden, er darf sich nicht auswärts entfernen, allem Anschein nach aber auch nicht in das Innere gehen, selbst wenn er es wollte. Außerdem ist er zwar im Dienst des Gesetzes, dient aber nur für diesen Eingang, also auch nur für diesen Mann, für den dieser Eingang allein bestimmt ist. Auch aus diesem Grunde ist er ihm untergeordnet. Es ist anzunehmen, daß er durch viele Jahre, durch ein ganzes Mannesalter gewissermaßen nur leeren Dienst geleistet hat, denn es wird gesagt, daß ein Mann kommt, also jemand im Mannesalter, daß also der Türhüter lange warten mußte, ehe sich sein Zweck erfüllte, und zwar so lange warten mußte, als es dem Mann beliebte, der doch freiwillig kam. Aber auch das Ende des Dienstes wird durch das Lebensende des Mannes bestimmt, bis zum Ende also bleibt er ihm untergeordnet. Und immer wieder wird betont, daß von alledem der Türhüter nichts zu wissen scheint. Daran wird aber nichts Auffälliges gesehen, denn nach dieser Meinung befindet sich der Türhüter noch in einer viel schwereren Täuschung, sie betrifft seinen Dienst. Zuletzt spricht er nämlich vom Eingang und sagt: ›Ich gehe jetzt und schließe ihn‹, aber am Anfang heißt es, daß das Tor zum Gesetz offensteht wie immer, steht es aber immer offen, immer, das heißt unabhängig von der Lebensdauer des Mannes, für den es bestimmt ist, dann wird es auch der Türhüter nicht schließen können. Darüber gehen die Meinungen auseinander, ob der Türhüter mit der Ankündigung, daß er das Tor schließen wird, nur eine Antwort geben oder seine Dienstpflicht betonen oder den Mann noch im letzten Augenblick in Reue und Trauer setzen will. Darin aber sind viele einig, daß er das Tor nicht wird schließen können. Sie glauben sogar, daß er, wenigstens am Ende, auch in seinem Wissen dem Manne untergeordnet ist, denn dieser sieht den Glanz, der aus dem Eingang des Gesetzes bricht, während der Türhüter als solcher wohl mit dem Rücken zum Eingang steht und auch durch keine Äußerung zeigt, daß er eine Veränderung bemerkt hätte.« »Das ist gut begründet«, sagte K., der einzelne Stellen aus der Erklärung des Geistlichen halblaut für sich wiederholt hatte. »Es ist gut begründet, und ich glaube nun auch, daß der Türhüter getäuscht ist. Dadurch bin ich aber von meiner früheren Meinung nicht abgekommen, denn beide decken sich teilweise. Es ist unentscheidend, ob der Türhüter klar sieht oder getäuscht wird. Ich sagte, der Mann wird getäuscht. Wenn der Türhüter klar sieht, könnte man daran zweifeln, wenn der Türhüter aber getäuscht ist, dann muß sich seine Täuschung notwendig auf den Mann übertragen. Der Türhüter ist dann zwar kein Betrüger, aber so einfältig, daß er sofort aus dem Dienst gejagt werden müßte. Du mußt doch bedenken, daß die Täuschung, in der sich der Türhüter befindet, ihm nichts schadet, dem Mann aber tausendfach.« »Hier stößt du auf eine Gegenmeinung«, sagte der Geistliche. »Manche sagen nämlich, daß die Geschichte niemandem ein Recht gibt, über den Türhüter zu urteilen. Wie er uns auch erscheinen mag, ist er doch ein Diener des Gesetzes, also zum Gesetz gehörig, also dem menschlichen Urteil entrückt. Man darf dann auch nicht glauben, daß der Türhüter dem Manne untergeordnet ist. Durch seinen Dienst auch nur an den Eingang des Gesetzes gebunden zu sein, ist unvergleichlich mehr, als frei in der Welt zu leben. Der Mann kommt erst zum Gesetz, der Türhüter ist schon dort. Er ist vom Gesetz zum Dienst bestellt, an seiner Würdigkeit zu zweifeln, hieße am Gesetz zweifeln.« »Mit dieser Meinung stimme ich nicht überein«, sagte K. kopfschüttelnd, »denn wenn man sich ihr anschließt, muß man alles, was der Türhüter sagt, für wahr halten. Daß das aber nicht möglich ist, hast du ja selbst ausführlich begründet.« »Nein«, sagte der Geistliche, »man muß nicht alles für wahr halten, man muß es nur für notwendig halten.« »Trübselige Meinung«, sagte K. »Die Lüge wird zur Weltordnung gemacht.«

K. sagte das abschließend, aber sein Endurteil war es nicht. Er war zu müde, um alle Folgerungen der Geschichte übersehen zu können, es waren auch ungewohnte Gedankengänge, in die sie ihn führte, unwirkliche Dinge, besser geeignet zur Besprechung für die Gesellschaft der Gerichtsbeamten als für ihn. Die einfache Geschichte war unförmlich geworden, er wollte sie von sich abschütteln, und der Geistliche, der jetzt ein großes Zartgefühl bewies, duldete es und nahm K.s Bemerkung schweigend auf, obwohl sie mit seiner eigenen Meinung gewiß nicht übereinstimmte.

Sie gingen eine Zeitlang schweigend weiter, K. hielt sich eng neben dem Geistlichen, ohne zu wissen, wo er sich befand. Die Lampe in seiner Hand war längst erloschen. Einmal blinkte gerade vor ihm das silberne Standbild eines Heiligen nur mit dem Schein des Silbers und spielte gleich wieder ins Dunkel über. Um nicht vollständig auf den Geistlichen angewiesen zu bleiben, fragte ihn K.: »Sind wir jetzt nicht in der Nähe des Haupteinganges?« »Nein«, sagte der Geistliche, »wir sind weit von ihm entfernt. Willst du schon fortgehen?« Obwohl K. gerade jetzt nicht daran gedacht hatte, sagte er sofort: »Gewiß, ich muß fortgehen. Ich bin Prokurist einer Bank, man wartet auf mich, ich bin nur hergekommen, um einem ausländischen Geschäftsfreund den Dom zu zeigen.« »Nun«, sagte der Geistliche, und reichte K. die Hand, »dann geh.« »Ich kann mich aber im Dunkel allein nicht zurechtfinden«, sagte K. »Geh links zur Wand«, sagte der Geistliche, »dann weiter die Wand entlang, ohne sie zu verlassen, und du wirst einen Ausgang finden.« Der Geistliche hatte sich erst ein paar Schritte entfernt, aber K. rief schon sehr laut: »Bitte, warte noch!« »Ich warte«, sagte der Geistliche. »Willst du nicht noch etwas von mir?« fragte K. »Nein«, sagte der Geistliche. »Du warst früher so freundlich zu mir«, sagte K., »und hast mir alles erklärt, jetzt aber entläßt du mich, als läge dir nichts an mir.« »Du mußt doch fortgehen«, sagte der Geistliche. »Nun ja«, sagte K., »sieh das doch ein.« »Sieh du zuerst ein, wer ich bin«, sagte der Geistliche. »Du bist der Gefängniskaplan«, sagte K. und ging näher zum Geistlichen hin, seine sofortige Rückkehr in die Bank war nicht so notwendig, wie er sie dargestellt hatte, er konnte recht gut noch hierbleiben. »Ich gehöre also zum Gericht«, sagte der Geistliche. »Warum sollte ich also etwas von dir wollen. Das Gericht will nichts von dir. Es nimmt dich auf, wenn du kommst, und es entläßt dich, wenn du gehst.« [Dezember 1914 (?) / *P*, 255–265]

Der Letzte Wille *

Lieber Max, vielleicht stehe ich diesmal doch nicht mehr auf, das Kommen der Lungenentzündung ist nach dem Monat Lungenfieber genug wahrscheinlich, und nicht einmal, daß ich es niederschreibe, wird sie abwehren, trotzdem es eine gewisse Macht hat.

Für diesen Fall also mein letzter Wille hinsichtlich alles von mir Geschriebenen:

Von allem, was ich geschrieben habe, gelten nur die Bücher: Urteil[53], Heizer[54], Verwandlung[55], Strafkolonie[56], Landarzt[57] und die Erzählung: Hungerkünstler[58]. (Die paar Exemplare der »Betrachtung«[59] mögen bleiben, ich will niemandem die Mühe des Einstampfens machen, aber neu gedruckt darf nichts daraus werden.) Wenn ich sage, daß jene fünf Bücher und die Erzählung gelten, so meine ich damit nicht, daß ich den Wunsch habe, sie mögen neu gedruckt und künftigen Zeiten überliefert werden, im Gegenteil, sollten sie ganz verlorengehn, entspricht dieses meinem eigentlichen Wunsch. Nur hindere ich, da sie schon einmal da sind, niemanden daran, sie zu erhalten, wenn er dazu Lust hat.

Dagegen ist alles, was sonst an Geschriebenem von mir vorliegt (in Zeitschriften Gedrucktes, im Manuskript oder in Briefen) ausnahmslos, soweit es erreichbar oder durch Bitten von den Adressaten zu erhalten ist (die meisten Adressaten kennst Du ja, in der Hauptsache handelt es sich um[60] . . ., vergiß besonders nicht paar Hefte, die . . . hat[61]) — alles dieses ist ausnahmslos, am liebsten ungelesen (doch wehre ich Dir nicht hineinzuschaun, am liebsten wäre es mir allerdings, wenn Du es nicht tust, jedenfalls aber darf niemand andrer hineinschauen) — alles dieses ist ausnahmslos zu verbrennen, und dies möglichst bald zu tun bitte ich Dich Franz.

[1922 (?) / *P*, 317–318]

IX. SPRACHE

Schon in einem Brief des neunzehnjährigen Kafka findet sich der Entschluß, von nun an »ohne Schnörkel und Schleier und Warzen« zu schreiben (S. 229), ein Entschluß, der ironischerweise selbst in die Form eines Schnörkels gekleidet ist.

Der junge Kafka wuchs in einer Zeit des extremen Sprachzweifels auf. Der zweite Satz des Tagebuchs, in dem Max Brod den Ansatz zu einer Erzählung vermutet (*T*, 695) lautet: »›Wenn er mich immer frägt.‹ Das ä, losgelöst vom Satz, flog dahin wie ein Ball auf der Wiese« (S. 233). Der Selbstlaut macht sich selbständig, mit einem Satz springt er aus dem Satz, in dessen Zusammenhang er gehört, und wird zu einem Eigenwesen, einem Ball, dessen einziger Vokal zu jenem »a« zurückkehrt, das eigentlich den Selbstlaut in »fragt« hätte bilden sollen.

Das sind Spielereien, aber sehr ernsthafte. Schon Kafkas erstes Romanfragment, ›Die Beschreibung eines Kampfes‹, tändelt über dem Abgrund der Sprache. Schon hier ist es hart zu unterscheiden, was der junge Schriftsteller stilistisch einfach noch nicht kann, was er mit Absicht nicht mehr können will, und was er dem Zustand seiner Sprache nach gar nicht mehr können darf. Diesem Romanfragment ist auch das ›Gespräch mit einem Beter‹ entnommen (S. 230 ff.), das die Einsamkeit eines Monologs durch die Einführung eines Dialogpartners brechen will. Die Einführung mißlingt, der Dialog kehrt zu dem Monolog eines gespaltenen Ich zurück, dessen Verlassenheit dadurch nur umso schärfer ins Bewußtsein des Lesers tritt. So mag denn dieses ›Gespräch‹, das keines ist, als Symptom einer Verfassung stehen, in der die Sprache aufgehört hat, Gefährt der Verständigung zwischen einem Ich und einem Du zu sein. Was bleibt, ist das unzusammenhängende Geflüster des Narziß mit sich selbst. Kafka wäre nicht Kafka gewesen, wenn er sich für diesen Zustand nicht verantwortlich gefühlt und die Schuld daran dem Judentum und seiner Fremdheit im deutschen Sprachgebiet gegeben hätte. Dies ist jedoch der Versuch, ein allgemeines Phänomen zu rationalisieren und auf eine Einzelperson oder Einzelgruppe einzuschränken, bestenfalls eine Teilwahrheit, die ebenso leicht zu beweisen wie zu widerlegen ist. Das gleiche gilt von der oft behaupteten »Härte« und »Armut« des Prager Deutsch, das jedoch den jungen Prager Franz Werfel keineswegs daran hinderte, die beinahe italienisch weichen und barock üppigen Hymnen des ›Weltfreund‹ zu singen.

Tiefer führt die Erkenntnis von Hugo von Hofmannsthals Lord Chandos, dessen ›Brief‹ vom Jahre 1901 Kafka kannte und liebte: »Es ist mir völlig die Fähigkeit abhanden gekommen, über irgend etwas zusammenhängend zu denken oder zu sprechen ... Und dies nicht etwa aus Rücksichten irgendwelcher Art, ... sondern die abstrakten Worte, deren sich doch die Zunge naturgemäß bedienen muß, um irgendwelches Urteil an den Tag zu geben, zerfielen mir im Munde wie modrige Pilze ... Allmählich aber breitete sich diese Anfechtung aus wie ein um sich fressender Rost ...« (Prosa II, 12–13). Selbst die Bilder von Hofmannsthals Sprache, Rost und Schimmel, Pest und Fäulnis, künden von Zersetzung. Philologie war zur Logopathie, die Liebe zum Wort zum Leiden an der Sprache geworden.
Der Weg aus dieser Sprachnot führte sowohl vorwärts wie zurück. Hofmannsthal erinnert sich, einmal Worte aufgeschrieben zu haben, die – in französischer Sprache – den Sprüchen Salomonis entlehnt waren und weit hinter diese zurück zu einem Wüstenscheich und Stammvater und dessen Sohn Agur führten. Aus dieser Erinnerung, rätselhaft und in die Fremdsprache verschachtelt, wie sie ist, entwickelt Hofmannsthal dann ein Traumgleichnis von Aufbruch und Wüstenwanderung, das weit in die Zukunft weist (›Die Wege und die Begegnungen‹, Prosa II, 304 ff.). Kafka hingegen belebte das Gleichnis, wie er es in der Bibel und der nachbiblischen Literatur des Judentums fand. (Seine Beziehungen zum Chassidismus sind noch so gut wie unerforscht und bedürften einer Darstellung, die dann auch Zusammenhänge zwischen seiner Sprache und der Malweise eines Marc Chagall zu Tage fördern würde.) Dabei ergab es sich, daß seine Geschichte und Geschichten ihrem Wesen nach so undeutsch wie möglich, zu gleicher Zeit aber in der edelsten deutschen Sprachform dargeboten waren. Gern hat man sich bei der Lektüre Kafkas an Johann Peter Hebels ›Schatzkästlein des rheinischen Hausfreunds‹ erinnern lassen, wobei man freilich die Ironie übersah, die über Kafkas Sprachformen fremdartig-zwielichtige Schatten wirft.
Kafkas Sprache enthält der Paradoxe die Fülle. Sie selbst ist ein Paradox. Denn seiner Weisheit letzter Schluß besteht eben darin, daß seine Gleichnisse eigentlich nur sagen wollen, »daß das Unfaßbare unfaßbar ist, und das haben wir gewußt« (S. 243), wobei er es aber nicht bewenden läßt, sondern die verblüffende Aussage durch einen Kommentar weiter verfremdet, so daß am Ende nichts übrig bleibt als ein Schweigen, das zuckend nach dem Wort verlangt, das es verhülle.
Das Schweigen und vor ihm die Zweideutigkeit ist die Gnade von Kafkas Sprache. Denn sie schließen nicht nur das Böse ein, sondern auch das Gute nicht aus.

*Brief an Oskar Pollak**[1]

Als ich Samstag mit Dir ging, da ist es mir klar geworden, was wir brauchen. Doch schreibe ich Dir erst heute, denn solche Dinge müssen liegen und sich ausstrecken. Wenn wir miteinander reden: die Worte sind hart, man geht über sie wie über schlechtes Pflaster. Die feinsten Dinge bekommen plumpe Füße und wir können nicht dafür. Wir sind einander fast im Wege, ich stoße mich an Dir und Du – ich wage nicht, und Du –. Wenn wir zu Dingen kommen, die nicht gerade Straßensteine oder »Kunstwart«[2] sind, sehn wir plötzlich, daß wir Maskenkleider mit Gesichtslarven haben, mit eckigen Gesten agieren (ich vor allem, ja) und dann werden wir plötzlich traurig und müde. Warst Du schon mit jemandem so müde wie mit mir? Du wirst oft erst recht krank. Dann kommt mein Mitleid und ich kann nichts tun und nichts sagen und es kommen krampfhafte, läppische Worte heraus, die Du beim nächsten besten bekommst und besser bekommst, dann schweige ich und Du schweigst und Du wirst müde und ich werde müde und alles ist ein dummer Katzenjammer und es lohnt nicht, die Hand zu rühren. Aber keiner will es dem andern sagen aus Scham oder Furcht oder – Du siehst, wir fürchten einander, oder ich–.

Ich verstehe es ja, wenn man jahrelang vor einer häßlichen Mauer steht und sie so gar nicht abbröckeln will, dann wird man müde. Ja aber sie fürchtet für sich, für den Garten (wenn einer), Du aber wirst ärgerlich, gähnst, bekommst Kopfschmerzen, kennst Dich nicht aus.

Du mußt doch bemerkt haben, immer wenn wir nach längerer Zeit einander sehn, sind wir enttäuscht, verdrießlich, bis wir uns an die Verdrießlichkeit gewöhnt haben. Wir müssen dann Worte vorhalten, damit man das Gähnen nicht sieht.

Ich habe Angst bekommen, daß Du den ganzen Brief nicht verstehst, was will er? Ohne Schnörkel und Schleier und Warzen: Wenn wir miteinander reden, sind wir behindert durch Dinge, die wir sagen wollen und nicht so sagen können, sondern so herausbringen, daß wir einander mißverstehn, gar überhören, gar auslachen (ich sage: der Honig ist süß, aber ich sage es leise oder dumm oder schlecht stilisiert und Du sagst: Heute ist schönes Wetter. Das ist schon eine schlechte Gesprächswendung), da wir das fortwährend versuchen und es niemals gelingt, so werden wir müde, unzufrieden, hartmäulig. Wenn wir es zu schreiben versuchten, würden wir leichter sein, als wenn wir miteinander reden, — wir könnten ganz ohne Scham von Straßensteinen und »Kunstwart« reden, denn das Bessere wäre in Sicherheit. Das will der Brief. Ist das ein Einfall der Eifersucht?

Ich konnte nicht wissen, daß Du auch die letzte Seite lesen wirst und so habe ich dieses Eigentümliche hergekritzelt, obwohl es nicht zum Brief gehört.
Wir reden drei Jahre miteinander, da unterscheidet man bei manchen Dingen nicht mehr das Mein und Dein. Ich könnte oft nicht sagen, was aus mir oder aus Dir ist, und Dir wird es vielleicht auch so gehn.
Nun bin ich wunderbar froh, daß Du mit dem Mädchen umgehst. Deinetwegen, mir ist sie gleichgültig. Aber Du sprichst oft mit ihr, nicht nur des Sprechens wegen. Da kann es geschehn, Du gehst mit ihr irgendwo da oder dort oder in *Rostok*[3] und ich sitze am Schreibtisch zu Hause. Du sprichst mit ihr und mitten im Satz springt einer auf und macht eine Verbeugung. Das bin ich mit meinen unbehauenen Worten und viereckigen Mienen. Das dauert einen Augenblick und schon sprichst Du weiter. Ich sitze am Schreibtisch zu Hause und gähne. Mir ist es schon so gegangen. Kämen wir da nicht von einander los? Ist das nicht seltsam? Sind wir Feinde? Ich habe Dich sehr lieb.

[4. Februar 1902 / *B*, 9–11]

Gespräch mit dem Beter [4]

»Was sagt Ihr da«, rief ich viel zu laut für die kleine Bemerkung und den niedrigen Gang, aber ich fürchtete mich dann zu verstummen oder die Stimme zu schwächen, »wirklich, was sagt Ihr da. Jetzt merke ich bei Gott, daß ich von allem Anfang an ahnte, in welchem Zustande Ihr seid. Ist es nicht dieses Fieber, diese Seekrankheit auf festem Lande, eine Art Aussatz? Ist Euch nicht so, daß Ihr vor lauter Hitze mit den wahrhaftigen Namen der Dinge Euch nicht begnügen könnt, davon nicht satt werdet und über sie jetzt in einer einzigen Eile zufällige Namen schüttet. Nur schnell, nur schnell! Aber kaum seid Ihr von ihnen weggelaufen, habt Ihr wieder ihre Namen vergessen. Die Pappel in den Feldern, die Ihr den ›Turm von Babel‹ genannt habt, denn Ihr wolltet nicht wissen, daß es eine Pappel war schaukelt wieder namenlos und Ihr müßt sie nennen: ›Noah, wie er betrunken war‹.«
Er unterbrach mich: »Ich bin froh, daß ich das, was Ihr sagtet, nicht verstanden habe.«

Aufgeregt sagte ich rasch: »Dadurch, daß Ihr darüber froh seid, zeigt Ihr, daß Ihr es verstanden habt.«
»Sagte ich es nicht schon? Euch kann man nichts verweigern.«
Ich legte meine Hände auf eine obere Stufe, lehnte mich zurück und fragte in dieser fast unangreifbaren Haltung, welche die letzte Rettung der Ringkämpfer ist: »Verzeiht, aber das ist Unaufrichtigkeit, wenn Ihr eine Erklärung, die ich Euch gebe, auf mich zurückwerfet.«
Daraufhin wurde er mutig. Er legte die Hände ineinander, um seinem Körper eine Einheit zu geben, und sagte unter leichtem Widerstreben: »Streitigkeiten über Aufrichtigkeit habet Ihr gleich anfangs ausgeschlossen. Und wirklich, mich kümmert nichts anderes mehr, als Euch meine Art zu beten ganz verständlich zu machen. Wisset Ihr also, warum ich so bete?«
Er prüfte mich. Nein, ich wußte es nicht und ich wollte es auch nicht wissen. Ich hatte ja auch nicht hierher kommen wollen, sagte ich mir damals, aber dieser Mensch hatte mich geradezu gezwungen, ihm zuzuhören. Ich brauchte also bloß meinen Kopf zu schütteln und alles war gut, aber gerade das konnte ich im Augenblick nicht.
Der Mensch mir gegenüber lächelte. Dann duckte er sich auf seine Knie nieder und erzählte mit schläfriger Grimasse: »Jetzt endlich kann ich es Ihnen auch verraten, warum ich mich von Ihnen habe ansprechen lassen. Aus Neugierde, aus Hoffnung. Ihr Blick tröstet mich schon eine lange Zeit. Und ich hoffe von Ihnen zu erfahren, wie es sich mit den Dingen eigentlich verhält, die um mich wie ein Schneefall versinken, während vor andern schon ein kleines Schnapsglas auf dem Tisch fest wie ein Denkmal steht.«
Da ich schwieg und nur eine unwillkürliche Zuckung mein Gesicht durchfuhr, fragte er: »Sie glauben nicht daran, daß es andern Leuten so geht? Wirklich nicht? Ach hören Sie doch! Als ich, ein kleines Kind, nach einem kurzen Mitagsschlaf die Augen öffnete, hörte ich, meines Lebens noch nicht ganz sicher, meine Mutter in natürlichem Ton vom Balkon hinunterfragen: ›Was machen Sie meine Liebe? Ist das aber eine Hitze!‹ Eine Frau antwortete aus dem Garten: ›Ich jause so im Grünen.‹ Sie sagten es ohne Nachdenken und nicht besonders deutlich, als hätte jene Frau die Frage, meine Mutter die Antwort erwartet.«
Ich glaubte, ich sei gefragt, daher griff ich in die hintere Hosentasche und tat, als suchte ich dort etwas. Aber ich suchte nichts, sondern ich wollte nur meinen Anblick verändern, um meine Teilnahme am Gespräch zu zeigen. Dabei sagte ich, daß dieser Vorfall überaus merkwürdig sei und daß ich ihn keineswegs begreife. Ich fügte auch hinzu, daß ich an dessen Wahrheit nicht glaube und daß er zu einem bestimmten Zweck, den ich gerade

nicht durchschaue, erfunden sein müsse. Dann schloß ich die Augen, um das schlechte Licht los zu werden.
»Seht doch nur, faßt Mut, da seid Ihr zum Beispiel einmal meiner Meinung und aus Uneigennützigkeit habt Ihr mich angehalten, mir das zu sagen. Ich verliere eine Hoffnung und bekomme eine andere.
Nicht wahr, warum sollte ich mich schämen, daß ich nicht aufrecht und in Schritten gehe, nicht mit dem Stock auf das Pflaster schlage und nicht die Kleider der Leute streife, welche laut vorübergehen. Sollte ich nicht vielmehr mit Recht trotzig klagen dürfen, daß ich als Schatten ohne rechte Grenzen die Häuser entlang hüpfe, manchmal in den Scheiben der Auslagefenster verschwindend.
Was sind das für Tage, die ich verbringe! Warum ist alles so schlecht gebaut, so daß bisweilen hohe Häuser einstürzen, ohne daß man einen äußern Grund finden könnte. Ich klettere dann über die Schutthaufen und frage jeden, dem ich begegne: ›Wie konnte das nur geschehen! In unserer Stadt – ein neues Haus – das wievielte ist es heute schon! – bedenken Sie doch.‹ Dann kann mir keiner antworten.
Oft fallen Menschen auf der Gasse und bleiben tot liegen. Da öffnen alle Geschäftsleute ihre mit Waren verhangenen Türen, kommen gelenkig herbei, schaffen den Toten in ein Haus, kehren zurück, Lächeln um Mund und Augen, und das Gerede fängt an: ›Guten Tag – der Himmel ist blaß – ich verkaufe viele Kopftücher – ja, der Krieg.‹ Ich eile ins Haus, und nachdem ich mehrere Male die Hand mit dem gebogenen Finger furchtsam gehoben habe, klopfe ich endlich an das Fensterchen des Hausmeisters: ›Guten Morgen‹, sage ich, ›mir ist, als wäre vor kurzem ein toter Mensch zu Ihnen gebracht worden. Wären Sie nicht so freundlich, mir ihn zu zeigen?‹ Und da er den Kopf schüttelt, als könne er sich nicht entschließen, füge ich hinzu: ›Nehmen Sie sich in acht! Ich bin Geheimpolizist und will sofort den Toten sehn.‹ Jetzt ist er nicht mehr unentschlossen: ›Hinaus!‹ schreit er. ›Gewöhnt sich dieses Gesindel schon daran, hier jeden Tag herumzukriechen! Hier ist kein Toter, vielleicht im Nebenhaus.‹ Ich grüße und gehe.
Dann aber, wenn ich einen großen Platz zu durchqueren habe, vergesse ich alles. Wenn man schon so große Plätze aus Übermut baut, warum baut man nicht auch ein Geländer quer über den Platz? Heute bläst einmal ein Südwestwind. Die Spitze des Rathausturmes macht kleine Kreise. Alle Fensterscheiben lärmen und die Laternenpfähle biegen sich wie Bambus. Der Mantel der heiligen Maria auf der Säule windet sich und die Luft reißt an ihm. Sieht es denn niemand? Die Herren und Damen, die auf den Steinen gehen sollten, schweben. Wenn der Wind

einhält, bleiben sie stehen, sagen einige Worte zueinander und verneigen sich grüßend, stößt er aber wieder, können sie ihm nicht widerstehen und alle heben gleichzeitig ihre Füße. Zwar müssen sie fest ihre Hüte halten, aber sie machen lustige Augen und haben an der Witterung nicht das geringste auszusetzen. Nur ich fürchte mich.«
Daraufhin konnte ich sagen: »Die Geschichte, die Sie früher erzählt haben von Ihrer Frau Mutter und der Frau im Garten, finde ich eigentlich gar nicht merkwürdig. Nicht nur, daß ich viele derartige Geschichten gehört und erlebt habe, ich habe sogar selbst bei manchen mitgewirkt. Diese Sache ist doch ganz natürlich. Meinen Sie denn wirklich, ich hätte, wenn ich im Sommer auf jenem Balkon gewesen wäre, nicht dasselbe fragen und aus dem Garten dasselbe antworten können? Ein so gewöhnlicher Vorfall!«
Als ich das gesagt hatte, schien er endlich beruhigt. Er sagte, daß ich hübsch gekleidet sei und daß ihm meine Halsbinde sehr gefalle. Und was für eine feine Haut ich hätte. Und Geständnisse würden am klarsten, wenn man sie widerriefe.

[1904/1905 / *BE*, 41–46]

»Wenn er mich immer frägt.« Das ä, losgelöst vom Satz, flog dahin wie ein Ball auf der Wiese. [1910 / *T*, 9]

15. Dezember. Meinen Folgerungen aus meinem gegenwärtigen, nun schon fast ein Jahr dauernden Zustand glaube ich einfach nicht, dazu ist mein Zustand zu ernst. Ich weiß ja nicht einmal, ob ich sagen kann, daß es kein neuer Zustand ist. Meine eigentliche Meinung allerdings ist: dieser Zustand ist neu, ähnliche hatte ich, einen solchen aber noch nicht. Ich bin ja wie aus Stein, wie mein eigenes Grabdenkmal bin ich, da ist keine Lücke für Zweifel oder für Glauben, für Liebe oder Widerwillen, für Mut oder Angst im besonderen oder allgemeinen, nur eine vage Hoffnung lebt, aber nicht besser als die Inschriften auf den Grabdenkmälern. Kein Wort fast, das ich schreibe, paßt zum andern, ich höre, wie sich die Konsonanten blechern aneinanderreiben, und die Vokale singen dazu wie Ausstellungsneger. Meine Zweifel stehn um jedes Wort im Kreis herum, ich sehe sie früher als das Wort, aber was denn! ich sehe das Wort überhaupt nicht, das erfinde ich. Das wäre ja noch das größte Unglück nicht, nur müßte ich dann Worte erfinden können, welche imstande sind, den Leichengeruch in einer Richtung zu blasen, daß er mir und dem Leser nicht gleich ins Gesicht kommt. Wenn ich mich zum Schreibtisch setze, ist mir nicht

wohler als einem, der mitten im Verkehr der Place de l'Opéra fällt und beide Beine bricht. Alle Wagen streben trotz ihres Lärmens schweigend von allen Seiten nach allen Seiten, aber bessere Ordnung als die Schutzleute macht der Schmerz jenes Mannes, der ihm die Augen schließt und den Platz und die Gassen verödet, ohne daß die Wagen umkehren müßten. Das viele Leben schmerzt ihn, denn er ist ja ein Verkehrshindernis, aber die Leere ist nicht weniger arg, denn sie macht seinen eigentlichen Schmerz los. [1910 / *T*, 27–28]

19. Februar. Die besondere Art meiner Inspiration, in der ich Glücklichster und Unglücklichster jetzt um zwei Uhr nachts schlafen gehe (sie wird vielleicht, wenn ich nur den Gedanken daran ertrage, bleiben, denn sie ist höher als alle früheren), ist die, daß ich alles kann, nicht nur auf eine bestimmte Arbeit hin. Wenn ich wahllos einen Satz hinschreibe, zum Beispiel »Er schaute aus dem Fenster«, so ist er schon vollkommen.

[1911 / *T*, 41–42]

Beim Diktieren einer größeren Anzeige an eine Bezirkshauptmannschaft im Bureau. Im Schluß, der sich aufschwingen sollte, blieb ich stecken und konnte nichts als das Maschinenfräulein K. ansehn, die nach ihrer Gewohnheit besonders lebhaft wurde, ihren Sessel rückte, hustete, auf dem Tisch herumtippte und so das ganze Zimmer auf mein Unglück aufmerksam machte. Der gesuchte Einfall bekommt jetzt auch den Wert, daß er sie ruhig machen wird, und läßt sich, je wertvoller er wird, desto schwerer finden. Endlich habe ich das Wort »brandmarken« und den dazu gehörigen Satz, halte alles aber noch im Mund mit einem Ekel und Schamgefühl, wie wenn es rohes Fleisch, aus mir geschnittenes Fleisch wäre (solche Mühe hat es mich gekostet). Endlich sage ich es, behalte aber den großen Schrecken, daß zu einer dichterischen Arbeit alles in mir bereit ist und eine solche Arbeit eine himmlische Auflösung und ein wirkliches Lebendigwerden für mich wäre, während ich hier im Bureau um eines so elenden Aktenstückes willen einen solchen Glückes fähigen Körper um ein Stück seines Fleisches berauben muß.

[Oktober 1911 / *T*, 76–77]

Die Mutter arbeitet den ganzen Tag, ist lustig und traurig, wie es kommt, ohne mit eigenen Zuständen im geringsten in Anspruch zu nehmen, ihre Stimme ist hell, zu laut für das gewöhnliche Sprechen, aber wohltätig, wenn man traurig ist und nach einiger Zeit plötzlich sie hört. Seit längerer Zeit klage ich schon, daß ich zwar immer krank bin, niemals aber eine besondere Krankheit habe, die mich zwingen würde, mich ins Bett zu legen. Dieser Wunsch geht sicher zum größten Teil darauf zurück, daß ich weiß, wie die Mutter trösten kann, wenn sie zum Beispiel aus dem beleuchteten Wohnzimmer in die Dämmerung des Krankenzimmers kommt, oder am Abend, wenn der Tag einförmig in die Nacht überzugehn anfängt, aus dem Geschäft zurückkehrt und mit ihren Sorgen und raschen Anordnungen den schon so späten Tag noch einmal anfangen läßt und den Kranken aufmuntert, ihr dabei zu helfen. Das würde ich mir wieder wünschen, weil ich dann schwach wäre, daher von allem überzeugt, was die Mutter täte, und mit der deutlicheren Genußfähigkeit des Alters kindliche Freuden haben könnte. Gestern fiel mir ein, daß ich die Mutter nur deshalb nicht immer so geliebt habe, wie sie es verdiente und wie ich es könnte, weil mich die deutsche Sprache daran gehindert hat. Die jüdische Mutter ist keine »Mutter«, die Mutterbezeichnung macht sie ein wenig komisch (nicht sich selbst, weil wir in Deutschland sind), wir geben einer jüdischen Frau den Namen deutsche Mutter, vergessen aber den Widerspruch, der desto schwerer sich ins Gefühl einsenkt. »Mutter« ist für den Juden besonders deutsch, es enthält unbewußt neben dem christlichen Glanz auch christliche Kälte, die mit Mutter benannte jüdische Frau wird daher nicht nur komisch, sondern fremd. Mama wäre ein besserer Name, wenn man nur hinter ihm nicht »Mutter« sich vorstellte. Ich glaube, daß nur noch Erinnerungen an das Ghetto die jüdische Familie erhalten, denn auch das Wort Vater meint bei weitem den jüdischen Vater nicht. [24. Oktober 1911 / *T*, 115–116]

In den Zeitungen, im Gespräch, im Bureau verführt oft das Temperament der Sprache, dann die aus einer gegenwärtigen Schwäche geborene Hoffnung auf plötzliche, desto stärkere Erleuchtung schon im nächsten Augenblick, oder starkes Selbstvertrauen ganz allein oder bloße Nachlässigkeit oder ein großer gegenwärtiger Eindruck, den man um jeden Preis auf die Zukunft abwälzen will, oder die Meinung, daß gegenwärtige wahre Begeisterung jede Zerfahrenheit in der Zukunft rechtfertige, oder die Freude an Sätzen, die in der Mitte durch ein oder zwei Stöße gehoben sind und den Mund allmählich zu seiner ganzen Größe öffnen, wenn sie ihn auch viel zu rasch und gewunden sich schließen lassen, oder die Spur der Möglichkeit eines entschiedenen, auf Klarheit angelegten Urteils oder das Bestreben, der eigentlich beendeten Rede noch weiterhin Fluß zu geben, oder das Verlangen, das Thema in Eile zu verlassen, wenn es sein muß, auf dem Bauch, oder Verzweiflung, die einen Ausweg für ihren schweren Atem sucht, oder die Sehnsucht nach einem Licht ohne Schatten, – all dies kann zu Sätzen verführen wie: »Das Buch, das ich eben beendet habe, ist das schönste, das ich bisher gelesen habe« oder »ist so schön, wie ich noch keines gelesen habe«. [2. November 1911 / *T*, 137]

Ich will schreiben, mit einem ständigen Zittern auf der Stirn. Ich sitze in meinem Zimmer im Hauptquartier des Lärms der ganzen Wohnung. Alle Türen höre ich schlagen, durch ihren Lärm bleiben mir nur die Schritte der zwischen ihnen Laufenden erspart, noch das Zuklappen der Herdtüre in der Küche höre ich. Der Vater durchbricht die Türen meines Zimmers und zieht im nachschleppenden Schlafrock durch, aus dem Ofen im Nebenzimmer wird die Asche gekratzt, Valli fragt ins Unbestimmte, durch das Vorzimmer, wie durch eine Pariser Gasse rufend, ob denn des Vaters Hut schon geputzt ist, ein Zischen, das mir befreundet sein will, erhebt das Geschrei einer antwortenden Stimme. Die Wohnungstür wird aufgeklinkt und lärmt wie aus katarrhalischem Hals, öffnet sich dann weiterhin mit dem kurzen Singen einer Frauenstimme und schließt sich mit einem dumpfen männlichen Ruck, der sich am rücksichtslosesten anhört. Der Vater ist weg, jetzt beginnt der zartere, zerstreutere, hoffnungslosere Lärm, von den Stimmen der zwei Kanarienvögel angeführt. Schon früher dachte ich daran, bei den Kanarienvögeln fällt es mir aber von neuem ein, ob ich nicht die Tür bis zu einer kleinen Spalte öffnen, schlangengleich ins Nebenzimmer kriechen und so auf dem Boden meine Schwestern und ihr Fräulein um Ruhe bitten sollte.

Die Bitterkeit, die ich gestern abend fühlte, als Max bei Baum meine kleine Automobilgeschichte vorlas. Ich war gegen alle abgeschlossen und gegen die Geschichte hielt ich förmlich das Kinn in die Brust gedrückt. Die ungeordneten Sätze dieser Geschichte mit Lücken, daß man beide Hände dazwischen stecken könnte; ein Satz klingt hoch, ein Satz klingt tief, wie es kommt; ein Satz reibt sich am andern wie die Zunge an einem hohlen oder falschen Zahn; ein Satz kommt mit einem so rohen Anfang anmarschiert, daß die ganze Geschichte in ein verdrießliches Staunen gerät; eine verschlafene Nachahmung von Max (Vorwürfe gedämpft – angefeuert) schaukelt hinein, manchmal sieht es aus wie ein Tanzkurs in seiner ersten Viertelstunde. Ich erkläre es mir damit, daß ich zu wenig Zeit und Ruhe habe, um die Möglichkeiten meines Talentes in ihrer Gänze aus mir zu heben. Es kommen daher immer nur abreißende Anfänge zutage, abreißende Anfänge zum Beispiel die ganze Automobilgeschichte durch. Würde ich einmal ein größeres Ganzes schreiben können, wohlgebildet vom Anfang bis zum Ende, dann könnte sich auch die Geschichte niemals endgültig von mir loslösen, und ich dürfte ruhig und mit offenen Augen, als Blutverwandter einer gesunden Geschichte, ihrer Vorlesung zuhören, so aber läuft jedes Stückchen der Geschichte heimatlos herum und treibt mich in die entgegengesetzte Richtung. — Dabei kann ich noch froh sein, wenn diese Erklärung richtig ist.

[November 1911 / *T*, 141–142]

Sicher ist mein Widerwille gegen Antithesen. Sie kommen zwar unerwartet, aber überraschen nicht, denn sie sind immer ganz nah vorhanden gewesen; wenn sie unbewußt waren, so waren sie es nur am äußersten Rande. Sie erzeugen zwar Gründlichkeit, Fülle, Lückenlosigkeit, aber nur so wie eine Figur im Lebensrad[5]; unsern kleinen Einfall haben wir im Kreis herumgejagt. So verschieden sie sein können, so nuancenlos sind sie, wie von Wasser aufgeschwemmt wachsen sie einem unter der Hand, mit der anfänglichen Aussicht ins Grenzenlose und mit einer endlichen mittlern, immer gleichen Größe. Sie rollen sich ein, sind nicht auszudehnen, geben einen Anhaltspunkt, sind Löcher im Holz, sind stehender Sturmlauf, ziehn, wie ich gezeigt habe, Antithesen auf sich herab. Möchten sie nur alle auf sich herabziehn und für immer. [November 1911 / *T*, 168–169]

In mir kann ganz gut eine Konzentration auf das Schreiben hin erkannt werden. Als es in meinem Organismus klar geworden war, daß das Schreiben die ergiebigste Richtung meines Wesens sei, drängte sich alles hin und ließ alle Fähigkeiten leer stehn, die sich auf die Freuden des Geschlechtes, des Essens, des Trinkens, des philosophischen Nachdenkens, der Musik zuallererst, richteten. Ich magerte nach allen diesen Richtungen ab. Das war notwendig, weil meine Kräfte in ihrer Gesamtheit so gering waren, daß sie nur gesammelt dem Zweck des Schreibens halbwegs dienen konnten. Ich habe diesen Zweck natürlich nicht selbständig und bewußt gefunden, er fand sich selbst und wird jetzt nur noch durch das Bureau, aber hier von Grund aus, gehindert. Jedenfalls darf ich aber dem nicht nachweinen, daß ich keine Geliebte ertragen kann, daß ich von Liebe fast genau so viel wie von Musik verstehe und mit den oberflächlichsten angeflogenen Wirkungen mich begnügen muß, daß ich zum Silvester Schwarzwurzeln mit Spinat genachtmahlt und ein Viertel Ceres[6] dazu getrunken habe und daß ich Sonntag bei Maxens

Vorlesung seiner philosophischen Arbeit nicht teilnehmen konnte; der Ausgleich alles dessen liegt klar zutage. Ich habe also nur die Bureauarbeit aus dieser Gemeinschaft hinauszuwerfen, um, da meine Entwicklung nun vollzogen ist und ich, soweit ich sehen kann, nichts mehr aufzuopfern habe, mein wirkliches Leben anzufangen, in welchem mein Gesicht endlich mit dem Fortschreiten meiner Arbeiten in natürlicher Weise wird altern können. [3. Januar 1912 / *T*, 229]

In einer Selbstbiographie läßt es sich nicht vermeiden, daß sehr häufig dort, wo »einmal« der Wahrheit gemäß gesetzt werden sollte, »öfters« gesetzt wird. Denn man bleibt sich immer bewußt, daß die Erinnerung aus dem Dunkel holt, das durch das Wort »einmal« zersprengt, durch das Wort »öfters« zwar auch nicht völlig geschont, aber wenigstens in der Ansicht des Schreibenden erhalten wird und ihn über Partien hinträgt, die vielleicht in seinem Leben sich gar nicht vorgefunden haben, aber ihm einen Ersatz geben für jene, die er in seiner Erinnerung auch mit einer Ahnung nicht mehr berührt.

[3. Januar 1912 / *T*, 230]

23. September. Diese Geschichte »Das Urteil« habe ich in der Nacht vom 22. bis 23. von zehn Uhr abends bis sechs Uhr früh in einem Zug geschrieben. Die vom Sitzen steif gewordenen Beine konnte ich kaum unter dem Schreibtisch hervorziehn. Die fürchterliche Anstrengung und Freude, wie sich die Geschichte vor mir entwickelte, wie ich in einem Gewässer vorwärtskam. Mehrmals in dieser Nacht trug ich mein Gewicht auf dem Rücken. Wie alles gesagt werden kann, wie für alle, für die fremdesten Einfälle ein großes Feuer bereitet ist, in dem sie vergehn und auferstehn. Wie es vor dem Fenster blau wurde. Ein Wagen fuhr. Zwei Männer über die Brücke gingen. Um zwei Uhr schaute ich zum letzten Male auf die Uhr. Wie das Dienstmädchen zum ersten Male durchs Vorzimmer ging, schrieb ich den letzten Satz nieder. Auslöschen der Lampe und Tageshelle. Die leichten Herzschmerzen. Die in der Mitte der Nacht vergehende Müdigkeit. Das zitternde Eintreten ins Zimmer der Schwestern. Vorlesung. Vorher das Sichstrecken vor dem Dienstmädchen und Sagen: »Ich habe bis jetzt geschrieben.« Das Aussehn des unberührten Bettes, als sei es jetzt hereingetragen worden. Die bestätigte Überzeugung, daß ich mich mit meinem Romanschreiben in schändlichen Niederungen des Schreibens befinde. *Nur so* kann geschrieben werden, nur in einem solchen Zusammenhang, mit solcher vollständigen Öff-

nung des Leibes und der Seele. Vormittag im Bett. Die immer klaren Augen. Viele während des Schreibens mitgeführte Gefühle, zum Beispiel die Freude, daß ich etwas Schönes für Maxens »Arkadia« haben werde, Gedanken an Freud natürlich, an einer Stelle an »Arnold Beer«[7], an einer andern an Wassermann[8], an einer an Werfels »Riesin«[9], natürlich auch an meine »Die städtische Welt«. [23. September 1912 / *T*, 293–294]

Das Grauenhafte des bloß Schematischen.

[Mai 1914 / *T*, 375]

Das Wort »sein« bedeutet im Deutschen beides: Dasein und Ihmgehören. [1917–1918 / Betrachtung 46; *H*, 44]

Die Sprache kann für alles außerhalb der sinnlichen Welt nur andeutungsweise, aber niemals auch nur annähernd vergleichsweise gebraucht werden, da sie, entsprechend der sinnlichen Welt, nur vom Besitz und seinen Beziehungen handelt.

[1917–1918 / Betrachtung 57; *H*, 45]

*Brief an Felix Weltsch**

Wegen F. habe ich eine bibliothekarische Bitte. Du kennst unsern alten »bis«-Streit. Nun habe ich sie mißverstanden. Sie meint, »bis« könne zwar als Konjunktion verwendet werden, aber nur in der Bedeutung »solange bis«. Man könne deshalb z. B. nicht sagen: »Bis du herkommst, werde ich Dir fünfhundert Kilogramm Mehl geben.« (Still, es ist nur ein grammatikalisches Beispiel.) Willst Du bitte nach dem Grimm (ich habe die Beispiele schon vergessen) oder nach andern Büchern entscheiden, ob F. recht hat. Die Sache ist nicht unwichtig zur Charakterisierung meiner Doppelstellung ihr gegenüber als eines Erd- und Höllenhundes. [22. September 1917 / *B*, 169]

*Brief an Max Brod**

»Jenufa«[10] habe ich bekommen. Das Lesen ist Musik. Der Text und die Musik haben ja das Wesentliche beigebracht, Du aber hast es wie ein Riesenmensch ins Deutsche getragen. Wie hast Du nur die Wiederholungen Leben-atmend gemacht!
Soll ich daneben Kleinigkeiten erwähnen? Nur dieses: Kann man vom »Schaffen« weglaufen? »Siehst Du, dann soll man Dich lieben?« Ist das nicht Deutsch, das wir von unsern undeut-

schen Müttern noch im Ohre haben? »Mannsverstand — ins Wasser gefallen« ist künstliches Deutsch. »Bange Inbrunst« — gehört das hierher? Zwei Bemerkungen des Richters versteh ich nicht: »Hätt' ich mir die Zigarre . . .« und »ohne die gelehrten Herren seh' (steh'?) ich da . . .« »Gerne« am Schluß stört ein wenig in dieser großen Stelle. — Schönere Liedertexte hätte man erwartet, sie können auch im Tschechischen nicht sehr gut sein. — Den »grinsenden Tod« hätte ich gern dem Reichenberger[11] überlassen, auch erwähnst Du das Ende des zweiten Aktes als verdorben, aber ich glaube mich zu erinnern, daß diese Stelle Dir besonders Mühe machte und Du, vielleicht nur als Lesart, eine ähnliche Übersetzung im Manuskript hattest. — Sollte nicht eine Vorbemerkung über die Bedeutung der »Küsterin«[12] gemacht werden? [Anfang Oktober 1917 / *B*, 178–179]

Wenn ich dem Kind sage: »Wische deinen Mund ab, dann bekommst du den Kuchen«, so heißt das nicht, daß durch das Mundabwischen der Kuchen verdient wird, denn Mundabwischen und Wert des Kuchens sind unvergleichlich, auch wird dadurch nicht das Mundabwischen zur Voraussetzung des Kuchenessens gemacht, denn abgesehen von der Geringfügigkeit solcher Bedingung bekäme das Kind den Kuchen auf jeden Fall, da er ein notwendiger Bestandteil seines Mittagessens ist, — die Bemerkung bedeutet also keine Erschwerung, sondern eine Erleichterung des Übergangs, das Mundabwischen ist ein winziger Vorteil, der dem großen des Kuchenessens vorhergeht.

[1917–1919 / *H*, 92]

*Gustav Janouch berichtet**

Ich erinnere mich, daß ich bei Franz Kafka eine große Vorliebe für ironische Wortspiele und Sprachvorstellungen eigener Prägung bemerkte. Doch findet sich in meinen Aufzeichnungen nur ein einziger Ausspruch dieser Art.

Ich erzählte, wie in der vierten Realschulklasse mit dem Verleihen des Romans *Prinz Kuckuck*[13] von Otto Julius Bierbaum[14] ein schwungvoller Handel betrieben wurde. »Die Schilderung der Ausschweifungen lockte uns«, sagte ich.

»Also Wüstlinge«, meinte Kafka. »Das Wort erweckt in mir immer die Vorstellung der Wüste, der Verlorenheit. Der Wüstling ist verloren in der Wüste.«

»Die Frau ist die Wüste«, bemerkte ich.

Franz Kafka zuckte die Achseln.

»Vielleicht. Die Lustquelle ist die Quelle seiner Einsamkeit. Je mehr er trinkt, um so nüchterner wird er. Zum Schluß kann er seinen Durst nicht mehr stillen, und so trinkt er also, ohne von seinem Durst erlöst zu werden. Das ist der Wüstling.«

[nach 1920 / *J*, 111]

6. Dezember. Aus einem Brief: »Ich wärme mich daran in diesem traurigen Winter.« Die Metaphern sind eines in dem vielen, was mich am Schreiben verzweifeln läßt. Die Unselbständigkeit des Schreibens, die Abhängigkeit von dem Dienstmädchen, das einheizt, von der Katze, die sich am Ofen wärmt, selbst vom armen alten Menschen, der sich wärmt. Alles dies sind selbständige, eigengesetzliche Verrichtungen, nur das Schreiben ist hilflos, wohnt nicht in sich selbst, ist Spaß und Verzweiflung.

[1921 / *T*, 550–551]

Es ist unleugbar ein gewisses Glück, ruhig hinschreiben zu dürfen: »Ersticken ist unausdenkbar fürchterlich.« Freilich unausdenkbar, so wäre also doch wieder nichts hingeschrieben.

[Dezember 1921 / *T*, 551]

Immer ängstlicher im Niederschreiben. Es ist begreiflich. Jedes Wort, gewendet in der Hand der Geister – dieser Schwung der Hand ist ihre charakteristische Bewegung –, wird zum Spieß, gekehrt gegen den Sprecher. Eine Bemerkung wie diese ganz besonders. Und so ins Unendliche. Der Trost wäre nur: es geschieht, ob du willst oder nicht. Und was du willst, hilft nur unmerklich wenig. Mehr als Trost ist: Auch du hast Waffen.

[1923 / *T*, 585]

Nichts davon, quer durch die Worte kommen Reste von Licht.

[? / *H*, 293]

Geständnis und Lüge ist das Gleiche. Um gestehen zu können, lügt man. Das, was man ist, kann man nicht ausdrücken, denn dieses ist man eben; mitteilen kann man nur das, was man nicht ist, also die Lüge. Erst im Chor mag eine gewisse Wahrheit liegen. [? / *H*, 343]

Schreiben als Form des Gebetes. [? / *H*, 348]

Das Schreiben versagt sich mir. Daher Plan der selbstbiographischen Untersuchungen. Nicht Biographie, sondern Untersuchungen und Auffindung möglichst kleiner Bestandteile. Daraus will ich mich dann aufbauen, so wie einer, dessen Haus unsicher ist, daneben ein sicheres aufbauen will, womöglich aus dem Material des alten. Schlimm ist es allerdings, wenn mitten im Bau seine Kraft aufhört und er jetzt statt eines zwar unsichern aber doch vollständigen Hauses, ein halbzerstörtes und ein halbfertiges hat, also nichts. Was folgt ist Irrsinn, also etwa ein Kosakentanz zwischen den zwei Häusern, wobei der Kosak mit den Stiefelabsätzen die Erde so lange scharrt und auswirft, bis sich unter ihm sein Grab bildet. [? / *H*, 388]

Das entscheidend Charakteristische dieser Welt ist ihre Vergänglichkeit. In diesem Sinn haben Jahrhunderte nichts vor dem augenblicklichen Augenblick voraus. Die Kontinuität der Vergänglichkeit kann also keinen Trost geben; daß neues Leben aus den Ruinen blüht, beweist weniger die Ausdauer des Lebens als des Todes. Will ich nun diese Welt bekämpfen, muß ich sie in ihrem entscheidend Charakteristischen bekämpfen, also in ihrer Vergänglichkeit. Kann ich das in diesem Leben, und zwar wirklich, nicht nur durch Hoffnung und Glauben?

Du willst also die Welt bekämpfen, und zwar mit Waffen, die wirklicher sind als Hoffnung und Glaube. Solche Waffen gibt es wahrscheinlich, aber sie sind nur unter bestimmten Voraussetzungen erkennbar und brauchbar; ich will zuerst sehn, ob du diese Voraussetzungen hast.

Sieh nach, aber wenn ich sie nicht habe, kann ich sie vielleicht erwerben.

Gewiß, aber dabei könnte ich dir nicht helfen.

Du kannst mir also nur helfen, wenn ich die Voraussetzungen schon erworben habe.

Ja, genauer gesagt kann ich dir überhaupt nicht helfen, denn wenn du die Voraussetzungen hättest, hättest du schon alles.

Wenn es so steht, warum wolltest du mich also erst prüfen?

Nicht um dir zu zeigen, was dir fehlt, sondern, daß dir etwas fehlt. Einen gewissen Nutzen hätte ich dir damit vielleicht bringen können, denn du weißt zwar, daß dir etwas fehlt, aber du glaubst es nicht.

Du bietest mir also auf meine ursprüngliche Frage nur den Beweis dafür an, daß ich die Frage stellen mußte.

Ich biete doch etwas mehr, etwas, was du entsprechend deinem Stande jetzt überhaupt nicht präzisieren kannst. Ich biete den Beweis dafür, daß du eigentlich die ursprüngliche Frage anders hättest stellen müssen.

Das bedeutet also: Du willst oder kannst mir nicht antworten.
»Dir nicht antworten« — so ist es.
Und diesen Glauben — den kannst du geben.

[1917–1919 / *H*, 115–116]

Von den Gleichnissen

Viele beklagen sich, daß die Worte der Weisen immer wieder nur Gleichnisse seien, aber unverwendbar im täglichen Leben, und nur dieses allein haben wir. Wenn der Weise sagt: »Gehe hinüber«, so meint er nicht, daß man auf die andere Seite hinübergehen solle, was man immerhin noch leisten könnte, wenn das Ergebnis des Weges wert wäre, sondern er meint irgendein sagenhaftes Drüben, etwas, das wir nicht kennen, das auch von ihm nicht näher zu bezeichnen ist und das uns also hier gar nichts helfen kann. Alle diese Gleichnisse wollen eigentlich nur sagen, daß das Unfaßbare unfaßbar ist, und das haben wir gewußt. Aber das, womit wir uns jeden Tag abmühen, sind andere Dinge.

Darauf sagte einer: »Warum wehrt ihr euch? Würdet ihr den Gleichnissen folgen, dann wäret ihr selbst Gleichnisse geworden und damit schon der täglichen Mühe frei.«

Ein anderer sagte: »Ich wette, daß auch das ein Gleichnis ist.«

Der erste sagte: »Du hast gewonnen.«

Der zweite sagte: »Aber leider nur im Gleichnis.«

Der erste sagte: »Nein, in Wirklichkeit; im Gleichnis hast du verloren.«

[1920/1922 / *BE*, 96]

*Aus einem Brief an Oskar Pollak**

... Verlassen sind wir doch wie verirrte Kinder im Walde. Wenn Du vor mir stehst und mich ansiehst, was weißt Du von den Schmerzen, die in mir sind und was weiß ich von den Deinen. Und wenn ich mich vor Dir niederwerfen würde und weinen und erzählen, was wüßtest Du von mir mehr als von der Hölle, wenn Dir jemand erzählt, sie ist heiß und fürchterlich. Schon darum sollten wir Menschen vor einander so ehrfürchtig, so nachdenklich, so liebend stehn wie vor dem Eingang zur Hölle. [9. November 1903 / *B*, 19]

Von außen gesehn ist es schrecklich, erwachsen, aber jung zu sterben oder gar sich zu töten. In gänzlicher Verwirrung, die innerhalb einer weiteren Entwicklung Sinn hätte, abzugehn, hoffnungslos oder mit der einzigen Hoffnung, daß dieses Auftreten im Leben innerhalb der großen Rechnung als nicht geschehen betrachtet werden wird. In einer solchen Lage wäre ich jetzt. Sterben hieße nichts anderes, als ein Nichts dem Nichts hinzugeben, aber das wäre dem Gefühl unmöglich, denn wie könnte man sich auch nur als Nichts mit Bewußtsein dem Nichts hingeben und nicht nur einem leeren Nichts, sondern einem brausenden Nichts, dessen Nichtigkeit nur in seiner Unfaßbarkeit besteht. [4. Dezember 1913 / *T*, 336–337]

Aus einem Kamin der Nachbarschaft tauchte ein kleiner Vogel, hielt sich am Kaminrand fest, sah sich in der Gegend um, erhob sich und flog. Kein gewöhnlicher Vogel, der aus dem Kamin auffliegt. Aus einem Fenster des ersten Stockwerks blickte ein Mädchen zum Himmel auf, sah den Vogel hoch sich heben, rief: »Dort fliegt er, schnell, dort fliegt er«, und zwei Kinder drängten sich schon zu ihren Seiten, um den Vogel auch zu sehn. Erbarme dich meiner, ich bin sündig bis in alle Winkel meines Wesens. Hatte aber nicht ganz verächtliche Anlagen, kleine gute Fähigkeiten, wüstete mit ihnen, unberatenes Wesen, das ich war, bin jetzt nahe am Ende, gerade zu einer Zeit, wo sich äußerlich alles zum Guten für mich wenden könnte. Schiebe mich nicht zu den Verlorenen. Ich weiß, es ist eine lächerliche, in der Ferne und schon sogar in der Nähe lächerliche Eigenliebe, die daraus spricht, aber lebe ich einmal, so habe ich auch

die Eigenliebe des Lebendigen, und ist das Lebendige nicht lächerlich, dann auch seine notwendigen Äußerungen nicht. — Arme Dialektik!
Bin ich verurteilt, so bin nicht nur verurteilt zum Ende, sondern auch verurteilt, mich bis ins Ende hinein zu wehren.

[20. Juli 1916 / *T*, 507—508]

Es gibt zwei menschliche Hauptsünden, aus welchen sich alle andern ableiten: Ungeduld und Lässigkeit. Wegen der Ungeduld sind sie aus dem Paradiese vertrieben worden, wegen der Lässigkeit kehren sie nicht zurück. Vielleicht aber gibt es nur eine Hauptsünde: die Ungeduld. Wegen der Ungeduld sind sie vertrieben worden, wegen der Ungeduld kehren sie nicht zurück.

[1917—1918 / Betrachtung 3; *H*, 39]

Ein erstes Zeichen beginnender Erkenntnis ist der Wunsch zu sterben. Dieses Leben scheint unerträglich, ein anderes unerreichbar. Man schämt sich nicht mehr, sterben zu wollen; man bittet, aus der alten Zelle, die man haßt, in eine neue gebracht zu werden, die man erst hassen lernen wird. Ein Rest von Glauben wirkt dabei mit, während des Transportes werde zufällig der Herr durch den Gang kommen, den Gefangenen ansehen und sagen: »Diesen sollt ihr nicht wieder einsperren. Er kommt zu mir.« [1917—1918 / Betrachtung 13; *H*, 40]

Nur unser Zeitbegriff läßt uns das Jüngste Gericht so nennen, eigentlich ist es ein Standrecht.

[1917—1918 / Betrachtung 40; *H*, 43]

Der Geist wird erst frei, wenn er aufhört, Halt zu sein.

[1917—1918 / Betrachtung 78; *H*, 48]

Die Demut gibt jedem, auch dem einsam Verzweifelnden, das stärkste Verhältnis zum Mitmenschen, und zwar sofort, allerdings nur bei völliger und dauernder Demut. Sie kann das deshalb, weil sie die wahre Gebetsprache ist, gleichzeitig Anbetung und festeste Verbindung. Das Verhältnis zum Mitmenschen ist das Verhältnis des Gebetes, das Verhältnis zu sich das Verhältnis des Strebens; aus dem Gebet wird die Kraft für das Streben geholt.
Kannst du denn etwas anderes kennen als Betrug? Wird einmal

der Betrug vernichtet, darfst du ja nicht hinsehen oder wirst zur Salzsäule. [1917–1918 / Betrachtung 106; *H*, 53]

Es ist nicht notwendig, daß du aus dem Hause gehst. Bleib bei deinem Tisch und horche. Horche nicht einmal, warte nur. Warte nicht einmal, sei völlig still und allein. Anbieten wird sich dir die Welt zur Entlarvung, sie kann nicht anders, verzückt wird sie sich vor dir winden. [1917–1918 / *H*, 54]

Wir sind, mit dem irdisch befleckten Auge gesehn, in der Situation von Eisenbahnreisenden, die in einem langen Tunnel verunglückt sind, und zwar an einer Stelle, wo man das Licht des Anfangs nicht mehr sieht, das Licht des Endes aber nur so winzig, daß der Blick es immerfort suchen muß und immerfort verliert, wobei Anfang und Ende nicht einmal sicher sind. Rings um uns aber haben wir in der Verwirrung der Sinne oder in der Höchstempfindlichkeit der Sinne lauter Ungeheuer und ein je nach der Laune und Verwundung des Einzelnen entzückendes oder ermüdendes kaleidoskopisches Spiel. Was soll ich tun? oder: Wozu soll ich es tun? sind keine Fragen dieser Gegenden. [1917–1919 / *H*, 73]

Erkenne dich selbst, bedeutet nicht: Beobachte dich. Beobachte dich ist das Wort der Schlange. Es bedeutet: Mache dich zum Herrn deiner Handlungen. Nun bist du es aber schon, bist Herr deiner Handlungen. Das Wort bedeutet also: Verkenne dich! Zerstöre dich! also etwas Böses — und nur wenn man sich sehr tief hinabbeugt, hört man auch sein Gutes, welches lautet: »Um dich zu dem zu machen, der du bist.« [1917–1919 / *H*, 80]

Ist die Tatsache der Religionen ein Beweis für die Unmöglichkeit des Einzelnen, dauernd gut zu sein? Der Gründer reißt sich vom Guten los, verkörpert sich. Tut er es um der andern willen oder weil er glaubt, nur mit den andern bleiben zu können, was er war, weil er die ›Welt‹ zerstören muß, um sie nicht lieben zu müssen?

Das Gute ist in gewissem Sinne trostlos.

Wer glaubt, kann keine Wunder erleben. Bei Tag sieht man keine Sterne.

Wer Wunder tut, sagt: Ich kann die Erde nicht lassen.

[1917–1918 / *H*, 84–85]

Glauben heißt: das Unzerstörbare in sich befreien, oder richtiger: sich befreien, oder richtiger: unzerstörbar sein, oder richtiger: sein. [1917–1919 / *H*, 89]

Im Kampf zwischen dir und der Welt sekundiere der Welt.
Man darf niemanden betrügen, auch nicht die Welt um ihren Sieg.
Es gibt nichts anderes als eine geistige Welt; was wir sinnliche Welt nennen, ist das Böse in der geistigen, und was wir böse nennen, ist nur eine Notwendigkeit eines Augenblicks unserer ewigen Entwicklung.
Mit stärkstem Licht kann man die Welt auflösen. Vor schwachen Augen wird sie fest, vor noch schwächeren bekommt sie Fäuste, vor noch schwächeren wird sie schamhaft und zerschmettert den, der sie anzuschauen wagt.
Alles ist Betrug: das Mindestmaß der Täuschungen suchen, im üblichen bleiben, das Höchstmaß suchen. Im ersten Fall betrügt man das Gute, indem man sich dessen Erwerbung zu leicht machen will, das Böse, indem man ihm allzu ungünstige Kampfbedingungen setzt. Im zweiten Fall betrügt man das Gute, indem man also nicht einmal im Irdischen nach ihm strebt. Im dritten Fall betrügt man das Gute, indem man sich möglichst weit von ihm entfernt, das Böse, indem man hofft, durch seine Höchststeigerung es machtlos zu machen. Vorzuziehen wäre also hiernach der zweite Fall, denn das Gute betrügt man immer, das Böse in diesem Fall, wenigstens dem Anschein nach, nicht.
Es gibt Fragen, über die wir nicht hinweg kommen könnten, wenn wir nicht von Natur aus von ihnen befreit wären.
Die Sprache kann für alles außerhalb der sinnlichen Welt nur andeutungsweise, aber niemals auch nur annähernd vergleichsweise gebraucht werden, da sie, entsprechend der sinnlichen Welt, nur vom Besitz und seinen Beziehungen handelt.
Man lügt möglichst wenig, nur wenn man möglichst wenig lügt, nicht wenn man möglichst wenig Gelegenheit dazu hat.

[1917–1919 / *H*, 91–92]

Die Kunst fliegt um die Wahrheit, aber mit der enschiedenen Absicht, sich nicht zu verbrennen. Ihre Fähigkeit besteht darin, in der dunklen Leere einen Ort zu finden, wo der Strahl des Lichts, ohne daß dies vorher zu erkennen gewesen wäre, kräftig aufgefangen werden kann. [1917–1919 / *H*, 104]

Vor dem Betreten des Allerheiligsten mußt du die Schuhe ausziehen, aber nicht nur die Schuhe, sondern alles, Reisekleid und Gepäck, und darunter die Nacktheit und alles, was unter der Nacktheit ist, und alles, was sich unter dieser verbirgt, und dann den Kern und den Kern des Kerns, dann das übrige und dann den Rest und dann noch den Schein des unvergänglichen Feuers. Erst das Feuer selbst wird vom Allerheiligsten aufgesogen und läßt sich von ihm aufsaugen, keines von beiden kann dem widerstehen.

Nicht Selbstabschüttelung, sondern Selbstaufzehrung.

[1917–1919 / *H*, 104–105]

Alle Leiden um uns müssen auch wir leiden. Christus hat für die Menschheit gelitten, aber die Menschheit muß für Christus leiden. Wir alle haben nicht *einen* Leib, aber *ein* Wachstum, und das führt uns durch alle Schmerzen, ob in dieser oder jener Form. So wie das Kind durch alle Lebensstadien bis zum Greis und zum Tod sich entwickelt (und jenes Stadium im Grunde dem früheren, im Verlangen oder in Furcht, unerreichbar scheint), ebenso entwickeln wir uns (nicht weniger tief mit der Menschheit verbunden als mit uns selbst) durch alle Leiden dieser Welt. Für Gerechtigkeit ist in diesem Zusammenhang kein Platz, aber auch nicht für Furcht vor den Leiden oder für die Auslegung des Leidens als eines Verdienstes.

[1917–1919 / *H*, 117]

Prag. Die Religionen verlieren sich wie die Menschen.

[1917–1919 / *H*, 131]

Mit einem Gefängnis hätte er sich abgefunden. Als Gefangener enden — das wäre eines Lebens Ziel. Aber es war ein Gitterkäfig. Gleichgültig, herrisch, wie bei sich zu Hause strömte durch das Gitter aus und ein der Lärm der Welt, der Gefangene war eigentlich frei, er konnte an allem teilnehmen, nichts entging ihm draußen, selbst verlassen hätte er den Käfig können, die Gitterstangen standen ja meterweit auseinander, nicht einmal gefangen war er. [1920 / *BE*, 291–292]

Er beweist nur sich selbst, sein einziger Beweis ist er selbst, alle Gegner besiegen ihn sofort, aber nicht dadurch, daß sie ihn widerlegen (er ist unwiderlegbar), sondern dadurch, daß sie sich beweisen. [1920 / *BE*, 294]

Die Erbsünde, das alte Unrecht, das der Mensch begangen hat, besteht in dem Vorwurf, den der Mensch macht und von dem er nicht abläßt, daß ihm ein Unrecht geschehen ist, daß an ihm die Erbsünde begangen wurde. [1920 / *BE*, 295–296]

Er hat zwei Gegner: Der erste bedrängt ihn von hinten, vom Ursprung her. Der zweite verwehrt ihm den Weg nach vorn. Er kämpft mit beiden. Eigentlich unterstützt ihn der erste im Kampf mit dem Zweiten, denn er will ihn nach vorn drängen und ebenso unterstützt ihn der zweite im Kampf mit dem Ersten; denn er treibt ihn doch zurück. So ist es aber nur theoretisch. Denn es sind ja nicht nur die zwei Gegner da, sondern auch noch er selbst, und wer kennt eigentlich seine Absichten? Immerhin ist es sein Traum, daß er einmal in einem unbewachten Augenblick – dazu gehört allerdings eine Nacht, so finster wie noch keine war – aus der Kampflinie ausspringt und wegen seiner Kampfeserfahrung zum Richter über seine miteinander kämpfenden Gegner erhoben wird. [1920 / *BE*, 300]

Es ist nicht Trägheit, böser Wille, Ungeschicklichkeit – wenn auch von alledem etwas dabei ist, weil »das Ungeziefer aus dem Nichts geboren wird« – welche mir alles mißlingen oder nicht einmal mißlingen lassen: Familienleben, Freundschaft, Ehe, Beruf, Literatur, sondern es ist der Mangel des Bodens, der Luft, des Gebotes. Diese zu schaffen ist meine Aufgabe, nicht damit ich dann das Versäumte etwa nachholen kann, sondern damit ich nichts versäumt habe, denn die Aufgabe ist so gut wie eine andere. Es ist sogar die ursprünglichste Aufgabe oder zumindest ihr Abglanz, so wie man beim Ersteigen einer luftdünnen Höhe plötzlich in den Schein der fernen Sonne treten kann. Es ist das auch keine ausnahmsweise Aufgabe, sie ist gewiß schon oft gestellt worden. Ob allerdings in solchem Ausmaß, weiß ich nicht. Ich habe von den Erfordernissen des Lebens gar nichts mitgebracht, so viel ich weiß, sondern nur die allgemeine menschliche Schwäche. Mit dieser – in dieser Hinsicht ist es eine riesenhafte Kraft – habe ich das Negative meiner Zeit, die mir ja sehr nahe ist, die ich nie zu bekämpfen, sondern gewissermaßen zu vertreten das Recht habe, kräftig aufgenommen. An dem geringen Positiven sowie an dem äußersten, zum Positiven umkippenden Negativen, hatte ich keinen ererbten Anteil. Ich bin nicht von der allerdings schon schwer sinkenden Hand des Christentums ins Leben geführt worden wie Kierkegaard und habe nicht den letzten Zipfel des davonfliegenden jüdischen Gebetmantels noch gefangen wie die Zionisten. Ich bin Ende oder Anfang. [1917–1919 / *H*, 120–121]

Niemand schafft hier mehr als seine geistige Lebensmöglichkeit; daß es den Anschein hat, als arbeite er für seine Ernährung, Kleidung und so weiter, ist nebensächlich, es wird ihm eben mit jedem sichtbaren Bissen auch ein unsichtbarer, mit jedem sichtbaren Kleid auch ein unsichtbares Kleid und so fort gereicht. Das ist jedes Menschen Rechtfertigung. Es hat den Anschein, als unterbaue er seine Existenz mit nachträglichen Rechtfertigungen, das ist aber nur psychologische Spiegelschrift, tatsächlich errichtet er sein Leben auf seinen Rechtfertigungen. Allerdings muß jeder Mensch sein Leben rechtfertigen können (oder seinen Tod, was dasselbe ist), dieser Aufgabe kann er nicht ausweichen. [1917–1919 / *H*, 121]

*Max Brod berichtet**

Ein anderes Gespräch, das ich am 28. 2. 1920 aufzeichnete. Er: »Wir sind nihilistische Gedanken, die in Gottes Kopf aufsteigen.« Ich stellte damit die Lehre der Gnosis vom Demiurgen, dem bösen Weltschöpfer, von der Welt als Sündenfall Gottes in Entsprechung. »Nein«, sagte Kafka, »ich glaube, wir sind nicht ein so radikales Hinabsinken Gottes, nur eine seiner schlechten Launen, ein schlechter Tag.« »So gäbe es außerhalb unserer Welt Hoffnung?« Er lächelte: »Viel Hoffnung – für Gott – unendlich viel Hoffnung –, nur nicht für uns.«

[28. Februar 1920 / *MB*, 94–95]

*Gustav Janouch berichtet**

Wir kamen im Gespräch auf den Wert und Unwert der verschiedenen Konfessionen zu sprechen.

Ich versuchte, von Kafka eine persönliche Erklärung zu bekommen; das gelang mir jedoch nicht.

Franz Kafka sagte: »Gott ist nur persönlich faßbar. Jeder Mensch hat sein Leben und seinen Gott. Seinen Verteidiger und Richter. Priester und Riten sind nur Krücken des erlahmenden Erlebens der Seele.«

Als Kafka einmal unter den Büchern in meiner Aktentasche einen Kriminalroman sah, sagte er: »Sie brauchen sich nicht zu schämen, daß Sie so etwas lesen. *Schuld und Sühne* von Dostojewski ist ja eigentlich auch nur ein Kriminalroman. Und Shakespeares *Hamlet?* Das ist ein Detektivstück. Im Mittelpunkt der Handlung steht ein Geheimnis, das langsam gelüftet wird. Gibt es aber ein größeres Geheimnis als die Wahrheit? Dichtung ist immer nur eine Expedition nach der Wahrheit.«

»Was ist aber die Wahrheit?«

Kafka schwieg einen Augenblick, dann lächelte er spitzbübisch. »Das sieht so aus, als hätten Sie mich gerade bei einer leeren Phrase ertappt. In Wirklichkeit ist dem nicht so. Die Wahrheit ist das, was jeder Mensch zum Leben braucht und doch von niemand bekommen oder erstehen kann. Jeder Mensch muß sie aus dem eigenen Innern immer wieder produzieren, sonst vergeht er. Leben ohne Wahrheit ist unmöglich. Die Wahrheit ist vielleicht das Leben selbst.« [nach 1920 / *J*, 98–99]

Das Negative allein kann, wenn es noch so stark ist, nicht genügen, wie ich in meinen unglücklichsten Zeiten glaube. Denn wenn ich nur die kleinste Stufe erstiegen habe, in irgendeiner, sei es auch der fragwürdigsten Sicherheit bin, strecke ich mich aus und warte, bis das Negative – nicht etwa mir nachsteigt –, sondern die kleine Stufe mich hinabreißt. Darum ist es ein Abwehrinstinkt, der die Herstellung des kleinsten dauernden Behagens für mich nicht duldet und zum Beispiel das Ehebett zerschlägt, ehe es noch aufgestellt ist.

[31. Januar 1921 / *T*, 568]

Es ist ein Mandat. Ich kann meiner Natur nach nur ein Mandat übernehmen, das niemand mir gegeben hat. In diesem Widerspruch, immer nur in einem Widerspruch kann ich leben. Aber wohl jeder, denn lebend stirbt man, sterbend lebt man. So wie zum Beispiel der Zirkus von einer Leinwand umspannt ist, also niemand, der nicht innerhalb dieser Leinwand ist, etwas sehen kann. Nun findet aber jemand ein kleines Loch in der Leinwand und kann doch von außen zusehn. Allerdings muß er dort geduldet werden. Wir alle werden einen Augenblick lang so geduldet. Allerdings – zweites allerdings – meist sieht man durch ein solches Loch nur den Rücken der Stehplatzbesucher. Allerdings – drittes allerdings – die Musik hört man jedenfalls, auch das Brüllen der Tiere. Bis man endlich ohnmächtig vor Schrecken in die Arme des Polizisten zurückfällt, der von Berufs wegen den Zirkus umgeht und nur leise mit der Hand dir auf die Schulter geklopft hat, um dich auf das Ungehörige eines solchen gespannten Zusehns, für das du nichts gezahlt hast, aufmerksam zu machen. [? / *H*, 302]

Was baust du? – Ich will einen Gang graben. Es muß ein Fortschritt geschehn. Zu hoch oben ist mein Standort.

Wir graben den Schacht von Babel. [? / *H*, 386–387]

ANMERKUNGEN

II. Stoff des Lebens

1 *Ottla:* Ottilie, geboren 29. 10. 1892. Jüngste Schwester Kafkas.

2 *Robert Kafka:* ein Cousin [?].

3 *Karl Hermann:* Mann von Kafkas Schwester Elli. Vgl. Anm. 13.

4 *Löwy:* Julie Löwy, Mädchenname von Kafkas Mutter.

5 *Onkel Philipp, Ludwig, Heinrich:* Brüder von Herrmann Kafka, Franzens Vater.

6 *Valli:* Valerie, geboren 25. 9. 1890, Schwester Kafkas.

7 *Felix* [Hermann]: Franz Kafkas Neffe, der Sohn der Schwester Elli. Vgl. Anm. 3, 13.

8 *Pawlatsche:* Das tschechische Wort Pavlač bedeutet ›Balkon‹ und ist ins Prager, auch ins Wiener Deutsch als Bezeichnung für die charakteristischen, an der Hofseite eines Hauses in ganzer Stockwerklänge verlaufenden offenen oder verglasten Flurgänge übergegangen (*T*, 699).

9 *Pepa:* ein Verwandter Kafkas.

10 *meschugge:* jiddisch ›verrückt‹.

11 *Der jiddische Schauspieler* [Jizchak] *Löwy:* Mitglied der jiddischen Schauspielertruppe aus Polen, siehe S. 56 ff.

12 *Sprichwort von den Hunden und Flöhen:* »Wer sich mit Hunden niederlegt, steht mit Flöhen auf« (*H*, 451).

13 *Elli:* Gabriele, geboren 22. 9. 1889, Schwester Kafkas.

14 *Die breite Mad:* ›das dicke Mädchen‹.

15 *Zürauer Abenteuer:* Zürau – bäuerliches Anwesen in dem deutschböhmischen Städtchen Zürau. Kafkas Schwester übernahm dort die Bewirtschaftung. 1917, 1918 lebte Kafka dort.

16 *Assicurazioni Generali:* die erste Anstellung Kafkas nach seiner juristischen Ausbildung, 1907–1908.

17 *Karl:* Ellis Mann vgl. Anm. 3.

18 *Gerti* (und Felix): ihre Kinder. Vgl. Anm. 7.

19 *Irma:* Cousine Kafkas [?].

20 *Er fürchtet, die Scham werde ihn noch überleben:* ». . . es war, als sollte die Scham ihn überleben« = Schlußworte des posthum veröffentlichten Romanfragments ›Der Prozeß‹.

21 *Die alten Puppen ohne Köpfe:* Thorarollen.

22 *Barmizwe:* Konfirmation.

23 *Seelengedächtnisfeier:* Totenfeier.

24 *Sederabend:* Der erste Abend des Passahfestes.

25 *Franklins Jugenderinnerungen:* In der Handbibliothek Kafkas fand sich die tschechische Übersetzung der Autobiographie Franklins, übersetzt von JUDr. Vladimir Dědek. Prag [1916] (*Wagenbach*, 255).

26 *Vegetarianismus:* Kafka war Vegetarier.

27 *Schönbornpalais:* Barockpalais auf der Prager Kleinseite, in dem Kafka 1917 als Vorbereitung zu seiner Heirat mit Felice Bauer Quartier genommen hatte (*MB*, 192).

28 *Verlobung mit F.:* Ende Mai 1914 verlobte sich Kafka mit Felice Bauer, die er am 13. August 1912 kennen gelernt hatte. Im Juli des gleichen Jahres wurde die Verlobung aufgehoben. Der Vorgang wiederholte sich im Juli bzw. Dezember 1917.

29 *Onkel Richard:* Dr. Richard Löwy, Advokat am Altstädter Ring. Kafka wird bei ihm 1906 ›Concipient‹. (*Wagenbach*, 133.) Der Concipient oder Konzipist (S. 55) ist im Österreichischen der Assistent des Advokaten.

III. Judentum

1 *Alfred Kubin:* 1877–1959, Zeichner, Illustrator, Dichter. Der erste Hinweis auf Kubin findet sich in Kafkas Tagebüchern unter dem 26. September 1911. Im Jahre 1913 schreibt er über einen Stahlstich, der auf dem Umschlag des ›Heizers‹ abgebildet war, an Kurt Wolff: »... wäre es nicht ein altes Bild, könnte es fast von Kubin sein.«

2 *Savoy:* Kaffeehaus in Prag I, Ecke Geisgasse und Gefängnisgasse (*J*, 125).

3 *Abraham Goldfaden:* 1840–1908, hebräischer und jiddischer Dichter und Dramatiker. Gilt als Schöpfer der jiddischen Oper. Unter den dreißig Werken dieser Gattung befanden sich auch die von Kafka erwähnten Opern ›Sulamith‹ (1880) und ›Bar Kochba‹ (1882).

4 *Frau Ts.* = Frau Tschissik,
P. = Herr M. [?] Pipes,
Ts. = Herr Tschissik,
K. = Herr Klug,
Fr. K. = Frau Klug,
U. = [?] Urych,
R. P. = Herr R. Pipes,
Löwy = Herr Jizchak Löwy.
Jiddische Schauspieler, siehe auch den Theaterzettel auf Seite 62.

5 *Viele Menschen gehen nach Jeruscholajim und kommen beschulim:* »Viele Menschen gehen nach Jerusalem und gelangen wohlbehalten an.«

6 *Emes:* jiddisch ›Wahrheit‹ für hebräisch *emeth*.

7 *Rachmones:* jiddisch ›Mitleid‹.

8 *Kol nidre:* einführendes Gebet am Vorabend von Yom Kippur, hier Schauspiel von
Abraham Michael Scharkansky: 1869–1907, jiddischer Dramatiker.

9 *David Edelstatt:* 1866–1892, wanderte 1882 nach Amerika aus, schloß sich der anarchistischen Bewegung an und veröffentlichte jiddische Gedichte.

10 *Morris Rosenfeld:* 1862–1917, jiddischer Dichter, gleichfalls nach Amerika ausgewandert.

11 *Isaak Loeb Perez:* 1851–1915, jiddischer und hebräischer Schriftsteller. Vgl. ›Geschichten am Sabbat‹ (Fischer Bücherei 568).

12 *Bocher:* jiddisch, für hebräisch *Bahur*, ›Talmudschüler‹.

13 *Jakob Adler:* 1855–1926, jiddischer Schauspieler, kam 1878 zur jiddischen Bühne und debütierte in der Truppe von Goldfaden. Er wanderte 1888 nach Amerika aus und wurde bald einer der

Stars des jiddischen Theaters. Er zeichnete sich besonders in tragischen Rollen aus.

14 *Jacob Gordin:* 1853–1909, jiddischer Dramatiker, bearbeitete Stücke von Lessing, Victor Hugo, Gorki, Hauptmann, Tolstoi, Strindberg für die jiddische Bühne.

15 *Joseph Lateiner:* 1853–1935, jiddischer Dramatiker.
Sigmund (Ascher Selig) Feimann: 1862–1909, jiddischer Dramatiker. Werke: ›Vicekönig‹, ›Seijdernacht‹.

16 *Jahrzeittag:* nach jüdischer Sitte Wiederkehr des Todestages einer geliebten Person.

16a *Die O.:* Ottla. Vgl. II, 1.

17 *Unter Maxens Einfluß:* Dr. Max Brod, siehe ›Franz Kafka. Eine Biographie‹.

18 *Meschuggener Ritoch:* Dieser Jargonausdruck wäre etwa mit ›verrückter Brausekopf‹ zu übersetzen (*T*, 700).

19 Heinrich Graetz, ›*Geschichte der Juden von den ältesten Zeiten bis auf die Gegenwart*‹. 11 Bde. Leipzig: O. Leiner 1853–1875.

20 *Moses Mendelssohn:* 1729–1786, jüdischer Philosoph der deutschen Aufklärung.

21 *Hugo Bergmann:* geboren 1883, Kafkas Schulfreund. Philosoph, Professor der Philosophie an der Hebräischen Universität Jerusalem.

22 *Der Verein Bar Kochba:* jüdische Studentenverbindung in Prag, veröffentlichte 1913 ein Sammelbuch ›Vom Judentum‹ bei Kurt Wolff in Leipzig mit Beiträgen von Karl Wolfskehl, Martin Buber, Erich Kahler, Gustav Landauer, Moritz Heimann u. a. Max Brod steuerte einen Aufsatz ›Der jüdische Dichter deutscher Zunge‹ bei.

23 *Auf parnusse verdienen:* jiddische Form des hebräischen Wortes parnassah = ›das zum Lebensunterhalt Notwendige‹ (*T*, 700).

24 *Packhadern:* Stoff- und Filzfetzen als Ersatz von Schuhen.

25 *Moule:* richtig *mohel* = ›Beschneider‹ (*T*, 701).

26 *Schema Israel* = jüdisches Glaubensbekenntnis: »Höre, Israel«.

27 *Amschel:* Adam Porias, 1794–1862, Kafkas Urgroßvater (*Wagenbach*, 20).

28 *Blümale oder die Perle von Warschau:* Der Autor konnte vom Herausgeber nicht ermittelt werden.

29 *Weltsch:* Dr. Felix Weltsch, geboren 1884 in Prag, Philosoph, Freund Franz Kafkas und Max Brods, lebt jetzt in Jerusalem, wo er an der Universitätsbibliothek tätig ist.

30 *Benefice der Frau Klug:* Vorstellung, deren Reinertrag der Schauspielerin zufloß.

31 *Hirsch David Nomberg:* 1874–1927, jiddischer Schriftsteller, Schüler von Perez.

32 *Mazze:* ungesäuertes Brot, das anläßlich des Passahfestes verzehrt wird.

33 *Rosch-Jeschiwe:* Haupt einer Talmudschule.

34 *Die Klaus:* hebräisch *Bet hamidrasch*, eine Art Lehrhaus, das oft gleichzeitig als Synagoge dient.

35 *Maler Ascher:* Ernst Ascher, geboren 1888 in Prag, deutsch-böhmischer Maler.

36 *Meyer Isser Pines:* ›L'histoire de la Littérature Judéo-Allemande‹, Paris 1911.

[37] Jakob Fromer, ›Der babylonische Talmud zur Herstellung einer Realkonkordanz vokalisiert‹. Einleitung: Der Organismus des Judentums. Berlin 1909.

[38] *Herzele Mejiches:* jiddisches Drama von *Mosche Richter,* 1874 bis 1939.

[39] *Wilhelm Schmidtbonn:* 1876–1952, deutscher Schriftsteller. Das Drama ›Der Graf von Gleichen‹ stammt aus dem Jahre 1906.

[40] *Dr. Nathan Birnbaum:* 1864–1937, Begründer der ersten nationaljüdischen Studentenvereinigung ›Kadimah‹.

[41] *Sänger Gollanin:* Leo Gollanin, geboren 1872, einer der ersten Interpreten des ostjüdischen Volksliedes.

[42] *Dr. Felix Aaron Theilhaber:* geboren 1884, Arzt und Schriftsteller. Der von Kafka erwähnte Vortrag führte im Jahre 1921 zu Theilhabers Buch ›Der Untergang der deutschen Juden‹.

[43] *Professor Ehrenfels:* Christian von Ehrenfels, 1859–1932, Philosoph, Begründer der Gestalt-Theorie.

[44] *Karte von Baum:* Oskar Baum, 1883–1940, Prager Schriftsteller, frühzeitig erblindet. Er gehörte zum engeren Freundeskreis Kafkas.

[45] *Toynbeehalle:* Volksheim, benannt nach dem englischen Sozialreformer Arnold Toynbee (1852–1883).

[46] *Schmerler:* konnte vom Herausgeber nicht ermittelt werden.

[47] *Dr. Hugo Hermann:* 1887–1940, Schriftsteller und Journalist, einer der Führer der zionistischen Studentenvereinigung Bar Kochba.

[48] *Leo Hermann:* geboren 1888, Schriftsteller und Journalist. Von 1907–1913 Herausgeber der Prager zionistischen ›Selbstwehr‹; von 1914–1919 Herausgeber der Berliner ›Jüdischen Rundschau‹.

[49] *Afike Jehuda:* Wasserwege Judas, Prager jüdischer Verein.

[50] *Otto Pick:* 1887–1940, Prager Schriftsteller und Übersetzer.

[51] Das Programm der Akademie der J. G. Herder-Vereinigung in Prag findet sich auf der letzten Seite der 1962 zu Ehren von Willy Haas neu herausgegebenen ›Herder-Blätter‹ (Freie Akademie der Künste, Hamburg). Die Veranstaltung fand am 16. Februar 1912 statt und bestand aus ›Tänzen‹ (Grete Wiesental), einer Vorlesung ›Aus eigenen Dichtungen‹ von Hugo von Hofmannsthal und einem Vortrag Professor Dr. Oskar Bies' ›Über den Tanz‹. Über die Akademie, die in den »Sälen auf der Sophieninsel« stattfand, siehe auch Willy Haas, ›Die literarische Welt‹, München: List 1957, S. 42–48.

[52] *Oskar Bie:* 1864–1938, Herausgeber der ›Neuen Rundschau‹, Musikschriftsteller.

[53] *Grete Wiesenthal:* geboren 1886. In der Nachfolge von Isadora Duncan Neugestalterin des modernen Tanzstils.

[54] *Kerzlach, Blümlach, Liedlach:* jiddische Diminutive für Kerze, Blume, Lied.

[55] *Simon Samuel Frug:* 1860–1916, russischer und hebräischer Dichter.

[56] *David Frischmann:* 1860–1922, hebräischer und jiddischer Schriftsteller. Redakteur der ersten hebräischen Tageszeitung in St. Petersburg ›Hayom‹ (1866).

[57] *Yiři* (Georg Mordechai) *Langer:* 1894 (1895?) – 1943, Freund Kafkas, Bruder des Dramatikers František Langer, Psychoanalytiker und Erforscher des Chassidismus. Von ihm erschien u. a. ›Die Erotik der Kabbala‹, 1923, und ›Devět Bran‹ (Neun Tore), 1937.

[58] *Žižkov:* kleinbürgerlich-proletarisches Viertel Prags. *Harantova Ulice:* Gasse in diesem Viertel.

[59] *Milena* = Milena Jesenská-Polak, Prager Schriftstellerin. Ihre Übersetzung von ›Der Heizer‹ ins Tschechische erschien im ›Kmen‹ (›Der Stamm‹). Sie starb 1944 im Konzentrationslager Ravensbrück. (Siehe auch die Erinnerungen Margarethe Buber-Neumanns ›Als Gefangene bei Stalin und Hitler‹, Stuttgart: DVA 1958. Siehe ebenfalls ›Briefe an Milena‹, Frankfurt: S. Fischer 1952.)

[60] *Franz Werfel:* 1890–1945, Prager Dichter. In einem Brief an Dr. Robert Klopstock vom 2. Dezember 1934 schrieb er: »Als ich ... das erste Mal Franz Kafka von Angesicht sah, wußte ich sofort, daß er ›ein Bote des Königs‹ ist ... Franz Kafka ist ein Herabgesandter, ein großer Auserwählter, und nur die Epoche und die Umstände haben ihn dazu vermocht, sein jenseitiges Wissen und seine unaussprechliche Erfahrung in dichterische Gleichnisse zu gießen. Dieses Abstands zwischen ihm und mir, der ich nur ein Dichter bin, war ich mir immer bewußt.« Der Monat I (1949) S. 65.

[61] *Mathilde:* Heines Frau Crescentia Eugenie Mirat.

[62] *Alfred Meissner:* 1822–1885, ›Die Matratzengruft‹. Erinnerungen an Heinrich Heine. Herausgegeben von Georg Weberknecht, Stuttgart: Lutz 1921, S. 67.

[63] *Ihren Mann:* Ernst Polak, Freund Werfels und Willy Haas'. Siehe *MB*, S. 274 (Brod schreibt: Po*ll*ak).

[64] *Übersetzung:* Kafka lernte Milena als Übersetzerin seiner frühen Prosastücke ins Tschechische kennen (*BM*, 271).

[65] *Tak:* tschechisch ›so‹.

[66] *Iste žid?:* tschechisch ›Sind Sie Jude?‹

[67] *Nechápu:* tschechisch ›verstehe ich nicht‹ (*BM*, 48–49).

[68] *Prašivé plemeno:* tschechisch ›räudige Rasse‹ (*BM*, 240).

[69] *Rudolf Schildkraut:* 1862–1930, deutsch-jüdischer Schauspieler. Setzte sich für die Verbreitung der neuen jiddischen Autoren auf den größten Bühnen in Wien, Hamburg und New York ein (*J*, 125).

[70] *Schalom Asch:* 1880–1957, jiddischer Schriftsteller von Weltruhm, 1937 erschienen seine gesammelten Schriften in Warschau (28 Bde.).

[71] *Kaspar Hauser:* Findelkind, dessen Herkunft bis heute nicht geklärt ist, tauchte in Nürnberg 1828 als etwa 16jähriger auf. Starb am 17. 12. 1833 an einer drei Tage zuvor empfangenen Stichwunde. Vorher hatte sich u. a. der Jurist Anselm von Feuerbach seiner angenommen. Es bestehen seither verschiedene Vermutungen, denen zufolge Kaspar Hauser ein Sohn des Großherzogs Karl von Baden sein soll. Siehe auch Jakob Wassermann ›Caspar Hauser oder die Trägheit des Herzens‹, Stuttgart 1908.

[72] *Poale Zion:* Arbeiter Zions. Name der jüdischen Arbeiterpartei innerhalb der zionistischen Bewegung. Sie entstand in Rußland und Polen als Versuch einer Synthese zwischen Zionismus und Sozialdemokratie (*J*, 133).

[73] *Abiram und Datan:* Söhne Eliahs, die sich wider Moses empörten und zur Strafe von der Erde verschlungen wurden (Moses 4, 16).

[74] *Dr. Karel Kramář:* 1860–1937, tschechischer Politiker, wurde 1894 Abgeordneter der Jungtschechischen Partei. Nach der Auflösung Österreich-Ungarns 1918 war er der erste Ministerpräsident der

Tschechoslowakei, der Führer der tschechischen Nationalisten, die in der ehemaligen nationaldemokratischen Partei vereinigt waren (*J*, 134).

75 *Abraham:* Bezieht sich auf die Kommentare zur Opferung Isaaks auf dem Berg Morija in Kierkegaards ›Furcht und Zittern‹.

76 *In magischen Trilogien:* Anspielung auf Franz Werfels ›Magische Trilogie‹, das mystische Drama ›Spiegelmensch‹ von 1920.

IV. Geschlecht, Charakter und Schicksal

1 *strach-touha:* tschechisch ›Angst, Sehnsucht (oder Begehren)‹ (*BM*, 180).

2 *In der ersten Meraner Hälfte:* Im Jahre 1920 verbrachte Kafka einen Krankenurlaub in Meran.

3 *Vor dem Einschlafen:* Vergleiche die Skizze ›Das Unglück des Junggesellen‹ aus dem Band ›Betrachtung‹ (*E*, 34–35)!

4 *Wenn man sich am Abend ...:* Vergleiche die Skizze ›Der plötzliche Spaziergang‹ aus dem Band ›Betrachtung‹ (*E*, 32–33)!

5 *Junggesellen der Erinnerung:* bezieht sich auf den Satz: »sich im Aussehen und Benehmen nach den ein oder zwei Junggesellen unserer Jugenderinnerungen ausbilden« auf Seite 116.

6 *O. R.:* Onkel Rudolf Löwy, Buchhalter am Košiřer Bräuhaus, »der merkwürdigste und verschlossenste Onkel Kafkas« (*Wagenbach*, 22).

7 *Fräulein F. B.:* Felice Bauer. Zweimal mit Kafka verlobt. Sie kam aus Berlin (S. 129). Vgl. II, Anm. 28.

8 *Steuer:* konnte vom Herausgeber nicht ermittelt werden.

9 *Franz Grillparzer:* 1791–1872 und *Gustave Flaubert:* 1821–1880 erschienen Kafka vor allem dadurch verwandt, daß sie ihr Liebesleben der Hingabe an ihr schriftstellerisches Werk aufopferten. (Über Kafka und Flaubert siehe *M. B.*, 121–122).

10 *Kierkegaard ›Buch des Richters‹:* Seine Tagebücher 1833–1855, im Auszug aus dem Dänischen von Herm. Gottsched, Jena: Eugen Diederichs 1905.

11 *Brief an den Vater:* den Vater Felice Bauers.

12 *Felix:* Felix Weltsch.

13 *Oskar:* Oskar Baum.

14 *Drei Verlobungsgeschichten:* Kafka war zweimal mit Felice Bauer verlobt und einmal mit Julie Wohryzek.

15 *Ani jediné slovo, které by nebylo velmi dobřo uváženo:* tschechisch ›Nicht ein einziges Wort, das nicht sehr wohlerwogen wäre‹ (*BM*, 42).

16 *škatule, škatule, hejbejte se:* tschechisch ›Bäumchen, Bäumchen, wechsle dich‹ – Kinderspiel (*BM*, 42).

17 *Kmen:* ›Der Stamm‹, literarische Zeitschrift. In ›Kmen‹ erschien die von Janouch auf Seite 168 erwähnte Übersetzung von Kafkas ›Heizer‹, die möglicherweise hier gemeint ist.

18 *Tribuna:* ›Die Tribüne‹, liberale tschechische Tageszeitung, deren Mitarbeiterin Milena war.

19 *Jarmila:* eine Freundin Milenas (Willy Haas, ›Die literarische Welt‹, München: Paul List 1957, S. 36).

[20] *Nemáte síly milovat:* tschechisch ›Ihr habt nicht die Kraft zu lieben‹ (*BM*, 225).

V. Sozialismus, Politik und Metapolitik

[1] *Alfons Paquet:* ›Der Geist der russischen Revolution‹, Leipzig: Kurt Wolff 1919.
[2] *Verband der marxistischen Studenten:* Verband marxistischer Akademiker in Prag, eine sozialdemokratische Vereinigung, welche nach der Spaltung der Partei sich den Kommunisten anschloß.
[3] *Rosa-Saal:* Der sogenannte Rosa-Saal war ein mittelgroßer Vortragsraum im Sozialdemokratischen Volkshaus Lidovy dum in Prag II, Hybernergasse Nr. 7 (*J*, 134).
[4] *Max Brod:* Max Brod kandidierte in den ersten Parlamentswahlen der Tschechoslowakei als Kandidat der zionistischen Partei.
[5] *Leo Lederer:* ältester Bruder des Prager Malers und Bildhauers Ernst Lederer (*J*, 124).
[6] *Odradek:* Name einer Erscheinung, von der Kafkas kleine Erzählung ›Die Sorge des Hausvaters‹ in dem Buche ›Ein Landarzt‹ handelt.
[7] *Léon Bloy:* 1864–1917, französischer Religionsphilosoph. Eine tschechische Übersetzung Bloys erschien 1911 in Stará Říše (*J*, 127).
[8] *George Grosz:* 1893–1959, deutscher Zeichner, zeichnete sich vor seiner Emigration nach Amerika 1933 durch die unbarmherzige Enthüllung des ›Gesichts der herrschenden Klasse‹ aus. Die hier von Kafka besprochene Zeichnung findet sich in diesem im Malikverlag, Berlin, erschienenen Sammelband.

VI. Erziehung

[1] Die Erzählung ›Der Heizer‹ ist das erste Kapitel von Kafkas Roman ›Der Verschollene‹ [›Amerika‹]. Sie erschien zunächst 1913 gesondert in Kurt Wolffs Sammlung ›Der jüngste Tag‹.
[2] *Wickersdorf:* progressives Landerziehungsheim, Schulgemeinde Wickersdorf, Kreis Saalfeld, 1906 von Gustav Wyneken und Paul Geheeb gegründet.
[3] *Hellerau-Laxenburg:* Schule für Rhythmus, Musik und Körperbildung, hervorgegangen aus der in Hellerau 1911 gegründeten ›Bildungsanstalt Jaques-Dalcroze‹.
[4] *Věra:* das Baby von Kafkas jüngster Schwester Ottla.
[5] *Jonathan Swift*, 1667–1745, ›Gullivers Reise in Liliput‹, Kapitel 6: »Über die Einwohner von Liliput, ihre Gelehrsamkeit, ihre Gesetze und Gebräuche und von der Art, wie sie ihre Kinder erziehen. Des Autors Lebensweise in diesem Lande. Seine Ehrenrettung einer großen Dame.« In der von Wagenbach publizierten Liste von Kafkas Handbibliothek findet sich keine Ausgabe der Werke Swifts.
[6] *Das Mutteraug hat ihn doch erkannt:* Schullesebuch-Gedicht von Johann Nepomuk Vogl, 1802–1866, mit dem Titel ›Das Erkennen‹.

Entgegen Kafkas Annahme stammte Vogl aus Wien und nicht aus der Steiermark.

[7] *... noch ein paar Monate zum zehnten Jahr gefehlt...*: das Alter von Ellis Sohn Felix Hermann zur Zeit, da der Brief geschrieben wurde.

VIII. *Literatur und Lüge*

[1] *Tonio Kröger:* Erzählung von Thomas Mann, in: ›Tristan‹, 1903.

[2] *Ausflug ins Dunkelrote:* Erzählung von Max Brod in ›Die Erziehung zur Hetäre. Ausflüge ins Dunkelrote‹, Berlin: A. Juncker 1909.

[3] *Gegenwart:* ›Die Gegenwart. Wochenschrift für Literatur, Kunst und öffentliches Leben‹. In der Nummer vom 9. Februar 1907 (36. Jahrgang, Nr. 6, S. 93) bespricht Max Brod Franz Bleis »tragische Farce in drei Akten« ›Der dunkle Weg‹ und beendet die Kritik mit den folgenden Worten: »Daher kommt vielleicht die gesunde, gefühllose Luft in diesem Stücke hellsten Klanges, wie auf einem Schiff mitten im Ocean eingeatmet, da malen sich leichter die leichtsinnigen Farben der Abenteuer, und die melodische Bauart der Sätze kommt wie eines Silberglöckchens Stimme zu uns herüber. Es ist ein Zeichen der jetzt erreichten hohen Cultur deutschen Schriftthums, daß wir einige haben, die das treffen und die verschiedensten Seiten des Daseins mit ihrer Kunst und Grausamkeit schmücken. Heinrich Mann, Wedekind, Meyrink, Franz Kafka und noch einige gehören mit dem Autor dieses Stückes zu der heiligen Gruppe ... Ich freue mich so sehr über sie, ich bin dankbar, daß ich Zeitgenosse ihrer liebenswürdigen und erschütternden Werke geworden bin. Und gerne erwähne ich dies einmal auch öffentlich gegen die laudatores temporis acti.«

[4] *Gustav Meyrink:* 1868–1932, österreichischer Schriftsteller. Fing in seinen Skizzen aus ›Des deutschen Spießers Wunderhorn‹ (3 Bände, 1913) und seinem Roman ›Der Golem‹ (1915) die Oberfläche von Kafkas Prager Tiefenschau ein.

[5] *Ein Roman der Jugend:* Diese Kritik erschien in der Prager deutschen Zeitung ›Bohemia‹ am 16. Januar 1910.

[6] *Über Kleists Anekdoten:* Der Druck dieser Rezension konnte bisher nicht nachgewiesen werden.

[7] *Hyperion:* Deutsche Zweimonatsschrift, München 1908–1910. Franz Blei, 1871–1942, mit Carl Sternheim Mitherausgeber der Zeitschrift ›Hyperion‹. Über Kafkas Beiträge zu dieser Zeitschrift siehe Kurt Weinberg, ›Franz Kafkas ‚Erste Veröffentlichung'‹, Zeitschrift für deutsche Philologie 81 (1962) S. 496–500, und Ludwig Dietz, ›Franz Kafka und die Zweimonatsschrift ‚Hyperion'‹, Deutsche Vierteljahrsschrift 37 (1963) S. 463–473. Kafkas hier abgedruckter Nachruf auf die Zeitschrift erschien in der ›Bohemia‹ am 19. März 1911.

[8] *Pan:* literarische Zeitschrift, herausgegeben von Wilhelm Bode, Eberhard Freiherrn von Bodenhausen, Cäsar Flaischlen, Richard Graul, Otto Erich Hartleben, Berlin 1895–1900.

[9] *Insel:* literarische Zeitschrift, herausgegeben von Otto Julius Bier-

baum, Alfred Walter Heymel und Rudolf Alexander Schroeder, Berlin 1899–1902.

10 *Die gute Novelle des Fräulein T.:* Fräulein T. = Elsa Taussig, Max Brods spätere Frau. Die Novelle = Max Brods ›Weiberwirtschaft‹, die er gemeinsam mit Elsa Taussig schrieb (*T*, 700).

11 *Robert und Samuel:* eine Gemeinschaftsarbeit von Kafka und Max Brod. Siehe ›Richard und Samuel‹ in ›Erzählungen‹, S. 296 ff. und *H*, Frankfurt 1953, S. 429 ff.

12 *Aktion:* »Wochenschrift für Politik, Literatur, Kunst«. Herausgegeben von Franz Pfemfert, Berlin-Wilmersdorf 1911–1914.

13 *Die Mißgeschickten:* Roman von Wilhelm Schäfer, München: Georg Müller 1909.

14 *Rowohlt:* Ernst Rowohlt. Der Verlag Ernst Rowohlt wurde ursprünglich von Ernst Rowohlt und Kurt Wolff gemeinsam geleitet. Am 1. November 1912 schied Ernst Rowohlt aus; der Verlag firmierte dann ab Februar 1913 als Kurt Wolff Verlag.

15 *Juncker:* Axel Juncker, Verleger.

16 Max Brod, *Höhe des Gefühls.* Szenen, Verse, Tröstungen. Leipzig: Kurt Wolff 1913.

17 *Jahrbuch:* Arkadia. Ein Jahrbuch für Dichtkunst, herausgegeben von Max Brod, Leipzig 1913.

18 *Billig:* Plan für einen gemeinsam geschriebenen Reiseführer ›Billig‹. Siehe *M. B.*, S. 147 ff.

19 *Begriff:* Max Brod und Felix Weltsch, ›Anschauung und Begriff, Grundzüge eines Systems der Begriffsbildung‹, Leipzig: Kurt Wolff 1913.

20 *Roman:* ›Amerika‹.

21 *Mauteinnehmer:* Zollbeamter.

22 *... als in der Nacht:* Diesen Brief (ohne das Nachwort) brachte Max Brod, der um das Leben seines Freundes bangte, zur Kenntnis der Mutter Kafkas (*B*, 502). Darauf erhielt Brod einen Brief der Mutter, in dem es hieß: »Ich, die ich mein Herzblut für jedes meiner Kinder hergeben würde, um sie alle glücklich zu machen, stehe hier machtlos.« Trotzdem entwarf sie den Plan einer Notlüge: »Dem Vater, der seiner Krankheit wegen auf keinen Fall aufgeregt werden dürfe, wolle sie vortäuschen, daß Franz täglich in die Fabrik gehe, und sich dazwischen nach einem anderen Kompagnon umschauen.« (*MB*, 116) Die Krise ging vorüber.

23 *Das erste Kapitel des Romans:* ›Der Heizer‹, das erste Kapitel von ›Der Verschollene‹ (›Amerika‹).

24 *Felix:* Felix Weltsch.

25 *Ottomar Starke:* geboren 1886, Zeichner, Bühnenbildner und Graphiker. Zu der Lösung, die der Illustrator schließlich fand, schrieb er später: »Das Stichwort für Kafkas ›Verwandlung‹ hieß: Grauen! Verzweiflung! ... Der entsetzt Flüchtende hat schwarzes Haar, weil der Kopf schwarz vor weiß steht, ... und wenn er Schlafrock und Pantoffeln trägt, so zeigt das den Einbruch einer außerbürgerlichen Katastrophe in ein sehr ›spießbürgerliches‹ Dasein ...« (Ottomar Starke, ›Kafka und die Illustration‹, Neue literarische Welt 9 [1953] 3).

26 *Napoleon:* Novelle von Carl Sternheim, Illustrationen von Ottomar Starke. Bücherei ›Der jüngste Tag‹, Leipzig: Kurt Wolff 1915.

[27] *Flaubert, Kierkegaard, Grillparzer:* Alle drei an ihrem Junggesellentum leidende Hagestolze.
[28] *In unserer Nähe zu begrüßen:* Kurt Woff stand während des Krieges im Felde (*B*, 505).
[29] *Mein Manuskript:* ›In der Strafkolonie‹.
[30] *Der jüngste Tag:* Sammlung, herausgegeben vom Verlag Kurt Wolff. Es sollte eine Bücherei sein, die »Schöpfungen der jüngsten Dichter, hervorgebracht durch das gemeinsame Erlebnis unserer Zeit«, umfaßt. Es erschienen Bände von Werfel, Hasenclever, Hardekopf, Trakl, Viertel, Schickele, Edschmid, Kraft, Brod, Sternheim u. a. – Kafkas Erzählung ›Der Heizer‹ war Nummer 3 der Sammlung (*B*, 503).
[31] *Das Urteil:* die Erzählung erschien 1916 als 34. Band der Sammlung ›Der jüngste Tag‹.
[32] *Ernst Feigl:* Er gewann später durch seine volkstümlichen, von echtem Mitleid mit den Ärmsten getragenen Gerichtsaalberichte im ›Prager Tagblatt‹ einen klangvollen Namen (*B*, 504).
[33] *Fritz* (Friedrich) *Feigl:* 1884–?, Maler und Graphiker. Als Graphiker hat er verschiedene Mappenwerke geschaffen, die u. a. das Leben im jüdischen Prag zum Thema haben. Er ist als »Darsteller des Prager Ghettos« bezeichnet worden. Siehe auch *Wagenbach*, S. 160.
[34] *Georg Müller:* Verleger in München und Leipzig.
[35] *Esther:* ›Eine Königin Esther‹ von Max Brod, Drama in einem Vorspiel und drei Akten, Leipzig: Kurt Wolff 1918.
[36] *Haman:* Figur aus Brods ›Eine Königin Esther‹.
[37] *Selbstwehr:* zionistische Wochenzeitung in Prag von 1907–1938, Redakteur Felix Weltsch. Vgl. Anm. III, 45.
[38] *Anbruch-Adresse:* ›Der Anbruch‹ = Flugblätter aus der Zeit. Herausgegeben von Otto Schneider und Ludwig Ullmann. Ab Ende 1917, kurz danach wieder eingegangen (*B*, 509).
[39] *Rudolf Fuchs:* 1890–1941, Prager Dichter und Übersetzer, Redakteur am ›Prager Tagblatt‹. Übersetzer der Gedichte von Otakar Březina und Petr Bezruč.
[40] *Insel Carina:* Erzählung von Max Brod, erschienen im Novellenband ›Experimente‹, Berlin: Axel Juncker 1907. Eine der Gestalten der ›Insel Carina‹, Carus, stellt Franz Kafka dar, wie Brod ihn damals sah (*B*, 498).
[41] *Kasimir Edschmid:* ›Die doppelköpfige Nymphe. Aufsätze über die Literatur und die Gegenwart‹, Berlin: Paul Cassirer 1920.
[42] *Vladimír Zychra:* geboren 1903, tschechischer Maler, gehörte der Vereinigung Manes an; Professor der Akademie der Bildenden Künste (*J*, 137).
[43] *Josef Čapek:* geboren 1887 in Hronov. Verfaßte gemeinsam mit seinem Bruder Karel Čapek eine Reihe erfolgreicher Bücher. Er war ein eigenwilliger Maler, der die Gruppe Tvrdosijni (›Die Unentwegten‹) gründete. Kam während des zweiten Weltkrieges im Konzentrationslager ums Leben (*J*, 137).
[44] *Literatur von Kraus:* Karl Kraus, ›Literatur oder Man wird doch da sehn. Eine magische Operette‹, Wien 1921.
[45] *Mauscheln:* Jüdeln.
[46] *Schweiger:* ein Trauerspiel in drei Akten von Franz Werfel (1922). Siehe auch den (vermutlich nicht abgesandten) Brief Kafkas an

Werfel vom Dezember 1922 (*B*, 424–425). Dora Dymant berichtet aus dem Jahr 1923: »Einmal kam Werfel, um Kafka aus seinem neuesten Buch vorzulesen. Nachdem sie lange zusammen gewesen waren, sah ich Werfel unter Tränen fortgehen. Als ich ins Zimmer kam, saß Kafka dort vollkommen zerschlagen und murmelte ein paarmal vor sich hin: ›Daß es etwas so Entsetzliches geben kann!‹ Auch er weinte. Er hatte Werfel fortgehen lassen, ohne ihm ein einziges Wort über sein Buch sagen zu können« (Der Monat I, 1949 S. 93).

47 *Raschi-Kommentar:* Salomon Bar Isaac Raschi, 1040–1105, französischer Kommentator der Bibel und des Talmud. Raschis Kommentar zum Pentateuch wurde 1475 gedruckt.

48 *Gabriele Preissová:* 1862–1946, tschechische Schriftstellerin, nach deren Drama Janáček das Libretto zu seiner Oper ›Jenufa‹ schrieb (*B*, 515).

49 *Ludwig Winder:* 1889–1946, Redakteur der Prager Tageszeitung ›Bohemia‹, schrieb u. a. den Roman ›Der Thronfolger‹, 1938.

50 *Josef Myslbeck:* 1848–1922, berühmter Prager Bildhauer. Sein Hauptwerk ist die bronzene Reiterstatue des heiligen Wenzel auf dem Wenzelplatz in Prag.

51 *Mein Heft:* Teile des Manuskriptes ›Das Schloß‹.

52 *Storm: Erinnerungen:* Es handelt sich hier um das Kapitel ›Meine Erinnerungen an Eduard Mörike‹ in Theodor Storms ›Erzählungen und Familiengeschichten‹, herausgegeben von Walter Hermann, Leipzig: Reclam 1921, Reclams Universalbibliothek Nr. 6225, S. 72–92.

53 *Das Urteil:* erschien 1913 in dem von Max Brod herausgegebenen »Jahrbuch für Dichtung« ›Arkadia‹, sodann als Band 34 in Kurt Wolffs Sammlung ›Der jüngste Tag‹ (1916).

54 *Der Heizer:* ›Der jüngste Tag‹ (1913).

55 *Die Verwandlung:* in René Schickeles ›Die weißen Blätter‹ (1915), sodann als Band 22/23 in ›Der jüngste Tag‹ (1915).

56 *In der Strafkolonie:* erschien im Rahmen der Drugulin-Drucke. (Neue Folge, 4. Buch) bei Kurt Wolff in München (1919).

57 *Ein Landarzt:* Kurt Wolff Verlag, München, Leipzig (1919).

58 *Ein Hungerkünstler:* erschien zu Kafkas Lebzeiten lediglich als Beitrag in der ›Neuen Rundschau‹ (1922).

59 *Betrachtung:* Rowohlt, Leipzig (1913).

60 *In der Hauptsache handelt es sich um . . .:* Hier ist wohl Felice Bauer zu ergänzen.

61 *Die paar Hefte, die . . . hat:* die Tagebücher, die Kafka Milena übergeben hatte (siehe *T*, S. 42: »Alle Tagebücher vor einer Woche etwa, M. gegeben« [15. 10. 1921]).

IX. Sprache

1 *Oskar Pollak:* 1883 – 11. Juni 1915, Kafkas Mitschüler am Gymnasium. Kunsthistoriker. Fiel in einer der Isonzoschlachten des ersten Weltkriegs (*B*, 496).

2 *Kunstwart:* Monatshefte für Kunst, Literatur und Leben. Herausgegeben von Ferdinand Avenarius, München, 1887–1931.

[3] *Rostok:* Villenort in der Nähe Prags (*B*, 496).

[4] *Gespräch mit dem Beter:* der Schlußteil von ›Begonnenes Gespräch mit dem Beter‹, einem Kapitel der Erzählung ›Beschreibung eines Kampfes‹, die Brod, nicht ganz überzeugend, auf die Jahre 1902/1903 ansetzt. (Mit Wilhelm Emrich neige ich dazu, die Jahre 1904/1905 als Entstehungszeit anzunehmen.) Der Schluß des ›Gesprächs‹ erschien 1909 in Franz Bleis ›Hyperion‹.

[5] *Lebensrad:* Kinderspiel, bei dem durch Drehen eines Rundbilds die Illusion von Bewegung erzeugt wird, indem der Beschauer durch Schlitze in der Außenwand blickt.

[6] *Ein Viertel Ceres:* Apfelsaft.

[7] *Arnold Beer:* ›Arnold Beer. Das Schicksal eines Juden‹, Roman von Max Brod, Berlin: Axel Juncker 1912.

[8] *Jakob Wassermann:* 1873–1933, deutsch-jüdischer Schriftsteller.

[9] *Werfels Riesin:* Franz Werfel, ›Die Riesin. Ein Augenblick der Seele‹, jetzt in ›Erzählungen aus zwei Welten‹ *I*, Stockholm: Bermann-Fischer 1948, 15–18.

[10] *Jenufa:* Oper des mährischen Komponisten Leoš Janáček, 1854 bis 1928, übersetzt von Max Brod. (Siehe auch Max Brod, ›Leoš Janáček‹, Wien 1925.)

[11] *Hugo Reichenberger:* Dirigent der Wiener Hofoper, der Max Brods Übersetzung von Janáčeks ›Jenufa‹ den Bühnenerfordernissen anpaßte und dabei gelegentlich Banalitäten produzierte.

[12] *Küsterin:* Figur aus Janáčeks ›Jenufa‹.

[13] *Prinz Kuckuck:* ›Prinz Kuckuck. Leben, Taten, Meinungen und Höllenfahrt eines Wollüstlings in einem Zeitroman‹ von Otto Julius Bierbaum. 3 Bände, München: Georg Müller 1907.

[14] *Otto Julius Bierbaum:* 1865–1910, deutscher Schriftsteller und Dichter.

ZEITTAFEL

1883 3. Juli, geboren in Prag.

1889 bis 1893 Volksschule am Fleischmarkt.

1893 bis 1901 Altstädter deutsches Staatsgymnasium. Freundschaft mit Oskar Pollak, bis in die ersten Universitätsjahre.

1901 Beginn des juristischen Studiums an der deutschen Universität in Prag. Vorübergehend Plan, in München Germanistik zu studieren.

1902 Im Sommer in Liboch (Schelesen) und Triesch beim Onkel Landarzt (Dr. Siegfried Löwy). Erste Bekanntschaft mit Max Brod, wenige Jahre später mit Felix Weltsch und Oskar Baum.

1905 Im August in Zuckmantel.

1906 Ab April Konzipient im Büro des Advokaten Dr. Richard Löwy. Juni: Doktor juris. Im August wiederum in Zuckmantel. Vom 1. Oktober 1906 bis 1. Oktober 1907 Gerichtspraxis in Prag beim Strafgericht, dann beim Zivilgericht.

vor 1907 ›Beschreibung eines Kampfes‹ und ›Hochzeitsvorbereitungen auf dem Lande‹ geschrieben. Andere Jugendwerke (in Verlust geraten).

1907 Im Sommer in Triesch. Briefwechsel mit Hedwig W.
Plan, an der Exportakademie in Wien zu studieren. Im Oktober Antritt des Postens bei den ›Assicurazioni Generali‹.

1908 Eintritt in die Arbeiter-Unfall-Versicherungs-Anstalt. Amtliche Reisen nach Nordböhmen.
Erste Veröffentlichung: Acht Skizzen in ›Hyperion‹.

1909 Im September Riva, Brescia mit Max und Otto Brod.

1910 Beginn der Quarthefte (Tagebücher). Die ostjüdische Schauspieltruppe, ebenso im nächsten Jahr. Im Oktober in Paris mit Max und Otto Brod. Im Dezember in Berlin.

1911 Januar/Februar Dienstreise nach Friedland und Reichenberg. Im Sommer Zürich, Lugano, Mailand, Paris mit Max Brod. Dann Sanatorium Erlenbach bei Zürich (allein). – Reisetagebücher.

1912 Roman ›Der Verschollene‹ (›Amerika‹) begonnen. Im Sommer Weimar (mit Max Brod), dann allein im Sanatorium Jungborn (Harz).
Lernt am 13. August Felice Bauer kennen.
Am 14. August Manuskript der ›Betrachtung‹, die noch im gleichen Jahr erscheint, an den Verlag Rowohlt abgeschickt. ›Das Urteil‹ und ›Die Verwandlung‹ geschrieben. Sorgen wegen der Fabrik des Schwagers.

1913 ›Der Heizer‹ erschienen.
Gartenarbeit in Troja bei Prag. Allein in Wien, Venedig, Riva. Die Schweizerin.

1914 Ende Mai Verlobung mit Felice Bauer in Berlin. Juli Entlobung. Im Sommer Hellerau, Lübeck, Marienlyst (ein Teil der Reise mit Ernst Weiß). Kriegsausbruch. ›In der Strafkolonie‹ geschrieben. Arbeit am ›Prozeß‹.

1915 Wiederbegegnung mit Felice Bauer. – Eigenes Zimmer in Prag (erst Bílková, dann Dlouhá třida). Weiterarbeit am ›Prozeß‹. Fahrt nach Ungarn, mit der Schwester Elli.

1916 Im Juli mit Felice in Marienbad. ›Das Urteil‹ und ›Die Verwandlung‹ erschienen. Einige Landarzt-Erzählungen geschrieben. Im November Vorlesung der ›Strafkolonie‹ in München.

1917 Wohnung in der Alchymistengasse, dann im Palais Schönborn. Weiterarbeit an den Landarzt-Erzählungen. Zweite Verlobung mit Felice Bauer im Juli. Am 4. September Konstatierung der Tuberkulose. Büro-Urlaub und Wohnung bei seiner Schwester Ottla in Zürau. Aphorismen (Oktavhefte). Zweite Entlobung im Dezember in Prag.

1918 Zürau (Kierkegaard-Studium). Im Sommer in Prag. September Turnau, November Schelesen. Bekanntschaft mit Julie Wohryzek.

1919 ›Ein Landarzt‹ und ›In der Strafkolonie‹ erschienen. Im Sommer Prag. Verlobung mit Julie Wohryzek. Im Winter wieder in Schelesen mit Max Brod. ›Brief an den Vater‹.

1920 Krankenurlaub in Meran. Frau Milena Jesenská. Im Sommer und Herbst Büro in Prag. Dezember in der Tatra (Matliary). Erste Bekanntschaft mit Robert Klopstock.

1921 Bis September in Matliary, dann Prag.

1922 Januar/Februar in Spindelmühle, dann wieder Prag.
15. März aus dem ›Schloß‹ vorgelesen. Im Mai zum letztenmal mit Milena gesprochen. Pensionierung. Ende Juni bis September in Planá an der Luschnitz, mit seiner Schwester Ottla. Arbeit am ›Schloß‹. Prag.

1923 Juli in Müritz. Dora Diamant (Dymant). Berlin, Prag, Schelesen.
Ab Ende September mit Dora in Berlin-Steglitz. ›Der Bau‹, ›Josefine‹, ›Eine kleine Frau‹. Den Band ›Ein Hungerkünstler‹ in Druck gegeben.

1924 Im März nach Prag, am 10. April ins Sanatorium Wiener Wald, Klinik Professor Hajek in Wien, schließlich Sanatorium Kierling bei Wien, mit Dora Diamant (Dymant) und Robert Klopstock.
Am 3. Juni gestorben; in Prag bestattet.
Veröffentlichung des Bandes ›Ein Hungerkünstler‹.

WERKVERZEICHNIS*

1. *Drucke zu Lebzeiten Kafkas*

Franz Kafka. Betrachtung. Leipzig: Ernst Rowohlt 1913.
Der Heizer. Ein Fragment von Franz Kafka. Leipzig: Kurt Wolff (1913). (= Der jüngste Tag. Band 3.)
Die Verwandlung. Von Franz Kafka. Leipzig. Kurt Wolff (1915). (= Der jüngste Tag. Band 22/23.)
Das Urteil. Eine Geschichte von Franz Kafka. Leipzig: Kurt Wolff. 1916. (= Der jüngste Tag. Band 34.)
Franz Kafka. In der Strafkolonie. Leipzig: Kurt Wolff 1919. (... viertes [Buch] der neuen Folge der Drugulin-Drucke ...)
Franz Kafka. Ein Landarzt. Kleine Erzählungen. (München und Leipzig): Kurt Wolff (1919).
Franz Kafka. Ein Hungerkünstler. Vier Geschichten. Berlin: Die Schmiede 1924. (= Die Romane des XX. Jahrhunderts.)

2. *Nach Kafkas Tod erschienene Werke*

Franz Kafka. Der Prozess. Roman. Berlin: Die Schmiede 1925. (= Die Romane des XX. Jahrhunderts.)
Franz Kafka. Das Schloss. Roman. München: Kurt Wolff (1926).
Franz Kafka. Amerika. Roman. München: Kurt Wolff (1927).
Franz Kafka. Beim Bau der chinesischen Mauer. Ungedruckte Erzählungen und Prosa aus dem Nachlaß. Herausgegeben von Max Brod und Hans Joachim Schoeps. (Berlin): Gustav Kiepenheuer 1931.
Franz Kafka. Vor dem Gesetz. (Von Heinz Politzer aus den Schriften Kafkas zusammengestellt.) Berlin: Schocken 1934. (= Bücherei des Schocken Verlags. 19.)

3. *Gesammelte Schriften*

Gesammelte Schriften. Herausgegeben von Max Brod (in Gemeinschaft mit Heinz Politzer).
Bd. I: Erzählungen und kleine Prosa. Berlin: Schocken 1935.
Bd. II: Amerika. Roman. Berlin: Schocken 1935.
Bd. III: Der Prozeß. Roman. Berlin: Schocken 1935.
Bd. IV: Das Schloß. Roman. Berlin: Schocken 1935.
Bd. V: Beschreibung eines Kampfes. Novellen, Skizzen, Aphorismen aus dem Nachlaß. Prag: Heinrich Mercy Sohn 1936.
Bd. VI: Tagebücher und Briefe. Prag: Heinrich Mercy Sohn 1937.

* Es werden hier nur Publikationen in Buchform aufgeführt. Zur Bibliographie vgl. vor allem: Rudolf Hemmerle, Franz Kafka. Eine Bibliographie. München: Lerche 1958; Ludwig Dietz, Drucke Franz Kafkas bis 1924. Eine Bibliographie mit Anmerkungen. In: Jürgen Born / Ludwig Dietz / Malcolm Pasley / Paul Raabe / Klaus Wagenbach: Kafka-Symposion. Berlin: Verlag Klaus Wagenbach (1965). S. 85–125.

Gesammelte Schriften. Herausgegeben von Max Brod.
Bd. I: Erzählungen und kleine Prosa. (Zweite Ausgabe.) New York: Schocken (1946).
Bd. II: Amerika. Roman. (Dritte Ausgabe.) New York: Schocken (1946).
Bd. III: Der Prozeß. Roman. (Dritte Ausgabe.) New York: Schocken (1946).
Bd. IV: Das Schloß. Roman. (Dritte Ausgabe.) New York: Schocken (1946).
Bd. V: Beschreibung eines Kampfes. Novellen, Skizzen, Aphorismen aus dem Nachlaß. (Zweite Ausgabe.) New York: Schocken (1946).

Gesammelte Werke. Herausgegeben von Max Brod.
Der Prozeß. Roman. [Frankfurt am Main]: S. Fischer (1950).
Das Schloß. Roman. [Frankfurt am Main]: S. Fischer (1951).
Tagebücher 1910–1923. [Frankfurt am Main]: S. Fischer (1951).
Briefe an Milena. (Herausgegeben und mit einem Nachwort versehen von Willy Haas.) [Frankfurt am Main]: S. Fischer (1952).
Erzählungen. [Frankfurt am Main]: S. Fischer (1952).
Amerika. Roman. [Frankfurt am Main]: S. Fischer (1953).
Hochzeitsvorbereitungen auf dem Lande und andere Prosa aus dem Nachlaß. [Frankfurt am Main]: S. Fischer (1953).
Beschreibung eines Kampfes. Novellen, Skizzen, Aphorismen aus dem Nachlaß. [Frankfurt am Main]: S. Fischer (1954).
Briefe 1902–1924. [Frankfurt am Main]: S. Fischer (1958).
Briefe an Felice und andere Korrespondenz aus der Verlobungszeit. Herausgegeben von Erich Heller und Jürgen Born. [Frankfurt am Main]: S. Fischer (1967).
Briefe an Ottla und die Familie. Herausgegeben von Hartmut Binder und Klaus Wagenbach. Mit einer Vorbemerkung der Herausgeber. [Frankfurt am Main]: S. Fischer (1972).

4. Einzelausgaben

Beschreibung eines Kampfes. Die zwei Fassungen. Parallelausgabe nach den Handschriften. Herausgegeben und mit einem Nachwort versehen von Max Brod. Textedition von Ludwig Dietz. [Frankfurt am Main]: S. Fischer (1969).
In der Strafkolonie. Eine Geschichte aus dem Jahre 1914. Mit Quellen, Abbildungen, Materialien aus der Arbeiter-Unfall-Versicherungsanstalt, Chronik und Anmerkungen von Klaus Wagenbach. Berlin: Klaus Wagenbach (1975). (= Wagenbachs Taschenbücherei. 1.)
Die Aeroplane in Brescia und andere Texte. Mit einem Nachwort von Reinhard Lettau. [Frankfurt am Main]: S. Fischer (1977). (= Fischer Bibliothek.)

NAMENREGISTER

Franz Kafka

Das Urteil und andere Erzählungen
Band 19

Amerika
Roman. Band 132

Der Prozeß
Roman. Band 676

Das Schloß
Roman. Band 900

Beschreibung eines Kampfes
Novellen, Skizzen, Aphorismen aus dem Nachlaß. Band 2066

Hochzeitsvorbereitungen auf dem Lande und andere Prosa aus dem Nachlaß
Band 2067

Sämtliche Erzählungen
Herausgegeben von Paul Raabe. Band 1078

Die Söhne
Drei Geschichten
Der Heizer. Die Verwandlung. Das Urteil
Band 9501

Die Verwandlung
Band 5875

Tagebücher 1910–1923
Herausgegeben von Max Brod. Band 1346

Brief an den Vater
Nachwort von Wilhelm Emrich. Band 1629

Briefe 1902–1924
Herausgegeben von Max Brod. Band 1575

Briefe an Felice
und andere Korrespondenz aus der Verlobenszeit
Band 1697

Briefe an Milena
Erweiterte und neu geordnete Ausgabe. Herausgegeben von Jürgen Born und Michael Müller. Band 5307

Briefe an Ottla und die Familie
Herausgegeben von Hartmut Binder und Klaus Wagenbach. Band 5016

Franz Kafka. Eine innere Biographie in Selbstzeugnissen
Herausgegeben von Heinz Politzer. Band 708

Max Brod
Über Franz Kafka
Band 1496

Walter H. Sokel
Franz Kafka
Tragik und Ironie. Band 1790

Joachim Unseld
Franz Kafka
Band 6493

Franz Kafka
Gesammelte Werke
7 Bände in Kassette
Bd. 14200/Inhalt:
Amerika/Der Prozeß/
Das Schloß/Erzählungen/
Beschreibung eines Kampfes/
Hochzeitsvorbereitungen auf dem Lande/
Tagebücher 1910–1923

Fischer Taschenbuch Verlag

fi 228 / 6